彩　　图

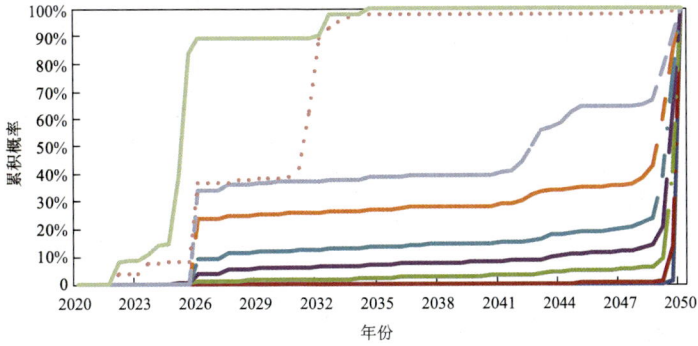

(a) 碳价漂移率为3%

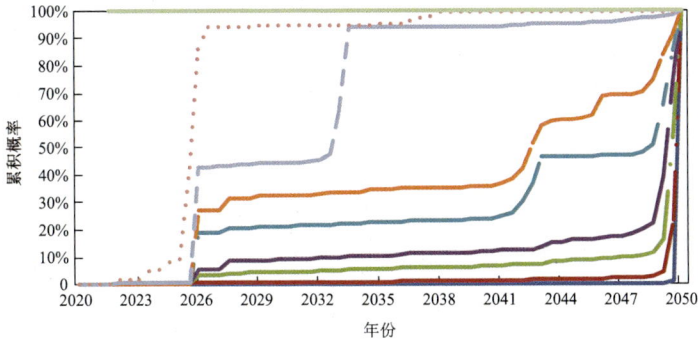

(b) 碳价漂移率为4%

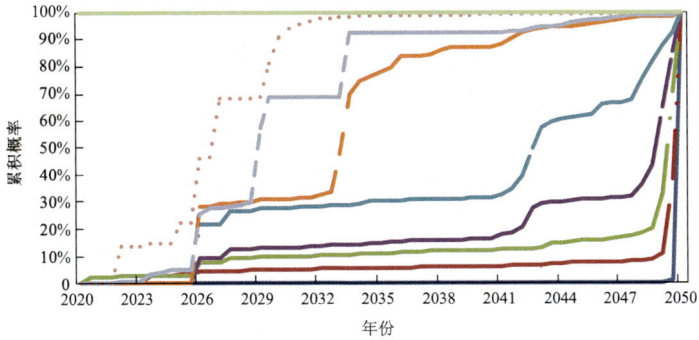

(c) 碳价漂移率为5%

—— 0元/吨二氧化碳	—— 20元/吨二氧化碳	—— 40元/吨二氧化碳
—— 60元/吨二氧化碳	···· 80元/吨二氧化碳	--- 100元/吨二氧化碳

图 9-1　不同碳定价情景下燃煤电厂资产搁浅的时间概率分布

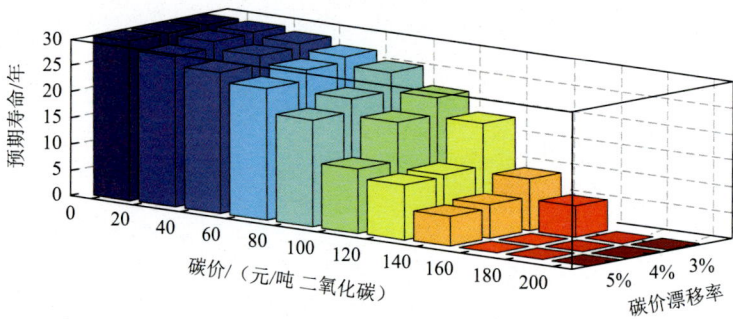

图 9-2　不同碳定价情景下燃煤电厂的预期寿命

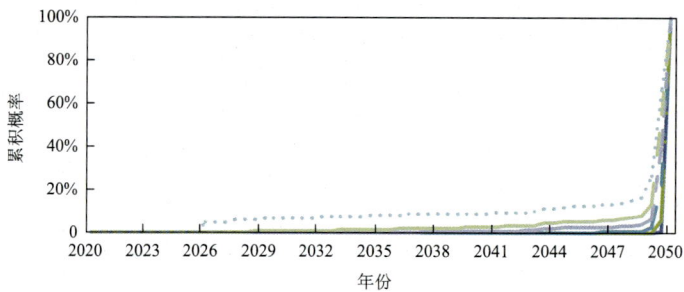

(a) 碳价为50元/吨 二氧化碳

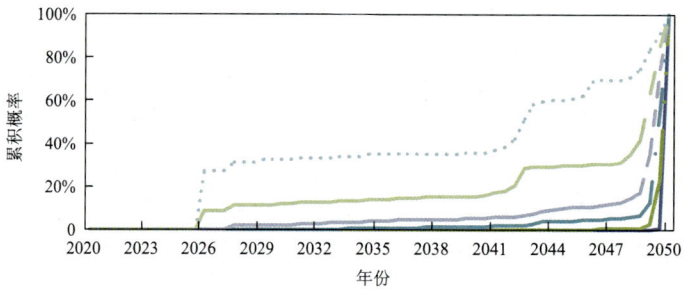

(b) 碳价为100元/吨 二氧化碳

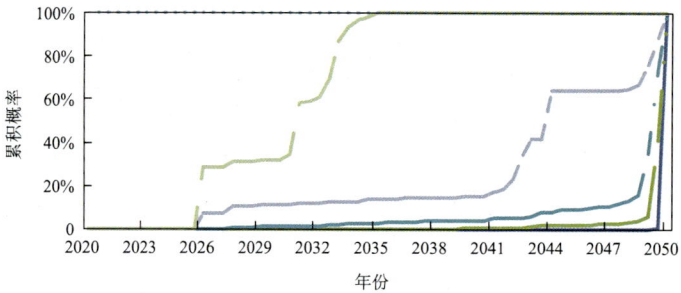

(c) 碳价为150元/吨 二氧化碳

—— 0　—— 20%　—·— 40%　——— 60%　—— 80%　······ 100%

图 9-3　不同碳配额拍卖比例情景下燃煤电厂资产搁浅的时间概率分布

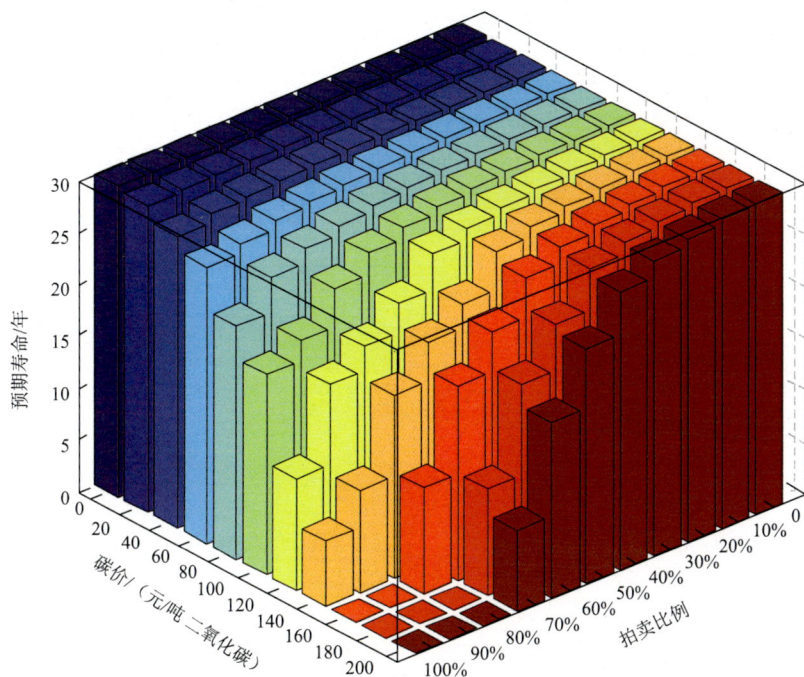

图 9-4　不同碳配额拍卖比例情景下燃煤电厂的预期寿命

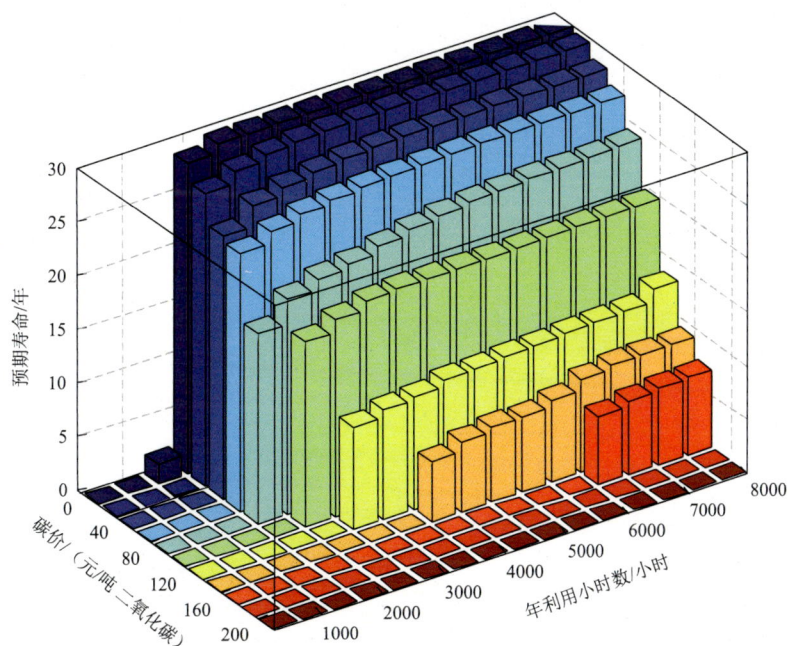

图 9-6　不同年利用小时数情景下燃煤电厂的预期寿命

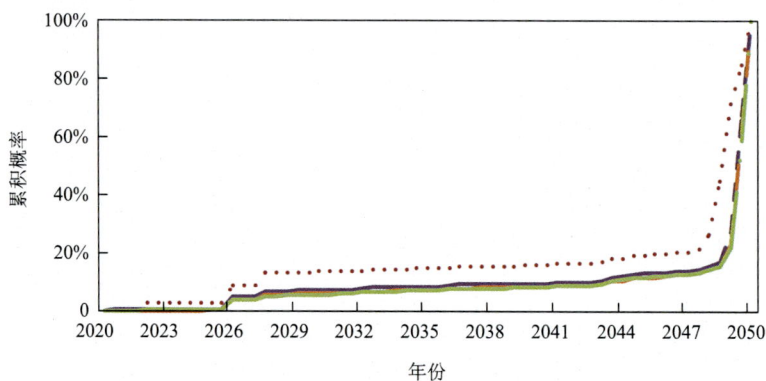

(a) 碳价为50元/吨 二氧化碳

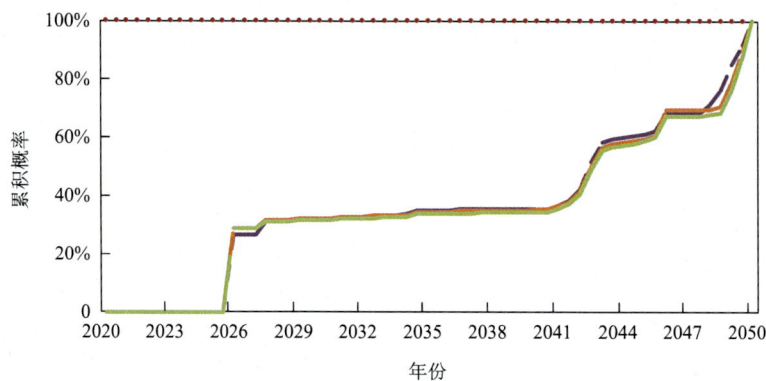

(b) 碳价为100元/吨 二氧化碳

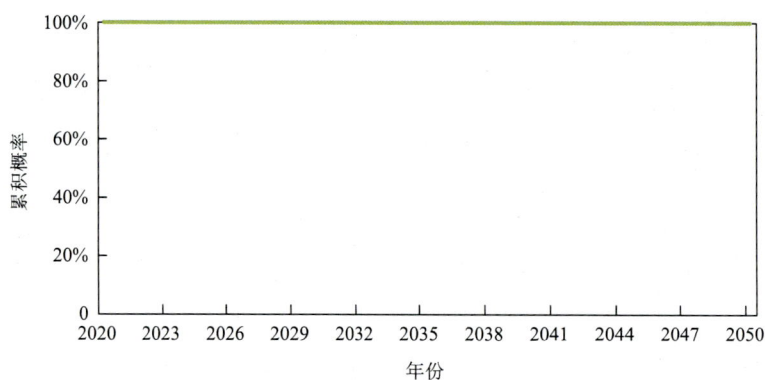

(c) 碳价为150元/吨 二氧化碳

•••••• 2000小时　　－－－ 4000小时　　——— 6000小时　　——— 8000小时

图 9-5　不同电厂利用率情景下燃煤电厂资产搁浅的时间概率分布

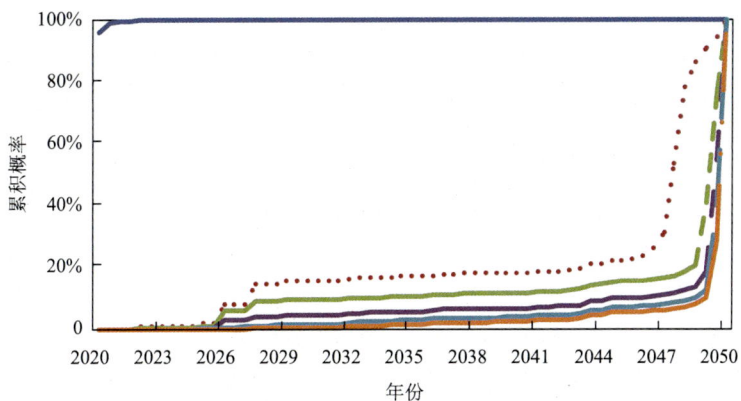

(a) 碳价为50元/吨 二氧化碳

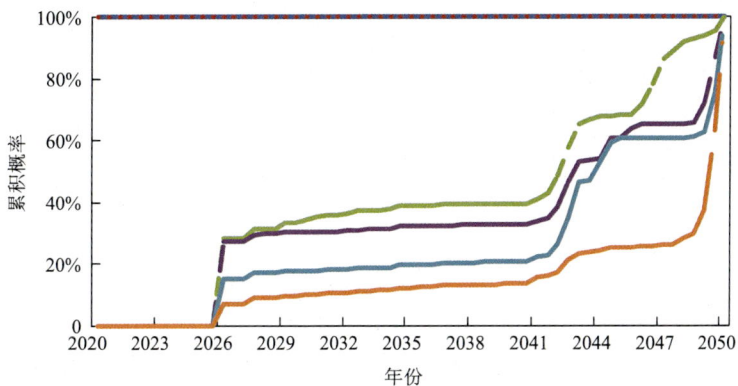

(b) 碳价为100元/吨 二氧化碳

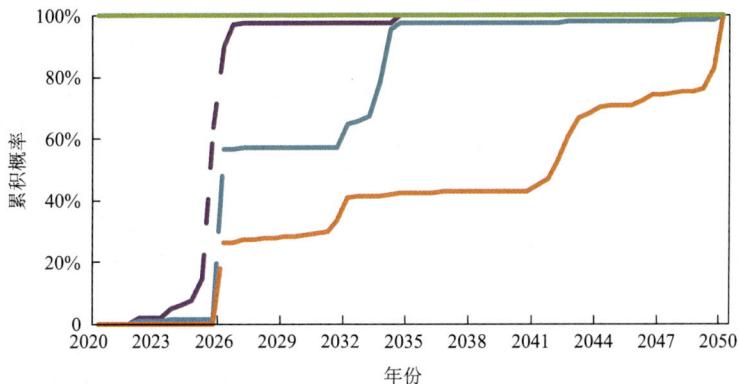

(c) 碳价为150元/吨 二氧化碳

—— 0.3元/（千瓦·时）	······ 0.34元/（千瓦·时）
- - - 0.38元/（千瓦·时）	- - - 0.42元/（千瓦·时）
- - - 0.46元/（千瓦·时）	—— 0.5元/（千瓦·时）

图 9-7　不同长期均衡电价情景下燃煤电厂资产搁浅的时间概率分布

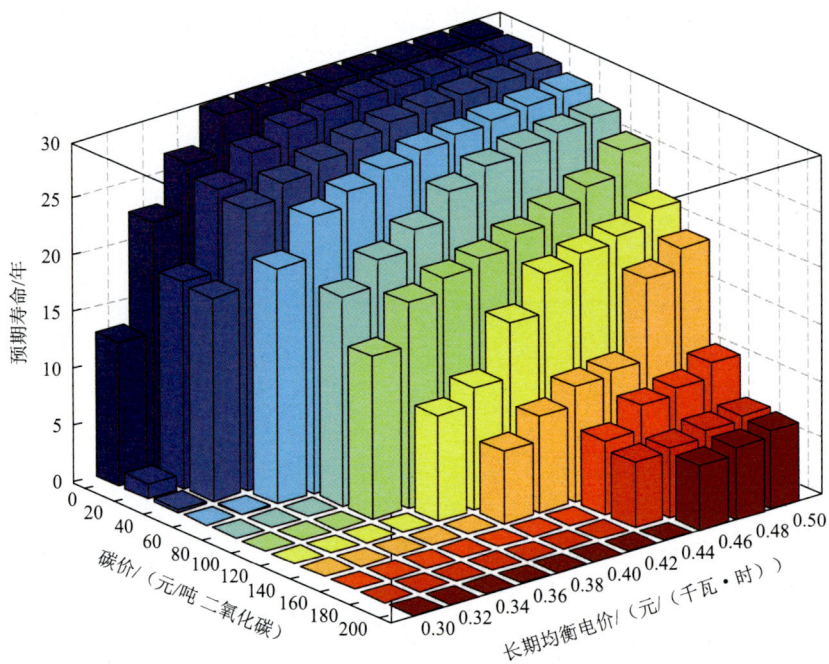

图 9-8　不同长期均衡电价情景下新建燃煤电厂的预期寿命

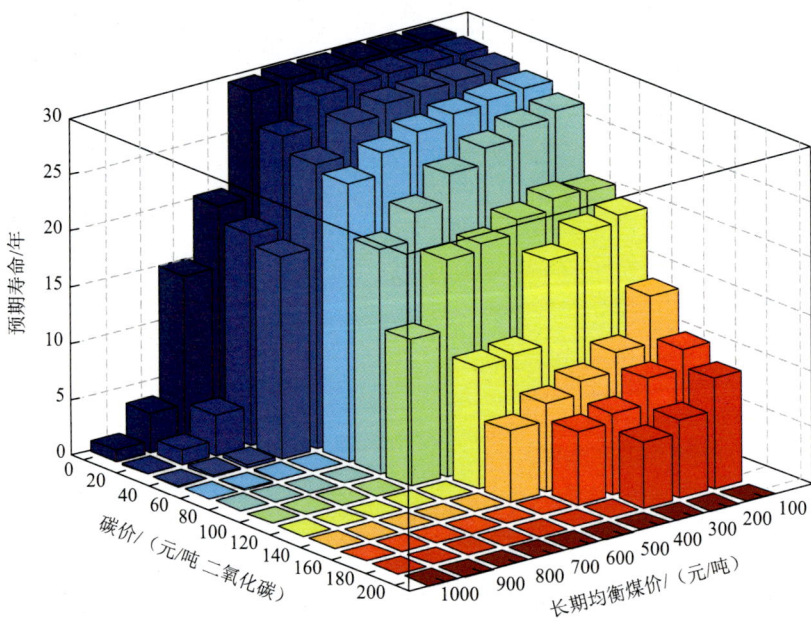

图 9-10　不同长期均衡煤价情景下燃煤电厂的预期寿命

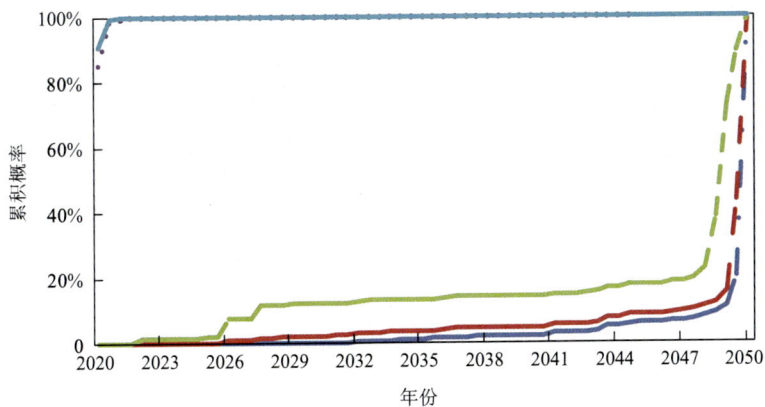

(a) 碳价为50元/吨 二氧化碳

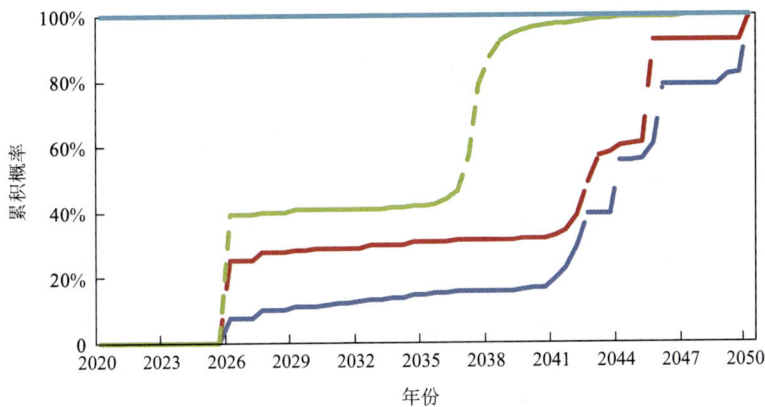

(b) 碳价为100元/吨 二氧化碳

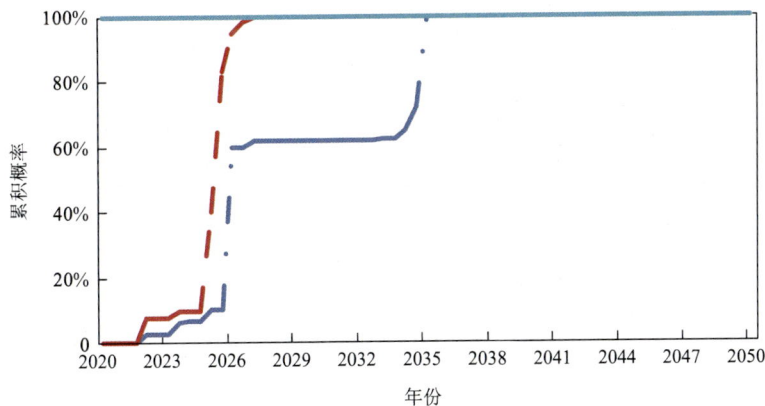

(c) 碳价为150元/吨 二氧化碳

图 9-9 不同长期均衡煤价情景下燃煤电厂资产搁浅的时间概率分布

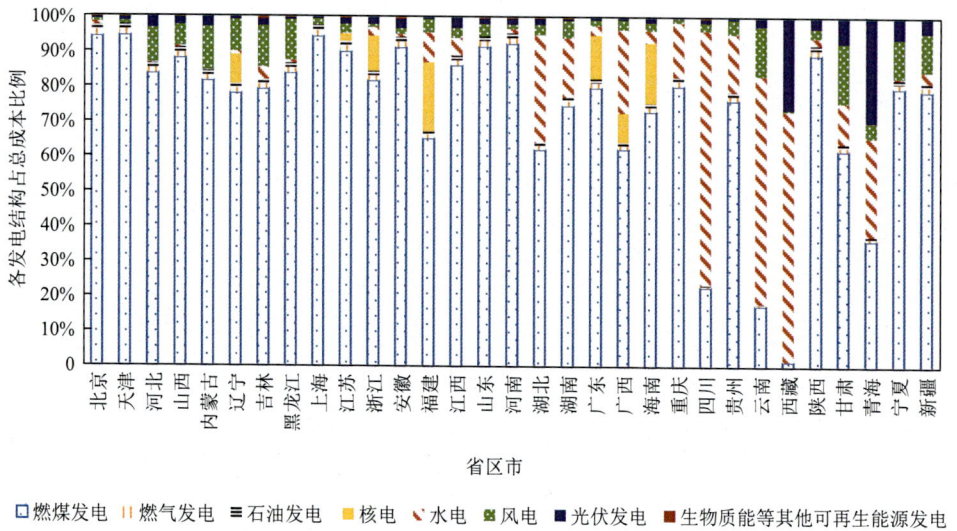

各发电结构占总成本比例

省区市

燃煤发电　燃气发电　石油发电　核电　水电　风电　光伏发电　生物质能等其他可再生能源发电

图 10-18　2017 年发电成本结构

发电成本结构为附表 4 中按 LCOE 和各省区市电力组合计算的结果；中国不同电厂的 LCOE 数据来自
IEA 于 2015 年的报告

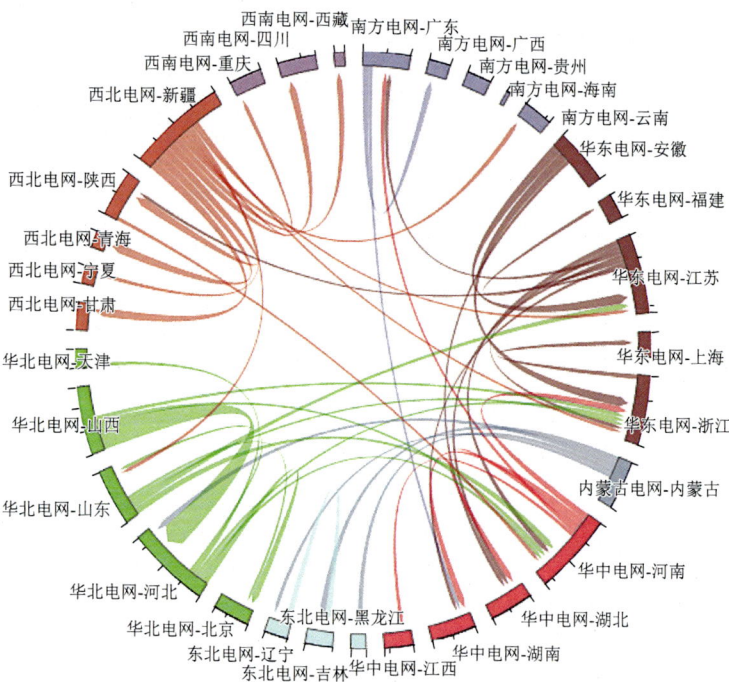

图 10-19　省际电力相关的虚拟水净流量的空间布局

按电网从上到下顺时针排序；同一电网公司中的节点具有相同的颜色，边和出站节点具有相同的颜色；
箭头按照虚拟水的转出地至虚拟水的接收地

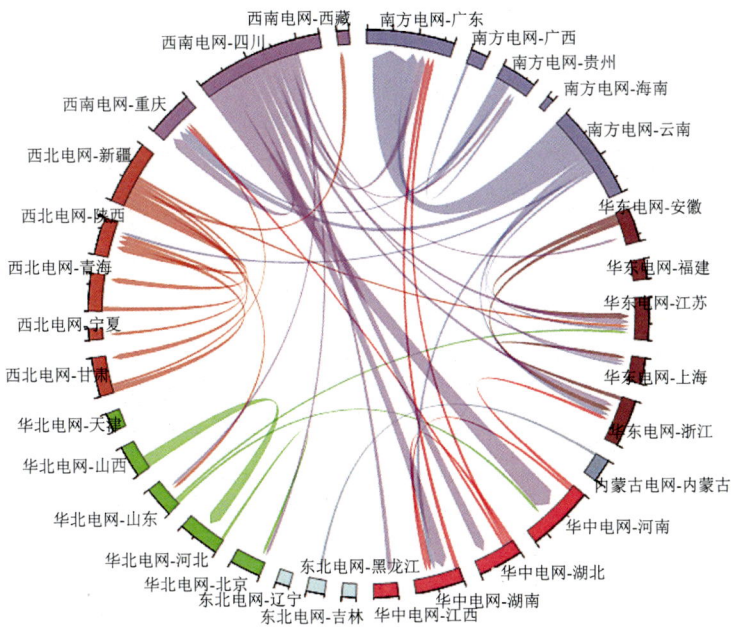

图 10-20　省际水电相关的虚拟水流量的空间布局

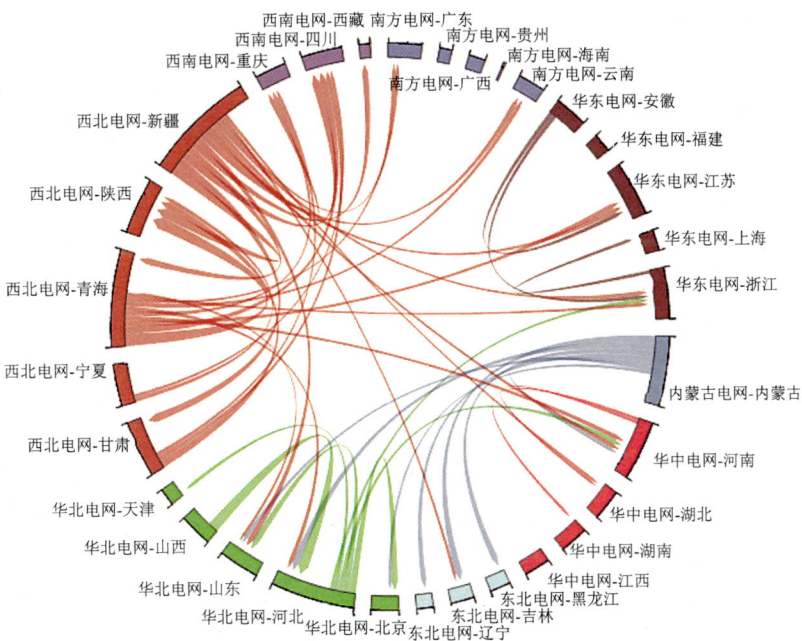

图 10-21　省际光伏发电相关的虚拟水流量的空间布局

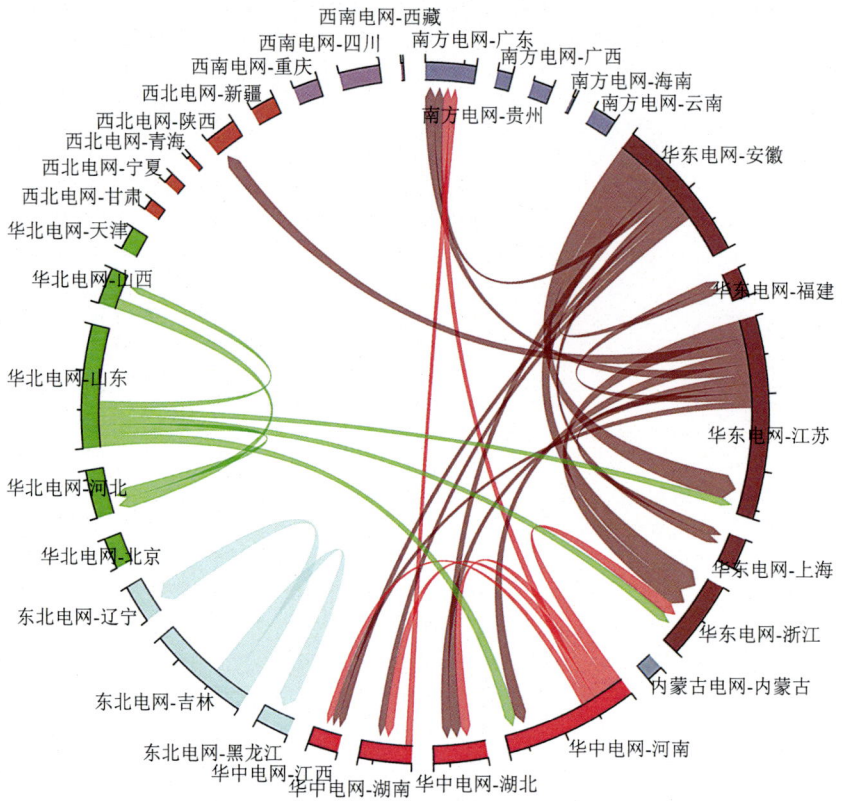

图 10-22 省际生物质能等其他可再生能源相关的虚拟水流量的空间布局

中国能源转型：理论与实证

姬　强　夏　炎　莫建雷　孙德强　等　著

科学出版社

北京

内 容 简 介

随着全球应对气候变化行动的不断推进，能源转型成为全球共识。然而，能源转型的进程并不是线性的。能源转型过程中的机遇与风险并存，不确定性将伴随能源转型的始终。本书从能源转型的视角对能源转型的历史演进进行系统性的梳理，特别针对传统油气行业转型路径、可再生能源发展潜力、新型电力系统建设、氢能发展、碳市场与碳定价、化石能源资产搁浅、数字化与碳排放、环境规制与融资风险、电力需求与资源价格失衡等热点议题进行深入的探讨和量化分析。

本书适合能源相关政府部门、大型能源企业、投资机构、科研院所研究人员和行业协会专家阅读，也可以作为大专院校能源经济学专业教材使用。

图书在版编目（CIP）数据

中国能源转型：理论与实证 / 姬强等著. —北京：科学出版社，2024.1
ISBN 978-7-03-076316-7

Ⅰ. ①中… Ⅱ. ①姬… Ⅲ. ①能源经济－研究－中国 Ⅳ. ①F426.2

中国国家版本馆 CIP 数据核字（2023）第 170733 号

责任编辑：王丹妮 陶 璇 / 责任校对：贾娜娜
责任印制：赵 博 / 封面设计：有道设计

科 学 出 版 社 出版

北京东黄城根北街 16 号
邮政编码：100717
http://www.sciencep.com

北京建宏印刷有限公司印刷
科学出版社发行 各地新华书店经销

*

2024 年 1 月第 一 版 开本：720 × 1000 1/16
2024 年 8 月第二次印刷 印张：16 1/4 彩插：5
字数：330 000

定价：188.00 元
（如有印装质量问题，我社负责调换）

前　言

随着全球应对气候变化行动的不断推进，能源低碳转型成为应对全球能源和气候危机的关键。本轮能源转型的核心是以化石能源为中心的能源体系转向以清洁电力为中心的新型能源体系。与历史上前两次工业革命推动的能源转型不同，本轮能源转型的推动力主要来自全球气候变化对人类可持续发展的长期威胁，转型所需的关键低碳能源技术还没有实现完全突破，风能和太阳能等可再生能源作为清洁电力主要供应源的可靠性和稳定性问题还没有得到解决。因此，本轮能源转型也被认为是一次被动转型，转型的周期更长、不确定性更大。

从转型的路径来看，最终是要实现清洁能源对化石能源的替代。因此，如果转型速度过快，很容易造成短期的能源危机，甚至给全球经济带来巨大的冲击。2022年的欧洲能源危机固然有俄乌冲突导致的能源供应紧张的因素，但更深层次的原因来自欧洲过快的能源转型政策，特别是过度依赖风能、太阳能等间歇性可再生能源，大幅度削减化石能源投资并且弃核的能源政策。加上近年来严寒、强降雨、高温热浪、极度干旱等极端天气出现的频率大幅增加，供需两侧都对欧洲能源系统的稳定性提出了更大的挑战。2022年欧洲能源价格的剧烈波动也暴露出欧洲能源转型过快、传统化石能源退出过早的弊端。这种激进的脱碳方式必然造成能源供需的短期失衡，并对长期的能源转型产生抑制作用。

能源系统低碳转型是实现我国碳达峰与碳中和（简称"双碳"）目标的关键。我国在能源转型方面的努力是全世界有目共睹的，无论是绿色低碳发展和能源转型顶层设计的制定，还是建设全国统一电力市场及发展可再生能源颠覆性技术，都彰显了我国推动能源低碳转型、参与全球气候治理的决心。然而，欧洲能源危机也给我国敲响了警钟，能源低碳转型必须以保障能源安全为前提。我国的能源转型不能一蹴而就，必须立足我国资源禀赋的基本国情，坚持化石能源的压舱石作用，实现化石能源和可再生能源之间的有序替代，通过技术创新，实现我国能源转型从政策驱动向市场驱动、技术驱动转移。

面对能源转型的难点和痛点，需要经过理论和实践双轮驱动，对现实中的问题进行全面梳理，并站在理论的高度提出新的研究范式和逻辑框架，对能源转型的政策、路径、技术、风险等进行量化分析，分析我国能源转型的潜力并对转型下的能源安全进行研判。

本书正是基于能源转型视角，针对传统油气行业转型路径、可再生能源发展潜力、新型电力系统建设、氢能发展、碳市场与碳定价、化石能源资产搁浅、数字化与碳排放、环境规制与融资风险、电力需求与资源价格失衡等热点议题进行系统性分析。本书由中国科学院科技战略咨询研究院数据驱动的能源经济政策与环境研究团队（Data-driven Energy Economic Policy and Environmental Research，DEEPER）共同完成，主要依托研究团队在能源转型领域的长期耕耘和对国内外能源转型最新研究进展的汇聚，既有能源转型的理论创新，也有能源转型的实践探索。本书主要包括 11 章，第 1 章由王姝睿、姬强完成，第 2 章由莫建雷完成，第 3 章和第 4 章由孙德强、孙冰梅、郑晓芳、孙焌世、黄冉、冯永琳完成，第 5 章由余天任、蔡圣华完成，第 6 章由刘寅鹏完成，第 7 章由王姝睿、姬强完成，第 8 章由吕恭鸣、夏炎完成，第 9 章由莫建雷完成，第 10 章由吴静仪、夏炎、张卓颖完成，第 11 章由马如飞、姬强、翟鹏翔、杨睿博完成。

研究团队的成长及本书的研究成果离不开国内外众多知名学者和专家的大力支持与指导，在此特别致谢潘教峰教授、范英教授、陈安教授、张大永教授、杨翠红教授、张中祥教授、林伯强教授、周鹏教授、施训鹏教授、张跃军教授等专家，对这些专家表达最诚挚的谢意！

本书的研究工作得到了国家自然科学基金（No.72348003、No.72022020、No.71974183 和 No.72273136）的支持，在此一并致谢！

姬　强

二〇二三年三月

目　录

第1章 绪　论

21世纪以来，全球气候危机日益凸显，各国在更新国家自主贡献目标的同时纷纷提出碳中和目标，呼吁环境保护，并切实开展能源转型行动。随着各国应对气候变化政策措施的不断推进，新一轮能源革命即将到来，中国能源结构也将进入加速转型阶段。本章通过追溯能源转型的历史演化，以史为鉴，明晰能源转型的背景、要素与影响。根据当前中国能源生产消费结构、可再生能源发展情况及能源战略规划演进，凝练第三次能源转型进程中中国的机遇与挑战。

1.1　能源转型的历史演进

1.1.1　历史上三次能源转型概览

能源转型是能源形态、能源结构、能源技术、能源管理等能源体系主体要素发生根本性转变的过程。世界能源体系经历了从单一能源到多元化能源类型的能源形态转变，从天然能源到产品能源、从一次能源到二次能源的能源结构调整，从简单燃烧、粗放利用到加工提炼的能源技术进步，从分散、无序利用到有序、集中式利用的能源管理发展。能源体系主体要素的根本性转变催生了两次世界能源转型，促进了人类从原始文明发展到农业文明、工业文明。全球能源发展经历了从柴薪到煤炭、从煤炭到油气、从油气到新能源的三个演变阶段，如表1-1所示。

表1-1　能源转型三个阶段名称、时间节点及特点描述

名称	时间节点	特点描述
从柴薪到煤炭	第一次工业革命：煤的使用带领人类进入机器时代	18世纪，以英国发明纺织机、蒸汽机为标志的第一次工业革命爆发，机械力开始大规模代替人力。此时，热值较低的柴薪已经不能满足机器的巨大能源需求，高热值、分布广的煤炭开始在全球迅猛发展，并成为全球第一大能源。煤炭工业的发展带动了钢铁、军事、制造等工业和运输业的迅速发展，极大地促进了世界工业化进程，这次变革也称为第二次能源革命。 　　煤炭时代的世界经济发展超过了以往数千年的时间，煤炭带来的污染也引发了全球环境危机，一场新的能源革命已经迫在眉睫。
从煤炭到油气	第二次工业革命：科技的突飞猛进带领人类步入电力及石油经济时代	19世纪60年代以来，发动机、发电机的发明引领世界由蒸汽时代跨入电气时代，内燃机的发明解决了长期困扰人类的动力不足问题，这次变革称为第二次工业革命。

名称	时间节点	特点描述
从煤炭到油气	第二次工业革命：科技的突飞猛进带领人类步入电力及石油经济时代	由于具有更高热值、更易输送、更低污染的特点，石油作为能源也在这一时期迅速崛起，于 20 世纪 60 年代取代了煤炭第一能源的地位。石油作为新兴燃料直接带动了汽车、电力、航空、航海、军工、重型机械、化工等工业的发展，并且影响着全球金融业，可以说石油对世界经济起着支撑性的作用。 　　第二次工业革命以后，尤其是第二次世界大战以来，世界能源消耗与日俱增，呈爆炸性增长态势。化石燃料燃烧排放出巨量二氧化碳和二氧化硫，引发的气候变化、两极冰川融化、大面积酸雨等一系列全球气候危机日益凸显。尤其是自 20 世纪 70 年代以来爆发了三次石油危机，原油价格在 40 年间猛涨 40 余倍。进入 21 世纪，世界能源危机愈演愈烈。2008 年，国际原油价格一度突破 148 美元/桶，是 1970 年 1.8 美元/桶的 82 倍，一部分原因是美元贬值，但更多的原因是随着不可再生资源的日益枯竭，各国加大了资源争夺力度，伊拉克战争、利比亚战争、海湾战争均是"石油争夺"的反射。 　　原油价格暴涨结束了以低价石油催动世界经济腾飞的局面，也给严重依赖化石燃料的世界经济敲响了警钟。各国均加快了对新能源的探索与开发，可持续发展、生态文明发展开始成为全球性主题
从油气到新能源	第三次工业革命：新能源时代已到来	20 世纪 30 年代以来，各类新能源开始投入使用，涉及水电、核电、风电、太阳能发电等，有人将这些变革称为第三次能源革命。然而，由于技术和成本的限制，新能源发展的速度极其缓慢

　　第一次能源转型是煤炭代替柴薪，按照瓦茨拉夫·斯米尔（Vaclav Smil）量化标准，转型耗时约 70 年，代表性国家是英国。1550 年，煤炭在英国能源消费结构中的比例开始超过 5%。1619 年，煤炭在英国能源消费结构中的比例超过了居主导地位的柴薪，完成了柴薪到煤炭的能源转型。随着经济发展和工业革命的推进，煤炭在英国能源消费结构中的比例持续增加，于 1938 年达到历史峰值（97.7%）。英国有丰富的煤炭资源储量，促进了其能源转型和工业革命进程。1800 年，英国的煤炭产量大于其他所有国家的煤炭产量之和；直至 1860 年，英国的煤炭产量仍占全球煤炭总产量的 50%。18 世纪，能源转型与工业革命一起，推动着英国从一个农业国家登上称霸世界的"日不落帝国"的巅峰。

　　第二次能源转型是油气代替煤炭，转型耗时约 50 年，代表性国家是美国。美国的能源转型始于 1910 年，到 1950 年完成。1950 年，石油在美国能源消费结构中的比例为 38.4%，首次超过占比为 35.5% 的煤炭，成为主导能源。美国有丰富的石油资源储量，促成了其能源转型。1859～1957 年，美国的石油产量一直高居世界首位，在全球石油总产量中的比例都在 40% 以上。能源是重要的经济资源和战略资源，是国家权力的重要组成部分。第二次能源转型为美国成为世界霸主提供了巨大的动力来源。

　　类似前两次能源转型，第三次能源转型同样需要关键技术突破，使得可再生能源的利用能够同时满足成本低廉和大规模供应的要求。目前，风能、太阳能、生物质能等可再生能源的应用技术已经取得了很大进步，但仍未取得突破性进展，存在规模小、间歇性、成本高等缺陷。新型电力系统还面临储能、数字、控制等技术挑战。

1.1.2 能源转型现状

新的科技革命和工业革命将推动第三次能源转型，能源体系主体要素将发生根本性转变。第三次能源转型呈现以下特点。

（1）能源体系向节约、高效转型。改革开放初期，我国能源转型注重能源发展的"量"，很少强调能效问题。随着能源强度、碳强度列入考核指标，我国能源消费弹性系数逐步下降，这意味着我国能源强度下降，正在逐渐转变粗放型发展方式。我国的能源强度也呈现逐年下降趋势，节能提效的作用正在逐步显现。

（2）能源结构向绿色、低碳转型。世界各国能源结构总体呈现从有碳到无碳、从化石能源到非化石能源的趋势。我国目前的能源结构由煤炭、石油、天然气、可再生能源和核能等多种能源协调互补向清洁能源占比更高的阶段过渡。政府考核指标由能源"双控"转变为碳排放总量和强度"双控"，这也意味着我国未来能源结构将逐渐转向以非化石能源为主的阶段。

（3）能源技术从资源主导向技术主导转型。在使用传统化石燃料的阶段，资源和资本对能源的生产与消费起到决定性作用。然而，化石能源具有区域有限性，并且社会发展对能源高度依赖。因此，化石能源时常成为世界各国竭力争夺的战略性物资。随着主要能源形态由化石能源转变为可再生能源，世界竞争格局将被重塑。这主要是由于大多数国家拥有充足的可再生能源，并且在很长一段时间内取之不尽、用之不竭，更难被破坏。使用的可再生能源更多地取决于其技术经济特征，如能量密度、转化效率、设备成本等。关键技术创新将成为能源转型的核心驱动力，推动能源产业由资源和资本主导向技术主导的方向转变。物联网、大数据、人工智能等数字技术也为能源转型带来了新动力，推动可再生能源加速替代。技术创新的领导国可以从全球能源转型中获得极大收益，增强其国际影响力。

（4）能源管理从集中式向智能化平衡用能转型。目前的集中式能源系统具有容量大、参数高、输送距离远的特征，可以形成规模效益。但是，为保证供应能力，集中式能源系统存在供需匹配不合理的问题，许多发电机组利用效率低、个别能源输送网络利用率较低，造成能源投资的巨大浪费。智能化平衡用能呈现智能化、数字化、分布式的特征，涉及分布式能源系统、需求侧响应、数字技术、综合能源服务等支撑。由于风能和太阳能等可再生能源比较分散，为提高能源网络利用率和综合利用效率，分布式能源系统得到了大力发展，能源结构转变促成能源系统变革。需求侧将更多地参与到能源系统中。我国能源转型正在如火如荼地进行，建立了比较完备的可再生能源技术产业体系，技术创新由"跟跑、并跑"向"创新、主导"加速转变。但与引领世界能源革命的要求相比，我国能源科技创新还存在明显差距，支撑"双碳"目标的颠覆性能源技术仍待突破。

国际环境风云变幻，近年来的国际新冠疫情、俄乌冲突、地缘政治动荡为世界能源转型增添变数。由于新冠疫情后天然气需求反弹和可用储量低，在俄乌冲突前欧洲的天然气价格就已大幅上涨。俄乌冲突导致欧洲对天然气供应中断更加担忧，天然气价格飙升且屡创新高。高油价也引发了许多欧洲国家的重大担忧。欧洲约60%的天然气需求来自进口，这也让欧洲各国加速寻找可再生能源作为俄罗斯能源的替代品，加快能源转型的步伐。

为应对俄乌冲突引发的全球能源新变局，我国一方面应当加快形成油气进口多元化新格局，另一方面应该加速推进能源转型。

在加快形成油气进口多元化新格局方面，可以通过巩固和深化与"一带一路"共建国家的能源合作，逐步搭建能源合作伙伴关系；推动跨境管道天然气扩容增量，加强统筹谋划、坚持互利共赢。在加速推进能源转型方面，可以统筹能源转型和各地能源禀赋，着力解决电力供需结构性矛盾，加强能源转型的战略性全局谋划；在保障能源安全的基础上，稳步推进碳中和目标实现。

我国要突破关键能源技术，加快研究前瞻性、颠覆性技术及新业态、新模式，形成能源技术新优势。以清洁、无碳、智能、高效为核心的"新能源"+"智能源"能源体系是第三次能源转型的发展方向与目标，将推动人类社会能源体系的绿色、清洁、高效、安全发展。

1.2　能源转型与能源安全的关系

第三次能源转型是碳中和驱动下的被动能源转型，转型时间更短、转型压力更大。习近平总书记提出的"四个革命、一个合作"能源安全新战略[①]指明了能源转型背景下的能源安全新要求。其中，能源消费革命实现从粗放、低效到节约、高效；能源供给革命实现从黑色、高碳转向绿色、低碳；能源技术革命是能源消费革命和能源供给革命的支撑；能源体制革命是能源转型成功的保障。这次转型将实现从化石能源向可再生能源的过渡，实现能源系统质的更替。然而，能源转型的过程也必然带来能源不安全的阵痛，处理好能源转型与能源安全的关系十分必要。能源转型与能源安全有如下三重关系（姬强和张大永，2022）。

第一，能源转型要以保障能源安全为条件。能源转型就意味着要打破目前以化石能源为主、以新能源为辅的能源结构，建立围绕新能源发展的新型电力系统和能源体系。然而，我国的能源供给结构现状决定了我国在能源转型的过程中决

---

① 中国政府网，2020. 国家能源局：新时代中国能源在高质量发展道路上奋勇前进[EB/OL].（2020-12-31）[2023-08-25]. https://www.gov.cn/xinwen/2020-12/31/content_5575657.htm.

不能忽视传统化石能源的压舱石作用。特别是在英国、美国等频频出现大规模断电的情况下，新能源替代传统火电下的电力系统稳定性需要引起警惕。化石能源消减过快、过量必然会降低能源系统的安全性和可靠性。本轮全球性的能源危机已经证实了"运动式"减碳带来的负面影响，一旦新能源发展出现问题，传统能源的供给出现滞后，必将导致整个能源系统的崩溃，转型过快带来的能源系统性损失将是无法预估的。因此，我国的能源转型之路一定要立足化石能源，在储能等技术取得革命性突破之前，能源转型的速度要依据能源安全的态势进行动态调整。

第二，能源转型要以提升能源安全韧性为动力。能源安全的韧性主要是指能源系统出现风险时的响应速度和抵御能力。能源转型的进程受到经济、政治、社会风险因素的交互影响，能源转型的脆弱性也必然会影响能源系统的安全性。随着高比例可再生能源的接入及多品种能源在系统中耦合的不断深化，能源系统的安全压力也在不断增加。一旦能源系统运行出现问题，能源转型的进程将被迫中断，所以能源安全的韧性将在很大程度上决定能源转型的速度。能源转型不是简单的一种能源替代另一种能源，而是不同能源之间的互通互补，实现能源消费的最优配置。这需要不断提升能源安全的韧性，增强能源系统对能源转型过程的适应性和包容性。

第三，能源转型要以实现清洁能源安全为最终目的。应健全"双碳"标准，构建统一规范的碳排放统计核算体系，推动能源"双控"向碳排放总量和强度"双控"转变。这一转变对于转型的界定更加清晰，能源转型并不是为了消除化石能源，而是为了使能源的利用过程更加清洁、低碳，即在保证能源基本属性的基础上使其清洁化、绿色化。能源转型不仅要保证化石能源与可再生能源的有序衔接，实现化石能源筑底、可再生能源增量替代，先立后破；而且要实现煤炭、石油和天然气走向清洁高效利用的多能互补转型之路，最终实现能源的绿色、安全。

要实现能源转型下的能源安全，就必须重塑能源安全体系，应用五维赋能（GIFTS）框架，从治理（governance）能力、信息（information）能力、资金（finance）能力、科技（technology）能力和系统整合（system）能力方面全面推进能源体系变革。具体如下。

第一，增强能源治理能力是保障能源安全的基础。一是充分激发能源市场主体活力，提高各类市场主体参与能源项目建设的积极性，增加投资自由化和便利化，放宽产业准入，破除能源新模式/新业态在市场准入、投资运营等方面的体制机制限制。二是完善能源法律法规体系，依法推进能源治理，以《中华人民共和国节约能源法》为统领，积极推进煤炭、电力、石油、天然气、可再生能源等领域的法律法规的制定。三是聚焦电力、新能源、天然气、石油、煤炭等领域市场化改革存在的难点，加大改革力度，建设现代化能源市场，优化能源资源市场化配置。四是强化能源供需形势分析，各地区、各行业开展季度能源安全运行形势分析和趋势研判，及时掌握重点领域与行业的能源生产、消费和节能工作推进情况，对存在的潜在性安全问题进行研判，提前布局，保障能源安全。

第二，加强能源信息融合能力是保障能源安全的动能。一是搭建包括能源生产、能源运输、能源消费等各环节在内的能源数字交流平台，形成信息流与服务流的融合发展，提升资源要素的配置效率，实现能源系统供应与用户消费及能源产业上下游企业间的协调互动，合理配置能源资源，使现代能源体系更加科学、安全、稳定、可持续发展。二是推动能源基础设施的数字化、智能化升级，加强人工智能、移动互联网、云计算、大数据和物联网等技术在能源领域的融合应用，开展电网、油气管网等能源领域设备信息化改造和智能化升级，形成能源资源的监测、预测和预警机制，提高能源系统灵活性与韧性，增强能源供应保障及风险管控能力。三是强化信息化采集技术与能源消费端的融合发展，充分挖掘能源消费端的用能需求、用能弹性等用户特征，为能源系统的需求管理提供更加精细化、科学化的数据支撑，从而有效引导能源供需之间的匹配，提高能源利用效率。

第三，提升能源资金能力是保障能源安全的核心。一是充分发挥金融机构的作用，推动"能源产业+金融"合作模式，实现能源与金融的优化整合，以金融促进能源产业的发展，解决能源发展过程中的资金问题，特别是发挥金融对新能源产业发展的助推作用，合理运用绿色债券、绿色信贷、绿色基金等绿色金融工具，为新能源产业发展提供资金保障。二是扩大资金来源，灵活拓展多元化融资渠道，鼓励民间资本和国际资本进入能源产业资金池，充分利用亚洲基础设施投资银行、丝路基金、金砖国家新开发银行这三大国际投资实体，并加强同世界银行、上海合作组织银行联合体、中国—东盟银行联合体等国际多边金融机构的合作，扩大资金池的存蓄规模，推进金融行业在能源项目中的深度参与。三是统筹安排能源项目资金需求，提高资金运行效率，对能源项目开展进度跟踪和监测，强化投融资风险防控和风险预警管理。

第四，夯实能源科技水平是保障能源安全的动力。一是强化关键技术的突破和创新，识别制约我国能源安全发展的薄弱环节，集中突破"卡脖子"的关键技术，在新型储能、氢能、新型电力系统、先进核能等前沿科技领域布局攻关，加快新能源、可再生能源等领域的技术创新和研发。二是积极推进能源先进技术成果市场化、产业化，提高科技支撑力度和成果转化率，建立以企业为主体、产学研用深度融合的绿色技术创新机制，鼓励能源行业各类创新主体建立创新联盟，发展能源关键核心技术攻关机制，建立能源关键技术与产品推广应用的信息沟通和共享平台、鼓励性政策和管理机制。三是进一步加强与先进国家在能源技术领域的合作，建立联合开发与资助机制，在新一代核电技术、新型储能技术、高效可再生能源技术等方面联合研发，实现智能电网等关键技术突破，同时积极参与和引领能源技术国际标准的制定。

第五，强化系统整合能力是保障能源安全的关键。一是打造多能互补的新型一体化能源系统，实现传统化石能源子系统（如煤炭、石油和天然气及电力子系统）之间的互联互补，大力研发能源转化技术，打通能源替代的"最后一公里"，实现各能源子系统在能源产业链上、中、下游各环节中的可替代性和可补充性，增强整个能源系统的灵活性，提升能源系统的容错率。二是逐步布局源-网-荷-储四位一体的能源互联规划。充分发挥储能在传统电源、电网、负荷之间的联通作用，促进大规模新能源入网消纳，实现电力资源调度的优化配置和电力供需的平衡控制，提高能源调控的安全性和经济性。三是运用数字技术发展智慧能源系统。基于区块链、云计算等新一代信息技术建设互联互通的能源信息共享平台，打破跨区域能源信息不对称的壁垒，消除供需错配，推进能源系统的数字化转型，实现能源配置的精准管控和智能施策。

1.3 中国能源消费结构、生产结构与战略规划演进

1.3.1 中国能源消费结构

我国能源生产和消费量整体呈现稳定增长的趋势，能源利用效率持续提升、能源生产及消费结构进一步优化、终端用能电气化水平加快提高。我国能源供需结构持续优化。随着能源工业发展，我国能源结构由以原煤为主加速向多元化、清洁化转变，发展动力由传统能源加速向新能源转变。

我国能源消费整体呈现上升态势，2020 年能源消费总量达 49.8 亿吨标准煤，见图 1-1。2002～2020 年中国能源进口量及出口量如图 1-2 所示。我国作为产煤大国，仍需进口煤炭，原因主要是国外煤价低及国外个别煤种质量高。

我国的石油、天然气对外依存度高，自给能力不强，是油气进口第一大国。过高的能源对外依存度也是国家发展中的不安全因素，可能对国家能源安全造成威胁。

我国的石油对外依存度逐年递增，于 2021 年出现下降。2021 年石油对外依存度下降的原因是我国原油产量增加及石油消费需求下降。原油产量的增加与非常规油气勘探技术及地质、开发、物探等领域的重大技术突破有很大的关系。石油消费需求的下降既有疫情、油价等外部因素的影响，也有能源转型、新能源布局替代等内部因素的影响。石油对外依存度下降说明我国正在脱离外界能源掣肘。但我国的石油对外依存度仍然偏高，石油对外依存度降低到 50% 以下尚需时间。

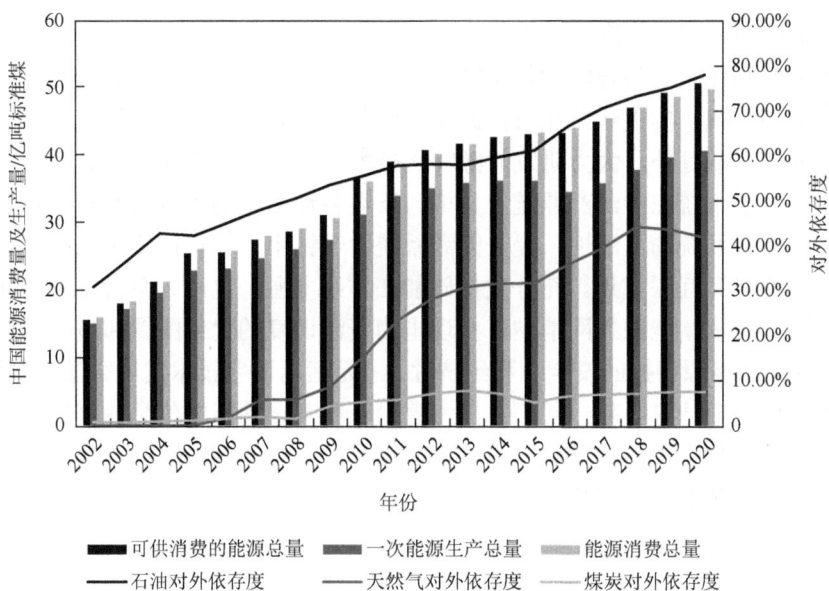

图 1-1 2002～2020 年中国能源消费量及生产量情况

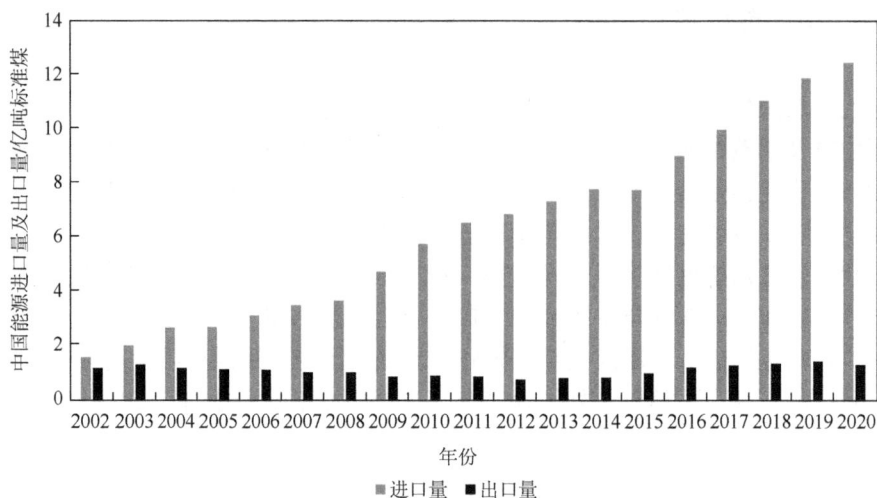

图 1-2 2002～2020 年中国能源进口量及出口量

　　我国的天然气对外依存度于 2018 年达到最高值，之后随着我国油气产量进一步提高和进口多元化逐年降低。但目前天然气对外依存度仍超过 40%。随着国内油气的勘探开发、沿海更多液化天然气（liquefied natural gas，LNG）接收站的建设、中俄/中亚天然气管道输送量的提高，以及南海油气资源的开发，我国天然气供应形势将更加安全。

我国的煤炭对外依存度较低，具有较强的独立自主性。国内煤炭产量占我国煤炭供应的大部分市场。近年来，我国煤炭对外依存度仅占 7%左右。随着各地政府积极响应国家推进煤炭增产保供，煤炭采选业科研经费增加，煤矿规模扩大、机械化程度提高。新增先进产能代替落后产能，煤炭优质产能将得到持续释放，国内煤炭产量将持续增长，煤炭市场供应平稳有序。

2022 年 9 月 21 日，自然资源部发布的《中国矿产资源报告（2022）》指出，中国能源消费结构不断改善。依据国家统计局数据，2021 年煤炭消费占一次能源消费总量的比例为 56.0%，石油消费占一次能源消费总量的比例为 18.5%，天然气消费占一次能源消费总量的比例为 8.9%，太阳能、风能、核能等非化石能源消费占一次能源消费总量的比例为 16.6%。与 2011 年相比，2021 年煤炭消费占一次能源消费总量的比例下降 14.2 个百分点，太阳能、风能、核能等非化石能源消费占一次能源消费总量的比例提高 8.2 个百分点。与 2020 年相比，2021 年我国清洁能源消费占一次能源消费总量的比例提高 1.0 个百分点，煤炭消费占一次能源消费总量的比例下降 0.8 个百分点。2002～2021 年中国能源消费结构对比如图 1-3 所示。

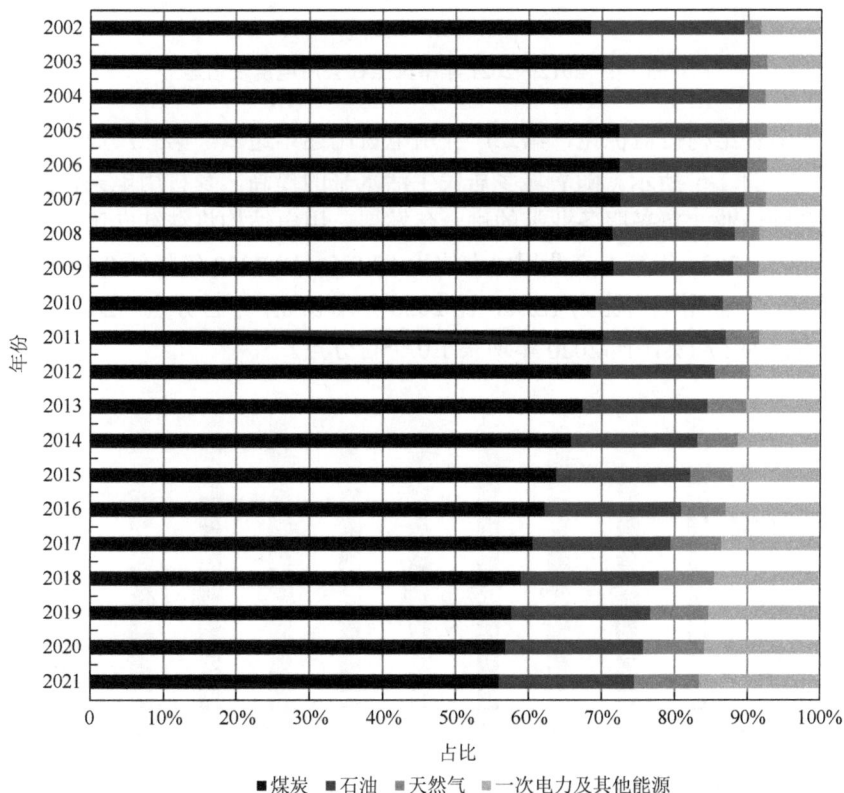

图 1-3　2002～2021 年中国能源消费结构对比

全社会电力消费量保持平稳增长。根据国家能源局数据，2021 年全社会用电量达 83128 亿千瓦·时，同比增长 10.3%，较 2019 年同期增长 14.1%。受经济整体回暖、外贸出口拉动等因素影响，以及新冠疫情导致用电量增速低基数效应，2021 年电力消费大幅回升，全社会用电量增速达到近十年来新高，见图 1-4。

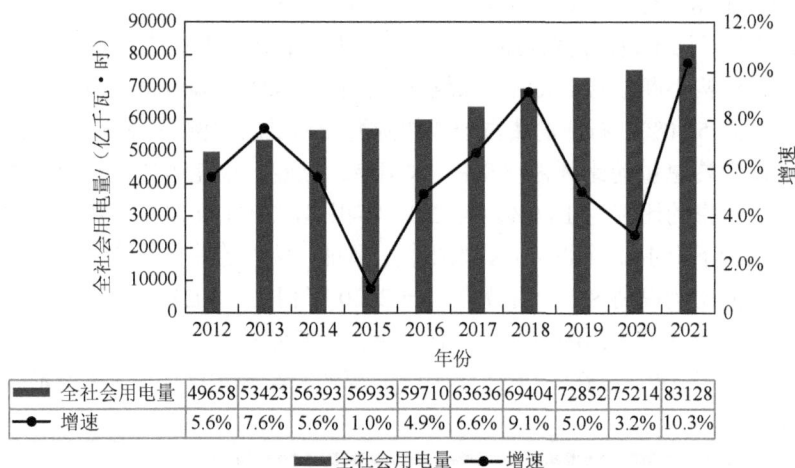

	2012	2013	2014	2015	2016	2017	2018	2019	2020	2021
全社会用电量	49658	53423	56393	56933	59710	63636	69404	72852	75214	83128
增速	5.6%	7.6%	5.6%	1.0%	4.9%	6.6%	9.1%	5.0%	3.2%	10.3%

■ 全社会用电量　—●— 增速

图 1-4　2012～2021 年中国全社会用电量及增速

电力消费结构日益优化，第二产业用电占比逐年递减，第三产业用电占比略微扩大，如图 1-5 所示。随着城乡居民生活水平的提高，乡村用电条件的持续改善，以及制造业、新兴服务业等的进一步发展，用电结构将继续向第一产业和第三产业倾斜。2021 年第二产业用电占比为 67.5%，比 2020 年降低 0.7 个百分点。2021 年第一产业用电占比为 1.2%，比 2020 年增长 0.1 个百分点。2021 年第三产业用电占比为 17.1%，比 2020 年增长 1.0 个百分点。

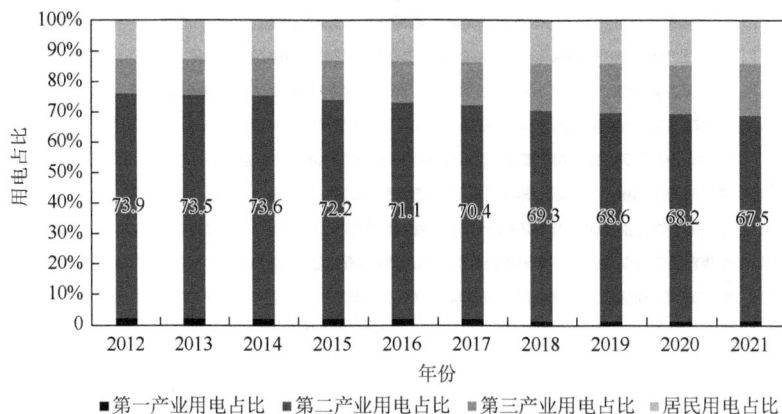

■ 第一产业用电占比　■ 第二产业用电占比　■ 第三产业用电占比　■ 居民用电占比

图 1-5　2012～2021 年全社会用电结构

1.3.2　中国能源生产结构

2002～2021 年中国原煤、原油和天然气生产量如图 1-6 所示。2021 年，随着增产保供政策的持续推进，中国原煤生产继续加快，生产原煤 40.7 亿吨，比 2020 年增长 4.3%，比 2019 年增长 5.8%。原油和天然气的生产量较 2020 年均保持增长。2021 年，中国生产原油 19888 万吨，比 2020 年增长 2.1%，比 2019 年增长 4.1%。2021 年，中国生产天然气 2076 亿米^3，比 2020 年增长 7.8%，比 2019 年增长 18.4%。

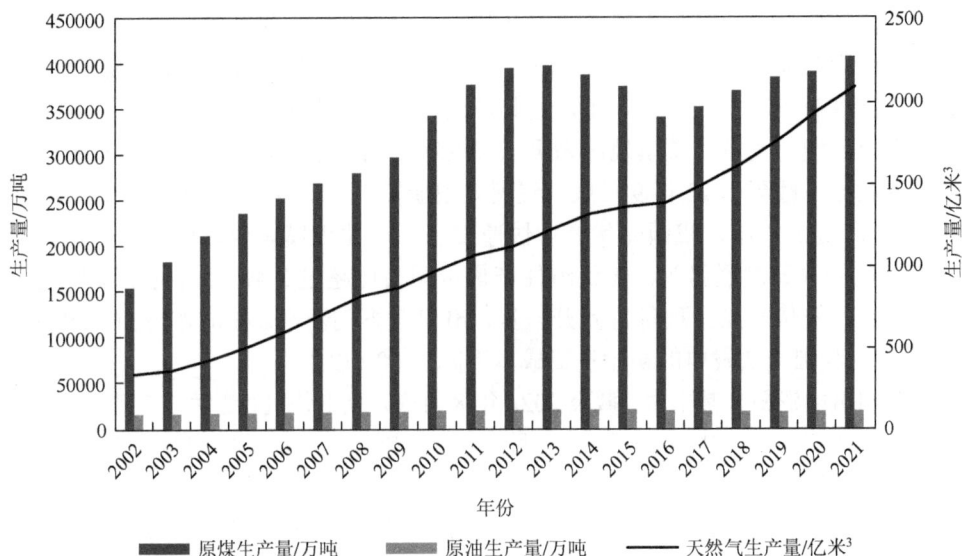

图 1-6　2002～2021 年中国原煤、原油和天然气生产量

中国发电量持续增长。2021 年，我国发电量达 81122 亿千瓦·时，比 2020 年增长 8.1%，比 2019 年增长 11.0%。其中，火电和核电发电量分别为 57702.7 亿千瓦·时、3710 亿千瓦·时；水电发电量、风电发电量，以及太阳能发电量分别为 11840.2 亿千瓦·时、6526 亿千瓦·时和 3269 亿千瓦·时。

总体来看，我国能源生产消费结构不断改善。《中国矿产资源报告（2022）》显示，2021 年，能源生产结构中煤炭占 67.0%，石油占 6.6%，天然气占 6.1%，水能、核能、风能、太阳能等非化石能源占 20.3%。能源消费总量为 52.4 亿吨标准煤，比 2020 年增长 5.2%，能源自给率为 82.6%。

1.3.3　中国新能源发展情况

"十三五"时期，中国新能源装机容量稳步增长。依据国家能源局数据，2020 年，全国可再生能源发电量达 22148 亿千瓦·时。截至 2020 年底，我国可再生能源发电装机容量达 9.34 亿千瓦，同比增长约 17.5%。新能源产业不断发展，龙头企业全球竞争力逐渐凸显。2020 年，我国有 207 家企业入围"2020 全球新能源企业 500 强榜单"，数量居全球第一。

风电、太阳能发电总装机容量将达到 12 亿千瓦以上。"十四五"时期，我国新能源产业将围绕"双碳"目标，实施四大重点举措，包括新建清洁能源基地、建设沿海核电站、建设电力外送通道及开展电力系统调节等。

我国太阳能、风能、核能、生物质能、地热能、海洋能、氢能发展情况如下。

我国拥有丰富的太阳能资源，尤其是西部地区的太阳辐射总量很大。我国正在建设以沙漠、戈壁、荒漠地区为重点发展区域的大型风电光伏基地。根据国家统计局数据，截至 2022 年 9 月底，我国太阳能发电装机容量达 3.6 亿千瓦。在产业化方面，2022 年，我国光伏产业快速发展，产业规模居全球首位；产业链主要环节保持强劲发展势头，光伏组件产量全球占比超过 3/4；海外光伏市场需求持续旺盛，光伏产品呈现量价齐升态势，出口额再创新高。在成本方面，2015～2021 年，我国光伏发电的初始投资成本下降了 60%以上。

我国风能资源非常丰富。截至 2022 年 8 月底，风电装机容量为 3.5 亿千瓦。根据国家能源局数据，截至 2021 年 11 月中旬，我国风电并网装机容量达 3 亿千瓦，较 2016 年底实现翻番，是 2020 年底欧盟风电总装机容量的 1.4 倍、是 2020 年美国风电总装机容量的 2.6 倍，已连续 12 年稳居全球第一。在成本方面，2015～2021 年，我国陆上风电的初始投资成本由 9000 元/千瓦左右降到了 5000 元/千瓦左右。

我国于 20 世纪 80 年代建立第一座核电站。目前，我国已全面掌握先进核电装备制造核心技术，核电站采用的堆型有压水堆、重水堆、高温气冷堆和快中子堆，并且在建机组装机容量连续多年保持全球第一。截至 2022 年 9 月底，我国核电装机容量达 5553 万千瓦。

我国的生物质能储存量丰厚，主要是秸秆和薪炭林等。这种能源分布范围广、具有很大的开发潜力。多元化的生物质能利用方式包括生物质燃气、生物质乙醇、垃圾发电、秸秆发电、生物质供热等产品。在实际的生物质能利用过程中，前期的准备建设工作和基础设施的建设也比较容易。预计到 2035 年，我国生物质能产业规模将超 6000 亿元。

我国地热能资源丰富，主要集中在东部和西南部地区，开发利用潜力很大，但利用程度较低。目前，地热能已作为可再生能源发电、供暖的重要方式。2021 年 9 月，国家发展和改革委员会（简称国家发展改革委）、国家能源局等部门印发的《关于促进地热能开发利用的若干意见》指出，到 2025 年，全国地热能供暖（制冷）面积比 2020 年增加 50%，并且在资源条件好的地区建设一批地热能发电示范项目，全国地热能发电装机容量比 2020 年翻一番；到 2035 年，地热能供暖（制冷）面积及地热能发电装机容量力争比 2025 年翻一番。截至 2020 年底，我国地热能供暖（制冷）面积累计达 13.9 亿米^2。

海洋中的可再生能源是通过各种物理过程储存和散发能量的，海洋能通过潮汐、波浪和盐度梯度等形式存在于海洋中。我国在 1957 年便兴建了潮汐电站开发海洋能。截至 2019 年，我国海洋能从业机构超过 300 家，初步形成一定规模的海洋能理论研究、技术研发、装备制造、海上运输、安装、运行维护、电力并网的专业队伍。经过多年实践，在潮汐能机组、波浪能装置等海洋发电核心装备方面得到长足发展。

氢能是来源丰富、绿色低碳、应用广泛的二次能源，可作为减少碳排放的重要燃料之一，加速推进低碳进程。截至 2022 年，我国已建成加氢站超过 250 座，多为 35 兆帕气态加氢站。此外，氢气管道里程约 400 千米，在用管道仅 100 千米左右。氢能在交通、工业、建筑和电力等行业均有广阔的应用前景，但在技术攻关、管道运输、商业化应用等方面仍有进步空间。

1.3.4 中国能源战略规划演进

能源战略规划为特定阶段能源发展的总体思路，是筹划和指导我国能源可持续发展、保障能源安全的总体方略，是国家战略体系的重要组成部分。能源战略规划对能源发展进行总体谋划和设计，制定能源发展的方针、原则、目标及重大措施，为国民经济发展整体目标服务。

改革开放以来，在国家能源发展战略和各阶段规划目标的指引下，我国能源领域攻坚克难、开拓进取，实现由弱变强、从供给短缺到总体宽松的巨大转变，从能源工业基础薄弱发展为能源生产大国。我国能源发展战略和各阶段规划目标围绕社会经济目标制定，对能源领域的引导作用愈加突出。国家能源战略的落地实施已经成为保障国家利益和经济发展的重要手段。能源规划在不同经济发展阶段各有侧重，从提升能源供应总量、满足经济发展需求，到提高能源效率、注重培育节能机制，再到优化能源结构、强调节约，能源规划引导能源工业不断壮大、优化。经过长期努力，特别是党的十八大以来，在新发展理念和能源安全新战略的指引下，能源转型变革步伐明显加快，清洁低碳、安全高效的现代能源体系加快构建，能源发展站上新起点。中国能源战略规划演进示意图见图 1-7。

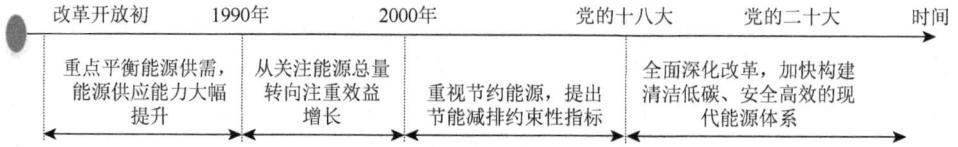

图 1-7　中国能源战略规划演进示意图

1. 重点平衡能源供需，能源供应能力大幅提升（改革开放初至"七五"时期）

党的十一届三中全会（1978 年）以后，和平与发展成为时代主题。1982 年，党的十二大把发展能源工业确定为社会主义经济建设的战略重点，能源的开发和建设受到高度重视。改革开放初至"七五"时期，我国能源战略重点在于保障供需，能源基础设施建设被列入投资重点，在山西、内蒙古、新疆等地建设大型能源生产基地。

为达到能源增产目标，我国鼓励地方、部门和企业集资办电，对国家安排的电力基本建设，实行部门投资包干办法，加快统配煤矿的建设，同时促进地方矿、乡镇矿的改造和提高。对统配煤矿实行投入产出总承包，把煤矿建设重点放到现有矿井技术改造和改扩建上。鼓励地方、部门集资办煤矿。继续实行原油产量递增包干，搞好老油田的完善配套和改建扩建，加强天然气的勘探和开发，逐步改变油气发展不平衡的状况。

改革开放至"七五"时期也提到了节能。《中华人民共和国国民经济和社会发展第六个五年计划（1981—1985）》提出，五年内全国节约和少用能源要求达到 7000 万～9000 万吨标准煤，五年内安排节能措施项目 1303 个，其中，投资 1000 万元以上的重大技术改造项目 195 个。《中华人民共和国国民经济和社会发展第七个五年计划（1986—1990）》提出，进一步推动节能的技术改造，五年内建设一批骨干节能项目以及技术先进、节能效果和经济效益好、有普遍推广意义的示范项目。

"七五"时期，我国逐步打开对外开放格局。能源生产能力、运输能力和技术水平均有所提高。这为 20 世纪 90 年代我国经济和社会发展奠定了坚实基础。

2. 从关注能源总量转向注重效益增长（"八五"至"九五"时期）

党的十三届四中全会（1989 年）后，我国各项工作取得新进展，与此同时，经济循环不畅、结构不合理、经济效益差等问题有待破解，能源安全、能源环境与效率、清洁能源问题初见端倪。

"八五"至"九五"时期,我国能源战略规划转向能源环境与效率、清洁能源发展及相应的法律法规制定。能源战略规划注重能源环境与效率,坚持节约与开发并举,促进优化能源结构和清洁能源发展。《中华人民共和国国民经济和社会发展十年规划和第八个五年计划纲要》把十年规划远景和五年中期安排结合起来,从实现 20 世纪末战略目标的要求出发,首次提出坚持开发与节约并重的方针,把节约放在突出位置,五年内全国共节约和少用能源 1 亿吨标准煤。相比于对能源产供的大力支持,能源节约的规划刚刚开始。

《中华人民共和国国民经济和社会发展"九五"计划和 2010 年远景目标纲要》提出,坚持节约与开发并举,把节约放在首位,节能提效被提到更加重要的位置,大力调整能源生产和消费结构。在电力方面,坚持开发与节约并重,依靠技术进步,提高电能利用效率。推广先进技术,提高能源生产效率;坚持能源开发与环境治理同步进行,继续理顺能源产品价格。实施可持续战略,创造条件实施污染物排放总量控制。加强节能立法和执法监督,制定节能标准和规范,强制淘汰高耗低效产品,大力推广高效节能产品。"九五"时期,我国能源供需矛盾相对缓和,能源瓶颈对国民经济的约束作用基本解除,煤炭甚至供大于求。相对而言,能源结构性矛盾上升为主要矛盾,石油供不应求的问题最为突出,行业内部发展存在不平衡、结构失调情况,需要调整能源供需结构。

3. 重视节约能源,提出节能减排约束性指标("十五"至"十一五"时期)

21 世纪伊始,我国进入全面建设小康社会、加快推进社会主义现代化的新发展阶段,也进入经济结构战略性调整的重要时期。以减少全球温室气体排放为核心目的的《京都议定书》于 2005 年 2 月正式生效,我国开始通过转变经济增长方式、提高能源效率等措施,降低能源使用,减少温室气体排放。"十五"至"十一五"时期,节约资源被定位为基本国策,我国提出单位国内生产总值(gross domestic product,GDP)能耗降低和主要污染物排放减少的约束性指标,各领域做出安排部署,节能减排取得显著成效。

"十五"时期,我国提出要发挥资源优势,优化能源结构,提高能源利用效率,加强环境保护。进一步调整电源结构,充分利用现有发电能力,积极发展水电、坑口大机组火电,压缩小火电,适度发展核电,鼓励热电联产和综合利用发电。《国民经济和社会发展第十个五年计划能源发展重点专项规划》也提出,把优化能源结构作为能源工作的重中之重,努力提高能源效率、保护生态环境,加快西部开发。《新能源和可再生能源产业发展"十五"规划》于 2001 年发布,提出培育和规范市场,逐步实现企业规模化、产品标准化、技术国产化、市场规范化,推动新能源和可再生能源产业上一个新台阶。优化能源结构、提高能源利用效率成为同一时期能源规划的重点内容。

《中华人民共和国国民经济和社会发展第十一个五年计划纲要》首次提出降低单位 GDP 能耗和主要污染物排放的目标，党的十六大提出走新型工业化道路。2005 年，我国设立了国家能源领导小组，对能源战略规划和重大政策等前瞻性、战略性工作进行指导，颁布了《中华人民共和国可再生能源法》。"十五"期末，我国能源生产能力大幅度提高，达到 22.9 亿吨标准煤，是改革开放初期的 3.6 倍，形成了煤炭为主，石油、天然气、电力和其他新能源互为补充的能源生产结构，基本满足国内日益增长的能源需求。污染物排放总量也得到一定控制。

节约资源被定位为基本国策，节约排位在结构优化之前。《中华人民共和国国民经济和社会发展第十一个五年规划纲要》提出，必须加快转变经济增长方式。要把节约资源作为基本国策，发展循环经济，保护生态环境，加快建设资源节约型、环境友好型社会，促进经济发展与人口、资源、环境相协调。能源战略确定为"坚持节约优先、立足国内、煤为基础、多元发展，优化生产和消费结构，构筑稳定、经济、清洁、安全的能源供应体系"，并提出实行单位能耗目标责任和考核制度。

2007 年 4 月，《能源发展"十一五"规划》提出，在保护环境和做好移民工作的前提下积极开发水电，优化发展火电，推进核电建设，大力发展可再生能源。2007 年 8 月，《可再生能源中长期发展规划》提出，加快推进风力发电、生物质发电、太阳能发电的产业化发展，逐步提高优质清洁可再生能源在能源结构中的比例，力争到 2010 年使可再生能源消费量达到能源消费总量的 10%，到 2020 年达到 15%。国家在财政扶持及示范工程建设上提出一系列措施，加大可再生能源发展的支持力度，促进我国可再生能源市场与产业的发展。

4. 全面深化改革，加快构建清洁低碳、安全高效的现代能源体系（党的十八大以来）

党的十八大以来，特别是习近平总书记在中央财经领导小组第六次会议上明确提出"四个革命、一个合作"能源安全新战略以来，我国能源转型发展成效卓著，能源电力改革发展成绩斐然。能源发展方式由粗放增长向集约增长转变，能源结构由煤炭为主向多元化转变，能源发展动力由传统能源增长向新能源增长转变，节能降耗取得了显著成效，清洁低碳、安全高效的现代能源体系加快构建。我国经济发展步入新常态，能源消费增长换挡减速，供需相对宽松，能源发展进入新阶段。

《中华人民共和国国民经济和社会发展第十二个五年规划纲要》提出，推动能源生产和利用方式变革，坚持节约优先、立足国内、多元发展、保护环境，加强国际互利合作，调整优化能源结构，构建安全、稳定、经济、清洁的现代能源产业体系。《能源发展"十二五"规划》提出,实施能源消费强度和消费总量双控制目标。

"十三五"时期,我国坚持节约资源的基本国策,把发展清洁低碳能源作为调整能源结构的主攻方向,积极化解过剩产能,合理把握新能源发展节奏,着力消化存量,优化发展增量。《中华人民共和国国民经济和社会发展第十三个五年规划纲要》提出,深入推进能源革命,着力推动能源生产利用方式变革,优化能源供给结构,提高能源利用效率,建设清洁低碳、安全高效的现代能源体系,维护国家能源安全。这为我国能源转型发展指明了方向、明确了目标。

我国目前已经形成多层次能源战略规划体系,如图1-8所示。国家级层面上,我国能源发展主体思路框架主要由国民经济和社会发展五年规划(计划)中的能源部分、能源中长期专项规划及细分品种的中长期规划、能源五年专项规划及细分品种的五年专项规划等构成。省级能源发展则有更加具体的地方能源发展规划。

国家五年规划(计划)	能源中长期专项规划	能源五年专项规划
国民经济和社会发展五年规划(计划)中的能源部分	《能源中长期发展规划纲要(2004—2020年)》(草案)《能源发展战略行动计划(2014—2020年)》《能源生产和消费革命战略(2016—2030)》《能源技术革命创新行动计划(2016—2030年)》《可再生能源中长期发展规划》《核电中长期发展规划(2005—2020年)》等	《国民经济和社会发展第十个五年计划能源发展重点专项规划》《能源发展"十一五"规划》《能源发展"十二五"规划》《能源发展"十三五"规划》煤炭、石油、天然气、可再生能源等细分领域五年专项规划

图 1-8 国家级能源战略规划体系

国民经济和社会发展五年规划(计划)中的能源部分主要阐明国家能源战略方向,包括五年间的能源发展总目标及重大建设项目等,为能源专项规划的制定指明了方向。能源中长期专项规划一般规划较长期的能源发展方向,《可再生能源中长期发展规划》《核电中长期发展规划(2005—2020年)》等中长期专项规划是细分领域更长期的发展战略,设定行业健康发展的远景目标。能源五年专项规划根据国民经济与社会发展五年规划(计划)制定,是对未来五年内能源发展的规模与重点项目进行的设计。能源五年专项规划及其细分领域五年专项规划同一时间段的基本目标一致。

2022年1月29日,国家发展改革委、国家能源局印发了《"十四五"现代能源体系规划》,提出增强能源供应链稳定性和安全性、加强能源自主供给能力建设,以及到2025年非化石能源发电量比例达到39%左右的目标。

1.4　中国能源转型的机遇与挑战

1.4.1　中国能源发展在"十四五"时期面临的主要挑战

"十四五"时期，新冠疫情和中美贸易摩擦冲击进一步延续，加之新一轮科技革命使得大国之间的博弈激烈化，国际政治经济格局动荡，我国能源产业链、供应链发展面临着重构的挑战。纵观国内，我国进入经济高质量发展阶段，构建和完善现代产业体系成为重要抓手。能源作为重要的基础产业，必须构建与之相匹配的现代能源体系，推进能源体系绿色低碳转型，才能支撑碳达峰目标和生态文明制度建设的有效实施。综合看来，"十四五"时期能源发展还存在以下主要问题和挑战。

（1）能源革命深入推进，现代能源体系构建任务艰巨。"十四五"时期，我国推进经济高质量发展，构建新发展格局，实现碳达峰、生态文明制度建设等战略目标的同时，构建现代能源体系非常具有挑战性。从"十三五"时期的发展基础来看，完成非化石能源占比的目标并不困难，但要有效率、有质量地提高新能源渗透率，是一项很具有挑战性的系统性工程。需要同时推动"四个革命"，即在供给端新增新能源装机容量，在技术和体制上支撑新能源并网接入，并在消费端形成优先使用新能源的激励机制。在供给端，新增新能源装机容量需综合考虑存量优化、增量布局、环境影响等因素；在技术上，新能源并网接入需要解决电网稳定性和安全性问题；在体制上，新能源并网接入需要制度安排，而各地区的能源利益与我国能源体系整体利益一致的博弈机制尚未形成；在消费端，形成新能源优先使用的激励机制需要财政支持，也可以通过协调能源行业与其他行业的利益分享和成本分摊问题，推动国有企业参与消费结构低碳化转型。

（2）能源自主创新能力增强，但仍存在"卡脖子"技术问题。目前我国能源领域的一些核心设备和关键零部件主要依靠进口，一些关键核心技术仍掌握在欧洲、美国等发达国家和地区手中，在能源细分产业的多个环节上仍存在"卡脖子"技术问题，亟须提升我国能源自主创新能力，建立自主创新体系。终端电气化、电网灵活性/智能性改造及储能技术商业化的推进都需要较高的技术和商业模式创新支撑，目前在技术成熟度和商业运用成本经济性上仍存在问题。"十四五"时期，我国要进一步加强能源科技创新，在能源重点领域和关键环节进行技术攻坚，聚焦能源清洁化、电气化、智能化、集成化等事关能源转型发展全局的关键领域，推动能源开发、转换、配置、使用全环节技术和装备创新，提升能源产业链、供应链现代化水平。"十四五"时期，还需在电力基础设施网络安全、智能电网、先进核电、智慧矿山、煤炭清洁利用和新能源核心技术研发等重点领域取得突破，在氢能产业链关键技术和装备、天然气上游勘探开发环节、能源工业软件等方面进行技术攻关。

（3）低碳转型已成发展大势。目前我国正在进一步推进城镇化和工业化进程，能源消费总量增长是必然趋势。我国钢铁、煤炭、化工、建材等高能耗行业用能占终端能源消费的比例偏高，高能耗、高污染、低能效的发展模式还没有从根本上实现转变。煤炭作为我国主体能源，在我国能源消费结构中仍占有将近60%的比例，是环境污染和碳排放的主要来源。我国必须在"十四五"时期完成能源低碳化转型和产业结构低碳化调整的同时，建立和完善符合高质量发展标准的绿色低碳循环现代经济体系，在约束条件增多、收紧情况下实施多目标均衡的战略。

（4）能源供需不匹配格局显现，不协调系列问题逐渐凸显。我国能源资源与负荷需求呈现出明显的逆向分布特征，加之跨区域运输调配能力和电网灵活运行能力不足，各类能源系统壁垒严重，使得我国长期存在能源供需不匹配的问题。"十四五"时期，随着我国能源资源的生产力逐渐向优势资源地高度集中，能源供需不匹配的格局会进一步显化，能源不协调系列问题将逐渐凸显。在能源资源分布上，煤炭产能高度集中在山西、新疆、内蒙古和陕西四个省区，其产能占全国总产能的75%以上；油气和煤炭、水电资源都集中在西部地区；风能、太阳能等新能源集中在"三北"地区。在负荷需求上，东部地区、中部地区生产总值大省等对能源需求量都非常高，而这些地区能源资源匮乏，需要北煤南运、西电东送、西气东输这些跨区域的能源资源调配来满足负荷需求。在能源"双控"和煤炭消费总量控制等政策调控下，受运输和储备能力限制，在用能高峰时刻，这些能源资源匮乏且负荷需求高的地区容易出现"拉闸限电"等用能需求不能满足企业和居民的现象，影响企业正常运行和居民正常生活。另外，各类能源之间需要进一步统筹协调，构建有效的现代能源体系，并协调优化煤炭、油气、电力和新能源等发展存在的体制机制和政策支撑问题。

（5）油气对外依存度升高，储备和调峰能力发展滞后。油气作为我国相对贫乏的能源资源，尽管近年来生产能力不断上升，但相对于我国较大的需求，缺口仍较大。2019年，我国原油和天然气对外依存度分别超过70%和45%，高度依赖进口的油气成为我国保障能源安全的短板。2020年，受新冠疫情影响，我国油气产量未能达到预期。总体看来，"十四五"时期，油气的增储上产将成为趋势，但发展仍面临油气产供储销对外依存度升高、储备和调峰能力不足等问题。目前我国天然气管道建设能力有限，并且储气设施仍存在LNG接收站单体规模普遍较小、布局较分散、土地和岸线资源利用率低、配套设施投资和运营成本高等问题。

（6）新能源发展成为重点，电力系统灵活性亟待提升。目前新型电力系统的灵活性仍是难题，面临的主要挑战是：一方面，大量新能源机组替代常规机组，电力系统抗扰动能力降低，使得电网调节能力不足，挑战电网的安全运行；另一方面，随着新能源设备大量接入电网，电力系统受并网设备电力电子化特征影响，易出现大规模脱网的连锁故障，挑战主网安全，带来新的系统稳定问题。"十四五"时期，新能源发展迈上历史新高度，构建以新能源为主体的电力系统将成为重点工作之一。

1.4.2　中国能源转型在"十四五"时期的机遇

（1）加快经济发展方式转变。我国将立足新发展阶段、贯彻新发展理念、构建新发展格局。我国经济由高速增长阶段转向高质量发展阶段，将坚持创新在我国现代化建设全局中的核心地位，激发更多创新活力，从根本上支撑"双碳"目标实现。

（2）对于电力行业，能源转型将为电力系统全面升级提供机遇。

①调整发电结构。在推进"双碳"目标的进程中，降低火电占比，提高清洁能源发电比例。一方面，新增本地可再生能源发电机组、减少新建煤电机组，逐步关停低效率高排放电厂。另一方面，采取政策手段持续激励清洁能源资源丰富地区的清洁能源供应量，妥善处理清洁能源发电并网问题，运用市场调节和跨省跨区输电促进清洁能源发电消纳。

②促进电力技术进步与技术应用。随着可再生能源技术、储能技术等不断进步，能源效率进一步提高、技术成本大幅度下降。太阳能发电、风电大规模发展，储能也将迎来拐点，向运营性应用转变。此外，推广利用碳捕集技术可以减小现有化石能源发电厂提前关停概率，降低安全供电风险，对于实现"双碳"目标至关重要。

③提高电力系统灵活性。通过改进电网基础设施、运用需求侧响应及提高储能技术水平，提高电网灵活性，进而提高电力供应效率、扩大电力供应范围。

④完善电力现货市场。第二轮电力体制改革以来，各地区不断完善电力交易市场机制，但侧重点主要集中在中长期交易市场。

⑤由于清洁能源发电具有不稳定性，需要建立更加有效的现货市场来提高清洁能源普及率和提高电网灵活性。运行良好的电力市场短期内对于推动电力体制改革有着重要意义，尤其是建立电力现货市场，是改善电力市场交易规则和电力系统运行机制的重要组成部分。短期电力市场电价是当下电力供需关系的实时体现，可以为中长期电价提供参考，从而指导新增发电装机容量的投资，并且推进完善电力金融市场。此外，电力现货市场的完善也将促进储能市场的

发展，进而为提高风能、太阳能等清洁能源发电量奠定基础，达到多方共赢、互相促进的目的。

（3）对于工业行业，能源转型将为工业节能提供路径。

①消除产能过剩，提高集中度。产能过剩是工业部门向低碳经济转型的主要矛盾。在市场机制下，应该由价格和生产要素的分配来确定市场力，而生产要素的分配由企业竞争力决定，从而达到消除过剩产能的目的。消除过剩产能离不开政府部门的参与，在市场调节的基础上，政府参与市场，建立市场调节机制，建立"绿色准绳"，在工业发展过程中考虑能效、环保、安全、质量和其他因素，从而使"十四五"时期主要工业部门的整体产能利用率提高。

②提高节能技术水平，控制能源需求。相比其他先进企业的产品能耗，中国高耗能行业的能耗水平普遍偏高，为了降低能耗水平，充分挖掘现有节能技术潜力是比较有效且低成本的减排方法。第一，通过提高重点企业和产品的能效，从部分环节和个体节能向全过程和全系统节能转变，这也需要管理部门的激励措施；第二，通过促进锅炉、发动机、变压器等关键耗能设备的绿色升级和能耗改进，达到最大限度挖掘节能潜力的目的；第三，数字化和信息化技术在节能领域进行应用，通过数控和信息化反馈，达到高效节能的目的。

（4）对于交通运输业，能源转型将为交通运输业提供新动能。

①促进新能源汽车转型。随着中国新能源汽车产业的快速发展，新能源汽车的销量和渗透率将继续提高。需继续加快修建新能源汽车充电桩，推进向新能源汽车的大规模转型。

②推进智能交通发展。提高交通运输基础设施规划、设计、修建、养护、运营和管理全周期的数字化水平，搭建大规模和系统性大数据集，以及覆盖运载车辆和基础设施的综合交通大数据中心体系。促进数字技术、第五代移动通信技术（5th-generation mobile communication technology，5G）与车路协同系统的融合发展。

（5）运用数字技术促进能源转型。快速发展的先进信息技术为产业数字化转型提供重大机遇，应编制实施各产业智能化建设专项规划，积极推动能源生产与5G、云计算、大数据、区块链、人工智能等新一代先进数字技术的深度融合与创新应用，全面推进智慧采矿、智能电站、智慧运输和智慧化工等的建设，赋能全产业提质增效。另外，推进企业管理机制与信息化管理深度融合，系统布局数字化管理，持续提升企业智慧管理水平。

（6）中国能源转型方向对于全球的影响将是引领性的。中国结束了以煤为基础的高速发展，转向高质量的发展。巨大的经济总量、全球领先的数字技术及"创新、协调、绿色、开放、共享"的新发展理念决定了我国将对世界能源转型起引领作用。

1.5　本　章　小　结

　　本章梳理了能源转型的三个阶段、能源转型与能源安全的关系，以及中国能源生产消费结构与战略规划的演进。经过柴薪到煤炭、煤炭到油气、油气到新能源的三次能源转型，全球能源转型进入了新阶段。我国未来能源生产消费结构也将不断改善，从主导能源上，逐渐向着供能多元化、清洁化、智能化转变；从能源系统上，应用数字技术，不断推进碳市场和新型电力交易市场，促进资源高效配置和能源系统高质量转型。对于企业来说，能源转型为其带来的机遇与风险并存：一方面，企业可依据我国绿色金融政策开展投资；另一方面，碳密集行业的企业应警惕资产搁浅风险。因此，应当从能源转型优化路径、能源交易系统、新型能源技术、绿色金融等方面全面衡量能源转型在我国的发展理论与实践。

参 考 文 献

姬强，张大永，2022. "双碳"目标下我国能源安全体系构建思路探析[J]. 国家治理，（18）：22-26.

第 2 章 "双碳"目标下能源转型面临的风险分析与应对

"双碳"目标下全球能源转型目标的实现面临多种不确定性,对该目标的综合评估依赖于多个复杂系统的耦合。具体地,作为人类社会演进的重要标志,能源转型的广度和深度将远远超出能源本身,不仅涉及能源自身更替,而且涉及技术发展、经济社会运行阶段、管理制度变革等多个维度,是经济社会系统整体变革的复杂系统性工程。全球能源转型加速将导致能源投资、生产、消费格局,以及产业链、供应链重塑,在这一过程中难免会产生市场供需错配或衔接错位,从而引发重大结构性风险,甚至演化为系统性、全局性风险。能源转型过程的时间跨度和能源替代的节奏将对能源、环境、经济三个子系统之间的综合平衡与协调发展产生深远影响。本轮能源转型比以往转型更加复杂,既面临新冠疫情暴发的冲击,又面临逆全球化的长期挑战,能源转型路径的不确定性将带来一系列风险挑战。为此,本章系统分析能源低碳转型面临的各类潜在风险与不确定性因素,在此基础上提出应对转型风险的思路。

2.1 能源转型风险分析

"双碳"目标的实现从根本上要求我国能源系统实现近零碳排放。这一转型要在未来 40 年打破以传统化石能源为主体的既定发展模式,转向以近零碳能源为主体的新型能源发展模式。能源转型的长周期、大时间尺度特征,以及未来转型面临的经济、技术、市场和政策的不确定性决定了这一转型过程必将伴随各类风险,极易导致能源供需阶段性、结构性失衡等问题。与此同时,世界面临百年变局和新冠疫情交织叠加的复杂国内外环境,不稳定、不确定外部因素明显增加,在此背景下,能源安全面临极大挑战。在充满巨大风险与不确定性的环境中推动能源转型,可能会对经济、社会等造成冲击破坏,最终也会阻碍能源转型目标的实现。

(1)转型节奏失衡引发传统化石能源稳定供应风险。在"双碳"目标下,降低化石能源(特别是煤炭)比例被视为能源低碳转型的关键。然而,如果"减煤"速度过快、力度过大,煤炭对能源体系安全运转的托底保供作用将会被削弱,短期内很可能引发能源安全问题。例如，欧洲 2021 年下半年遭遇电力供应短缺问题，其中一个重要的原因就在于其可再生能源比例提升迅速、化石能源过快退出，叠加天然气供应持续紧张、新冠疫情后能源需求复苏、极端气候影响可再生能源生产等多重因素，部分地区、部分时段发生能源供应短缺问题。我国能源结构偏煤，预计未来较长时间内，煤炭仍将是我国第一大能源，其间既要控煤减碳又要发挥煤炭的压舱石作用，如何在两者之间进行平衡以把握好低碳转型的节奏和力度是保障能源安全面临的重大挑战[①]。

（2）能源低碳转型背景下化石能源发展空间受限导致化石能源投资意愿下降，化石能源稳定供应受到挑战。在能源低碳转型的大趋势下，化石能源发展的空间受限乃至收缩，以及相关气候政策的实施将导致化石能源潜在投资者对未来投资收益的悲观预期（Mo et al.，2021），在此背景下全球对石油、天然气和煤炭的投资不足可能成为一种常态。未来能源转型不是一蹴而就的，能源转型的整个过程中全球将一直需要化石能源的托底和保障，需要保持对煤炭、石油和天然气的一定投资。然而 2015 年以来，低油价下全球对石油、天然气和煤炭投资的重要性认识不足，油气上游投资大幅下降。由于能源生产供应恢复具有滞后性（化石能源项目建设周期一般为 3～5 年），恢复和新增产能都需要时间。能源投资不足叠加能源消费刚性需求回升，极易导致短期能源供需错位，引发能源市场的价格震荡。例如，2022 年 3 月 3 日，伦敦布伦特原油期货价格和纽约西得克萨斯轻质中间基（west Texas intermediate，WTI）原油期货价格盘中分别突破 119 美元/桶和 116 美元/桶。这既有俄乌战争和地缘政治因素的影响，又有生产跟不上消费需求的供需错配因素影响。因此，需要理性认识能源转型过程的动态复杂性，如果不切实际地盲目舍弃化石能源，那么类似的市场和价格周期性震荡还会反复出现。

（3）可再生能源的波动性和间歇性带来新的能源安全风险。以太阳能、风能为代表的可再生能源的波动性和间歇性在一定程度上影响能源系统低碳转型的稳步推进。具体来说，在现有技术条件下，可再生能源主要转化为电能进行利用，水电、风电、太阳能发电存在波动性、间歇性、随机性特征，受天气影响明显。可再生能源发电大规模并网后，导致电网系统的电能质量、安全稳定、调控能力等下降。尤其是在遭遇极端天气时，会加剧能源系统的脆弱性和安全风险（Jones，2017）。例如，2021 年 9 月欧洲的风速明显低于历史均值，导致风电出力降低，加剧了欧洲电力供应短缺局面；美国得克萨斯州风电、太阳能发电机组占发电总装机容量的 50%以上，在遇到极寒雪灾的情况下无法正常运行，在一定程度上造

---

① 中国政府网，2022. 习近平主持中共中央政治局第三十六次集体学习并发表重要讲话[EB/OL].（2022-01-25）[2023-08-25]. https://www.gov.cn/xinwen/2022-01/25/content_5670359.htm?eqid=97592a4200058e4c0000000264560a9c.

成了电网严重瘫痪，进而导致大规模停电。

（4）能源转型催生了对矿产资源的需求，相关矿产资源风险开始凸显。向可再生能源为主体的能源系统转型意味着要转向更多的矿产密集型能源系统，该过程中所需矿产和金属规模远超过人们的认识（IEA[①]，2021）。锂、镍、钴和锰是电池的重要组成部分，稀土则对风力涡轮机和电动汽车电机至关重要。根据标准普尔报告，电动汽车需要的矿产资源是传统汽车的 6 倍，海上风电场需要的矿产资源是天然气发电厂的 13 倍。考虑到未来太阳能发电、风电部门需求的大幅增长，铜、镍、锌、银等金属将面临供应安全风险。然而近年来上游矿产开发投资增速不及预期、金属矿产资源开采难度持续加大，可再生能源发展路径的不确定性进一步放大了金属供需错配的风险。

（5）可再生能源发展可能带来潜在生态环境风险。从全生命周期视角看，可再生能源发电并非零碳排放、零污染，可能存在诸多潜在生态环境风险。例如，光伏产品的制造过程，特别是硅冶炼和提纯加工过程，会产生大量四氯化硅、氯化氢等废气和含氟污水。若这些废弃物不能得到合理解决，将对空气、水、土地等资源造成严重的污染。另外，光电元器件的使用寿命一般为 20～30 年，未来将会产生大量废弃的电池板。这些电池板不仅含有稀有金属或贵金属（如银、铟），而且含有许多可能对环境造成损害的有害物质。但目前尚缺乏较成熟的光伏组件无害化处理和资源回收利用技术，也没有相关规范。因此，大量光伏组件的回收利用也是新的难题。此外，大规模光伏电池板建设改变了地表覆盖，引起局部太阳能辐射变化和地表能量失衡，其潜在的生态和气候影响目前还缺乏基于长期观测数据的评估，需进一步深入研究。因此，需要未雨绸缪开展相关研究，积极防范新能源新技术应用过程中可能带来的新问题。

（6）能源转型相关的系统数字化和网络化引发潜在安全风险。数字技术是未来支撑大比例可再生能源目标实现的关键技术。能源数字化后，电力系统收集的海量用户数据呈爆发式增长，安全风险也将伴随包括能源产业链上下游在内的所有环节。特别是工业自动控制系统已逐渐成为能源系统的控制中枢和核心，这些设备一旦被入侵并控制，理论上能源系统就会被控制并在短期内导致供应中断，出现随意开关各种开关和阀门、改变设备运行状态、调整预警系统等操作，从而导致能源供应中断等风险。例如，2021 年美国最大燃油管道运营商科洛尼尔公司遭遇勒索软件攻击，致使美国大部分地区的汽油、柴油等燃料供应受到影响，美国一度进入国家紧急状态。因此，以风电、太阳能发电为代表的新能源行业也面临系统安全风险，而且一旦生产中断，产业链上游的安全问题会传导至下游并放大，并对产业链上的相关主体产生重大能源安全影响。因此，未来亟须推动能源

---

① IEA 指国际能源署（International Energy Agency）。

系统网络安全技术突破，增强能源系统网络安全保障能力[①]。

（7）能源转型技术创新发展路径充满不确定性，面临技术路线选择风险。能源转型直观上看是能源结构的调整，实质上是能源开发利用技术的变革，而实现能源低碳转型目标根本上还是依赖替代能源技术的创新。能源行业的技术创新从理论概念提出到规模化产业化往往需几十年甚至上百年时间，需要长时期大规模的资金投入。即使对于转型步伐较快的欧洲和北美，也依然面临一系列技术难题，尤其是多数技术尚处于示范阶段，缺乏大规模商业化运营，难以有效满足新能源消纳和电网调峰的需求，因此现有的绿色低碳技术尚不能支撑能源的快速转型，未来技术发展路径有待进一步明晰。考虑到能源发展的路径依赖和惯性，能源技术路线选择将对未来能源转型的技术经济可行性产生重大影响，当前面临能源技术选择风险问题（Mo et al.，2018）。

（8）气候变化风险的影响逐步凸显。全球气候变化导致全球气温上升、降水模式不稳、海平面上升，以及更频繁或更强烈的极端天气事件，对能源系统尤其是电力安全有重大影响（IPCC[②]，2021），主要表现在两方面：一方面，对于电力生产端，气候变化会降低效率，改变热能和可再生能源生产设施的可用性与发电潜力，输电和配电网络也可能遭受更大的损失、传输能力的变化和物理损坏；另一方面，对于需求端，气候变化尤其是极端气候的出现将导致对制冷和供暖等能源需求的大幅波动，进而导致对热力和电力需求的不稳定性。

（9）能源转型导致传统能源面临资产搁浅风险，并给相关行业人员就业带来冲击。传统能源产业链条长、价值增值环节多、吸纳就业规模大、资产庞大且专用性强。在能源转型过程中，新能源与传统能源在技术、资产形态、用能方式等方面都存在巨大差异。在能源转型过程中，传统能源业务收缩、新能源仍需大规模投入，产业接续难度较大，传统能源行业面临大规模资产搁浅风险，与此同时可能对相关行业人员就业造成较大冲击（Mo et al.，2021）。尽管可再生能源业务的快速发展可以创造更多的就业岗位，但就业创造与就业损失间存在着时间、空间和技能的不匹配，就业群体可能难以完全在新创造的就业岗位中找到合适的位置，面临大规模失业风险。

（10）相关产业可能面临国际贸易的新壁垒风险。欧洲从20世纪70年代起就关注气候变化，主导构建了碳交易、清洁发展机制等规则标准，建立了完整的低碳政策及技术产业体系，帮助欧盟企业赢得了竞争主动权，有意愿和动力设置技术和贸易壁垒。2021年3月，欧洲议会通过了《碳边境调节机制》（*Carbon*

① 国家能源局，2023. 国家能源局关于加快推进能源数字化智能化发展的若干意见[EB/OL].（2023-03-28）[2023-08-25]. http://zfxxgk.nea.gov.cn/2023/03/28/c_1310707122.htm.

② IPCC 指联合国政府间气候变化专门委员会（Intergovernmental Panel on Climate Change）。

Border Adjustment Mechanism，CBAM）议案，从 2023 年起对欧盟进口的部分商品征收碳关税，并要求进口货物购买与欧盟碳排放交易系统"挂钩"的碳排放权证。2021 年，欧盟碳排放权交易价格达到 100 欧元/吨二氧化碳，在此背景下，碳关税对相关碳密集行业利润的影响不可低估，未来整个产业链上的企业都将感受到成本增加带来的冲击影响（王谋等，2021）。

2.2　能源转型风险应对

为保证未来能源系统的安全平稳转型，需对未来能源转型面临的风险进行识别，评估未来能源转型的可能路径，监测风险爆发的临界点，并基于此提出应对风险挑战的方案。

1. 能源转型风险识别

识别能源转型面临的风险与不确定性因素是进行风险管理并推动能源转型的前提条件。总体来看，未来能源转型主要面临三个方面的重大风险挑战。一是能源转型不确定性可能引发资源风险。全球能源转型必须依托基础资源，如果没有充足基础资源的支撑，能源转型或将引发全球能源危机，带来巨大的经济和政治风险。资源风险既包括对石油、天然气和煤炭等化石能源投资不足造成的产能危机风险，也包括由转向矿产密集型的新能源系统带来对铜、镍、锌、银等需求增长引发的金属供应风险。因此，能源转型路径不确定性带来的资源结构性供需失衡风险不可忽视。二是能源转型不确定性将带来金融系统性风险。能源转型意味着更高的碳排放标准和环保要求，这会增加传统能源资产的搁浅风险，导致相关碳密集型企业价值下降，可能出现巨额债务违约，触发国际能源资产"明斯基时刻"。同时，传统能源企业面临的风险将通过产业链向下传导，不可避免地会传递到金融领域，对金融机构造成信用风险、流动性风险和声誉风险。因此，能源转型路径不确定性将成为新的金融系统性风险源，冲击金融系统的稳定性。三是能源转型不确定性将引发一系列经济损失风险。能源转型遏制了传统能源矿产资源的长期投资，推高了原材料、制造、运输成本，并传递到消费端推高消费市场的价格水平。可再生能源发电大规模并网后，导致电网系统的电能质量、安全稳定性、调控能力等下降，加剧能源系统的脆弱性和安全风险，将冲击整个经济系统运行的平稳性。此外，能源和气候危机影响供应链安全、粮食安全、水资源安全等诸多经济要素，能源和化肥价格上涨推高粮价，造成全球粮食供应链趋紧；全球气候变化风险将使旱涝灾害变得更加极端，引发全球水危机。因此，能源转型进程将从供给端和需求端影响宏观经济变量，给实体经济长期稳定增长带来挑战。

2. 能源转型路径的不确定性

未来不确定条件下激进的能源转型难以保证能源充足稳定供给和经济平稳增长，而转型过慢又难以保证按时完成既定"双碳"目标。因此需要对能源转型路径的多情景与不确定性进行如下分析。一是在对未来多维风险分析的基础上，对全球及中国能源消费与碳排放的驱动力与未来演化情景进行分析，包括全球及中国产业结构调整、能源效率改善、能源结构变迁、能源技术进步与能源成本演化情景等。二是在分析转型驱动力演化情景基础上绘制全球及中国未来能源系统转型的多情景路线图，建立基于风险推演的多情景能源转型路线场景，并对全球主要国家自主贡献的动态演化与更新路径进行分析，重点刻画转型路径的可能情景及其可行边界。

3. 能源转型进程监测与转型风险测度预警

由于能源转型可能受到多重风险与不确定因素影响，并给社会经济系统造成冲击，需对能源转型的进程进行监测，并对潜在的安全风险进行预警，这需要构建能源系统低碳转型进程监测体系，对能源消费、经济增长、碳排放、碳强度等在内的指标体系进行动态跟踪，并对时空关联关系进行动态评估，从而确定能源转型是否朝着预定的目标方向推进。除此之外，还需要构建能源转型风险态势演化预警系统，通过一系列能源、经济指标来刻画能源转型过程中面临的能源供需错配及各种潜在安全风险，对能源转型的风险态势进行预警，科学有效地识别关键风险及其临界点。

4. 应对转型风险的策略

鉴于能源系统低碳转型过程的长期性、动态性与不确定性，转型风险应对将是一个对风险动态管理的过程，包括期初充分考虑未来各种可能风险因素基础上的能源中长期发展战略规划制定，应对短中期风险的能源战略储备建设、传统能源基础设施的暂停封存与应急重启，以及应对中长期风险与不确定性的能源科技创新与技术储备（如碳捕集技术、先进煤化工技术、绿氢相关技术及其他潜在技术）。更重要的是，未来的转型风险管理策略需要将上述短、中、长期策略按时间路径进行综合集成嵌套，在此基础上提出应对能源转型各种潜在风险并保障系统平稳有序转型的战略规划与政策组合。

2.3　本章小结

总体来看，面对诸多不确定因素，未来能源转型面临一系列重大风险挑战，包括资源风险、金融风险及经济社会风险等。资源风险既包括全球碳中和目标下对传统能源投资不足导致的产能危机,也包括向矿产密集型的新型能源系统转型带来的相关金属资源安全风险。此外,能源转型意味着更高的碳排放标准和环保要求,加大碳密集型资产现金流风险,导致相关资产价值下降乃至造成搁浅风险。同时,碳密集型资产预期收益减少可能引发市场对资产重新定价,导致持有相关资产的金融机构风险上升,甚至可能引发系统性风险,冲击金融乃至经济系统的稳定性,给实体经济长期稳定增长带来挑战。

基于此,在未来长期能源转型进程中,我们需要系统评估各种可能的潜在风险,研判能源转型路径的不确定性,并制定一系列风险应对策略,保证能源系统的平稳有序转型。

参 考 文 献

王谋,吉治璇,康文梅,等,2021. 欧盟"碳边境调节机制"要点、影响及应对[J]. 中国人口·资源与环境,31(12):45-52.

IEA, 2021. The role of critical minerals in clean energy transitions[EB/OL]. (2021-05-28) [2023-08-25]. https://www.iea. org/reports/the-role-of-critical-minerals-in-clean-energy-transitions.

IPCC, 2021. Climate change 2021: The physical science basis[EB/OL]. (2021-01-31) [2023-08-25]. https://www.ipcc.ch/ report/ar6/wg1.

JONES L E, 2017. Renewable energy integration: Practical management of variability, uncertainty, and flexibility in power grids[M]. Salt Lake City: Academic Press.

MO J L, SCHLEICH J, FAN Y, 2018. Getting ready for future carbon abatement under uncertainty—Key factors driving investment with policy implications[J]. Energy economics, 70: 453-464.

MO J L, ZHANG W R, TU Q, et al, 2021. The role of national carbon pricing in phasing out China's coal power[J]. iScience, 24(6): 102655.

第3章 中国油气行业转型与能源安全

3.1 基于中国能源安全视角的油气供应安全

3.1.1 中国能源安全的概念、内涵及面临的挑战

1. 能源安全的概念

20 世纪 70 年代，第四次中东战争引发了石油禁运危机。突发的石油供应短缺让西方国家强烈感受到能源对国家政治、经济和社会生活的重要性。随后，世界主要石油消费国在美国的倡导下成立了由 26 个成员国组成的国家间能源经济合作发展组织——IEA[①]，并首次提出能源安全的概念。美国剑桥能源研究协会主席丹尼尔·耶金（Daniel Yergin）提出，对于能源消费国，能源安全主要是指供应安全，即以合理的价格获得充足可靠的能源供应。当时的能源安全主要关注石油供应安全和价格稳定，所涉及维度和能源种类相对单一。随着时间的推移，能源安全的内涵不断丰富、外延不断拓展，呈现出鲜明的时代特色和主体特征。经济社会的发展、国际政治形势的变化、环境与气候治理的约束、能源科学技术的进步、可持续发展理念的普及都在不断地赋予能源安全新的内涵。从全球范围看，能源安全从最初以关注稳定供应为主，发展到现在覆盖能源生产、供应、消费整个生命周期，涵盖能源供应、能源结构、环境影响、科技创新、能源治理、国际合作等多个维度。

2. 中国能源安全的内涵

当今世界正值百年未有之大变局，我国也正处在实现第二个百年奋斗目标（到新中国成立一百年时建成富强民主文明和谐的社会主义现代化国家）和全面建成社会主义现代化强国的关键时期。首先，从国际环境来看，气候变化和环境保护是当今人类社会面临的最严峻问题之一，碳中和已成为全球气候治理的重要内容，将带来经济社会的系统性变革，特别地，能源领域将加速向清洁化、电气化、智能化的方向进行低碳转型。其次，从国内环境来看，我国已开启全面建设社会主义现代化国家的新征程，经济社会发展和人民日益增长的美好生活需要将推动我

[①] IEA 现有 31 个成员国。

国能源消费量持续增长。这与国内能源特别是油气资源的不富足形成了极大的供需矛盾。作为最大的发展中国家和碳排放大国，我国必须在全球气候行动中彰显负责任大国的担当，承担艰巨的减排任务，实现碳中和目标。新形势下，我国能源高质量发展面临前所未有的挑战。与此同时，我国能源安全也被赋予新的内涵，主要体现在以下五个维度。

（1）能源供应安全，即传统能源安全所指的持续稳定的能源供应和可以负担的能源价格。主要以防止能源供应中断为重心，不断提升能源的自给能力、能源供给来源的多元化和运输渠道的多样化，促进传统能源与新能源的良好协同发展，以保证能源的充足连续供应，支撑经济社会正常运转。同时，我国作为能源大规模进口国，发展石油、天然气交易相关货币金融体系，提升在国际能源秩序中的地位和能源定价机制中的话语权，也是保障可承受能源价格的关键。

（2）能源使用安全，即人们使用能源的环保性和平等性。以往粗放低效的能源使用模式给我国带来了严重的生态环境问题，当前"美丽中国建设""绿水青山就是金山银山"等可持续发展理念逐步深入人心。能源使用安全重点关注能源开发利用的生态友好性、能源产业发展的健康可持续性，需要在生态环境治理的约束下，提高能源使用水平、提升能源效率和服务能力、推动经济绿色健康发展。同时，能源使用水平直接影响着人们的生活质量和健康水平。因此，能源使用安全在强调环保性的同时，也要关注人们使用现代清洁能源的平等性。

（3）能源科技安全，即支撑国家能源安全战略实施的科技能力。"能源的饭碗必须端在自己手里"[①]最本质的内涵就是要掌握能源核心科技。科技决定能源未来，科技创造未来能源。当前全球科技创新进入空前密集活跃期，新一轮科技革命已经到来。科技的发展进步能够突破传统资源禀赋的限制，应对生态环境保护、气候变化等重大问题和挑战；科技创新将深刻地影响着国家或地区发展和全球能源格局。以往资源禀赋较差、能源安全风险较大的国家可以将提升能源科技水平作为突破口，突破传统能源与新能源关键核心"卡脖子"技术、颠覆性技术，保障能源科技安全，彻底改变本国的能源安全状况，赢得能源革命胜利，实现能源独立。

（4）能源经济安全，即能源使用的经济效益，以及能源利用方式和效率与经济发展的关系。我国经济已由高速增长阶段转向高质量发展阶段，高质量发展要求经济增长更多地依靠科技进步、管理提升和产业结构调整，而非以往的单纯依赖资源累加投入。同时，能源经济安全包括经济发展与生态保护、可持续发展之间的平衡，重在实现经济增长与能源消费脱钩、与绿色挂钩，推动后疫情时代、

---

① 求是网，2022. 新时代新征程上为保障国家能源安全"加油争气"[EB/OL]. （2022-11-02）[2023-08-25]. http://www.qstheory.cn/dukan/hqwg/2022-11/02/c_1129094422.htm.

碳中和目标下的经济绿色复苏。

（5）能源治理安全，即支撑能源高质量发展、保障国家能源安全的体制机制。现代能源治理必须深化能源市场与价格机制、能源相关法律法规与制度体系等领域的改革，处理好市场和政府的关系，充分发挥市场在资源配置中的决定性作用，更好地发挥政府的作用。同时，国际能源秩序正在进行深刻调整，全球能源治理体系和多边合作机制亟待新兴经济体的加入。积极参与全球能源治理、加强应对气候变化国际合作、构建开放共赢的国际能源合作新格局，也是我国能源治理安全应该涵盖的重要内容。

3. 中国能源安全面临的挑战

1）油气供需矛盾

（1）油气资源不足是影响我国能源安全的核心风险，主要表现为过大的能源消费总量和过高的油气对外依存度。过去几十年，我国工业化、城镇化持续推进，经济社会快速发展，人民生活水平显著提高。与此同时，一次能源消费总量总体保持快速增长，特别是2000~2005年，年均增速达12.2%；2010年以来，随着结构优化和能效提升，一次能源消费总量增速逐步回落，2015~2020年，年均增速降至2.8%。早在2009年，我国就已成为全球能源消费量第一大国，2020年一次能源消费总量达36亿吨（油当量），全球占比达26.1%，远高于世界其他主要经济体（表3-1）。然而，我国能源产量增速特别是油气产量增速赶不上消费量增速，远远难以满足消费需求，面临严重的资源不足。2022年，我国原油产量为2.05亿吨，原油进口量达5.08亿吨，对外依存度高达71.2%；天然气产量为2178亿米^3，天然气进口量为1508亿米^3，对外依存度为40.9%。随着"双碳"目标的推进，未来我国一次能源消费总量增速将逐步放缓，但仍然保持增长态势，预计到2035年，我国一次能源消费总量将达到56亿吨（油当量），石油、天然气消费量分别占其15%和13%，未来相当长一段时期内，油气仍然是一次能源的主体。根据世界上最大的石化集团公司之一——BP的数据，世界化石能源资源总体充足（表3-2），2020年世界煤炭探明储量为1.0700万亿吨，储采比为139；石油探明储量为0.2444万亿吨，储采比为53.5；天然气探明储量为188.1万亿米^3，储采比为48.8。我国"富煤贫油少气"的资源禀赋意味着国内油气增产空间有限，未来国内油气供需缺口还有可能持续扩大、油气对外依存度还有可能继续攀升。目前，我国石油对外依存度已经远超安全警戒线（国际惯例是50%），天然气对外依存度也即将触碰安全警戒线。除此之外，国内新能源产业发展所需的锂、镍、钴等战略性资源也严重依赖进口，例如，我国镍矿石85%以上依靠进口。这也是能源供应安全的重要风险。

表 3-1   2020 年部分国家和地区一次能源消费总量全球占比

国家和地区	一次能源消费总量全球占比
中国	26.1%
美国	15.8%
欧洲	13.9%
日本	3.1%
加拿大	2.4%
韩国	2.1%
澳大利亚	1.0%
合计	64.4%

表 3-2   2020 年世界主要国家化石能源储量及储采比

国家	煤炭		石油		天然气	
	储量/亿吨	储采比	储量/亿吨	储采比	储量/万亿米^3	储采比
美国	2495.37	532	82.028	11.4	12.62	13.8
中国	1415.95	37	35.420	18.2	8.40	43.3
俄罗斯	1621.66	408	147.677	27.6	37.39	58.6
日本	3.60	453	—	—	—	—
印度	1059.31	147	6.034	16.1	1.32	55.6
加拿大	65.82	166	270.600	89.4	2.35	14.2
德国	359.00	334	—	—	0	0.7
英国	0.26	16	3.333	6.6	0.19	4.7
沙特阿拉伯	—	—	408.691	73.6	6.02	53.7
伊朗	—	—	216.758	139.8	32.10	128.0

资料来源：BP。

注："—"表示数据不详。

（2）运输通道和价格风险严重威胁着我国海外能源供应安全。近年来我国已逐步形成西北、东北、西南陆上及海上四大油气进口通道，但原油进口主要还是依赖海上通道。原油进口来源地区主要包括中东、非洲、亚太、美洲和俄罗斯，根据海关总署发布的统计数据，2020 年我国原油进口量前十位的来源国有沙特阿拉伯、俄罗斯、伊拉克、巴西、安哥拉、阿曼、阿联酋、科威特、美国、挪威，从以上国家进口的原油量占我国原油进口总量的 82%（表 3-3）。除俄罗斯原油（2020 年原油进口量占比为 15%）通过陆上管道直接输送外，其余进口原油均通过海运，而且航线漫长、路线单一，特别是超过 80%的进口原油都要通过马六甲海峡"咽喉"要道。当前国际局势动荡、俄乌冲突愈演愈烈、国际能源市场大幅波动、贸易保护主义不断升温、国际关系更加错综复杂，个别霸权国家凭借其全球军事投射能力，在极端情况下有可能对我国进口能源通道实施封锁。即便是在平时，上述通道也面临着海盗侵扰、恐怖袭击、运输事故等安全风险。由此不难看出，各种不利因素严重威胁着我国海外能源供应安全。在能源进口价格方面，尽管 1993 年中国就成为原油净进口国、2017 年又超过美国成为世界第一原油进口国，但是长期以来，我国都是国际能源市场的资源追逐者而非主导者，在国际能源定价机制中缺少话语权，被动接受国际能源秩序、被迫承受"亚洲溢价"。这也是威胁我国能源供应安全的一大风险。

表 3-3　2020 年中国原油进口主要来源国及相关数据

进口来源国	输油通道	进口量/万吨	占比
1. 沙特阿拉伯	霍尔木兹海峡＋马六甲海峡	8493	16%
2. 俄罗斯	陆上通道	8344	15%
3. 伊拉克	霍尔木兹海峡＋马六甲海峡	6011	11%
4. 巴西	马六甲海峡	4223	8%
5. 安哥拉	马六甲海峡	4177	8%
6. 阿曼	马六甲海峡	3787	7%
7. 阿联酋	霍尔木兹海峡＋马六甲海峡	3115	6%
8. 科威特	霍尔木兹海峡＋马六甲海峡	2749	5%
9. 美国	马六甲海峡	1975	4%
10. 挪威	马六甲海峡	1272	2%
合计		44146	82%

2）结构性矛盾和发展方式矛盾

（1）严重失衡的能源结构、粗放低效的发展方式已经成为影响我国能源使用安全、经济安全和治理安全的主要问题。我国第二产业占 GDP 比例一度长期高达40%以上，直到 2016 年才降至 40%以下。2020 年，我国第二产业占 GDP 比例为37.8%，远高于世界平均水平（27.9%，2020 年），以及美国（18.2%，2019 年）、英国（17.0%，2020 年）、日本（28.7%，2019 年）等发达国家。高能耗、高排放的第二产业所消耗的能源量占我国能源消耗总量的 70%以上。产业结构偏重是造成我国能源消费总量大、单位 GDP 能耗强度大的重要原因。基于"富煤贫油少气"的资源禀赋，长期以来我国能源消费结构呈煤炭独大，石油、天然气、新能源消费量占比较少的"一大三小"格局。中国和印度是目前全球仅有的煤炭消费量在一次能源消费总量中占比长期超过 50%的国家。2020 年，我国煤炭消费量在一次能源消费总量中占比达 56.6%，是世界平均水平的 2 倍以上、美国的 5 倍以上、欧洲的 4 倍以上；石油和天然气消费量在一次能源消费总量中占比则不足世界平均水平的 1/2，其中，低碳清洁化石能源——天然气的消费量在一次能源消费总量中占比仅为世界平均水平的 1/3、不足美国的 1/4；碳排放总量达 98.99 亿吨，全球占比达 30.7%（表 3-4）。偏重的产业结构、偏煤的能源结构已经造成严重的生态环境危害，制约着我国经济社会可持续发展。预计到 2060 年，我国一次能源消费结构将由当前煤炭独大的"一大三小"发展为新能源为主的"三小一大"；但是，在能源结构转变的过程中，考虑到我国国情和经济发展阶段，要稳妥有序地减少化石能源消费量，推动非化石能源逐步"补位"成为主体能源。

表 3-4　2020 年世界主要国家和地区一次能源消费总量占比、碳排放总量全球占比

国家和地区	一次能源消费总量占比						碳排放总量全球占比
	石油	天然气	煤炭	核能	水电	新能源	
美国	37.1%	34.1%	10.5%	8.4%	2.9%	7.0%	13.8%
欧洲	33.8%	25.2%	12.2%	9.6%	7.5%	11.7%	11.1%
中国	19.6%	8.2%	56.6%	2.2%	8.1%	5.3%	30.7%
亚太其他国家	35.4%	17.7%	35.9%	2.4%	4.3%	4.3%	21.3%
全球平均值或合计	31.2%	24.7%	27.2%	4.3%	6.9%	5.7%	76.9%

（2）能源贫困问题影响着我国能源使用安全。能源贫困是指某个群体无法公平获取并安全使用能源——充足、可支付、高质量、环境友好的能源。虽然我国能源消费总量、碳排放总量均远高于欧洲、美国等发达国家和地区，但人均能源占有量、消费量却远不及前者（表 3-5）。2020 年，我国人均能源消费量为 2.50 吨（油当量），美国人均能源消费量为 6.56 吨（油当量）；我国人均石油消费量为 0.4 吨，美国人均石油消费量为 2.4 吨；我国人均天然气消费量为 233.8 米^3，美国人均天然气消费量为 2509.5 米^3。同时，我国区域能源使用水平也存在着很大的差异，发展不充分、不平衡的问题依然突出，生活中还在使用薪柴的人口仍有近 1/3，与彻底消除能源贫困的目标之间还存在着不小的距离。

表 3-5　2020 年世界主要国家和地区人均能源消费量

国家和地区	人均能源消费量/吨（油当量）
加拿大	8.93
美国	6.56
韩国	5.68
澳大利亚	5.40

续表

国家和地区	人均能源消费量/吨（油当量）
日本	3.33
欧洲	2.80
中国	2.50
全球平均	1.76

3）能源核心科技自主创新能力不足

经过多年的发展储备，我国在能源科技领域已经具备了一定的优势，风电、太阳能发电、常规油气勘探开发等技术已达到国际先进水平，但整体科技创新在全球仍处于局部领先、部分先进、总体落后的水平。较之于世界能源科技强国，基于当前我国保安全、转方式、调结构、补短板的能源转型要求，我国在能源领域的科技创新能力还存在着明显的差距，主要表现如下。

（1）从国外引进的技术较多，立足国情自主研发的原创性、引领性、颠覆性技术偏少，如超深层高温高压井筒技术、深层非常规油气压裂改造技术、深水开发技术、煤炭高效清洁开发利用技术、全产业的地热能/氢能/储能等关键核心技术等都需要加强科技攻关。

（2）碳减排、碳零排、碳负排（简称"三碳"）技术发展总体滞后，难以支撑新能源产业发展壮大。

（3）一些关键材料、核心部件、专业软件、工程装备仍依赖国外，存在着"卡脖子"风险。

（4）存在部分科研攻关散而不精、科技创新泛而不深、科研主体多而不强、科技成果碎而不实等科技创新体系弊端。

当前，世界各国都在抢占能源科技竞争的制高点、加快推进绿色低碳转型，我国必须立足高水平科技自立自强，加快自主创新步伐，以高质量的科技供给保障能源安全。

3.1.2　中国油气供应现状

1. 上游勘查开采投资持续较快增长

2017~2021 年，我国油气勘查投资年均增速为 8.1%；开采投资年均增速为 9.3%；由于新冠疫情影响，2020 年的油气勘查、开采投资比 2019 年有所减少，但总趋势是增长的。2022 年石油企业克服疫情多发散发等复杂困难局面，持续加大勘探、开发力度，我国油气勘查、开采形势持续稳定向好，勘查、开采投资较快增长，全国油气（包括石油、天然气、页岩气、煤层气和天然气水合物）勘查、开采投资分别超过 800 亿元和 2800 亿元。

2. 油气勘查取得多项重大突破或新发现，新增数个亿吨级或千亿米³级大油气田

（1）常规油气在新区、新领域取得突破。塔里木盆地富满油田东部发现富油气新区带，"深地一号"顺北油田落实了 2 条亿吨级超深层凝析油气富集新区带；准噶尔盆地南缘中段 8000 米以深隐伏背斜新类型取得重大突破；渤海湾盆地保定凹陷浅层新区、杨武寨构造深层新层系和滩海葵花岛构造深层新层系获得高产油流，渤海海域发现隐蔽型潜山、浅层岩性、辽西深层油气勘探新领域；南海西部发现宝岛 21-1 首个深水深层大气田和顺德凹陷深水原油新领域；河套盆地开辟了临河坳陷中部油气增储新阵地。2022 年新发现或探明富满油田、巴彦油田、渤中 26-6 油田等 3 个亿吨级大油田，以及天府气田、蓬莱气田、青石峁气田、苏里格气田、顺北气田等 5 个千亿米³级大气田。

（2）页岩气、页岩油等非常规油气勘探取得重大进展。页岩气勘探在四川盆地及周缘威远渝西深层、普光气田浅层、井研—犍为寒武系新层系、梁平和红星二叠系新层系、新场复杂构造深层、丁山构造深层等方面取得新突破，新发现并探明綦江千亿米³级页岩气大气田。页岩油勘探在鄂尔多斯盆地陆相纹层型页岩油新类型、海相页岩油新层系，渤海湾盆地胜利济阳页岩油国家级示范区新洼陷、新类型，苏北盆地页岩油新区、新层系，南海北部湾盆地海域页岩油等方面取得重大突破。

3. 国内油气勘探开发力度不断加强，油气资源管理改革深入推进

2022 年，有关部门和石油企业认真落实习近平总书记关于"加大国内油气勘探开发力度""能源的饭碗必须端在自己手里"重要指示精神[①]，持续加大勘探开发力度，深化落实"四个革命、一个合作"要求，保障能源安全。进一步完善油气资源管理制度改革，深入研究《自然资源部关于推进矿产资源管理改革若干事项的意见（试行）》实施以来的成效和需要进一步完善的问题，完善矿业权竞争性出让制度，优化竞价机制，加大矿业权竞争出让规划研究；持续深化"放管服"改革，探索建立数字化审批模式。2022 年有序开展油气勘查区块竞争出让工作，3 月，广西壮族自治区挂牌出让鹿寨、柳城北 2 个页岩气探矿权，总面积为 333.4 千米²；5 月，黑龙江省挂牌出让 4 个油气探矿权，总面积为 1994.3 千米²；9 月，新疆维吾尔自治区挂牌出让 12 个油气探矿权，总面积为 8568.1 千米²；

---

① 求是网, 2022. 新时代新征程上为保障国家能源安全"加油争气" [EB/OL]. （2022-11-02）[2023-08-25]. http://www.qstheory.cn/dukan/hqwg/2022-11/02/c_1129094422.htm.

11 月，新疆维吾尔自治区挂牌出让 2 批 6 个区块，甘肃省挂牌出让 1 批 6 个区块，总面积为 7738.0 千米^2；12 月，云南省挂牌出让 1 批 1 个区块，青海省挂牌出让 1 批 7 个区块，湖北省挂牌出让 1 批 4 个区块，总面积为 7230.2 千米^2。2022 年，自然资源部挂牌出让油气（含页岩气）探矿权共 42 个，总面积达 25864.0 千米^2。

3.1.3　保障中国油气供应安全和能源安全的战略举措建议

1. 加大油气可持续发展力度

保障中国油气供应安全和能源安全，要坚定不移地立足国内，加大油气勘探开发力度，夯实国内油气产量基础，提升本土油气资源生产保障能力，努力降低油气对外依存度。持续攻关大幅度提高采收率技术，支撑老油田持续挖潜；持续攻关大气田勘探与复杂气田提高采收率技术，推动天然气增储上产；持续攻关非常规油气勘探开发关键技术，推动非常规油气资源战略接替和规模有效开发；持续攻关海洋深水油气勘探开发技术与装备，推动深水油气取得重大发现和有效开发。大力实施"稳油增气"战略，积极推进油气结构转型；努力实现石油稳产，石油功能定位逐渐从"燃料化"转入"材料化"，发挥保障国家能源安全的压舱石和民生原料用品的基石作用。大力发展天然气产业，推动天然气增储上产，发挥其作为化石能源清洁低碳、灵活高效的优势，在低碳转型过程中对高碳化石能源进行替代"补位"；加快发展天然气发电，为可再生能源发电提供调峰支持。加快油气工业与新能源融合发展，为国家生产更多的能源。同时，油气行业自身也要加快推动节能降耗、减排减碳等，推进油气生产绿色革命，打造低碳甚至零碳油气产业链。

2. 加大煤炭清洁高效利用力度

基于我国"富煤"的资源禀赋，以及长期以来高度依赖煤炭的实际情况，须坚持先立后破、安全降碳。在尚未端稳端牢新能源饭碗的情况下，煤炭是自主可控、储量占优的国内自给能源主力军，还要继续发挥其兜底保障和调峰保供作用。邹才能等（2020）提出了实现我国能源独立的"三步走"构想，2035 年以前，依靠"洁煤稳油增气、大力发展新能源"来解决能源供给安全问题，排在首位的就是"洁煤"。大力发展煤炭清洁高效利用，既能有效控制碳排放量，又能发挥煤炭保障能源安全的主力作用，推动煤炭产业可持续发展。"煤炭地下气化"也是煤炭清洁利用的重要途径之一，可以从根本上改变中深层煤炭开采利用模式，降低煤炭开发利用的负面环境影响。我国约有 50% 的煤炭用于发电，要大力推进现役煤电机组的节能提效升级和绿色低碳改造；积极开展煤电机组灵活性改造，推动煤电与新能源发电优化组合，平抑新能源发电的不稳定性。2021 年中央经济工作会议指出，原料用能不纳入能源消费总量控制。这为发展现代煤化工创造了新的机遇，要加大现代煤化工技术攻关和产业化发展，拓展煤炭作为原料的利用方式和范围。此举既能实现降碳，又能保障化工产品产业链、供应链的稳定。

3. 加大节能提效力度

我国已进入新的发展阶段，节能提效是高质量发展的题中应有之义。《能源生产和消费革命战略（2016—2030）》明确提出，能源消费革命要开创节约高效新局面。节能是"第一能源"，应将节能增效作为保障能源安全的首要战略举措，做好能源消费强度和总量双控，建设能源节约型社会。全面提升用能节能管理，抑制不合理用能，强化固定资产投资节能审查，提高节能数字化、智能化水平，完善能源计量和能耗监测体系，通过法律法规和财税政策，增大节能减排约束力。大力实施城市、园区节能减排工程，推动建筑、交通、照明、供热等基础设施节能升级改造。加快调整产业结构，借助强制性政策措施，淘汰落后产能和低效率高耗能设备，推动电力、钢铁、有色金属、建材、石化等重点行业进行节能降碳改造，推动制造业从黑色高碳转向绿色低碳。大力倡导全社会转变用能理念和方式，培育绿色低碳文化，逐步引导人民群众树立"简约而不简单"的生活理念，坚决杜绝奢靡之风和享乐主义，将节能减排融入人民群众日常生活中。

4. 加大新能源产业规模化发展力度

我国新能源资源丰富，具有大规模开发的潜力。目前，世界范围内新能源规模化发展加速推进。2020 年，全球新能源消费量为 22.4 亿吨（油当量），占能源消费总量的 17%。我国新能源发展也步入了快车道，特别是风光核电提速发展。2020 年，我国非化石能源产量为 5.2 亿吨（油当量），比 2019 年增长 6.7%，占国内能源总产量的 17.2%。在碳中和目标导向下，保障我国能源安全的根本出路在于发展新能源。因此，还要进一步加大新能源产业发展力度，尊重科学规律，结合区域资源基础和经济情况，科学合理地发展各类新能源。推进风电、太阳能发电规模化发展；促进海上风电、分散风能资源利用；推动分布式光伏发电快速发展；稳妥推进重点区域和重点河流的水电建设；坚持安全第一，平稳有序推动核电发展；强化氢能关键技术攻关和示范应用，加快构建"制—储—输—用"氢能产业链；因地制宜探索生物质能、地热能、海洋能等可再生能源开发利用；集中攻关安全高效、低成本、长寿命的新型储能技术，发挥储能快速响应、双向调节、能量缓冲优势，提高新能源发电调节能力和并网稳定性。加大政策支持力度，引导促进新能源产业健康有序发展，加快提升新能源产业链、供应链的保障能力和竞争力，逐步提高新能源在一次能源消费结构中的比例，最终形成以化石能源兜底、新能源为主体的现代能源体系。

5. 加大国际合作力度

积极开展大国能源外交、全方位加大国际合作力度是开放条件下保障能源安全的必由之路。在全球化的大趋势下，解决能源安全问题，不可能脱离国际市场，要利用好"两个市场""两种资源"，提升海外能源供应安全和能源治理安全水平。以"一带一路"倡议为重点，加大海外油气投资力度，突出资源评价，注重低碳资产，加大海外优质资产获取力度。在风光热等新能源条件好的地区，加强新能源技术合作与投资，构建海外新能源合资合作基地。推动进口能源多元化、优质化，在现有四大油气进口通道的基础上，进一步提升与周边国家的能源基础设施互联互通，构建安全可靠的多样化海外能源供应体系和通道格局。深化国际能源合作机制，差异化选择一批重点资源国、通道国，建立全方位、多领域、多层级的协作关系和利益纽带，打造利益深度融合、高度关联的能源命运共同体。充分发挥我国第一能源消费市场的战略优势，大力发展原油和天然气期货交易，逐步掌握与我国消费能力匹配的国际能源市场定价权和话语权。积极参与全球能源治理，深化与国际能源组织的对话机制，提升国际能源事务的话语权和影响力，推动构建国际能源治理新秩序。

6. 加快国防和军队建设步伐

加快国防和军队建设步伐是维护国家海上权益、保障海外油气供应安全的迫切要求。个别霸权国家多年来始终致力于运用军事力量操纵全球能源供给，控制海上战略通道，同时其强大的海军力量对海盗和恐怖组织形成了一定的威慑力。当前我国绝大多数进口能源依赖海上通道，倘若没有强大军队的保护，海外能源运输必然受制于人。我国亟待加快海洋战略布局，建立完善的海外战略支点，大力发展海上军事力量，加快建成世界一流军队，提高捍卫国家主权、安全和利益的战略能力，维护我国海上能源通道安全、保障海外油气供应安全。同时，还要加强国际军事合作，积极参与联合护航、海上搜救、打击海盗、反恐防暴等行动，共同维护全球海上通道安全。

7. 加快能源强国建设步伐

继我国提出建设"人才、科技、制造、质量、网络、交通、贸易、海洋、文化"九大强国之后，2021年中央经济工作会议又做出"加快建设能源强国"的重大战略部署[①]。这是我国首次提出建设能源强国，意味着能源强国是全面建

[①] 人民政协网，2021. 深入推动能源革命　加快建设能源强国[EB/OL]. （2021-12-28）[2023-12-07].
https://www.rmzxb.com.cn/c/2021-12-28/3013212.shtml.

成社会主义现代化强国的重要组成部分和基础支撑。中华人民共和国成立初期，我国能源生产能力不足，1949 年原油产量仅 12 万吨，发电量仅 43 亿千瓦·时；如今，我国已经建成了完善的能源体系，总体自给率达 80%，2021 年我国原煤产量为 40.7 亿吨，原油产量为 1.99 亿吨，天然气产量为 2053 亿米^3，发电量达81122 亿千瓦·时。我国已从"一穷二白"的能源小国发展成为世界第一大能源生产、消费和进口国。尽管如此，较之于世界能源强国，我国仍然还存在着很大的差距，如能源结构偏煤、产业结构偏重、油气对外依存度过高、新能源接替乏力、自主创新能力总体偏弱、全球能源治理参与度低等。立足我国国情和新发展阶段，要准确全面贯彻新发展理念，正确处理好发展与安全、发展与绿色、近期与长期、整体与局部、新能源与传统能源的关系，构建清洁低碳、安全高效的现代能源体系，加快建设供给安全性强、生态友好性强、结构融合性强、科技引领性强、治理科学性强、开放合作性强的现代化能源强国。

8. 加快能源科技自主创新步伐

加快能源科技自主创新是能源转型发展的突破口，也是保障能源安全的长久之计。抓住全球新一轮科技革命和产业变革的机遇，大力实施创新驱动发展战略，聚焦能源关键领域和重大需求，强化国家战略科技力量和企业创新主体地位，推进产学研深度融合。发展"三碳"技术，集中力量开展关键核心技术和装备攻关，努力突破碳捕集、利用与封存（carbon capture, utilization and storage, CCUS）/碳捕集与封存（carbon capture and storage, CCS）、氢能与燃料电池、生物光伏发电、太阳能发电、光储、智能微电网、超级储能、可控核聚变、智慧能源互联网等颠覆性技术，为能源低碳转型提供技术支撑，推动能源科技从引进跟随走向自立自强。加快推进重大成果转化，以产业转型倒逼技术创新，以技术创新引领产业升级，不断优化能源结构、扩大能源供给、提高能源利用效率。同时，还要进一步解放思想，破除一切束缚创新的观念和体制机制障碍，加快构建中国特色国家创新体系，形成多元化创新平台，优化科技创新生态，为科技创新营造良好健康氛围，切实提升科技对能源安全的支撑作用。

3.2　中国油气行业发展现状、存在问题及转型面临挑战

3.2.1　中国油气行业发展现状

1. 原油产量继续回升，天然气产量持续增加

如表 3-6 所示，我国原油产量从 2018 年的 18932 万吨连续 3 年增长到 2021 年

的 19898 万吨，总体处于增长趋势，年均增速为 1.7%。2022 年全国原油产量为 20467 万吨，时隔 6 年重返 2 亿吨大关；天然气产量从 2017 年的 1480 亿米^{3}连续 4 年稳定增长到 2021 年的 2053 亿米^3，年均增长超 140 亿米^3，年均增速为 8.5%。2022 年天然气（含页岩气、煤层气）产量为 2178 亿米^3，连续 2 年超过 2000 亿米^3，其中，页岩气、煤层气产量分别同比增长 4.3%、15.8%。油气产量保持稳中有增的良好势头，延续往年持续增长的态势，对保障国家能源安全发挥了应有的作用。

表 3-6　2017～2022 年我国原油、天然气表观消费量及对外依存度

年份	原油					天然气				
	产量/万吨	进口量/万吨	出口量/万吨	表观消费量/万吨	对外依存度	产量/亿米^3	进口量/亿米^3	出口量/亿米^3	表观消费量/亿米^3	对外依存度
2017	19151	41946	486	60611	68.4%	1480	933	35	2378	37.8%
2018	18932	46189	263	64858	70.8%	1602	1229	33	2798	42.7%
2019	19101	50568	81	69588	72.6%	1754	1313	36	3031	42.1%
2020	19492	54201	164	73529	73.5%	1925	1383	51	3257	40.9%
2021	19898	51298	261	70935	71.9%	2053	1675	55	3673	44.1%
2022	20467	50839	205	71101	71.2%	2178	1508	—	3686	40.9%

资料来源：国家统计局，海关总署。

注："—"表示数据不详。

2. 油气消费量同比小幅增长，进口量和对外依存度有所下降

随着国内油气产量的增长，国内油气自主供应能力有所提升。由于我国油气产量的增速（2017～2022 年原油、天然气产量年均增速分别为 1.34%、8.03%）小于油气消费量的增速（2017～2022 年原油、天然气表观消费量年均增速分别为 3.2%、9.2%），虽然国内油气产量增长，对外依存度快速增长的态势有所缓解，但是总体对外依存度仍处于较快增长的态势，原油对外依存度由 2017 年的 68.4%增长到 2020 年的 73.5%，2021 年由于原油消费量减少，对外依存度下降到 71.9%；天然气对外依存度由 2017 年的 37.8%增长到 2021 年的 44.1%，只要油气消费量没有达到顶峰，对外依存度就难以明显下降。2022 年，我国原油进口量小幅下降，天然气进口量大幅下降。根据海关总署数据，2022 年我国原油进口量为 50839 万吨，同比减少 0.9%；进口额为 24350 亿元，同比增长 45.9%。2022 年天然气进口量达 1508 亿米^3，同比减少 10.0%；进口额达 4683 亿元，同比增长 30.3%。2022 年我国原油表观消费量为 71101 万吨，同比增长 0.2%，原油对外依存度为 71.2%，同比下降 0.7 个百分点；天然气表观消费量为 3686 亿米^3，同比增长 0.4%，天然气对外依存度为 40.9%，同比下降 3.2 个百分点（表 3-6）。

3. 炼油产能进入扩张与淘汰并举的新阶段，炼油规模进一步增长

"十三五"时期，中国炼油产能进入扩张与淘汰并举的新阶段，炼油规模进一步增长。2020 年，中国炼油能力达到 8.9 亿吨，占全球炼油总能力的 17.4%，产能过剩超过 1 亿吨，开工率仅 75% 左右。乙烯、芳烃 [如对二甲苯（para-xylene，PX）] 产能也呈现快速扩张态势。"十三五"时期中国乙烯产能增量达到 2005～2015 年累计增量，2020 年中国乙烯产能达到 3518 万吨，占全球乙烯总产能的 18%。由于精对苯二甲酸（p-phthalic acid，PTA）和聚对苯二甲酸乙二醇酯（polyethylene terephthalate，PET）的需求拉动，2020 年底芳烃产能达到 2600 万吨，约占全球芳烃总产能的 40%，"十三五"时期中国芳烃产能增量达到 2000～2015 年累计增量。

2021 年，中国炼油能力达 9.1 亿吨，占全球炼油总能力的 18%，超过美国的 9.07 亿吨。2022 年，中国炼油能力达 9.2 亿吨，位居世界第一，成为世界第一大炼油国。

4. 油气产业体系日趋完善，安全保供能力明显提升

产量增加的同时，油气基础设施布局及储备体系建设日趋完善，安全保供能力明显提升。截至 2020 年底，全国油气管网规模达 17.5 万千米，其中，原油管道为 3.1 万千米，成品油管道为 3.2 万千米，天然气管道为 11.2 万千米，管道间互联互通、互保互供能力提升。22 座 LNG 接收站建成并投运，总接卸能力达 8700 万吨/年。储气调峰能力实现较快增长。储气能力达 205 亿米 ^{3}，其中，27 座地下储气库工作气量达 143 亿米 ^{3}。

《"十四五"现代能源体系规划》中指出，要加强电力和油气跨省跨区输送通道建设。"十四五"期间，存量通道输电能力提升 4000 万千瓦以上，新增开工建设跨省跨区输电通道 6000 万千瓦以上，跨省跨区直流输电通道平均利用小时数力争达到 4500 小时以上。完善原油和成品油长输管道建设，优化东部沿海地区炼厂原油供应，完善成品油管道布局，提高成品油管输比例。加快天然气长输管道及区域天然气管网建设，推进管网互联互通，完善 LNG 储运体系。到 2025 年，全国油气管网规模达到 21 万千米左右。

5. "双碳"目标下，油气行业发展面临新要求

1）大力保障能源安全

能源转型大势和"双碳"目标要求下，我国能源体系将逐步从以化石能源为主向以非化石能源为主转变。

从能源体系角度看，非化石能源发展迅猛，但其中的风能和太阳能等具有波动性、间歇性特点，给电力系统安全稳定运行带来挑战，接替化石能源主体地位尚需

时日，预计化石能源相当长时期内仍是主体能源。从油气供应角度看，受制于我国资源禀赋，原油对外依存度将长期保持高位，天然气对外依存度也将继续攀升。

从油气消费角度看，未来我国石油消费将继续增长，预计 2027 年前后达峰，峰值接近 8 亿吨，峰值对外依存度达到 75%左右，同时随着燃油经济性提升和替代燃料渗透，石油需求将从燃料进一步转向化工原料。天然气作为最清洁低碳的化石能源，将继续较快增长并替代煤炭及满足新能源调峰需求，预计 2035～2040 年达峰，峰值达 5.5 亿吨（油当量）左右，峰值对外依存度达到 50%左右。油气消费达峰并经历一段平台期后依次进入下降通道，但即使到 2050 年，我国石油、天然气需求预计仍将分别保持在 4 亿吨（油当量）以上和 5 亿吨（油当量）左右，仍需大量进口。

从国际能源市场看，当前国际环境日趋复杂，全球能源格局面临重新调整，获取外部资源的不确定性和风险增大，树立底线思维、"能源的饭碗必须端在自己手里"的重要性更加凸显。因此，"双碳"目标下，油气供应安全仍是保障国家能源安全最核心、最关键的工作，需继续加大油气投资力度，努力实现稳油增气。

2）实现绿色低碳发展

油气企业既是能源供应商，也在勘探开发过程中消耗能源，油气生产过程中的气体逃逸和能源消耗过程中的燃料燃烧均会产生温室气体排放。随着油气勘探开发难度加大和资源劣质化加剧，油气生产节能降耗难度和压力增大。根据中国石油、中国石化披露的数据，我国油气勘探开发温室气体排放强度约 45.0 千克二氧化碳/桶油当量，比国际平均排放强度高出较多。据《中华人民共和国气候变化第二次两年更新报告》，2014 年我国甲烷排放量为 5529 万吨，其中，化石能源活动的甲烷排放量占比达到 44.8%，而化石能源排放的甲烷中又有 89%与逸散相关，其相当部分来自油气开采过程中的逸散。"双碳"目标要求油气行业在确保油气供应、保障国家能源安全的同时，必须进一步做好自身节能降耗减碳工作，通过优化能源利用结构，加快推进技术升级促进节能减排，实施清洁替代和能源清洁化利用，提高电气化水平，实现油气田绿色低碳开发。

总体来看，我国具备实现石油长期稳产 2 亿吨、天然气继续快速上产的资源基础，并面临保障国家能源安全和落实"双碳"目标的双重任务。这要求我们既要持续加大勘探开发增加油气供给，又要持续大力实施节能减排降碳和调整能源结构，努力实现绿色低碳发展。

6. 持续推动低碳发展，重点集中在节能降耗

对于油气行业，低碳发展并非新话题。多年来，中国油气企业在低碳发展方面开展了卓有成效的工作，特别是在节能技术研发和推广方面，通过提高工艺效率降低能源消耗。同时，持续加强废水、废气、废渣（简称"三废"）处理，减

少二氧化碳及污染物排放，并积极实施火炬消减，开展逸散甲烷监测，加大甲烷回收利用。近年来，随着能源转型进程加速，油气企业进一步强化了碳排放管理，建立企业碳排放管理体系，搭建碳排放数据信息管控平台，形成碳排放数据统计、核查、报告管理系统，并积极参加碳排放权交易。

与国外石油公司相比，中国油气企业低碳发展措施多集中于生产加工环节的节能降耗，在调整用能结构、优化原料组成、与可再生能源融合发展，以及低碳/负碳技术研发方面仍存在较大的差距。

3.2.2　中国油气行业发展存在的问题

1. 石油开发稳产上产困难

目前，我国石油开发领域的陆上高含水中高渗砂岩、陆上低渗透砂岩（含致密油）与海域是产量主体，近期页岩油增产迅速。2021 年我国原油产量为1.999 亿吨，产量构成（图 3-1）如下：陆上高含水中高渗砂岩原油产量为 6500 万吨，陆上低渗透砂岩原油产量为 5300 万吨，海域原油产量为 4900 万吨，陆上稠油产量为 1650 万吨，陆上特殊岩性原油产量为 1350 万吨，页岩油产量为 290 万吨。预测 2035 年我国原油产量达 2 亿吨，产量构成（图 3-2）如下：陆上低渗-致密油页岩油产量为 7500 万吨，陆上高含水中高渗砂岩原油产量为 5000 万吨，海域原油产量为 5000 万吨，陆上稠油产量为 1500 万吨，陆上特殊岩性原油产量为1000 万吨。对比 2021 年，陆上高含水中高渗砂岩原油产量将下降，陆上低渗-致密油页岩油是主要增产方向。

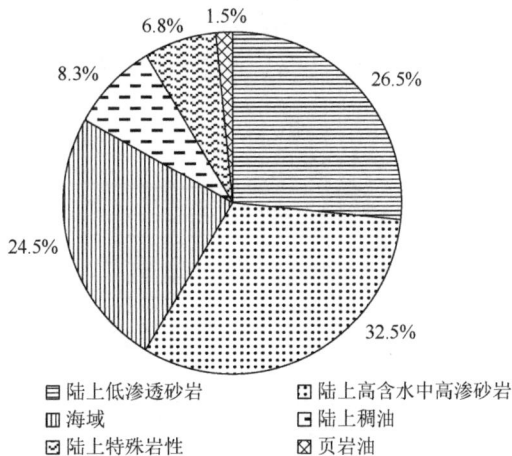

图 3-1　2021 年我国原油产量构成

舍入修约导致合计不为 100%

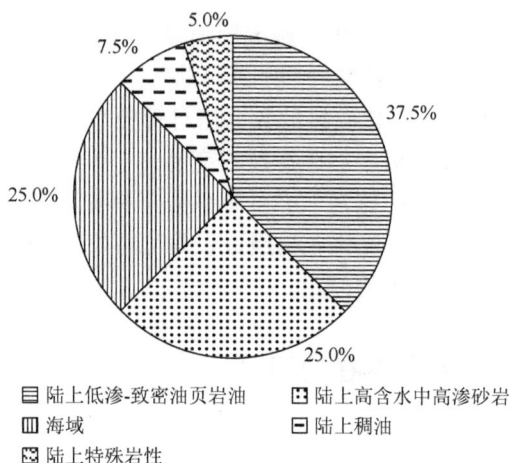

陆上低渗-致密油页岩油　陆上高含水中高渗砂岩
海域　陆上稠油
陆上特殊岩性

图 3-2　2035 年我国原油产量构成预测

从资源禀赋来看，我国石油开发稳产上产十分困难。现在我国高含水油田提高采收率技术及开发水平已居国际领先水平。预计未来我国新投入的开发资源以低渗透、低品位为主，面临发展新的提高石油采收率技术和海洋石油开发技术装备的挑战。必须大幅提高低渗透与致密油、页岩油的采收率，在非常规领域发现更多高气油比的轻质油和凝析油资源，发展以气驱（二氧化碳、天然气等）为主提高致密储层石油采收率技术，以实现石油开发的稳产上产。

2. 天然气开发未来将面临长期稳产压力

目前，我国天然气开发领域的常规气是产量主体，产量占比近 60%（图 3-3），页岩气、致密气及煤层气产量增长迅速。未来常规气以深层、超深层碳酸盐岩为主，还有较大潜力；非常规气资源丰富，产量占比将超过 50%（图 3-4）。

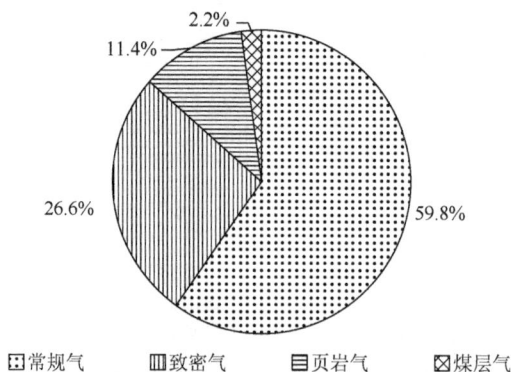

常规气　致密气　页岩气　煤层气

图 3-3　2021 年我国天然气产量构成

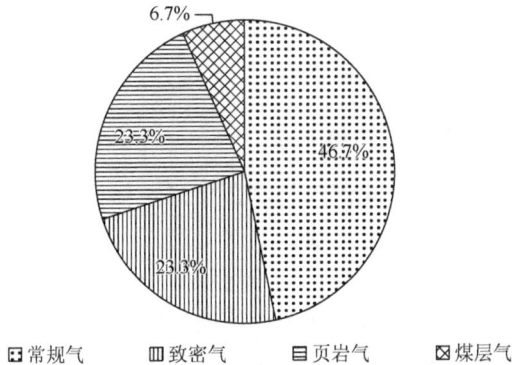

图 3-4　2025 年我国天然气产量构成预测

　　我国天然气开发正经历勘探大发现和开发快速上产期，但未来必然面临长期稳产的压力，特别是预测未来非常规气产量占比将超过 50%，所以必须提高气田开发水平，提高复杂气藏特别是致密气、页岩气采收率，发展新的提高致密储层气藏采收率配套技术。致密气、页岩气开发的主要矛盾是基于其油气自封闭成藏作用机理，储量有效动用率低。因此，以加密簇数、立体开发、重复压裂为主的扩大波及体积、提高动用率是主流技术路线。未来天然气产量的大幅提升有赖于新的大气田的勘探发现。

3. 基础设施不够完善

　　一是油气运输能力难以支撑不断增长的油气需求。天然气管道的跨区域资源调运总体处于紧平衡状态，运输能力有待提高，部分地区支线覆盖率有待提高。截至 2020 年底，中国天然气主干管道总里程约为美国跨州天然气管道总里程的 1/5，每万平方千米陆地面积拥有天然气管道里程约为美国的 20%，而管网负荷程度（单位里程天然气消费量）约为美国的 2 倍。同时，少量原油管道老化病害问题易引发安全风险；成品油管道对销售油库的覆盖率不足。

　　二是储气调峰能力难以满足天然气消费快速增长的需要。截至 2021 年底，全国地下储气库有效工作气量仅为天然气消费总量的 4.6%，低于国际 12% 的平均水平，远不及发达国家水平，储气调峰能力不足的问题突出，面对极端天气、进口管道气减供等突发情况极易导致供气紧张的局面。储气能力和调峰需求区域不匹配，储气调峰成本高，而且缺乏有效的调峰气价政策和机制，无法真正体现储气设施价值，制约储气库投资建设。

　　三是全国"一张网"体制机制不健全制约提高资源调运灵活性和降低服务成本。省网融入进程缓慢，不利于全国"一张网"建设，影响资源安全高效运输与配置。当前"一张网"内基础设施尚为初期物理联通，远未实现运行上有机融合、经营上高效衔接、建设上统筹优化，导致传统管道项目建设运行机制不能适应当前大规模、高效率、高质量建设需求。

4. 现有勘探开发体制机制不够完善

一是油气矿业权缺乏市场化流动机制，市场主体无法通过市场方式直接获得油气采矿权或者储量，不利于推进油气增储上产。

二是油气探矿权竞争出让机制、勘查区块退出机制亟待完善，探矿权、采矿权分立的管理制度越来越不能适应增储上产的实际需要。

三是探索性政策终止后的油气上游市场化改革具有不确定性，未来政策导向不清晰，加上适应新形势的《中华人民共和国矿产资源法》及其配套法规修订迟迟没有结果，加剧了对未来油气资源管理和市场化改革走向的担忧。

5. 相关政策缺位

一是用地用海问题日益突出。随着油气钻探等工作量不断增加，用地用海需求也在不断攀升，征用难度加大，手续办理效率低，相应管理制度及政策亟待完善。

二是油气开发与生态环境保护不协调的矛盾突出。日益严厉的环保政策对油气开发提出了更高要求，生态红线、保护区与勘查区块、生产作业区的大面积重叠不利于油气增储上产。

三是勘查区块退出与投放不协调的矛盾突出。初步统计显示，截至 2021 年底，全国累计退出勘查区块面积超过 100 万千米^2，而投放市场的区块面积不足退出面积的 1/5。

四是财税支持政策不能适应持续增储上产的需要。现有支持政策难以支撑低品位储量开发上产，已有补贴政策到期后，大量非常规资源依然难以实现效益开发，深水、深层资源开发支持政策亟待完善，页岩油开发支持政策缺位。

3.2.3　中国油气行业转型面临的挑战

1. 保障国家能源安全的挑战

中国已经成为世界第一大油气进口国，油气供需缺口巨大。与此同时，我国油气进口来源地集中于中东、非洲地区，运输路线单一、海上通道严重依赖马六甲海峡，面临该海峡"锁喉"的重大风险。我国已开启全面建设社会主义现代化国家的新征程，经济社会发展和人民日益增长的美好生活需要将推动我国能源消费量持续增长。虽然我国油气产量增速居世界前列，但仍然赶不上需求量增速，预计到 2050 年我国在油气方面依然将存在很大的"赤字",国内油气供应仍将在很大程度上依赖进口。据国家能源局的信息,2020 年我国能源供需总体保持平衡,安全风险总体可控,原煤产量为 38.4 亿吨,煤炭进口量仅 3.04 亿吨,煤炭基本可以实现自给自足,能源安全的主要风险就是过高的油气对外依存度。在实现碳中和目标的过程中,石油和天然气在很长一段时间内仍将占据主体能源地位,保证油气供应安全仍是重中之重。

2. 石油长期稳产的挑战

中国原油生产总体处于困难状态,原油的稳产增产面临着资源接替、发展先进技术和降低成本等多重困难。

在开发生产方面,陆上中高渗透砂岩油藏主体为一些处于开发中后期的老油田,普遍进入高含水和高采出程度的"双高"阶段,控水稳油的难度大,经济效益变差;陆上低渗透砂岩油藏的单井产量普遍低于 2 吨/年,初期产量递减达 30% 以上,实际采收率为 10%～15%,持续稳产的难度大;陆上特殊岩性油藏极为复杂,缺少成熟开发技术,开发效果和效益差;陆上稠油油藏普遍进入蒸汽吞吐开发后期,亟须转换开发方式和提高经济性;海域原油生产的主力为稠油,面临进一步提高采收率的技术挑战,且海域原油资源的接替面临用海环境审批限制。

在勘探方面,中国原油实现规模增储、发现新的优质大油田的难度加大。中国石油资源的探明率为 39%,其中,松辽盆地的探明率为 70%,渤海湾盆地的探明率为 53%,已进入勘探中后期发展阶段。陆上石油勘探面临更深、更小、更薄、更低渗透等复杂地质对象,大规模常规优质储量发现的可能性降低。预计未来探明储量的规模和品位将逐年下降。

中国拥有大量低渗透石油资源,低渗透油藏已成为中国原油生产的重要组成部分,并将逐渐成为中国原油生产的主力,是未来原油稳产的主力资源,其重要性将越来越突出,但其单井产量和采收率的提高是核心的重大技术难题。全球目前仍没有成熟的低渗透油藏提高采收率技术,这将是国家未来攻关的重点。

中国大庆油田的原油采收率为 46%,其他主力油田区的原油采收率普遍为 22%～29%。老油田提高采收率、努力减缓产量递减并最大限度地实现稳产仍有巨大潜力。油田开发实践证明,老油田通过二次开发+三次采油的开发模式,采收率还有 10% 的提升空间。按此采收率提高幅度计算,东部地区陆上油田可增加的可采储量为 9 亿～17 亿吨。因此,必须持续发展高含水砂岩油藏提高采收率技术,以支撑主力老油田长期稳产。

中国海域油气资源丰富,勘探程度低,原油开发处于上产稳产阶段,具有增产和长期稳产的资源基础与潜力。海域原油生产的主力为渤海油田的稠油,面临发展稠油热采、井网加密等提高采收率新技术的挑战,以及用海审批的限制。需要加大技术攻关力度，支持渤海油田的稠油上产、稳产。中国南海北部是海域原油的深水领域，具有极大的发展潜力，需要加大深水勘探开发技术的研发、突破技术攻关的难点。

突破非常规油开发技术，实现原油稳产、增产。非常规油（致密油、页岩油）是近年来全球石油产量增长的主力。近年来，准噶尔盆地玛湖地区在致密砾岩油藏、鄂尔多斯盆地在延长组长 7 油层组的页岩油藏开发理论技术方面已取得重大突破，正在稳步推进产能建设，未来中国致密油和页岩油的产量有望进入快速发展期。中国陆相致密油和页岩油资源丰富，增产潜力很大，但目前地质规律认识不足，资源不清，开发技术尚不成熟，配套工程技术有待进一步攻关，包括甜点的评价与预测、提高单井产量与估算的最终采收量、水平井的钻探及体积压裂、开发井网与提高采收率、稳产与能量补充等，以实现经济高效开发。

3. 天然气长期稳产的挑战

中国的天然气类型复杂多样，在提高复杂天然气田采收率方面技术储备严重不足，已投产大气田的稳产是中国未来面临的重大挑战。目前，常规气田的产量为 1000 亿米^3/年，这些气田在未来 10～15 年将全面进入稳产中后期和递减期。非常规气的开发以苏里格气田为例，其探明地质储量为 1.6 万亿米^3，标定采收率为 50%，但目前技术条件下的采收率仅约 30%，若将采收率提高到 50%，可采储量可增加到 3000 亿米^3 以上。提高气田的采收率技术是未来科技攻关的重点方向。

保障天然气的安全供应亟须先进的储气库建库技术。储气库具有调峰供气、保护气田均衡生产的双重功能。目前，中国已建成 25 座储气库，调峰能力达 108 亿米^3，初步估算到 2035 年，储气库的调峰能力需求将达到 500 亿米^3。需要解决大型气藏型和盐穴型储气库选址的难题，探索新储库的建库技术，加快储气库的建设进度。

非常规气的成功开发使得全球天然气产量持续增长。针对未来致密气的开发，一方面需要加大水平井钻探及其体积压裂技术攻关，努力提高单井产量，推进规模效益开发；另一方面需要努力提高气藏采收率，加强对剩余天然气分布的预测研究，改进、加密、调整开发模式，使采收率大幅提高。

未来页岩气发展的主要技术瓶颈在于埋深大于 4000 米的深层页岩气开发配套工程技术、页岩气提高采收率及后期稳产技术、下古生界海相新层系和陆相—海陆过渡相页岩气勘探技术、低品位常压页岩气经济开采技术等。

煤层气的主要上产领域为 1200 米以浅的煤系，其地质资源量为 16 万亿米^3，预期将稳步发展。其主要技术瓶颈在于煤层气提高单井产量理论技术、中西部中低煤阶煤层气地质理论与开采技术、煤系地层煤层气-致密气共生合采理论技术等。

中国南海有着丰富的天然气水合物资源，初步试采已获成功。此外，中国煤炭储量丰富，正在开发地下煤炭气化技术。这两种资源开发技术的成熟将大大增强中国天然气的长期供应能力。因此，应及早规划这些战略储备能源技术的研发。

4. 海洋及深水油气勘探开发先进技术与装备的挑战

海洋及深水是全球油气产量增长最快的领域。中国的近海原油资源量为239.0 亿吨，天然气资源量为 20.85 万亿米^3，潜力较大；中国南海中南部深水区的油气资源丰富，原油资源量为 88 亿吨，天然气资源量为 12 万亿米^3，目前仍未开展大规模勘探。近年来，中国海洋油气资源的开发已取得重大进展，2010 年建成"海上大庆油田"，其近海油气产量超过 5000 万吨（油当量），2015 年首个水深超过 1 千米的气田——荔湾 3-1 气田投产。然而，要确保 2035 年海上原油产量达到 5000 万吨、天然气产量达到 300 亿米^3 的目标，中国海洋及深水油气的勘探开发仍面临着巨大挑战。

中国深水油气勘探程度低，工程技术装备处于起步和发展阶段。目前，中国深水油气勘探主要集中在南海北部的常规深水区（水深小于 1500 米）。南海北部超深水区尽管已有钻井，但尚未获得商业发现。深水工程技术装备方面，中国已具有"海洋石油 981""海洋石油 201"等深水工程装备，但仍存在核心技术自主创新能力不足、关键材料（如高强度钢、系泊缆和高性能防腐材料）和设备（如水下控制系统、水下采油树、钻井系统、动力定位系统和张紧系统）及其部件依赖进口、海洋工程装备类型单一、国产化和智能化不足、不具备体系化和产业化能力、高端产品的设计和制造质量及可靠性差、深水作业经验缺乏等问题。

海上稠油开发技术是渤海地区原油产量达到 3000 万吨长期稳产的重要保障。目前，国外尚无海上稠油大规模开发的先例，海上稠油开发面临着因平台寿命有限而亟须高效高速开发、因空间和承重受限而要求装备小型化和高效化及撬装化、因平台开发条件而导致井网加密难度大及大斜度井和水平井的完井钻探成本高等挑战。中国依靠丛式井网加密调整、早期注聚等冷采技术，2017年在渤海海域实现产量达 1078 万吨、黏度为 50～350 毫帕·秒的常规稠油开采，占海上原油总产量的 25.2%，但其采收率仅为 20%～30%。如何进一步提高常规稠油的采收率、实现特稠-超稠油的经济有效动用，将成为海上油田可持续发展面临的重大课题。

中国海域低渗透油气资源面临着低经济有效性开发的挑战。东海海域目前发现的低渗透天然气储量已具有相当规模，但存在优质储层识别难度大、钻井和完井费用高、压裂后产量低等难题，其关键在于需要形成全海水基液在线连续混配技术体系、研发满足海上大规模增产作业的专业压裂船。

目前，对天然气水合物进行经济有效开发和保证环境安全的关键技术尚缺乏。

中国天然气水合物资源丰富，2017年通过自主钻探取样、试采，取得了初步成果，在珠江口盆地和琼东南盆地落实了两个万亿米³级的资源有利区。海洋天然气水合物资源的开发面临着单井产量低、经济效益差、缺少成熟配套技术和环境安全的挑战。

5. 新一代石油工程服务技术装备和数字化转型的挑战

中国目前在石油工程技术装备制造、研发方面基本实现了自主化，但在高端技术和装备的研发、制造和服务能力方面与国际先进水平仍有较大差距，特别是新技术装备的原始创新能力不足，严重制约了中国石油工程服务业的发展。

全球油气勘探开发领域的不断拓展给工程技术带来了新的发展机遇和挑战。全球油气勘探由浅层向深层、特深层，由滩、浅海向深水，由常规油气向非常规油气，由中高渗透整装油气藏向低渗透、低品位油气藏进一步拓展，由此带来了重大技术与装备的挑战。深层/超深层的超高温超高压等复杂极端环境对钻井工具仪器及钻井液、测井仪器提出了更高的标准和要求；海洋深水勘探开发要求发展全新的深水作业装备和服务船舶；非常规油气因具有致密、隐蔽和连续性等特点，亟须大规模、高效、低成本水平井钻探和体积压裂技术，而物探与测井则面临非常规油气甜点检测识别的挑战。

中国石油集团东方地球物理勘探有限责任公司已成为国际上规模最大的物探技术服务公司，兼具研发、制造和服务能力，其复杂山地地震勘探和宽频可控震源技术居国际领先地位，"两宽一高"（宽频带、宽方位、高密度）地震勘探技术和资料处理解释软件具有国际先进水平。然而，当前中国的石油物探技术仍面临着产业技术装备升级换代和提高国际竞争力的挑战。随着勘探目标转向深层和非常规油气，"两宽一高"地震勘探技术不能满足中国油气勘探未来更高精度和一体化服务的要求。面对反射地震技术升级换代的重大挑战，必须及时部署基于弹性波理论的新技术研发。中国的石油物探公司在国际市场竞争中面临高效率与安全环保的挑战，必须依靠智能和自动化技术升级以改进物探作业方式。

测井高端技术装备与国际先进水平仍有较大差距，不能满足中国非常规、深层、低渗透等复杂油气藏勘探开发和参与海外高端市场竞争的需要，包括缺乏自主成熟的随钻远探测与前探成像、随钻井下流体在线分析、井间电磁与声波成像、260摄氏度与200兆帕以上特高温高压系列等国外已商业应用的高端测井技术与装备。快速缩小与国际领先技术的差距是目前测井技术面临的重大挑战。

钻井技术装备能够支撑常规钻井生产，但缺乏先进技术、高端装备、高性能工具与材料，难以满足深层、非常规、难动用、劣质化、特殊资源等领域安全经济高效勘探开发的需求，亟须突破以下四个方面的重大挑战：①自动化智能化钻探技术；②高效复杂结构井的钻完井技术，实现大型丛式井、长水平井段水平井等；③超深万米钻探关键技术装备；④形成立体井网开发、工程地质一体化钻井技术，大幅开发难动用储量。总体上，要从根本上满足中国 7000 米以深油气、4000 米以深页岩气、1500 米以深煤层气、低渗透致密低品位油气、页岩油等的高效开发，以及地热、干热岩开发的钻井技术需求，形成先进高效的钻完井技术装备体系。

压裂技术装备面临着提升能力和完成产业升级的挑战。中国缺乏高端压裂装备、高效及耐高温高压分层分段工具、耐高温压裂材料，不能满足非常规油气规模效益开发、老区稳产及超深层（7000 米以深）改造的需求。当前，地质工程一体化压裂优化设计平台、智能化压裂技术装备的研发仍处于起步阶段，需面临产业升级换代的挑战。

数字化技术（包括先进的计算机技术、网络通信技术、大数据计算与人工智能技术）是近年来发展最快的科学工程技术，对全球政治经济起到了极大的推动和改造作用。预测在今后数十年，数字化技术将加速发展，进一步改造传统经济生态和传统工程技术，石油工业也必将进入数字化转型的新阶段。未来石油工业要想实现新的跨越式发展，就必须实现石油勘探开发传统工程技术与数字化技术的深度融合，利用物联网、大数据和人工智能等数字化技术，升级改造传统管理模式与技术体系，催生新技术、新生产流程和新产业，实现数字化转型。

此外，石油工业还面临着能源转型、节能和碳减排的挑战。通过纳米等新材料可提升传统工程装备，通过风能和太阳能等新能源的快速发展可构建新型综合能源系统、实现节能减排。

3.3　低碳背景下中国油气行业转型潜力及发展路径

3.3.1　中国油气行业碳排放现状及趋势

1. 中国油气行业碳排放现状

根据《BP 世界能源统计年鉴》（2021 年版），2020 年中国与能源相关的碳排放量为 98.9 亿吨，约占全国碳排放总量的 90%。石油与天然气行业是中国重要的碳排放源，根据国家发展改革委发布的《中国石油和天然气生产企业温室气体排放核算方法与报告指南（试行）》《中国石油化工企业温室气体排放核算方法与报告指南（试行）》初步测算，2020 年中国油气行业生产加工过程中直接排放的二氧化碳量（Scope1，指企业控制或拥有的排放源所产生的碳排放，属于企业的直接排放），以及外购电、购热所产生的间接碳排放量（Scope2，指企业净购入的电力、热力等隐含的碳排放，属于企业的间接排放）达到约 6 亿吨，约占全国碳排放总量的 6%。如果进一步考虑油气产品使用（作为燃料燃烧）环节（Scope3，指 Scope2 之外所有企业的间接排放，包括产业链上游和下游的排放，如购买原材料的生产排放、售出产品的使用排放等），2020 年中国消费的石油和天然气所产生的碳排放量达到约 17 亿吨。由此可见，中国油气行业所产生的碳排放量整体较大，约占全国碳排放总量的 23%，但主要排放集中在产品使用环节。

2. 中国油气行业碳排放趋势

随着油气消费规模的增长，按照目前的碳排放强度并结合必要的节能技术应用，在不采取革命性减碳措施的情况下，预计油气行业碳排放量将有较大幅度的增长。

在油气生产环节，结合中国油气勘探开发趋势，按照 2030 年石油产量能够维持在 2 亿吨、天然气产量达到约 2600 亿米^{3}进行测算，油气生产环节碳排放量将达到约 1.2 亿吨。在石油炼制及石油化工环节，通过对石油及主要基础石化原料需求展望，以 2030 年原油一次加工量为 7.7 亿吨、乙烯产量为 6800 万吨、芳烃产量为 4400 万吨、合成橡胶产量为 650 万吨为基础进行测算，预计 2030 年，中国炼化行业碳排放量将达到约 7.5 亿吨。

由此可见，2030 年中国油气行业生产加工环节碳排放量将达到 8.7 亿吨（Scope1 和 Scope2），较 2020 年增长 45%。随着国家"双碳"目标的提出，碳减排政策将进一步趋紧，降碳要求更加严格。油气行业需要提前谋划合理的减碳路径，做好低碳发展的顶层设计。

3.3.2　中国油气行业转型潜力

2021 年，中国新增石油探明地质储量超 16 亿吨，新增天然气（包括页岩气、煤层气）探明地质储量合计超 1.6 万亿米^3。截至 2021 年底，中国石油、天然气剩余探明技术可采储量分别达 36.89 亿吨、63392.67 亿米^3。中国有着稳油增气的潜力，2019 年，原油产量扭降为升，2022 年达到 2.04 亿吨，稳油取得成效。2022 年，天然气产量达 2178 亿米^3，连续 6 年增产 100 亿米^{3}以上。

油气企业发展新能源有良好的资源基础。中国油气田主要分布在西北地区、东部南部地区的海上。这些地区有广阔的可利用的土地或海域，有丰富的太阳能、风能资源，可以发展太阳能发电和风电。废弃的油气井可以开发地热，油气井采出水的余热可以供给生产加热。与此同时，油气企业具有转型发展新能源的技术基础。勘探开发技术体系能够迁移到部分新能源开发领域，如地热能勘探和开发，海上风电开发相关的海上工程设计、建设、运营和维护等。

3.3.3　中国油气行业碳减排路径

从全球来看，能源产业正面临全方位深刻变革。绿色低碳转型是全球油气行业的共识和发展方向。国际石油公司加快能源转型，积极调整与重塑发展战略，嵌入低碳理念，先后公布净零碳排放目标，调整业务组织架构。尤为鲜明的是，多家国际石油巨头更新了品牌名称与标志，彰显了从石油公司向能源公司转型的决心。

我国油气行业正朝着低碳化、电气化、智能化方向发展。在油气行业既要保障国家能源安全又要绿色低碳发展的前提下，实现低碳化发展，应走稳油增气的低碳路径、节能降耗的降碳路径、发展新能源的替碳路径、发展 CCUS 的负碳路径。同时，紧跟电气化、智能化步伐，促进跨行业融合，实现双促双赢，共同助力实现"双碳"目标。

1. 稳油增气的低碳策略

21 世纪以来，我国石油对外依存度迅速攀升。2009 年突破 50%的警戒线，2018 年突破 70%，2021 年达 71.2%。2006 年，我国成为天然气净进口国。近年来，随着天然气消费进入高速发展期，天然气对外依存度不断推高，2022 年对外依存度达到 40.9%。

油气对外依存度的持续攀升影响着国家能源安全。油气行业肩负着保障国家能源安全的重任，为此，油气行业制定了油气增储上产"七年行动计划"。2019 年，原油产量扭降为升，2022 年达到 2.04 亿吨，稳油取得成效。2022 年，天然气产量达 2178 亿米^3，连续 6 年增产 100 亿米^3 以上。

相对于石油、煤炭，天然气是低碳、清洁能源。2004 年，国家明确提出要大力发展天然气并出台鼓励政策。2013 年提出"煤改气"，2018 年提出"蓝天保卫战"，都寄希望于以天然气减少煤炭和石油的用量，改善环境污染问题。

油气行业面临保供和降碳的双重责任，必须调整油气产量结构。近年来，油气企业大力实施"稳油增气"策略，已经取得了显著成效。天然气生产持续快速发展，油气产量中天然气产量占比从 2000 年的 11.7%迅速提高到了 2021 年的 45.4%。

中国石化全面实施绿色低碳发展战略，持续推进"绿色企业行动计划"，持续加快新区新领域大气田的发现开发及页岩气的有效开发，支撑了中国石化天然气产量的快速增长，油气产量中天然气产量占比从 2000 年的 7.7%提高到了 2021 年的 43.2%。

2. 以节能降耗实现降碳

油气行业在生产能源的同时消耗大量能源。2021 年，中国石化油气勘探开发业务工业生产的耗电量达 90 多亿千瓦·时。原油举升、驱油注入、天然气生产这三个环节的耗电量占勘探开发业务总耗电量的 86%。

聚焦生产结构调整优化、地面系统优化简化、用能设备提效改造，加大节能降耗科技创新，深化潜力分析和能效对标，加快淘汰高耗能落后机电设备，推动关键耗能设备节能和工艺流程技术改造等，提高能源利用效率，有助于降低油气企业碳排放水平。油气企业必须积极实施能效提升计划，加速设备和工艺流程节能、深度电气化改造、甲烷减排等方面的节能降耗和改造。

在设备和工艺流程节能方面，油气行业温室气体排放主要来自提取和钻孔、主动燃烧、气体逃逸。可以通过采用节能抽油机、数字化抽油机、节能电机、机采系统优化软件等，提高提取和钻孔的能效；通过加大甲烷捕集力度、采用燃烧效率更高的设备、增加维护程序和维护频率等，减少燃烧；通过更换泄漏设备和管道、安装排放控制装置、及时检漏和维修压缩机站、维护期间停止通风等，减少泄漏。

在深度电气化改造方面，综合施工压力和压裂装备级别差异，电驱装备相比柴驱装备单方液降耗 60%～70%，可减少碳排放量 35%～40%，还可减排氮化物、二氧化硫等废气，减少工业固废及废油等。中国石化各油气田企业积极推进用能设备电气化，大力推广网电钻机、网电修井机和电动压裂装置，"以电代油"节能降碳取得了明显效果。

在甲烷减排方面，甲烷排放多与逸散有关，回收甲烷既能减排又能提高能源利用效率。积极开展甲烷全流程排放治理，是实现"双碳"目标的重要领域。综合运用手工监测、卫星遥感、走航监测、无人机等手段，监测逃逸、工艺放空及火炬燃烧排放的甲烷浓度。针对油气勘探、开发、集输、处理四大环节和放空、逸散两种排放形式，强化密闭混输工艺运用，大力实施套管气回收、火炬气综合利用、边远零散井回收等，实现甲烷回收利用。组建中国油气企业甲烷控排联盟，通过长效、有序的联盟机制，共建交流合作平台，推动油气企业甲烷管控水平提升和技术创新，减少甲烷排放。

此外，改变单点改造的传统模式，突破节点潜力分析挖潜的局限性，形成"油藏-井筒-地面"的一体化能效提升模式，形成协同增效效应。按照"油藏优先、井筒优化、地面配套"的一体化节能理念，从油藏源头做起，实施注采结构优化，优化管杆泵举升工艺，推广高效分水技术，调整集输处理工艺，实现注—采—输全过程合理匹配和优化运行。

3. 发展新能源实现替碳

国家鼓励油气企业利用自有建设用地发展可再生能源和建设分布式能源设施，在油气田区域建设多能融合的区域供能系统，利用好油气上游企业，因地制宜发展新能源业务，实现传统能源和新能源融合发展。

对于油气企业，用能具有清洁替代的空间。以中国石化为例，上游企业的绿电、余热、地热等非化石能源消耗占总能耗比例不到 1%。除电力外，用能主要是天然气、煤炭等。根据《"十四五"现代能源体系规划》，我国非化石能源占比到 2025 年要达到 20%。可见油气行业的用能清洁替代空间还很大。利用自身发展新能源得天独厚的优势，油气企业应构建多能源高效协同运行的技术体系。

发展绿电、清洁热产业，加速用能清洁替代，发力供能清洁转型。在油气田建设陆上分布式光伏发电、分散式风电和海上风电项目。既可自发自用，在全产业链提高清洁能源使用比例，替代自发煤电和外购网电，降低自身碳排放，又可对外供应，提高清洁能源产量，助力全社会降低碳排放。建设光热、余热利用项目，利用废弃油气井发展地热产业，替代天然气、煤炭燃料。

发展氢能产业，助力国家中长期"双碳"目标的达成。利用自发绿电和油气田周边地区价格低廉的可再生能源电力，布局绿氢制备项目；挖掘天然气基础设施与氢产业共用的可能性，发挥油气储运的技术体系和经验优势，拓展氢气管道、储氢设施相关业务，为中长期氢能的大规模发展奠定基础；与绿氢制备结合发展氢储能，加大西北、海域等地区的绿电消纳；聚焦新兴用氢需求，如氢能交通、绿氢炼化、氢能炼钢等，为终端提供氢能服务。

4. 发展 CCUS 实现负碳

发展 CCUS 产业是实现碳中和目标的必然选择。2060 年前，能源消费难以全部通过风能、太阳能等可再生能源得到满足，化石能源仍将占据重要位置。预计 2060 年我国能源活动碳排放量仍有 17 亿吨左右，除去森林等碳汇，其余约 10 亿吨级二氧化碳需通过 CCUS 削减。我国已将 CCUS 作为实现绿色低碳可持续发展的重要抓手，作为贯彻落实党中央、国务院决策部署的战略举措。

经多年发展，我国在二氧化碳捕集、驱油封存、化工利用、矿化利用、生物利用等技术方面开展了大量研究工作，取得了显著进展。部分二氧化碳捕集、驱油封存、化工利用技术也已经实现示范应用。总体来看，我国 CCUS 技术整体发展水平与国外相当，但二氧化碳管道运输、驱油封存等关键技术及实施规模与国外仍存在差距。

国家鼓励扩大二氧化碳驱油技术应用，探索利用油气开采形成的地下空间封存二氧化碳等。习近平总书记对胜利油田 CCUS 项目建设给予充分肯定，要求加快推进 CCUS 技术研发和应用①。当前技术条件下，我国二氧化碳驱油可以开展大规模示范，并可在特定经济激励条件下实现规模化碳减排。截至 2021 年底，我国 CCUS 项目数量超 80 个，CCUS 总能力超过 300 万吨。

从近中期来看，CCUS 发展以二氧化碳驱油封存为主。预计 2025 年可以实现大规模驱油封存。随着碳价的上升，排放源捕集意愿加强，开展全流程驱油封存项目经济性好。预计 2035 年可以实现驱油封存商业化。碳价的持续上升将推动捕集气源增加，持续开展驱油封存，并通过布局区域运输管线降低运输成本。

长远来看，CCUS 将主要应用于化工等领域和地质封存。预计 2050 年左右实现大规模化工等利用和地质封存。碳价加速上升和技术进步将提高二氧化碳耦合绿氢制甲醇和地质封存的经济性，有利于实现其大规模推广应用。2060 年后持续发展，碳价保持高位，通过技术提升和完善运输网以最大限度降本提效。高碳价下排放源捕集需求继续较快增长，大力发展二氧化碳耦合绿氢制甲醇和乙烯、枯竭油气藏封存二氧化碳商业服务。

5. 跨行业融合促进减碳

推动碳减排，油气行业应统筹油气主业与新能源、脱碳固碳产业，促进跨行业融合，逐步提高清洁能源占比，实现油气田绿色低碳转型发展。

打造综合能源供给体系。油气田立足自身资源基础开发低碳、零碳能源，形成多能互补综合能源供给体系模式，打造"电力+""热力+""天然气+""氢能+"供给新商业模式。重点围绕清洁供电、清洁供热、多元储能、氢能制供、脱碳固碳、智慧能源六大方向，打造综合、绿色、智慧能源供给体系。

加快建设智能油气田。融合大数据、人工智能等信息技术和油气田专业技术，加快智能油气田建设，实现自动感知油气田生产动态、自动控制油气田运行、自动预测变化趋势，持续优化管理和辅助科学决策。推进油气行业的智慧电网建设，构建支持多能互补的"源-网-荷-储"一体化智慧能源平台，实现多能平衡互济、源/荷高效匹配、新能源友好消纳。

推动跨行业碳减排政策落实。油气田可以通过开发绿电（风电、太阳能发电、外购绿电）、绿氢（包括电解水制氢耦合新能源）、CCUS（包括 CCUS 耦合新能源）、植树造林等碳减排项目提供碳汇，并参与碳交易创效，从而鼓励油气行业进一步降碳。

加强跨行业技术合作。在电-氢一体化技术方面，跨行业合作破解绿氢制取、

---

① 人民网，2022. 沿着总书记的足迹｜当好油田地质大参谋[EB/OL]. （2022-06-21）　[2023-08-25].
http://sd.people.com.cn/n2/2022/0621/c391435-40003899.html.

氢储运及氢能在工业、发电和交通领域创新应用的技术瓶颈，形成一站式解决方案。在先进储能技术方面，跨行业共同攻关突破关键技术瓶颈，解决电池稳定性、可靠性、耐久性、安全性及系统集成方面的问题。在 CCUS 技术方面，跨行业共同攻关 CCUS 技术，提高二氧化碳捕集效率，降低能耗和成本。

推进跨行业金融合作。积极开展跨行业碳交易等商业合作，积极探索碳配额与国家核证自愿减排量（Chinese certified emission reduction，CCER）置换、CCER 项目开发等合作方式，共同挖掘碳市场商机。发挥各自产业链优势，围绕氢能开发利用、新能源基地化项目、终端多元化能源服务、绿色低碳工业园区建设等领域，通过产业基金、股权合作等形式，共同投资科技创新和重点开发项目。

参 考 文 献

戴厚良，苏义脑，刘吉臻，等，2022. 碳中和目标下我国能源发展战略思考[J]. 石油科技论坛，41（1）：1-8.

费华伟，高振宇，2021. 中国炼油工业"十三五"回顾及"十四五"展望[J]. 国际石油经济，29（5）：39-46.

冯保国，2021. 石油企业转型发展的基本问题[J]. 国际石油经济，29（1）：15-27.

高鹏，2022.2021 年中国油气管道建设新进展[J]. 国际石油经济，30（3）：12-19.

韩景宽，李育天，2021. 我国油气管网建设"十三五"回顾及"十四五"展望[J]. 石油规划设计，32（1）：1-4，66.

侯梅芳，葛苏，程小岛，2022. 新形势下中国能源安全的内涵、挑战和举措[J]. 天然气工业，42（9）：157-165.

侯梅芳，潘松圻，刘翰林，2021. 世界能源转型大势与中国油气可持续发展战略[J]. 天然气工业，41（12）：9-16.

胡文瑞，魏漪，鲍敬伟，2018. 中国低渗透油气藏开发理论与技术进展[J]. 石油勘探与开发，45（4）：646-656.

贾承造，2020. 中国石油工业上游发展面临的挑战与未来科技攻关方向[J]. 石油学报，41（12）：1445-1464.

贾承造，2022. 全国油气勘探开发形势与发展前景[J]. 中国石油石化，（20）：14-17.

匡立春，邹才能，黄维和，等，2022. 碳达峰碳中和愿景下中国能源需求预测与转型发展趋势[J]. 石油科技论坛，41（1）：9-17.

李新权，杨晓锋，2022. 我国能源安全战略面临的挑战与国际经验借鉴[J]. 全球化，114（1）：107-115，136.

刘殊呈，粟科华，李伟，等，2021. 油气上游业务温室气体排放现状与碳中和路径分析[J]. 国际石油经济，29（11）：22-33.

吕晓东，李超，肖冰，等，2021. 世界和中国石化工业 2020 年综述及 2021 年展望[J]. 国际石油经济，29（5）：47-52.

马永生，蔡勋育，罗大清，等，2022. "双碳"目标下我国油气产业发展的思考[J]. 地球科学，47（10）：3501-3510.

潘继平，焦中良，2022. 面向碳达峰碳中和目标的中国油气发展战略思考[J]. 国际石油经济，30（8）：1-15.

庞凌云，翁慧，常靖，等，2022. 中国石化化工行业二氧化碳排放达峰路径研究[J]. 环境科学研究，35（2）：356-367.

孙海萍，张胜军，徐立昊，等，2021. "双碳"目标下中国油气行业低碳发展措施与路径探讨[J]. 油气与新能源，33（6）：27-31+45.

孙焕泉，2022. 油气行业碳减排路径[J]. 中国石油石化，（18）：14-17.

孙龙德，邹才能，贾爱林，等，2019. 中国致密油气发展特征与方向[J]. 石油勘探与开发，46（6）：1015-1026.

王彧婳，樊大磊，黄书君，等，2023.2022 年国内外油气资源形势分析及展望[J]. 中国矿业，32（1）：16-22.

魏国齐，郑雅丽，邱小松，等，2019. 中国地下储气库地质理论与应用[J]. 石油学报，40（12）：1519-1530.

吴珉颃，孙文宇，祝婧祎，2021. 中国天然气市场 2020 年回顾与展望[J]. 国际石油经济，29（6）：78-86.

吴谋远，康煜，范旭强，等，2022. "双碳"背景下我国油气企业绿色转型研究与实践[J]. 石油科技论坛，41（4）：18-24.

薛明，卢明霞，张晓飞，等，2021. 碳达峰、碳中和目标下油气行业绿色低碳发展建议[J]. 环境保护，49（S2）：
　　30-32.

张国生，王小林，朱世佳，2020. "十四五"我国油气发展路径选择[J]. 石油科技论坛，39（6）：7-12.

郑民，李建忠，吴晓智，等，2018. 我国常规与非常规天然气资源潜力、重点领域与勘探方向[J]. 天然气地球科学，
　　29（10）：1383-1397.

邹才能，马锋，潘松圻，等，2022. 论地球能源演化与人类发展及碳中和战略[J]. 石油勘探与开发，49（2）：411-428.

邹才能，潘松圻，荆振华，等，2020. 页岩油气革命及影响[J]. 石油学报，41（1）：1-12.

邹才能，潘松圻，赵群，2020. 论中国"能源独立"战略的内涵、挑战及意义[J]. 石油勘探与开发，47（2）：416-426.

邹才能，薛华庆，熊波，等，2021. "碳中和"的内涵、创新与愿景[J]. 天然气工业，41（8）：46-57.

第4章　中国煤炭清洁化与高效利用路径

4.1　中国煤炭行业发展现状、存在问题及转型面临挑战

实现"双碳"目标是贯彻新发展理念、构建新发展格局、推动高质量发展的内在要求，是党中央统筹国内国际两个大局作出的重大战略决策。实现"双碳"目标，要立足我国能源资源禀赋，坚持先立后破、通盘谋划，传统能源逐步退出必须建立在新能源安全可靠的替代基础上。

我国能源资源禀赋特征为"富煤、缺油、少气"。煤炭是我国能源安全的压舱石，在保障我国能源安全中发挥着重要的主体功能和兜底作用。2021年下半年以来，全球能源供需矛盾突出，能源价格持续攀升，以欧洲为代表的多个国家和地区出现能源电力紧缺。我国立足以煤为主的能源资源禀赋，坚持以煤炭保能源安全，以煤电保电力安全，实现了能源安全供保和经济社会稳定运行。2021年煤炭消费量占我国一次能源消费总量的56%，煤电以47%的装机容量贡献了60%的电量、满足了超70%的高峰负荷需求。未来较长时期，煤炭仍是我国主体能源，并逐步向基础能源和调峰能源转变，但经过长期高强度开采，现有煤矿持续稳定保供能力面临快速下降局面。面对碳达峰前后的煤炭保供需求和碳中和阶段的能源绿色低碳转型要求，要加强中长期煤炭需求预测和资源保障潜力研究，算清煤炭供需大账，统筹安全与转型、短期与长期的关系，发挥煤炭兜底保障作用，为实现"双碳"目标提供支撑。

4.1.1　中国煤炭行业发展现状

1. 国内煤炭生产较大幅度增长，煤炭保障能力持续提升

2021年煤炭逐月产量前低后高，全国原煤生产总量突破40亿吨。国家统计局公布数据显示，2021年规模以上工业企业原煤产量达40.7亿吨，同比增长4.7%，日均煤炭产量达1115万吨。具体来看，2021年第一季度全国延续2020年生产保供政策，晋陕蒙等地区产能利用率较高，带动全国煤炭产量较2020年同期增长16%，两年平均增长7.5%，有效保障了北方供暖需求。第二季度受局部地区矿难影响，环保检查和安全督查加强，晋陕蒙鲁等地区煤矿生产有所下降，全国日均煤炭产量降至1070万吨以下。7月，河南、山西等地区普降暴雨，较大程度影响

了煤炭主产区生产，当月全国日均煤炭产量仅 1013 万吨，部分地区煤炭供给不足，市场供需紧张。随后，国家相继颁布"实行核增产能置换""试运转到期煤矿办理延期手续"等政策，加快优质产能释放，煤炭产量快速提升。9 月底，面对煤炭供需紧张及煤价大幅上涨的局面，国家加大政策协调力度，大力实施煤炭增产保供稳价政策。10 月，全国日均煤炭产量达 1152 万吨；11 月，煤炭增产保供成效显现，供需紧张状况趋缓；12 月，全国日均煤炭产量攀升至 1241 万吨高点，有效应对"迎峰度冬"（图 4-1）。

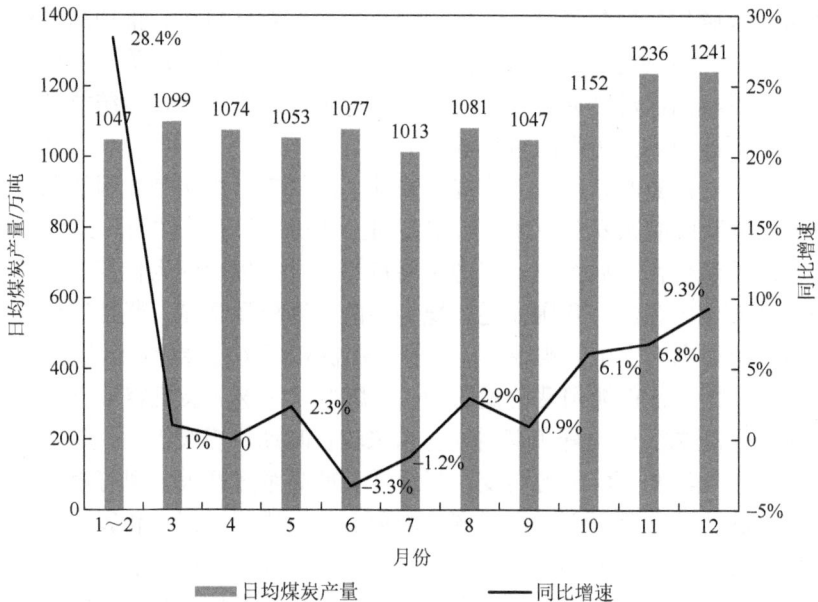

图 4-1　2021 年我国逐月日均煤炭产量及同比增速
资料来源：国家统计局，中国煤炭运销协会

煤炭产能进一步集中，晋陕蒙新四省区产量占比近八成。2021 年，煤炭行业持续释放优质产能、淘汰落后产能、化解过剩产能，煤炭主产区和国有大型煤企的战略地位和重要作用越发凸显。分地区来看，山西、内蒙古、陕西、新疆、贵州和安徽全年煤炭产量均实现不同程度增长，分别达到 11.9 亿吨、10.4 亿吨、7 亿吨、3.2 亿吨、1.3 亿吨和 1.1 亿吨。其中，晋陕蒙新四省区煤炭产量合计 32.5 亿吨，同比增长 8.1%，占全国煤炭总产量的比例提升至 79.9%（图 4-2）。产量低于 1000 万吨的八个省区市（苏吉湘闽桂赣鄂渝）煤炭产量合计 3597 万吨，同比下降 31.3%，占全国煤炭总产量的比例不足 1%。分企业来看，国家能源集团、晋能控股集团、山东能源集团、中煤集团、陕煤集团和山西焦煤集团等六大亿吨级煤炭企业产量合计 18.4 亿吨，同比增长 9.4%，占全国煤炭总产量的比例提升至 45.2%。

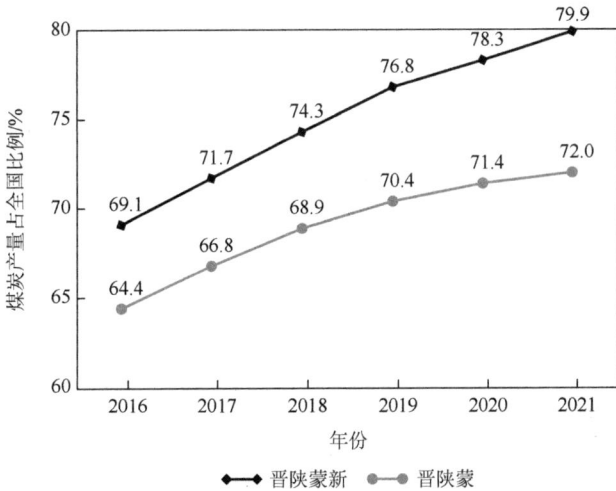

图 4-2　2016～2021 年我国晋陕蒙新地区煤炭产量占全国比例

资料来源：中国煤炭市场网

输运系统完善升级，煤炭运力有效提升。随着西煤东送、疆煤外运、北煤南运等煤炭铁路运输布局的日渐完善，"公转铁"的持续推进，以及铁水联运的有力实施，全国煤炭输运网络同步得到高强度、高效率的提升，有力支撑了全国煤炭调运和能源保供工作。例如，中煤王家岭联络线全线正式开通，进一步增强浩吉铁路输运能力；兰新铁路、临哈铁路建成投产，确保疆煤外运能力在 4000 万吨以上。截至 2021 年底，全国煤炭基地外运能力达 30 亿吨以上，其中，山西、陕西和内蒙古西部等"三西"地区外运能力约 18 亿吨。公开数据显示，2021 年全国铁路煤炭发运量达 25.8 亿吨，同比增长 8.8%，其中，大秦线累计煤炭发运量为 4.2 亿吨，同比增长 4%；全国主要港口煤炭发运量约 8.4 亿吨，同比增长 12.6%，其中，北方七港累计煤炭发运量约 8 亿吨，同比增长 11.1%。

2. 进口煤炭近年来创新高，自美国进口量大幅跃升

为满足我国经济社会的发展要求，特别是保障沿海地区用能用电安全，我国近年来加大进口煤炭调节力度。"十三五"时期，我国煤炭年进口量保持在 2.5 亿吨以上。海关总署数据显示，2021 年我国煤炭进口量达 3.2 亿吨（图 4-3），同比增长 6.7%，进口量占全国煤炭消费量的比例约 7.6%，日均进口量达 88.6 万吨。进口煤炭主要流向珠三角、长三角和京津冀等地区，其中，广东、福建、北京、浙江和江苏 2021 年煤炭进口量分别约 6260 万吨、6000 万吨、4160 万吨、2950 万吨和 1530 万吨，有效保障了我国东部地区电力行业用煤的需求。

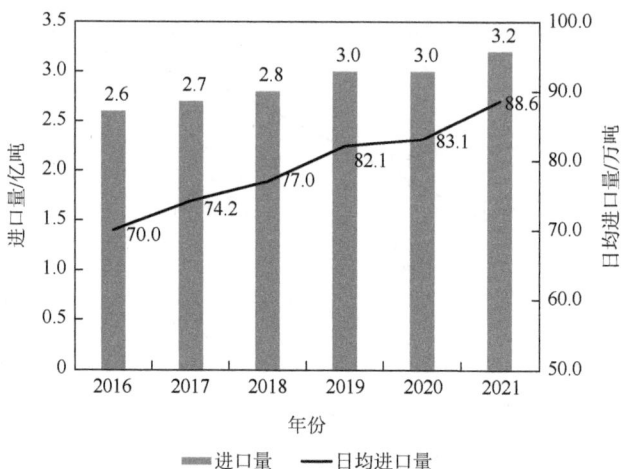

图 4-3 2016~2021 年我国煤炭进口情况

资料来源：海关总署

从进口来源看，印度尼西亚、俄罗斯和蒙古是我国煤炭进口三大来源，2021 年自这三个国家的煤炭进口量分别为 19566 万吨、5699 万吨和 1644 万吨，分别占我国煤炭进口总量的 60.5%、17.6% 和 5.1%。此外，随着中美第一阶段经贸协议正式签署生效，我国大量进口美国煤炭等能源商品。2021 年从美国进口煤炭共1060 万吨，美国超越了加拿大和菲律宾，成为我国第五大煤炭进口国（表 4-1）。从进口煤种来看，2021 年我国进口褐煤 1.2 亿吨、炼焦煤 0.5 亿吨、无烟煤及其他煤种 1.5 亿吨，占进口煤比例分别为 37.5%、15.6% 和 46.9%。

表 4-1 2016~2021 年我国煤炭进口来源（单位：万吨）

国家	2016 年	2017 年	2018 年	2019 年	2020 年	2021 年
印度尼西亚	10380	10901	4406	13762	14084	19566
俄罗斯	1885	2807	2379	3224	2854	5699
蒙古	2640	3399	3191	3635	2854	1644
澳大利亚	7054	8006	7977	7709	7751	1171
美国	0	317	228	112	94	1060
加拿大	519	527	295	380	549	1043
菲律宾	711	554	182	934	811	848

3. 煤炭消费量继续增长，电力贡献九成消费增量

国家统计公报数据显示，2021 年全国能源消费总量达 52.4 亿吨标准煤，其中，煤炭消费量增长 4.6%，占一次能源消费总量的 56%，约合 29.34 亿吨标准煤，达历史最高水平。中国煤炭市场网统计数据显示，2021 年全国商品煤炭消费量达 42.4 亿吨（图 4-4）。

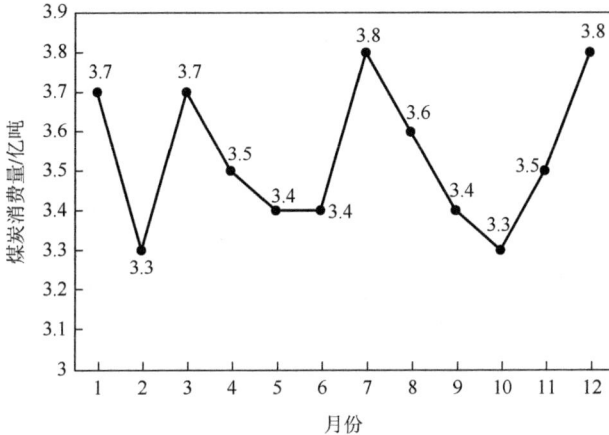

图 4-4　2021 年我国月度煤炭消费量情况

资料来源：中国煤炭市场网

四大行业用煤超过 39 亿吨，电力行业成为煤炭消费增量主体。中国煤炭市场网数据显示，2021 年电力、钢铁、化工和建材等四大行业累计用煤 39.5 亿吨，同比增长 6.7%，占全社会煤炭消费量的比例约 93%。具体来看，电力行业用煤占比进一步提升，贡献了全社会煤炭消费增量的九成以上。2021 年全社会电力需求激增 10.3%，带动全口径煤电发电量同比增长 8.6%，全年电力行业用煤 24.2 亿吨，同比增长 8.9%，占全社会煤炭消费量的比例约 57%，较"十三五"初期提升了 6.8 个百分点，且贡献了 2021 年全社会煤炭消费增量的 91%。受钢铁行业出口退税、钢铁去库存等政策影响，钢铁行业煤炭消费回落，2021 年钢铁行业用煤达 6.7 亿吨，同比下降 1.9% 左右。此外，2021 年化工和建材行业用煤略有提升，同比分别增长 3.6% 和 1.1%，分别为 3.1 亿吨和 5.5 亿吨。

4. 供需不平衡致煤价大幅波动，政策发力实现增产稳价

2021 年前 9 个月煤炭市场供需呈紧张态势。2021 年上半年受优质产能释放较为不畅、大秦线检修及月度进口减少等影响，我国煤炭市场供需形势趋紧。2021 年 1~6 月，全国煤炭供需累计缺口近 3000 万吨，其中，4 月全国煤炭供需缺口最大至 4900 万吨左右，这些缺口主要由全社会库存动态调剂。7~9 月"迎峰度夏"，电力需求大增拉动煤炭消费快速增长，全国煤炭供需缺口超过 6500 万吨（图 4-5），全社会煤炭动态库存进一步降低。随着煤炭市场供需缺口加剧，全国煤价大幅上涨。10 月初，秦皇岛港 5500 大卡（1 大卡≈4.1859 千焦）热值煤炭平仓价格超过 1500 元/吨；10 月中旬，大同地区 5800 大卡热值坑口煤价超过 2000 元/吨；10 月 19 日，郑州商品交易所动力煤期货 2111、2112 分别报收 2360 元/吨和 2150 元/吨。

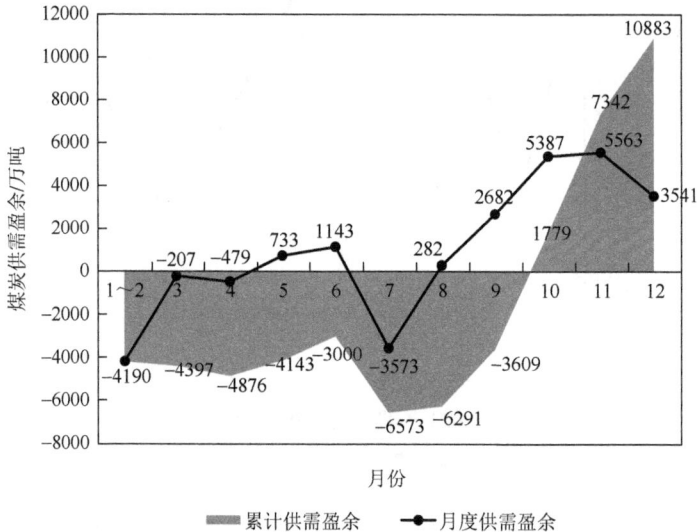

图 4-5　2021 年全社会煤炭供需情况（负值代表供给＜需求，正值代表供给＞需求）

资料来源：中国煤炭市场网

面对煤炭市场价格暴涨形势，2021 年 9 月底国家迅速出台一系列煤炭增产保供稳价政策措施。一是加大政策协调力度，推动宏观经济运行管理、国土、安监、环保和能源等部门政策协同，推动相关部门与产煤省区市政策协同，推动政府与相关煤炭生产、运输企业政策协同等，有效地破除了限制煤炭增产保供的机制性梗阻；二是推动煤炭主产区加大产能核增和释放力度，推动晋陕蒙等煤炭主产区核增产能 2.2 亿吨/年，有效保障第四季度煤炭增产 5500 万吨以上；三是加大企业重点合同煤履约力度，确保电厂煤价稳定，有力保障全国电力安全供应；四是严厉打击囤积居奇、哄抬煤价行为，约谈相关煤炭期货交易所，对非法炒作进行限制；五是引导市场回归理性，国家宏观经济运行管理部门及时发布煤炭生产相关信息，增强市场信心。在此系列政策措施推动下，国家部委、地方政府和国有企业联合发力，全国煤炭产量快速增加、煤炭运输效率得到提升、港口和全社会库存获得有效补充、市场煤价快速回落。10 月，全国日均煤炭产量达到 1152 万吨，比 9 月底有大幅增加；大秦线等煤炭输运时效得到加速提升，国家铁路电煤日均装车同比增长 20%左右；港口、电厂存煤稳步提升，其中，秦皇岛港存煤突破 500 万吨；电厂供煤大于耗煤持续超过 100 万吨，存煤水平达到 1.06 亿吨。入冬后增产保供持续发力，全国煤炭供需形势彻底扭转，至 12 月底，全社会煤炭供需累计盈余突破 1 亿吨。截至 2021 年 12 月 31 日，中国煤炭价格指数（China coal price index，CCTD）秦皇岛港 5500 大卡、5000 大卡和 4500 大卡动力煤综合交易价格分别为 773 元/吨、692 元/吨和 584 元/吨，比 10 月 29 日高点分别下降 36%、37%和 39%。

5. 稳步推进煤矿山智能化建设，助推产业发展转型升级

智能化矿山建设稳步推进。国家能源局初步统计，截至 2021 年底，全国智能化采掘工作面已达到 687 个，其中，采煤工作面为 431 个，掘进工作面为 256 个；已有 26 种煤矿机器人在煤矿现场实现了不同程度的应用，71 处国家首批智能化示范建设煤矿总产能近 6 亿吨。根据相关报道，内蒙古麻地梁煤矿实现 5G 在采煤机、综掘机、巡检机器人、无人驾驶车辆等移动设备终端的工业控制应用，实现 500 万吨矿井用工少于 700 人，单班入井少于 80 人，吨煤成本低于 85 元；陕西未来能源化工有限公司金鸡滩煤矿建成了国内一流的超大采高智能化综放工作面，生产作业人员减至 5 人，人均工效达 105 吨/工；中煤科工"煤智云"大数据中心建设项目启动，投资 10 亿元完成建设任务，为实现煤炭行业全面数字化转型升级提供信息基础设施保障。

政策助推煤炭行业转型发展。2021 年，中国煤炭工业协会发布《煤炭工业"十四五"高质量发展指导意见》，进一步明确煤炭行业短期发展方向、原则和目标，其中提出的十三大重点任务将全面推动煤炭工业安全绿色开发、清洁低碳利用、产业链现代化。部分企业在产业发展转型方面起带动作用，例如，国家能源集团榆林化工有限公司 40 万吨/年乙二醇项目投产，对促进国家煤化工产业向高端化、多元化、低碳化转型发展有着重要的示范意义和积极影响。

4.1.2　中国煤炭行业发展存在的问题

1. 煤炭行业发展的不平衡问题

（1）矿井开采效率和技术水平不平衡。我国煤炭企业的生产效率相差较大，以大型煤矿为主的国有煤炭企业的平均生产效率约为 2800 吨/（工·年），中煤平朔集团有限公司东露天矿的平均生产效率为 68000 吨/（工·年），处于国际领先水平；小煤矿的平均生产效率通常只有 300~500 吨/（工·年），使得我国煤炭行业的整体生产效率与世界采煤发达国家［美国约为 12000 吨/（工·年），澳大利亚约为 9000 吨/（工·年）］存在明显差距。我国煤矿生产技术水平的不平衡是主要因素。近年来，我国煤炭行业加速推进信息化、智能化建设，截至 2020 年建成了 494 个智能化采煤工作面，实现了"地面一键启动，井下有人巡视、无人值守"。在大型矿井智能化取得显著进展的同时，绝大多数矿井仍维持原有状态，一些落后矿井的机械化、自动化程度很低（采用炮采、炮掘等落后采煤工艺）。放炮采煤与"有人巡视、无人值守"智能化采煤并存的现象严重制约了煤炭行业高质量发展的整体进程。

（2）市场结构不平衡。我国煤炭行业市场集中度低，小企业数量众多；偏低的市场集中度易引发过度竞争，市场不规范竞争现象突出，不利于整个煤炭行业的高效可持续发展，动力变革机制薄弱。为了提升煤炭行业的安全生产与技术水平，应朝着规模化、集约化经营方向转变，加快实施煤炭行业重组。例如，2020 年我国前 8 家煤炭企业的原煤产量为 18.55 亿吨（约占全国原煤产量的47.6%），明显低于美国、俄罗斯、印度等产煤大国（前 8 家煤炭企业原煤产量占全国原煤产量的 55%～65%，垄断型产业结构特征较为明显）。

（3）煤炭利用清洁化程度与质量水平不平衡。我国煤炭消费领域主要分布在电力、钢铁、建材、化工等行业，也存在一定比例的分散用煤，各类方式的清洁化利用水平存在差异。2019 年，超过 80%的煤电实现了超低排放，具有绿色高效利用特征；钢铁行业用煤正在推行超低排放，污染物排放控制水平进一步提高；先进工业锅炉已在建材行业推广应用，燃烧效率超过 80%，污染物排放均符合国家标准，但应用比例仍待提高。散煤通常是灰分、硫分含量较高的劣质煤，燃烧时往往缺少脱硫、脱硝、除尘处理，因直燃直排而污染严重。分散用煤虽然通过"双代"或优质煤＋高效炉具的方式进行减压替代，总量持续减少且污染排放降低约 70%（相比 2015 年），但仍是我国当前煤炭消耗污染的主要面源。

2. 煤炭行业发展的不充分问题

（1）安全发展不充分。煤炭行业在实施全面安全治理、化解过剩产能等措施之后，落后产能逐步淘汰，重特大生产事故明显减少；全国煤矿百万吨死亡率下降到了 0.059，实现了煤矿安全形势的根本性好转。但是，煤炭行业工作环境差、从业人员职业健康保障不够等问题依然存在，例如，煤炭行业从业人员年死亡率为建筑行业的 2 倍，井下作业的噪声污染、粉尘污染仍未妥善解决。实现煤炭行业安全发展仍需持续努力。

（2）绿色发展不充分。我国自 2010 年起实施绿色矿山建设，部分煤矿区已建成绿色矿区，显著改善了矿区周边的生态环境质量。然而大部分煤矿区还存在较为严重的环境问题，例如，开采沉陷造成东部平原矿区的土地大面积积水受淹或盐渍化，西部矿区出现水土流失与土地荒漠化；煤炭开采过程对水资源的污染加重，进一步加剧了水资源紧缺。煤炭行业绿色发展水平与国家要求还有差距。

（3）低碳发展不充分。随着"双碳"目标的提出，我国应对气候变化各项举措将加快实施。煤炭碳排放量约占世界碳排放总量的44%，煤炭是主要的碳排放能源；控制煤炭消费总量、提高集约低碳化水平是今后煤炭行业碳减排的内在要求。目前，我国煤炭消费总量控制取得积极进展，已进入平台期并将加快达峰，但煤炭发电、化工转换过程产生的二氧化碳仍难以处置，以 CCUS 为代表的碳处置技术面临技术经济性问题，短期内难以商业化推广应用；煤炭开发产生甲烷的排放控制水平偏低（2020年井下瓦斯抽采利用率仅44.8%），亟待提升煤矿瓦斯及煤层气的开发利用规模和质量。

（4）人力资源发展不充分。目前，煤炭行业人才队伍与高质量发展的内在需求相比仍存在较大差距，主要表现在：①从业人员数量众多，属于典型的劳动密集型行业；②人员老龄化现象严重，后备劳动力不足，加之煤矿工作环境差、待遇低、交通相对闭塞，导致井下一线招工难；③高级技术人员短缺，不能适应未来信息化、智能化矿井建设需求。与此同时，高等学校矿业工程生源日趋紧张，科研院所高水平人才流失率较高，煤炭人力资源供需矛盾愈加明显。

（5）对外合作不充分。煤炭行业对外合作以"引进来"居多而"走出去"偏少；以国外企业参与国内市场竞争居多，国内企业全面参与国际市场竞争较少；以煤炭贸易居多，技术、人才、市场、资本等国际合作较少；国内企业境外投资的成功案例不多，跨国投资风险依然较高，统筹利用国际、国内两个市场及资源的能力尚显薄弱。全面提升我国煤炭工业的国际合作质量、提高煤炭行业的国际化水平已成为必须科学应对和高效化解的重要课题。

（6）企业转型升级不充分。近年来，煤炭企业积极寻求多元化发展道路，部分大型煤炭企业通过与下游产业、新技术新业态的融合发展，初步形成了以煤为基础，煤电、煤化工、煤钢、建材、金融、新能源等相关产业协同发展格局，同步积极开拓海外市场。然而，大多数煤炭企业还是单一的"采煤、卖煤"业务模式，以煤炭外销为主，向高端产业延伸不多，导致企业盈利能力较多依赖煤价，没有形成可持续发展的资源优势和风险防范能力。

4.1.3　"双碳"背景下煤炭行业转型发展的必要性

1984~2020年，我国能源消费总量由22.61艾焦增加至146.26艾焦，消费结构呈现多元化趋势，化石能源逐渐减少、清洁能源逐渐增加，但仍以化石能源为主。1984~2020年，我国化石能源消费总量由20.05艾焦增加至123.60艾焦，化石能源消费结构以煤炭为主，且相较于石油和天然气消费量的稳定增长，煤炭消费量波动性大；一次能源、化石能源和煤炭消费量的变化趋势存在高度耦合关系，可以说"从煤炭资源消费可知化石能源消费、从化石能源消费可知一次能源消费"。煤炭资源是我国的主体能源和刚性能源，影响着我国一次能源消费结构和社会经济发展；但同时由于其开采利用方式的特性影响着我国的生态环境，例如，煤炭燃烧过程是强烈的碳排放过程，对整个生态系统的碳平衡影响重大，必须对其进行科学管控、系统调控，推动该行业转型升级。

此外，开采过程尤其是露天开采过程会对区域生态存在一定扰动，并对原景观格局有一定影响，同时煤炭行业存在较高的资源和路径依赖性，产业结构单一，后生动力不足，不利于地方经济和社会可持续发展。因此，转型升级是煤炭企业追求自身发展和地方政府追求经济稳定增长的关键手段，是煤矿区可持续发展和行业高质量发展的关键内容。

4.1.4 "双碳"背景下煤炭行业转型发展的可行性

为保障国土生态安全、推进生态系统整治与修复，《煤炭工业发展"十三五"规划》对国内的煤炭生产布局进行了调整，推进煤炭产业向 14 个大型煤炭基地、134 个矿区集中，重点建设露天煤矿、特大型和大型井工煤矿。"双碳"目标的提出使得煤炭行业面临巨大挑战；以煤炭为主的能源结构也决定了我国"双碳"目标的实现很大程度上需依靠煤炭行业的清洁生产和转型升级，这也从制度层面保障了煤炭行业转型发展的可行性。

以"煤炭行业转型"为关键词检索发现，国内外众多研究机构从经济、政策制度、工程技术、资源环境、管理科学和社会科学等方面探讨了煤炭行业转型升级的意义和路径等内容，为煤炭行业转型升级提供了理论或技术支持。以"煤炭行业转型"为主题的研究文献统计如图 4-6 所示。

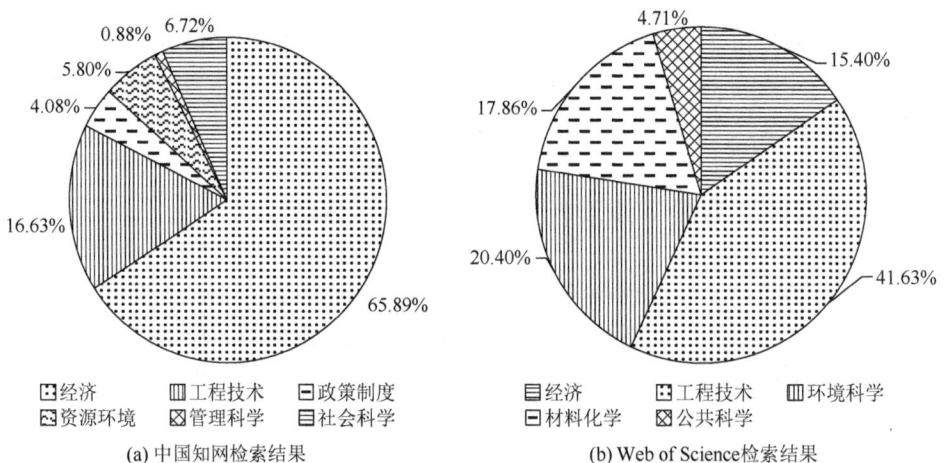

(a) 中国知网检索结果 (b) Web of Science 检索结果

图 4-6 以"煤炭行业转型"为主题的研究文献统计

4.1.5 "双碳"背景下中国煤炭行业转型面临的挑战

1. 气候变化问题对煤炭行业发展提出严峻挑战

尽管自 2016 年以来我国煤炭行业进行了供给侧结构性改革,大幅消减了煤炭产能,但据国家统计局数据,2021 年我国煤炭消费量比 2020 年增加 4.6%。2021 年底,煤炭在能源消费结构中的占比为 56%,仅比 2020 年下降 0.8 个百分点,再一次显示出煤炭在我国经济社会发展中的能源保障作用。实现"双碳"目标时间紧迫、任务艰巨。如何兼顾经济发展和环境保护、生态优先已经成为亟须解决的问题。

2. 煤炭一些利好政策发生变化

在实现碳中和目标、加快生态文明建设、深化供给侧结构性改革、打好"三大攻坚战"、推动高质量发展等多重要求下,煤炭行业一些利好政策发生变化。2021 年 4 月 21 日,中国人民银行、国家发展改革委、中国证券监督管理委员会(简称证监会)发布了《绿色债券支持项目目录(2021 年版)》,化石能源(含煤炭)的清洁利用高碳排放类项目不再纳入支持范围,并采纳国际通行的"无重大损害"原则,煤炭作为高碳能源的代表,减碳约束变得更加严格。

3. 新能源行业快速发展带来冲击

风电和太阳能发电是实现"双碳"目标的主力军,电力系统"脱碳"将主要依靠风电和太阳能发电。随着技术的不断突破,风电和太阳能发电成本与传统化石能源发电成本逐步持平甚至更具经济性,且依然保持进一步降低的潜力。根据国际可再生能源署 2021 年 6 月发布的关于 2020 年可再生能源发电成本的报告,2020 年全球陆上风电度电成本仅 0.25 元/(千瓦·时),已低于当前全世界所有传统燃料发电的成本。我国光伏行业龙头企业隆基绿能科技股份有限公司通过技术创新和降本增效,不断推动太阳能发电成本大幅下降,已在部分光照资源丰富的地区实现太阳能发电度电成本仅 0.1 元/(千瓦·时)。随着可再生能源发电成本的不断降低,风电和太阳能发电的大规模应用将加速推进我国能源系统的转型,以煤炭为代表的传统高碳能源的优势不断减弱,煤炭行业面临可再生能源快速发展的巨大挑战。

4. 煤炭供应的精准调控和保障能力不足

我国在煤炭供应的精准调控和有效保障方面还存在较多不足,主要表现在煤炭资源的精准勘查能力弱、煤炭储备信息化和智能化程度较低、煤炭储备应急管理和协同能力弱、煤炭供给弹性产能机制尚未建立等方面。

5. 煤炭工程技术的原始创新能力缺乏

我国煤炭行业部分领域的技术、装备与国外还有差距，先进技术装备推广及应用有待加速，生态环境负效应随开采规模的扩大越发显著。主要表现在以下方面：①部分煤炭开采关键环节自动化程度低、用人多；②行业创新机制有待完善，原始创新能力相对薄弱；③设备及系统可靠性、技术控制水平不高，大型装备、关键设备和元器件国产化能力不足；④煤炭低生态损害开采、清洁高效集约化利用理论与技术亟须突破。

4.1.6 "双碳"背景下中国煤炭行业转型发展路径

我国是最大的发展中国家，也是最大的煤炭生产、消费和碳排放国家，煤炭是我国的主体能源、也是高碳能源。为此，煤炭行业必须认识到低碳转型发展是必由之路，必须尽早转变认知、坚定绿色转型升级目标、规划绿色发展路径，才能在未来的"生态文明时代"谋得发展。同时，在巨大挑战和重大机遇下，煤炭行业需科学认知能源革命，合理把控其发展过程、推动其发展阶段的转变，促进行业健康、绿色发展，以实现短中期能源保障和清洁生产目标、长期能源结构转型和安全目标。相对于欧洲、美国等国家和地区实现"双碳"目标的计划时间表，我国实现"双碳"目标时间紧、任务重、难度大，因此需要科学规划设计和把控"双碳"目标的实现过程，分阶段逐步推进能源转型，不可一蹴而就。煤炭作为我国一段时间内不可替代的主体能源和重要原料，短期内难以被全面替代。因此，煤炭行业发展应走煤炭清洁高效利用的绿色发展道路，综合考虑资源禀赋、能源安全、环境容量和社会经济水平等多种因素。同时，在"双碳"目标不断推进的过程中，应避免出现依托煤炭资源而兴的煤炭资源型城市（镇）快速衰退的现象。煤炭资源型城市（镇）是我国实现"双碳"目标的主要承担者，也应该成为"双碳"目标实现的主要受益者，要在能源革命、生态文明建设的同时，落实区域协调发展、新型城镇化和乡村振兴等战略。

1. 煤炭绿色开采及煤矿区绿色发展

"双碳"目标对煤炭基地的核心要求为减少碳排放，通过开采技术体系升级创新和智能化开采，以及信息化和智能化的动态监管，提高生产效率和资源利用率，从源头减少碳排放和对煤矿区生态环境的扰动，实现绿色开采和区域绿色发展目标。通过坚持 5R 原则①,对煤矿区土地利用结构、规模、方式和布局进行优化,推动煤矿区土地低碳利用,创新 CCUS 技术,实现煤矿区控制碳源型用地和增加碳汇型用地(即减排增汇)的目标。同时,煤矿企业要处理好生产经营和减排降碳的关系,以"双碳"目标为契机,依靠产业升级、技术进步、管理创新,推动煤炭资源低碳化开采和利用,实现更高质量、更有效益、更可持续发展。

2. 科学推进煤炭由主体能源转变为兜底保障能源

以风能、太阳能、水能、氢能等清洁能源逐步代替煤、石油、天然气等化石能源是未来世界能源革命的重要方向,但是新能源存在间歇性、波动性等短板,未来新能源利用需要面对"调峰"的难题。因此,新型电力系统需要依靠分布式能源、不同能源互补协同,保证电力系统稳定。分布式能源利用方式也为煤炭资源带来了新的发展定位。一方面,通过"双侧"改革推进煤炭资源开发和利用方式的变革:在供给侧,可将煤炭资源作为调控新型能源和电力系统的兜底保障性能源,实现新型能源系统稳定和煤炭资源控产减排的目标;在需求侧,广泛培育绿色低碳生活方式,从思想和行动上实现绿色节能的能源消费模式。另一方面,目前我国大型煤炭基地多分布于干旱半干旱气候条件下的中西部欠发达地区,地区发展在一定程度上依附于煤炭产业,因此,需要探索如何基于地区资源和环境特色,通过煤炭与地方特色清洁能源的技术和行业融合,实现分布式能源与地区共同发展的战略目标,保障地区能源体系转型和稳定发展。

3. 以国际和地区合作共同应对气候和能源挑战

煤炭资源的主导地位使"双碳"目标面临结构性压力,依托煤炭发展的区域需要突破资源禀赋和能源市场限制,形成新的经济增长点。因此,可以通过借鉴吸收先进技术和经验,充分挖掘本地区的清洁能源优势,争取快速高效形成新的能源开发利用系统。例如,可借鉴德国大力发展氢能等清洁能源、丹麦在石油危机下改革能源系统和大力发展风能项目、乌拉圭发展风能和氢能能源体系等战略经验,在充分发挥区域特色的同时,积极寻求跨地域合作,形成完整联动的新能源产业链,挖掘并稳固新的经济增长点。

4. 立足碳市场驱动节能减排行动

全国碳排放权交易市场(简称碳市场)于 2021 年 7 月开市,为国内外碳交易搭建了平台。该市场成立一方面可使煤炭等能源企业发现践行"双碳"目标的价值,从而在能源和资金要素的驱动下展开低成本和高效率的能源转型,另一方面

---

① 5R 原则指减量化(reduce)、再利用(reuse)、再循环(recycle)、再开发(redevelop)、再修复(restoration)。

为"绿水青山"提供转化载体，真正激发绿色产业发展动力。在展开碳交易的同时，要重视平等的碳排放权和减碳责任、专业科研人才培养、技术和工艺改造、形成标杆作用、法律和制度保障等。

5. 多主体参与共促绿色低碳生活和生产方式

能源转型面临能源供应稳定性风险和安全问题、企业生产成本大幅增加、高碳企业随时面临资产搁置、地区发展失衡等挑战。因此，需要政府继续推进清洁能源和产业投资，加快能源转型升级，需要市场调控价格机制和竞争环境，明晰各主体职责，同时需要社会全体思想和认知的转变，并赋予行动，从而形成政府推动、市场拉动、社会行动的运作结构。应充分认识到我国实现"双碳"目标是推动自身健康持续发展和生态文明建设的本质需要，不是迫于任何国际压力；"双碳"目标的实现与我们每个人息息相关，要尽早接受"双碳"教育，实现个人生产生活方式低碳化与国家"双碳"目标实现的同步。

4.2 "双碳"背景下中国煤炭清洁化与高效利用的潜力

4.2.1 煤炭清洁化与高效利用发展现状

1. 煤炭洗选发展现状

煤炭洗选加工是煤炭清洁化与高效利用的前提和基础，可改善和稳定煤质，满足不同设备的用煤需求，提高后续煤炭利用效率，减少利用过程中的污染物排放。我国原煤入选率从 2015 年的 66%提高到了 2021 年的 71.7%，煤炭洗选技术和装备达到国际先进水平，基本满足不同厂型、不同性质和不同用途原煤洗选需要。随着"两化融合"、"互联网+"、云计算、大数据的发展，部分选煤厂智能化已经进入实施阶段，正向大型化和智能化方向协同发展，但也存在一些需要进一步解决的问题。例如，精细化洗选精度不足，中煤和尾煤再选、细粒煤和粗煤泥分选、有机硫高效脱除及全粒级干法选煤等精细化分选技术水平亟待提高；装备的大型化、智能化能力仍不足，大型化装备仍存在运行不稳定、材料不过关等诸多问题，智能化工艺过程模型及控制算法多处于理论研究阶段，行业内选煤厂的信息化应用差距比较明显；部分选煤厂的洗选精准性和产品定制化水平有待提高。

2. 煤炭作为燃料发电的发展现状

发电用煤占全国煤炭消费总量的比例超过一半。2021 年全国煤电装机容量占比为 46.7%，发电量占比约 60%。我国清洁高效燃煤发电技术处于世界领先水平，煤电机组参数、机组数量、能效指标、污染物排放指标均进入世界先进行列，煤电机组大气污染物排放执行世界最严格标准。燃煤电厂供电煤耗由 2015 年的 315 克标准煤/（千瓦·时）降低到 2021 年的 302.5 克标准煤/（千瓦·时），最先进的燃煤电厂供电煤耗低于 260 克标准煤/（千瓦·时）。截至 2021 年底，达到超低排放限值的煤电机组装机容量约 10.3 亿千瓦，占全国煤电总装机容量的 93%。尽管煤电行业在节能降耗、超低排放、碳减排等方面已取得显著成效，但仍是煤炭消费量和碳排放量最大的行业，整体煤气化联合循环（integrated gasification combined cycle，IGCC）仍不具竞争力，碳捕集与利用（carbon capture and utilization，CCU）技术仍停留在示范阶段，部分机组存在能耗偏高、灵活调节能力不足等问题。传统燃煤发电技术基本原理已固化，700 摄氏度等级材料研发和发电技术进展缓慢。

3. 煤炭作为原料清洁转化的发展现状

煤炭作为原料清洁转化是我国未来一段时间煤炭清洁化与高效利用的重要方向和转型升级的重要路径。我国煤炭清洁转化已经进入商业化发展阶段，煤炭清洁转化关键技术全面突破，气化技术已经处于国际水平（单炉投煤量达到 3000～4000 吨/天），煤制烯烃（单系列甲醇合成规模达到 180 万吨/年）、煤制芳烃（建成万吨级中试试验装置）、低温费托合成（建成百万吨级工业化示范项目）、煤制乙二醇技术处于国际领先水平，关键大型装备和特殊催化剂等逐步实现国产化，单位产品水耗、煤耗不断降低，很多项目已实现污水"近零"排放，产业化、园区化、基地化格局初步形成。对标《高耗能行业重点领域能效标杆水平和基准水平（2021 年版）》，煤化工各产业的能效水平发展不一，节能降碳改造升级潜力较大。现代煤化工产业仍处于示范期，发展初期投资、成本高，产品存在同质化问题，产能快速增长和产品竞争力不强的矛盾突出，在原煤价格升高及中低油价背景下的竞争力降低。焦化深加工规模效应及上下游产业链延伸能力不足，焦炉煤气、焦油、粗苯等无法根据下游产业需求进行有效的调配，煤焦化深加工水平有待进一步提高。煤化工的碳排放具有单个排放源排放强度大、生产工艺过程中碳排放浓度高的特征，在"双碳"目标下，煤化工行业高碳排放的发展模式将不可持续，且面临巨大挑战。

4. 煤炭分散清洁燃烧发展现状

煤炭分散利用包括中小型工业炉窑及民用分散燃烧。电代煤、气代煤成果显著，在清洁取暖不能覆盖的区域，采取民用清洁炉具与专用清洁燃料配套销售方式实现清洁燃烧。清洁高效燃煤工业锅炉正向大容量、高能效、低排放方向发展。在借鉴燃煤电厂超低排放经验和技术路线的基础上，我国已生产了具有自主知识产权的高效煤粉工业锅炉、水煤浆锅炉等，燃料密闭运输无污染，自动化运行实现无人值守，锅炉效率大幅度提高，污染物排放与燃气工业锅炉相当。根据初步调研和估算，除电力、冶金、建材、炼焦、化工等集中用煤以外的分散用煤量由2015年的6亿吨减少到2021年的2.6亿吨左右，相应的碳排放量减少6.46亿吨以上。但是民用清洁炉具配套专用清洁燃料还存在以下问题：①现有民用型煤存在燃料质量不稳定、燃烧取暖效果差等问题；②部分炉具产品质量良莠不齐，民用炉具产品质量和性能亟待提高，能效提升仍存在较大空间；③存在燃料和炉具不配套现象，污染物排放受燃料质量和炉具燃烧技术影响显著，减排效果参差不齐。

5. 低阶煤分质利用发展现状

低阶煤分质利用能够实现煤中不同性质组分的高效回收和精细化利用，是煤炭深度清洁利用的重要技术载体和保障。低阶煤保有资源储量约占我国煤炭保有资源储量的46%，低阶煤产量占我国煤炭产量的50%以上。由于煤炭开发向西部转移，该产量比例持续上升。截至2019年底，我国已建成低阶煤热解工业化项目8个，拥有550万吨/年煤炭加工能力，核心技术处于中试或工业化示范阶段，开发了低阶煤提质（low-rank coal conversion，LCC）、多段回转炉、内构件错流床等气体热载体及煤固体热载体法快速热解技术等工艺，并形成了粉煤热解气化一体化、煤气热载体分段多层低阶煤热解成套工业化等新一代小粒度煤热解技术，但也存在热效率低、煤气热值较低、粉尘易沉积堵塞、细焦粒与焦油分离困难、半焦利用效率低等问题，与工业化应用仍存在差距。

4.2.2 煤炭清洁化与高效利用面临的挑战

1. 水资源短缺

我国煤炭清洁化与高效利用产业基本分布在黄河流域内的西部缺水地区，通过持续努力已在节水方面取得长足进步；煤制油水耗先进值约6吨水/吨油，煤制烯烃水耗先进值低于20吨水/吨烯烃，单位地区生产总值水耗已低于西部地区产业平均值。然而，黄河流域生态保护和高质量发展成为国家战略，将在全流域加强水资源节约集约利用，实行水资源消耗总量和强度双控并以水定产。水资源评估已被列为项目环评的重要内容，将是未来煤炭清洁化与高效利用产业发展的硬性约束。

2. 碳排放约束

在"双碳"背景下，碳排放成为煤炭清洁化与高效利用产业发展的瓶颈问题。煤炭转化的碳排放主要源自工艺过程中煤气化变换单元反应产生的高浓度二氧化碳、热电车间产生的低浓度二氧化碳。根据行业测算，煤间接液化制油、煤直接液化制油、煤制烯烃、煤制乙二醇的吨产品碳排放量分别为 6.5 吨、5.8 吨、11.1 吨、5.6 吨。未来碳税等政策的发布执行将提升整个产业链的生产运营成本，进而影响产业发展路径选择。

3. 产品竞争力整体不强

"十三五"时期建设的煤炭转化项目以煤制油、煤制气、煤制烯烃、煤制醇醚类化学品为主，方案雷同、产品同质化问题较为突出。产品经济性受到多方面影响：煤基化学品价格对标石油化工产品，与国际油价、原煤价格直接关联；煤制烯烃项目以中低端产品为主，集中在通用端的专用料牌号，高端应用的专用料（如 α 烯烃）偏少；煤制乙二醇产品结构单一，产品纯度难以提高，杂质繁多且难以清除。这些问题将长期伴随产品竞争力提升、高端聚酯产品开发等过程。

4. 政策扶持的精准性有待提升

煤炭转化产业项目投资强度较大，产业发展仍处于初期，在低油价条件下竞争力不强，需要政策扶持以培育产业发展。然而，已有扶持政策零散存在于能源、区域规划或者子规划层面，缺乏行业针对性，相关基础标准、产品标准、方法标准的体系性有待完善。以煤制油为例，当前的产品标准仅能对照采用石油化工行业相关标准；受石化企业产品准入制约，具有"一大三高四低"特点的特种煤制油不能实现优质优价，也无法直接进入终端市场；基于石油基油品制定的消费税率较高，导致中低油价条件下煤制油企业出现了普遍性亏损，影响了行业发展信心和增产积极性。

4.2.3　煤炭清洁化与高效利用重点发展方向

1. 推动煤炭洗选加工的智能化、精准化发展

根据产品分级稳定性的需求，进一步提高洗选技术的精细化水平和技术装备的可靠性，发展高精度、大型化、高效可靠精细化洗选技术与装备。深度提炼煤炭资源，促进煤系伴生矿物资源化利用。利用新一代信息技术，推进煤炭洗选的自动智能化、无人化，研发大型高可靠性智能化关键技术装备，进一步提升生产效率，降低生产成本。改变选煤厂机械化水平不高、基本没有智能化的现状，建立洗选过程自诊断、自调节、订单式生产的运行模式，满足定制化、个性化商品

煤指标需求。研发先进高效的干法选煤技术和设备，以满足西部缺水地区煤炭洗选需求。不同用煤方式（如炼焦用煤、高炉喷吹、气化）对煤质的要求均存在差异，利用物联网、大数据等现代信息技术手段，创新煤炭质量精准管理机制，针对不同的技术和设备用煤规格提供定制化产品，推进煤炭供应侧与用户侧的精准对接。通过深度提质提升煤炭质量，降低灰分、硫分及氯、汞、砷、氟等有害元素含量，依靠产品分级、供应差异化与定制化等多类手段强化与用煤设备的适配度，进一步提升煤炭燃烧及转化过程的利用效率；通过减少煤耗来降低粉尘及二氧化硫、氮氧化物等大气污染物排放，促进煤炭清洁利用水平提升。

2. 提升燃煤发电的高效、灵活、清洁、低碳水平

（1）短期是向清洁节能减碳方向发展。淘汰落后产能，调整机组容量，加快节煤降耗和灵活性改造。30 万千瓦及以上机组实施综合节能改造，30 万千瓦以下机组实施背压改造，关停置换亏损严重的小型火电机组，淘汰关停的煤电机组可转为应急备用和调峰电源。调整机组容量，有效提升机组的负荷率，避免因负荷过大导致机组工作机能下降并造成能源损失。进一步推广应用低氮燃烧、高效除尘及脱硫等超低排放关键技术和设备，继续推进现役煤电机组实施污染物超低排放改造。开发新型低成本污染物高效联合脱除、痕量重金属元素高效脱除及大型机组煤粉超低氮燃烧和硫资源化回收等多类处置方式。着力建设超临界（ultra-supercritical，USC）高效循环流化床机组和百万千瓦超超临界机组，打造电力产业大容量、高参数、成本优、效益好的煤电一体化升级版。

（2）中期是向深度调峰的煤电与新能源一体化方向发展。开展多能互补和煤电深度调峰，因地制宜采取风能、太阳能、水能、煤炭等多能源品种发电互相补充措施，适度增加一定比例储能。对存量煤电、水电、新能源发电等电源，开展风-光-储一体化建设；针对省级区域、市（县）及工业园区范围，开展源-网-荷-储一体化建设。加大煤电、风电、太阳能发电、储能项目一体化布局，提升电力供给效率。在满足机组经济性和环保性条件下，进一步降低现役煤电机组的最小出力，支撑接入更多的可再生能源。探索聚光型太阳能发电与燃煤发电深度耦合，在保障太阳能发电效率的前提下，尽量降低煤耗率和汽轮机热耗率、汽耗率，提升太阳能与燃煤互补效果。完善煤炭与生物质能的耦合发电和热转化利用路径，通过现役煤电机组的高效发电系统尽力消纳生物质能（农林废弃物、市政污泥、生活垃圾），降低存量煤电耗煤量，提升可再生能源发电量。

（3）长期是向燃煤发电配合 CCS 技术以实现零碳排放方向发展。推动传统电力产业升级换代，发展 700 摄氏度超超临界发电、整体煤气化燃料电池联合发电、超临界二氧化碳布雷顿循环发电、生物质能等直接耦合燃烧发电等技术。加大对电力产业 CCUS 技术研发、工程示范和项目推广的资金支持力度，加快 CCUS 技术在电力行业的实行和推广，降低二氧化碳分离回收的成本；针对不同排放源，开发新一代碳捕集技术，推动电厂碳捕集后的地质封存技术探索与示范项目建设。推动电厂周边生态修复与植树造林，发展森林碳汇，最终实现燃煤电厂的碳零排放。

3. 煤炭转化向高端多元、低碳清洁方向发展

（1）短期是向节能减碳和固碳方向发展。通过升级现有煤炭转化技术，大幅度提高煤炭转化效率。对煤化工产业现有的常压固定床进行技术改造，淘汰落后产能，用新型煤气化技术的先进产能替代，使现有产能达到行业能耗标准和碳排放标准，新建产能达到行业领先水平；充分回收和利用低压蒸汽余热、低温甲醇洗和液氮洗的燃料气，回收、提纯和利用合成气变换和净化单元排放二氧化碳制备尿素或液体二氧化碳；通过优化产品结构，适当提高含碳产品（尿素、碳酸氢铵、甲醇、二甲醚等）的产量，实现固碳减排；重点推广低位热能利用技术等一系列节能、节煤、节水技术，优化过程工艺，提高能源资源利用效率，从本质上降低碳排放水平。通过可再生能源制氢技术耦合煤气化工艺生产燃料和化学品，降低工艺过程中原料煤的消耗，大幅提高煤炭利用过程的能效和碳利用率，并使碳排放量显著下降。当前氢与煤化工耦合技术已比较成熟，未来重点关注以下问题：①实现低成本规模制氢；②解决耦合过程系统的运行效率和稳定性问题；③创新耦合模式和煤化工技术等，如二氧化碳与氢气制取甲醇等液体燃料、一步法合成化工品的新型催化剂等。

（2）中期是向高端化、多元化、低碳化方向发展。发挥煤的特点，生产石油炼制难以获得或者高成本获得的军用燃料、高密度航空燃料、火箭煤油等高品质特种燃料油、超清洁油品等。基于煤的分子结构与化学特性，开展煤基大分子解构与重组行为研究，突破煤制高能燃料和高值化学品关键技术，开发特种蜡、聚 α 烯烃（poly alpha olefin，PAO）润滑油、特殊取代基芳烃和混合醇等高值化学品。推动煤化工下游产业链的进一步发展，做好延链和补链，加大新产品开发力度，推动原料路线及工艺路线多元化，如煤基可降解材料、高分子材料、煤基石墨材料、碳纤维及其复合材料等。加强半/全废锅气化、煤炭催化气化/加氢气化等新技术研发，实现煤转化能效与产品品质显著提升，水耗、能耗等大幅降低。促进与可再生能源制氢、石油化工、CCUS 等的协同耦合，降低碳流失率，推进煤化工行业碳减排。

（3）长期是向煤炭作为高端化工原料方向发展。推进更高水平的煤炭清洁转化，创新反应路径、研制高性能催化剂、开发高效反应器，解决碳/氢/氧原子化学键定向调控、目标化合物化学合成新途径、催化剂精准合成和制备，以及目标产物合成工艺及反应器等重大问题，提高产品附加值和精细化程度，加快形成特种

油品、煤基含氧化学品、煤基化工中间体和煤基化工新材料等多品种的原料化消费新模式。充分发挥碳源等优势，探索在石墨烯、碳基固体氧化物燃料电池等前沿领域形成大规模材料化应用，将煤炭作为先进碳素材料的前驱体，制备煤基石墨化结构材料、碳基储能材料、新能源发电材料、碳纤维等功能碳材料，向储能、煤基新能源新材料领域发展。

4. 优化提升煤炭分散燃烧清洁化水平

推进清洁高效燃煤工业锅炉、民用炉具实现超低排放，实现分散燃煤清洁、高效、节能、环保。通过工艺技术改进，降低型煤生产成本，推广新型固硫、固氮和吸附挥发性有机物（volatile organic compound，VOC）的洁净型煤产品。将节能环保炉具纳入"能效标识"管理体系，加快提升节能环保炉具普及率，淘汰低效落后产品，实现农村采暖炉具的升级换代。推动燃煤工业锅炉向燃煤、有机固废、生物质能、半焦、天然气等方向发展，发展多元燃料锅炉；开展利用锅炉进行工业废气、废液、危险固废处理等相关技术的研究，实现固废低能耗、无害化处理。

5. 推进低阶煤分质利用技术突破及产业化示范

在现有示范项目基础上，解决中低温热解油气与热解粉焦的高温分离，以及粉焦在高效燃烧、气化、冶金、碳基材料等方面的综合利用等关键技术瓶颈问题，形成成熟的产业化稳定运行模式，并加快催化、加压、加氢、快速热解等新技术研发。提升焦油轻质、中质、重质组分在精细化学品和高品质燃料等方面的深加工利用水平。提升煤热解废水处理水平，借鉴酚氨萃取、生物膜反应器、湿式催化氧化、活性焦吸附净化、等离子体处理、光催化和电化学氧化等先进废水处理技术，利用多种方法，联合处理低阶煤热解废水，实现零排放。

6. 煤炭与新能源融合发展

煤炭与新能源进行耦合化学转化、耦合发电、耦合燃烧，通过化学转化、电力、热力等多种方式，实现煤炭与太阳能、风能、水能、生物质能等新能源的深度耦合发展。特别是在"去产能"政策支持下，充分发掘利用废弃矿井地上地下资源，耦合新能源、储能发展成为当前煤炭企业转型发展的重要战略。因地制宜利用沉陷区、工业广场、排土场等矿井地面空间资源，建设风电场、光伏电站，拓展矿区分布式用能途径，为煤矿和周边供电，多余的电通过发展储能和氢能项目消纳。探索利用矿井井下空间发展抽水蓄能、压缩空气储能和建设电化学储能电站等，配套煤电、新能源发电、氢能等项目，实现风-光-火-氢-储一体化建设模式。

4.3　"双碳"背景下中国煤炭清洁化与高效利用技术的发展路径

从终端产品分类的角度看,未来煤炭清洁化与高效利用技术攻关主要围绕煤制清洁燃料、化学品及其污染物处理展开。科学延伸产业链,提升资源利用效率,实现煤炭在生产—加工—利用过程中的充分利用,追求煤炭转化污染物的近零排放。

4.3.1　煤转化制清洁燃料技术的发展路径

1. 煤气化技术

在煤气化方面,突破煤种适应性差、氧耗/水耗高、气化装备可靠性及操作弹性差的发展瓶颈,发展高可靠的煤气化关键装备及配套技术,建成大容量、高效、低水耗的煤气化示范装置。

2. 煤制天然气技术

在煤制天然气方面,重点解决反应过程中放热与移热匹配难题;开发新型短流程甲烷化工艺及催化剂,实现国产催化剂的规模化应用,显著降低生产能耗与成本;注重开发劣质原料气制取合成气技术,提高富含二氧化碳、富含甲烷和氢等原料气的利用水平。

3. 煤液化技术

在煤液化方面,以提高系统能效、显著降低水耗、优化产品结构为目标,开展关键技术与系统集成研究。

(1) 对于煤直接液化,开发高效节水液化新工艺及催化剂、温和液化工艺、煤与煤焦油/重油类加氢共处理工艺等,发展高值特种油品及芳烃等的制备技术,研究液化残渣制高端碳材料、沥青等综合利用技术。

(2) 对于煤间接液化,开发高效、高选择性钴基/铁基费托合成新工艺及催化剂,大幅减少甲烷及碳排放;开发超清洁航空煤油、超净柴油、高端润滑油、固液石蜡、高熔点费托蜡等产品加工技术;发展煤直接-间接液化耦合工艺,建设直接-间接一体化示范工程。

4. 低阶煤分级分质利用技术

在低阶煤分级分质利用方面,针对煤炭热解分级转化与联产技术难以实现长周期稳定运行等难题，研究气/固/液分离、废水处理、装备规模化稳定运行等关键共性技术；建设百万吨级煤热解及联产示范工程，形成产业化潜力突出、配置灵活可调、高油气收率的热解联产清洁燃料及化学品新工艺。

4.3.2　煤制大宗及特殊化学品技术的发展路径

1. 煤制大宗含氧化合物技术

在大规模、高选择性煤制大宗含氧化合物技术方面，开发煤制乙醇技术，形成 100 万吨/年产能的工业示范；开发煤制聚甲氧基二甲醚、低碳醇等含氧清洁燃料及化学品技术，形成 50 万吨/年产能的工业示范；突破合成气直接制低碳醇、高碳伯醇、丙烯酸的工艺及催化剂，完成工业性试验并形成整套技术。煤直接转化目标产物的选择性大于 80%，过程能耗降低 5% 以上。

2. 煤转化制烯烃、芳烃技术

在煤转化制烯烃、芳烃技术方面，开发新一代甲醇制烯烃反应器及催化剂，显著减少甲醇消耗量，实现乙烯、丙烯产品比例灵活调控，形成 100 万吨/年产能的工业示范；开展甲醇制芳烃、甲醇甲苯制对二甲苯反应器及催化剂研究，形成 100 万吨/年产能的煤制芳烃工业示范；突破合成气直接制烯烃、甲醇石脑油耦合制烯烃、合成气直接制芳烃等高选择性、高稳定性催化剂制备技术，开展反应器与工艺的耦合设计及开发，形成成套工艺技术。

3. 煤转化与可再生能源制氢耦合技术

在煤转化与可再生能源制氢耦合技术方面，研究煤转化过程与可再生能源制氢耦合工艺，发展新型复合电极材料、大规模电解装备，提高电流密度并降低制氢能耗。建立 10 万米^3/时级可再生能源制氢与煤化工耦合全流程试验装置。开展可再生能源制氢与煤转化耦合系统稳定运行技术研究，提高系统运行的可靠性。

4.3.3　煤转化过程污染物控制技术的发展路径

1. 固废处理技术

在煤转化过程中的固废处理方面，研究固废协同制备绿色充填材料，废弃催化剂无害化、精细化处理技术，多种废盐固废协同利用技术，实现固废处理的资源化、减量化、无害化。

2. 废水处理技术

在煤转化过程中的废水处理方面，针对煤热解、固定床气化、直接液化等工艺产生的高盐、高浓度有机物废水难以处理的问题，突破多环芳烃、酚等有机物脱除技术，提高废水的可生化性；开发废水污染物资源化回收—强化处理—分质回用的集成技术，建成 100 吨/时级废水处理及回收利用试验装置，以经济可行的方式实现煤转化废水近零排放。

3. 气体污染物处理技术

在煤转化过程中的粉尘、挥发性有机物等气体污染物处理方面，针对煤热解、焦化生产过程中污染源分散、种类多样、难处理等特点，重点开发挥发性有机物及颗粒物捕集净化、低氮燃烧、烟气脱硫-脱硝-除尘一体化等技术，开展示范推广，实现污染物的源头消减、过程消纳、末端资源化、近零排放。

参 考 文 献

陈浮, 于昊辰, 卞正富, 等, 2021. 碳中和愿景下煤炭行业发展的危机与应对[J]. 煤炭学报, 46（6）: 1808-1820.

郝成亮, 2022. 我国煤炭清洁高效利用现状与未来发展方向研究[J]. 煤炭经济研究, 42（12）: 38-42.

胡迁林, 赵明, 2021. "十四五"时期现代煤化工发展思考[J]. 中国煤炭, 47（3）: 2-8.

蒋茂荣, 2022. 2021 年煤炭供需形势分析与 2022 年展望: 煤炭保障能力大幅增强[J]. 中国能源, 44（3）: 25-30, 74.

康红普, 王国法, 王双明, 等, 2021. 煤炭行业高质量发展研究[J]. 中国工程科学, 23（5）: 130-138.

刘峰, 曹文君, 张建明, 等, 2021. 我国煤炭工业科技创新进展及"十四五"发展方向[J]. 煤炭学报, 46（1）: 1-15.

任世华, 曲洋, 2020. 煤炭与新能源深度耦合利用发展路径研究[J]. 中国能源, 42（5）: 20-23, 47.

孙旭东, 张博, 彭苏萍, 2020. 我国洁净煤技术 2035 发展趋势与战略对策研究[J]. 中国工程科学, 22（3）: 132-140.

孙旭东, 张蕾欣, 张博, 2021. 碳中和背景下我国煤炭行业的发展与转型研究[J]. 中国矿业, 30（2）: 1-6.

王舒菲, 高鹏, 2022. "双碳"目标下煤炭行业转型必要性及路径探究[J]. 中国煤炭, 48（3）: 9-14.

王晓磊, 陈贵锋, 李文博, 等, 2021. 双碳背景下煤炭清洁高效利用方向构建[J]. 煤质技术, 36（6）: 1-5.

卫小芳, 王建国, 丁云杰, 2019. 煤炭清洁高效转化技术进展及发展趋势[J]. 中国科学院院刊, 34（4）: 409-416.

吴立新, 陈茜, 魏涛, 2022. 新形势下我国煤炭行业保障能源安全的对策建议[J]. 煤炭经济研究, 42（9）: 24-29.

谢和平, 任世华, 谢亚辰, 等, 2021. 碳中和目标下煤炭行业发展机遇[J]. 煤炭学报, 46（7）: 2197-2211.

谢克昌, 2020. "十四五"期间现代煤化工发展的几点思考[J]. 煤炭经济研究, 40（5）: 1.

严晓辉, 杨芊, 高丹, 等, 2022. 我国煤炭清洁高效转化发展研究[J]. 中国工程科学, 24（6）: 19-25.

岳光溪, 周大力, 田文龙, 等, 2018. 中国煤炭清洁燃烧技术路线图的初步探讨[J]. 中国工程科学, 20（3）: 74-79.

张胜利, 汤家轩, 王猛, 2022. "双碳"背景下我国煤炭行业发展面临的挑战与机遇[J]. 中国煤炭, 48（5）: 1-5.

朱吉茂, 孙宝东, 张军, 等, 2023. "双碳"目标下我国煤炭资源开发布局研究[J]. 中国煤炭, 49（1）: 44-50.

第 5 章 发展氢能产业 促进落实"双碳"目标

能源转型是关系国家经济社会发展的全局性、战略性问题。面对百年未有之大变局，我国能源经济社会面临至少两方面挑战：一方面，由于两种世界秩序观、价值观和意识形态的不同，未来不排除反华集团对我国能源供给制造事端，发动"油气断供"等危及我国能源经济安全的事件；另一方面，我国人口数量庞大、人均 GDP 刚刚达到全球平均水平，能源消费基数大，且碳排放强度高，中长期未来既要确保社会经济发展，又要实现"双碳"目标，能源转型任务艰巨。

另外，科技的发展将深刻影响未来能源格局。科技决定能源的未来，科技创造未来的能源。我国建设现代化能源体系必须大规模开发利用可再生能源，其技术难题之一是可再生能源大规模、长时间储存和转换利用问题（肖宇等，2019；希尔，2013）。针对这个技术难题，第一条技术路线是氢能路线。将风能、水能、太阳能等可再生能源先转换成电能，再通过电解槽电解水获得氢气，氢气可以高压储存，也可以就地转换成液氢、甲醇或氨，消费端主要用于替代油气燃料。第二条技术路线是甲醇路线。Olah 等（2011）最先论述了甲醇作为能量载体与基本化工原料的重要性，以及通过二氧化碳与氢气合成甲醇，实现碳中性循环的技术可行性。Shih 等（2018）倡导"液态阳光"路线，将太阳能转化为稳定、可储存、高能量的甲醇燃料，其关键就是如何利用太阳光热将水分解成氢气和氧气，以及如何将氢气再和二氧化碳反应生成甲醇和水。李灿（2019）发现了一种可与自然光合作用催化剂活性相媲美的单核锰催化剂，为实现"液态阳光"构想迈出关键一步。两条路线同源，都是利用太阳能，且可互相转换。

随着技术成本的下降和应对气候变化和能源安全的需求越发迫切，近年来氢能的发展势头前所未有。在未来的能源体系中，氢能有望成为与电能并重且互补的终端能源（IEA，2022；ETC[①]，2021；Hydrogen Council[②]，2020）。全球主要能源消费国都十分重视氢能和燃料电池科技的发展，并制定了氢能产业发展战略。据 ETC（2021）预测，全球氢能需求有望从 2019 年的 1.15 亿吨上升至 2050 年的 5 亿～8 亿吨，其中，氢燃料电池车应用可达 6000 万吨，储能应用可达 2.7 亿吨，工业领域氢能需求超过 3 亿吨。截至 2022 年底，全球共有 814 座加氢站投入运营，分布在 37 个国家和地区。Hydrogen Council（2020）

---

① ETC 指能源转型委员会（Energy Transition Commission）。

② Hydrogen Council 指世界氢能理事会。

认为 21 世纪人类必定进入氢时代,并预测 2050 年氢能消费量将占全球能源消费总量的 18%。

本章从氢的制备、氢能应用和氢的储运三个方面重点分析 2030~2035 年我国推进氢能产业发展的各种技术路线和应用场景,分析其对我国能源转型的重要意义。

5.1 氢能科学基础

氢能是一种绿色高效的二次能源,具有来源广、热值高、清洁无污染、利用形式多样等优势。氢能可以同时满足资源、环境和可持续发展的要求,被国内外专家称为 21 世纪的绿色能源,人类最终走向氢能社会(毛宗强,2005;塔潘·博斯,2018)。

氢能来源广。氢是宇宙中最丰富的元素,构成宇宙物质的元素中 90%以上是氢。氢主要以化合状态存在于水和碳氢化合物中。获取氢能的方式包括煤制氢、天然气重整制氢、甲醇重整制氢、电解水制氢、生物质制氢和太阳能热化学制氢等。全球每年生产大约 7000 万吨纯氢气,另外每年 4500 万吨含氢的混合气体用于钢铁和甲醇生产等行业。这些氢气中 96%来自化石燃料制备。通过化石燃料制氢的不足是排放大量二氧化碳。电解水获得的氢纯度高,但当前技术经济性不高,仅占总量的 4%。

氢的能源密度高。氢能单位质量的能源密度最高(120 兆焦/千克),大约是汽油(47 兆焦/千克)、石油(39 兆焦/千克)的 3 倍左右,是甲醇(20 兆焦/千克)的 6 倍。氢气可以在生产端直接掺入现有天然气管网(工作压力为 9 兆帕)供工业和民用燃料使用。液态氢的密度仅为 70.8 千克/米^3,单位体积的能量含量不到汽油的 1/3,而且当前技术条件下,氢液化需要消耗大约氢所含能量 1/3 的外部能量。

氢的应用场景多样、效率高。氢气直接燃烧产生大量的热量和唯一的排放物水。此外,氢与氧结合直接产生电流,在燃料电池中,氢气和氧气的电化学反应产生电、热和水,不排放污染物和温室气体。燃料电池化学能转换成电能的效率可达到 60%。氢燃料电池技术已广泛应用于乘用车、客车、物流卡车、叉车和家庭型热电联产装置,也适合作为沙漠区坦克、深海潜艇、航空航天器等大功率装备的动力源。

氢能具有跨时空、跨能源类型转换耦合的优越性。氢气是连接可再生能源与化石能源的桥梁。氢和甲醇可以互相转换,整个过程不额外增加碳排放,这是氢和电相比具有的独特优势。氢不仅是存储可再生能源的介质,而且可作为合成液态燃料(如甲醇、氨)的原料。例如,利用 CCS 获得的二氧化碳与水电解获得的氢气，在催化剂的作用下，可以转换成液体燃料甲醇，如反应（5-1）；根据不同应用场景的需要，甲醇水蒸气重整理论上能获得浓度约为 75%的氢气，典型催化剂是 Cu-ZnO-Al₂O₃，如反应（5-2）。

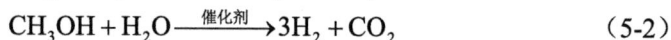

$$CO_2 + 3H_2 \xrightarrow{\text{催化剂}} CH_3OH + H_2O \tag{5-1}$$

$$CH_3OH + H_2O \xrightarrow{\text{催化剂}} 3H_2 + CO_2 \tag{5-2}$$

氢的安全性问题一定程度上限制了其为人类所利用的范围。氢气本身无毒，但易挥发、易燃、易爆，如表 5-1 所示。因为无色、无味、无臭，所以发现氢泄漏比较困难。在空气中，氢在一个较宽的浓度范围内（4%～75%）能够燃烧，点燃它所需要的最小能量（0.02 焦耳）仅为天然气和汽油的 5%。氢气燃烧时呈几乎肉眼看不见的淡蓝色火焰，可能人已经身处氢的火焰中而不自知。另外，长时间储氢能让金属变脆，增加了储罐的裂缝和破碎风险。

表 5-1　气态氢（压缩）和甲烷的安全特性比较

特性	参数	对比
密度	释放率	氢的密度仅为甲烷的 1/8，同等条件下，氢的体积流量是甲烷的 2.8 倍；隔离的氢压力系统将比甲烷更快地减压，可能会产生更大的易燃气体云
	扩散性	氢比甲烷轻，更具向上的浮力，有利于最大限度地减小危险浓度增加的可能性
可燃性	点火能量	点燃氢气-空气混合物所需的最小能量不到甲烷-空气所需能量的 1/10
	易燃性	氢气在空气中浓度为 4%～75%时是易燃的，比甲烷（5%～15%）的范围大，增大了点燃的可能性
燃烧	火	释放的压缩氢气将会喷射燃烧，火焰长度与能量流率有很好的正相关性
	爆炸	氢气的爆炸潜力比甲烷大

然而，工业应用表明，如果空气中氢浓度保持在 15%以下，那么在相似浓度下它并不比甲烷安全性差。这意味着管理氢安全的一个关键要素是控制气体扩散和积聚，尽可能防止空气中的氢浓度超过 15%。实践中，工程师和工人建立了严格的预防制度和检测手段，并接受了处理氢所需的专业培训，氢已经为化学工业和航空航天事业安全使用上百年。

不同于电，氢是一种化学能载体，它由分子而不是电子组成。氢及其衍生物能以稳定的方式存储和运输，就像石油、天然气。氢是一种能量储存器，它可以根据供给与需求灵活地储存可再生能源，并起到平衡供求关系的作用。这使氢能成为能源低碳转型的一个重要技术方向，是构建现代能源体系的重要组成部分。氢和电是构建现代能源体系的两种互补能量载体，电-氢体系可以在不产生污染或温室气体排放的前提下转换成各种能源，电能和氢能在生产端分离，应用过程中根据实际需要相互转换。

5.2　氢能产业先进经济体发展动态

据 IEA 发布的 *Global Hydrogen Review 2021* 和国家发展改革委发布的《氢能产业发展中长期规划（2021—2035 年）》的数据，全球氢气的年产量为 9000 万吨左右，其中，我国氢气的年产量为 3300 万吨。世界上主要能源消费国家都十分重视氢能产业源头技术的研发，已经有超过 20 个国家或联盟制定了氢能战略。

美国氢能产业起步最早，产业链上/中/下游及基础设施布局完善、均衡发展，上游氢源充足，规模化制氢优势明显；下游氢能应用场景丰富多样。2016 年 11 月，美国能源部（Department of Energy，DOE）提出 H2@Scale 重大研发计划，成立产学研联盟，整合政府、国家实验室、企业的研究力量，共同探索解决氢能规模化应用面临的技术和基础设施挑战，从而在美国多个行业实现价格合理、可靠的大规模氢气生产、运输、储存及利用。2020 年 7 月，DOE 再次宣布在 H2@Scale 重大研发计划框架下资助储氢、燃料电池、电解槽的技术研发，以及促进港口、数据中心、炼钢厂等工业领域开展氢能利用示范。2020 年 11 月，DOE 更新了早在 2002 年发布的《国家氢能路线图》与 2004 年启动的"氢能行动计划"提出的战略规划，发布了《氢能计划发展规划》，提出了未来十年及更长时期氢能研究、开发和示范的总体战略框架，旨在研究、开发和验证氢能转化相关技术（包括燃料电池和燃气轮机），并解决机构和市场壁垒，最终实现跨应用领域的广泛部署。《氢能计划发展规划》明确了氢能关键技术的近、中、长期技术开发选项，以及关键技术领域研发及示范重点，将利用多样化的国内资源开发氢能，以确保丰富、可靠且可负担的清洁能源供应。

2020 年，美国消费了约 1100 万吨氢气，其中约 80% 来自化石能源。在氢气的应用方面，炼油占比达 2/3，其次是合成氨。到 2050 年，估计美国氢气需求可能增长到 3600 万～5600 万吨。运输将成为氢气最主要的应用，占氢气需求的 45%，工业（钢铁、合成氨、甲醇）其次，占氢气需求的 25%，辅之以能源储存（21%）和掺氢天然气用于供暖（9%）。达到这些需求水平的前提是在终端使用点实现低氢气生产成本。氢气生产需要达到 1～2 美元/千克的平准化成本，以便在技术上最具挑战性的应用中具有竞争力。此外，美国目前已拥有近 2700 千米氢气管道基础设施、15 个氨气终端、14 个甲醇终端和世界上最大的氢气液化能力（接近 310 吨/天）。

2011 年福岛核事故后，日本更加坚定了发展氢能的决心，构筑"氢能社会"成为日本未来能源发展关键战略之一。2013 年，日本推出了《日本再复兴战略》，将发展氢能上升为国策。2014 年 4 月，日本公布了《第四期能源基本计划》，明确提出了加速建设和发展"氢能社会"的战略，即将氢能作为燃料广泛应用于社会日常生活和经济产业活动中，与电力、热力共同构成二次能源的三大支柱。2014 年 6 月，日本经济产业省制定了《氢能和燃料电池战略路线图》，提出氢能发展的"三步走"战略，该路线图于 2016 年进行了修订，分阶段设定了到2020 年、2025 年和 2030 年的目标。2017 年 12 月，日本发布了《氢能基本战略》，进一步设定了中期（2030 年）、长期（2050 年）发展目标。2018 年 7 月，日本发布了《第五期能源基本计划》，明确指出将氢能作为未来二次能源结构基础，视氢能为应对气候变化和能源安全保障的关键抓手，将氢能置于与可再生能源同等重要的地位，氢能制备成本则要做到与油气等传统能源价格基本持平，助力构建"氢能社会"。2019 年 3 月，日本再次更新了《氢能和燃料电池战略路线图》，提出了到 2030 年氢气供应链及在交通、发电等应用领域新的技术和经济指标。随着碳中和成为国际热门话题，日本在氢能应用方面再次提速，于 2021 年将 2020 年底发布的《绿色增长战略》更新为《2050 年实现碳中和的绿色增长战略》。该战略将氢能作为 14 个重点发展领域之一，计划 2021～2030 年投入 3700 亿日元扶植氢能产业；到 2030 年实现氢能供应量达 300 万吨，2050 年实现氢能供应量达2000 万吨；推动氢能炼钢、水电解等技术发展；建设稳定的氨供应链，2030 年前普及"20%氨、80%煤炭"混燃发电，2050 年实现纯氨发电。同时，日本还出台了财政税收、绿色创新基金、国际合作等多方面配套措施。总之，日本是氢能应用领域走在最前列的国家，在家庭用燃料电池热电联供固定电站和燃料电池汽车商用化运作方面最成功，东丽公司拥有生产燃料电池电堆的关键材料，丰田、本田公司拥有氢燃料电池电堆和汽车技术等绝对优势。

2008 年 7 月，欧盟批准了"燃料电池与氢能联合行动计划"（fuel cells and hydrogen joint undertaking，FCH-JU），在 2008～2014 年共投入 4.89 亿欧元经费用于氢能和燃料电池技术研究与市场化发展相关的 155 个研发项目，主要涉及氢气制备和输运、交通运输、固定电站等主题领域。2013 年，欧盟宣布在"地平线 2020"（Horizon2020）计划框架下实施 FCH-JU 计划二期，向氢能和燃料电池领域公私投入共 13.3 亿欧元经费，其中，燃料电池在交通运输和能源领域的经费各占47.5%，其余 5%的经费用于其他交叉技术领域研究，以整合公私研究力量，攻克氢能和燃料电池产业化应用进程中面临的诸多技术挑战，打造具有全球竞争力的氢能和燃料电池产业，加快其在交通运输和固定电站领域的实际应用部署。2019 年 2 月，FCH-JU 基于最新的发展趋势研判，发布了《欧洲氢能路线图：欧洲能源转型的可持续发展路径》报告，提出了面向 2030 年、2050 年的氢能发展路线图，指出氢能到 2050 年可占欧洲终端能源需求的 24%，将带来巨大的社会经济效益。欧盟 2020 年生产了 770 万吨氢，其中约 87%来自化石能源，其余为钢铁、蒸汽裂解和氯碱工业的副产品。在氢气的应用方面，炼油占比为 51%，化工占比为 40%。到 2050 年，氢气及其衍生物的平均需求量为 3500 万吨，占终端能源需求量的 11%~19%。电解槽产能达 528~581 吉瓦,用于生产氢气;另有 80~95 吉瓦用于合成甲烷,40~50 吉瓦用于合成燃料。到 2050 年,氢能消费量占终端能源消费量的 24%,并提供 540 万个工作岗位。约 15%的乘用车、22%的货车和 23%~26%的重型货车将使用燃料电池技术。

中国已经制定了多项推动氢能产业发展的重要规划和实施政策,把"氢能和燃料电池技术"的发展列为重点任务之一。从《国家中长期科学和技术发展规划纲要(2006—2020 年)》,到《能源发展战略行动计划(2014—2020 年)》,再到《能源技术革命创新行动计划(2016—2030 年)》《"十三五"国家科技创新规划》《氢能产业发展中长期规划(2021—2035 年)》,从技术路线、发展目标、示范应用及政策与制度保障等方面加大了对氢能及氢燃料电池汽车的支持力度。2020 年 9 月,财政部、工业和信息化部、科技部、国家发展改革委、国家能源局联合发布了《关于开展燃料电池汽车示范应用的通知》,启动氢燃料电池汽车城市群示范应用推广。2021 年 8 月,京津冀、上海、广东三大城市群示范区首批入选(示范时间为 2021 年 8 月~2025 年 8 月);2021 年 12 月,河北、河南城市群示范区第二批入选(示范时间为 2021 年 12 月~2025 年 12 月)。至今,氢燃料电池汽车城市群示范应用推广形成"3 + 2"新格局。2022 年 3 月,国家发展改革委、国家能源局联合印发了《氢能产业发展中长期规划(2021—2035 年)》。该规划的发展目标主要有:到 2025 年,形成较为完善的氢能产业发展制度政策环境,产业创新能力显著提高,基本掌握核心技术和制造工艺,初步建立较为完整的供应链和产业体系。氢能示范应用取得明显成效,清洁能源制氢及氢能储运技术取得较大进展,市场竞争力大幅提升,初步建立以工业副产氢和可再生能源制氢就近利用为主的氢能供应体系。燃料电池车辆保有量约 5 万辆,部署建设一批加氢站。可再生能源制氢量达到 10 万~20 万吨/年,成为新增氢能消费的重要组成部分,实现碳减排量达 100 万~200 万吨/年。到 2035 年,形成氢能产业体系,构建涵盖交通、储能、工业等领域的多元氢能应用生态。可再生能源制氢量在终端能源消费量中的比例明显提升,对能源绿色转型发展起到重要支撑作用。

5.3　氢 的 制 备

推进可再生能源电力多元化转换、谷电制氢、火电机组过剩产能制氢、化工副产氢,提高国内氢能生产能力,促进我国能源转型的多元化、低碳化、高效化。

(1)当前氢气的制取来源广泛,主要制法有化石燃料制氢、工业副产氢和电解水制氢。生物质直接制氢和光解水制氢等其他技术路线的产收率较低,仍处于实验和开发阶段,尚未达到规模制氢要求。目前全球主流的制法是化石燃料制氢,其工艺成熟,相关标准和规范完善。中国主要采用煤制氢和工业副产氢,这方面技术与发达国家的差距不大，并且具备一定的产业优势，制氢规模已居世界首位。2019 年中国氢气产量约 3300 万吨，约占全球氢气总产量的 30%，换算热值占中国终端能源总量的比例为 2.7%，其中，煤制氢和工业副产氢分别为 2124 万吨和 708 万吨。煤制氢成本为 8～10 元/千克。煤制氢过程中，1 千克氢会伴生 11～19 千克的二氧化碳，这种有二氧化碳伴生的氢称为灰氢。考虑脱硫等的提纯成本及低碳化要求的 CCS 技术的成本，制氢成本达 15～20 元/千克（通过 CCS 技术避免了碳排放的氢称为蓝氢）。

（2）可再生能源电力多元化转换（Power-to-X）是指用可再生能源电力生产低碳气体或液体燃料，多数项目用于制氢，也可以制甲醇。这种储能技术实现了上游可再生能源发电和终端用能上的跨时空储运，为大规模高效利用可再生能源提供了可行路径。目前全球电力多元化转换总装机容量仅略超 10 万千瓦，2030 年全球电力多元化转换总装机容量将超过 1100 万千瓦。到 2025 年，可再生能源制氢量达 10 万～20 万吨，实现碳减排量达 100 万～200 万吨。到 2035 年，形成氢能多元应用生态，可再生能源制氢量在终端能源消费量中的比例明显提升。

另外，我国可再生能源资源地和能源消费中心之间存在时间-空间维度的不一致分布，导致弃水、弃风、弃光总量偏大。例如，2018 年我国水电装机容量为 3.78 亿千瓦，发电量为 2800 亿千瓦·时，折算出年均运行小时数仅为 741 小时；太阳能发电装机容量为 1.74 亿千瓦，并网发电量为 1774 亿千瓦·时，折算出年均运行小时数仅为 1020 小时；风电并网装机容量为 1.57 亿千瓦，并网发电量为 2128 亿千瓦·时，折算出年均运行小时数仅为 1355 小时；均低于设计工况运行小时数，粗略计算，2018 年我国弃风弃光弃水总量约 1000 亿千瓦·时。按 5 千瓦·时/标准米^{3}电制氢计算，这些弃电可用来制氢约 200 万吨，且属绿氢。

（3）在某些电力负荷波峰-波谷差较大的地区，建设一定比例容量的"电—氢—电"系统，既属绿色电力，又扮演风-光-储多能基地的角色，创造填谷、调峰价值。氢能是一种优良的能源载体，通过电解水制氢方式将富余的风能、太阳能等可再生能源转化为氢能先行储存，再在用电高峰期通过燃料电池发电回送电网，达到实现新能源电力参与调峰储能、提高新能源电力供电品质及可再生资源利用率的目的。

（4）我国西北部地区风能、太阳能资源丰富，仍然有大量未开发风能、太阳能资源和废弃煤矿区工人转岗就业的实际需求，随着国家大力推广氢能应用，"风能/太阳能＋种植业＋畜牧业"结合"风光制氢制甲醇储能"等开发利用模式不仅解决了可再生能源就地消纳难题，突破外送电力的限制，而且为上网容量受限地区带来"氢能经济"，改善当地群众的就业和经济水平。

（5）我国现役煤电机组平均运行年限约 12 年（设计运行年限为 30～40 年），

主辅机设备较新；300 兆瓦及以上火电机组装机容量占全国火电装机容量的比例达 80%（2018 年），能效水平高，脱硫脱硝配置高、污染排放低。然而，部分地区火电机组产能过剩严重。2022 年，全国 6000 千瓦及以上电厂发电设备利用小时数为 3687 小时，远低于设计工况小时数（5000～5500 小时），如果让这些"闲置"火电产能运转发电制氢，至少有以下三个方面的收益：①获得了大量的氢气，其中部分氢气可以根据需求就地转换成甲醇。例如，2018 年我国火电行业总装机容量为 11.4370 亿千瓦，火电设备平均利用小时数为 4361 小时。以设计工况小时数最低 5000 小时计算，发电量达 7300 亿千瓦·时。利用这部分电能可制取 1460 万吨氢气（属灰氢），其中部分氢气可利用就近工厂捕集装置得到的二氧化碳合成甲醇。②在电网负荷低谷期，通过发电制氢创造电力需求达到填谷的效果，拉平了电力负荷波峰-波谷差，提高了机组的运行效率，减少了机组启停次数与启停成本，延长了锅炉-汽轮机发电机组主辅机设备的使用寿命。一般来说，火电机组在 75%以上负荷需求工况下，机组整体效率最高。③生产出来的氢能可以用来替代厂区内发电机组点火启动和其他设备用油、员工通勤客车用柴油。

综上，在氢能产业培育阶段，化工副产氢是"十四五"时期的过渡方案，可再生能源发电制氢才是氢源终极方案。据调研预测，2035 年和 2050 年中国的氢气产能分别将达到 3000 万～5000 万吨和 6000 万～9000 万吨；从氢产量来看，预计 2035 年和 2050 年中国的可再生能源电解水制氢量分别将达到 2400 万吨和 4000 万吨，可再生能源电解水制氢成为占比最高的制氢方式。

5.4　氢能应用

推进氢能在交通、电网储能、电力热力生产、分布式热电联供等领域替代部分石油/天然气消费，减少我国油气消费增量，降低油气对外依存度，优化能源消费结构，增加能源系统的储能能力，提高能源供需体系的柔性和自主可控性。

当前影响我国能源安全的因素中最突出的问题是石油消费增长过快，新增消费主要依靠进口，2019 年中国原油和石油对外依存度双破 70%。影响石油消费水平和发展趋势的因素众多，既与人口规模、全社会经济总产出、经济结构、城镇化和工业化水平等宏观因素相关，也与汽车保有量水平、交通运输结构、石化产业发展水平等中观因素相关，更与国家能源发展战略与政策、环境政策、气候变化政策等路径选择相关。

（1）交通部门氢能应用领域。交通部门是我国石油消费大户，与交通运输模式（公路货运周转量占比约 50%）和机动车保有量有关，2017 年道路交通耗油占本部分石油消费量的比例为 83%。以燃料切换和提高燃油效率为抓手，推广新能源汽车替代传统燃油车，是减少交通部门石油消费绝对增量的最佳手段。根据

《新能源汽车产业发展规划（2021—2035 年)》的目标，到 2025 年新能源汽车销量占汽车总销量的 20%；新能源乘用车新车平均电耗降至 12.0 千瓦·时/百千米。相关研究表明，油控路径下，2050 年交通部门石油消费量达 1.4 亿吨，相比基准情景降低 2.32 亿吨，其中，新能源汽车实现燃料替代可减少 1.5 亿吨，占交通部门石油消费可减量的 64.6%。然而，受生产电池用材料碳酸锂[①]、钴金属等资源稀缺的影响，油电混合动力汽车和纯电动汽车的控油贡献不会超过 40%[②]，因此，中长期来看，发展氢能和氢燃料电池汽车才是交通部门落实"石油替代"的必然选择。根据预测，2050 年可实现氢能替代石油需求达 0.8 亿~1.0 亿吨。

（2）民航氢能应用潜力。我国航空业发展增速快于其他交通行业，航空煤油消费持续增长，2006~2019 年平均增速超过 10%，航空业面临的温室气体减排压力将越来越大，由此对航空煤油替换的需求越来越迫切。航空运输行动小组（Air Transport Action Group）承诺到 2050 年碳排放量与 2005 年相比将减少50%。2020 年 5 月，在欧盟"地平线 2020"计划框架的资助下，麦肯锡公司与洁净天空 2 联盟（Clean Sky 2 JU）、燃料电池与氢能 2 联盟（Fuel Cell and Hydrogen 2 JU）合作，发布了《氢动力航空》报告。该报告表明，氢能动力有潜力成为未来航空驱动技术组合的主要部分，采用氢气内燃气动力可以将飞行中的气候影响减弱 50%~75%，采用氢燃料电池动力可以将飞行中的气候影响减弱 75%~90%；到 2050 年全球氢气动力飞机数量可能占飞机总数的 40%，航空业对液氢的需求将增长到 4000 万吨。我国民航运输总周转量连续 14 年位居世界第二，对全球航空运输增长的贡献率超过 25%，我国民航未来氢能需求量为800 万~1000 万吨。

（3）电网氢储能应用领域。在电力系统中增加电能储能装备，使得电力实时平衡的刚性需求变得更加柔性，提高电网运行的安全性、经济性、灵活性。虽然我国电力装机容量不断扩大，但煤电过剩与尖峰电力短缺并存的电源结构性矛盾始终没有得到解决，出现了全年富电量、短时缺电力的现象，严重影响了电力供应安全。例如，2018 年华北地区年初大范围雨雪天气、华中地区夏季持续高温天气、西南地区部分时段燃料供应偏紧等，导致局部时段电力供需平衡偏紧，华北、华中和西南电网电力最大缺口分别为 600 万千瓦、500 万千瓦和230 万千瓦，只能采取有序用电措施。如果考虑在这些地区配备相当容量的氢

---

① 我国的锂资源主要分布在青藏高原的盐湖里，大规模开采将会带来严重的地域环境问题。

② 2018 年我国新能源汽车（包括纯电动汽车和插电式混合动力汽车）产量为 125.4 万辆，动力电池产量为70.6 吉瓦·时。其中，三元电池产量约 39.2 吉瓦·时。当前生产动力电池用碳酸锂约 80% 从南美和澳洲进口，金属钴约 90% 从刚果等进口。相关预测显示，到 2030 年将电动汽车产量提高到 1500 万辆，则需要增加 1000 吉瓦·时的锂电池产能，每年需要增加 73 万吨的电池级碳酸锂和约 20 万吨的金属钴的需求。我国碳酸锂、金属钴等资源供给安全问题十分突出，不可持续。

储能和多能转换电站,实现跨时间填谷调峰[①]和电-氢(甲醇)多能转换的双重功能,可替代电力生产部门 73.4%的油品消耗,并能生产大量的氢气供当地交通部门使用。

(4)电力热力生产氢能应用领域。①氢气混入天然气送入燃气轮机组发电、产热是目前较好的应用方式。②氢燃料电池分布式发电和燃料电池热电联供是未来重要的应用方向。2016 年,全球首座 2 兆瓦质子交换膜燃料电池发电站落户辽宁省营口市营创三征(营口)精细化工有限公司厂区内,用于废氢的增值利用,可生产 2 兆瓦的清洁电力,而且完全不排放温室气体。目前制约我国燃料电池分布式发电的最主要问题是核心技术受制于人。预计 2035 年左右,我国质子交换膜燃料电池分布式供能系统使用寿命超过 1 万小时,热电综合效率高于 85%,实现千瓦至百千瓦级质子交换膜燃料电池分布式供能系统在家庭热电联供、关键要害部门备用电源、通信基站、分散电站及军事等领域的应用。

(5)特定氢能应用领域。在民用方面,船舶、高铁/动车、无人机等都是氢能潜在应用场景。例如,高铁存在两个方面的不足:一方面,需要电网供电,列车开到哪里,电网就要建到哪里;另一方面,在距离长、人口稀少的西部地区,建设电网的成本是非常高的,这种情况下,采用氢燃料电池动力系统优势更明显(干勇,2019)。在军用方面,由于液氢或高压氢气的能源密度极高,且燃料电池系统具有工作噪声低、本体温度不高、不易被侦察等优点,氢能是军事装备、航空航天事业的首选动力源[②]。氢能可以替代柴油动力应用于潜艇、坦克、直升机等装备。

综上,随着氢能需求市场的发展,预计 2035 年和 2050 年中国的氢气需求量将分别达到 3500 万吨和 6000 万吨,2050 年的换算热值占终端能源总量的比例达到 10%。我国氢能需求侧主要是交通领域替代石油,电力热力生产领域替代天然气,减少我国石油、天然气的增量需求,优化终端能源消费结构。

5.5　氢 的 储 运

安全、高效、经济的氢气储运技术作为氢能产业链的重要环节,也是氢能产业健康快速发展的关键技术。以应用场景为牵引,以确保安全为前提,优化设计、合理选取气态/液态/固态/有机储氢等储运方式,加快突破关键核心技术,实现从原材料到储运氢设备的完全国产化。

(1)氢气的气态运输通常采用压缩氢气,通过管道或者长管拖车从氢源地输

---

① 我国现有抽水蓄能电站总装机容量为 2153 万千瓦。

② 在重载航空航天或者大型移动器件上,锂动力电池作为主动力电源的续航里程是不够的,这是因为它的能量密度没有氢燃料电池高。

送到用户端。管道输氢的前期投资建设成本较高，其运氢成本还受氢气利用率的影响，适用于大规模、短距离点对点运输。长管拖车由车头和管束拖车组成，管束一般由 9 个直径约 0.5 米、长约 10 米的钢瓶组成。钢瓶设计工作压力大多为 20 兆帕，目前国内最高设计工作压力为 45 兆帕。常用长管拖车技术成熟、规范完善，国内加氢站的外进氢气基本采用长管拖车进行运输。该方法比较适合运输距离较近、输送量较低的用户，但由于氢气的体积能量密度较低，运氢效率有待提高。

氢气的气态存储主要采用高压气瓶。高压气瓶分为四种类型：全金属钢瓶（Ⅰ型）、金属内胆纤维环向缠绕气瓶（Ⅱ型）、金属内胆碳纤维全缠绕气瓶（Ⅲ型）、非金属内胆碳纤维全缠绕气瓶（Ⅳ型）。Ⅰ型和Ⅱ型气瓶自身重量较大，难以满足车载供氢的质量储氢密度要求。因此，采用铝合金内胆的Ⅲ型气瓶是我国高压氢气瓶领域的主要发展方向。目前，我国已经颁布实施适用于 35 兆帕和 70 兆帕的高压储氢瓶的国家标准 GB/T 35544—2017《车用压缩氢气铝内胆碳纤维全缠绕气瓶》。高压气态储氢因具有设备结构简单、压缩氢气制备能耗低、充装和排放速度快等优点而备受重视，是目前占绝对主导地位的储氢方式。高压储氢容器长期在高压、高纯氢气环境中工作，通常出现由高压氢脆引起的材料塑性降低、裂纹扩展速度加快、耐久性下降现象。国内陈学东院士团队、郑津洋院士团队等已开展材料与高压氢气的相容性及容器的服役性能等研究课题。

（2）液氢储存具有纯度高、远距离输运成本低和能量密度高等优点，是氢能储运领域的重要技术途径。液氢纯度高，其能量存储密度高达 70.8 千克/米^3，大约相当于 20 兆帕氢气密度的 4.9 倍。因此，将氢气液化后，利用液氢槽车运输将有助于提高运输效率。但是，氢气液化过程中需要消耗大量能量用于一系列压缩、冷却和膨胀过程。测算表明，长管拖车在 300 千米以内运输中具有成本优势，液氢在 400 千米以外的中远距离运输中成本占优。

（3）有机液体储氢是借助某些烷烃、烯烃、炔烃或芳香烃、氨和甲醇等化合物来储氢。其中，烷烃、烯烃、炔烃或芳香烃的氢分子（H_2）可以通过可逆反应实现加氢和脱氢。有机液体储氢的储氢密度高，运输方便，原则上可同汽油一样在常温常压下储存和运输，具有直接利用现有汽油输送方式和加油站结构的优势。然而，其脱氢过程中需要能量，且可能发生的积碳失活、气体杂质及脱氢催化剂的性能和成本的问题还有待研究。日本千代田公司已研发出一种有机氢化物法，氢气和甲苯等芳香族化合物发生氢化反应后，形成分子内结合氢的甲基环己烷等饱和环状化合物，从而可在常温常压下以液态形式进行储存和运输，并在使用端通过脱氢反应提取所需的氢气，提取后生成的甲苯作为氢气的载体被回收，反复利用。该技术已通过商业化示范，实现了 210 吨/年的氢气输运能力。

（4）氢气的固态储运主要集中在物理吸附材料、金属氢化物和配位氢化物三大类。不同于以氢分子状态存储的高压氢气或者液氢,通过与氢原子形成金属键或者共价键的金属氢化物或者配位氢化物可以进一步缩短氢与氢之间的距离,从而实现高密度储氢。例如,中国有研科技集团有限公司基于传统金属氢化物所开发的低压合金储氢系统已于近期在燃料电池公交车上开展示范。该低压合金储氢系统工作压力为 5 兆帕,有效储氢量为 8.4 千克,体积为 380 升(相当于 35 兆帕高压氢气罐体积的 1/3),提供了比 35 兆帕高压氢气具有更高密度、更加安全的固态储氢方案。

综上,气态、液态、固态和有机储氢等四种氢气的储运方式各有优势,储运方式和加氢站的布置需紧密结合具体应用场景,在保证安全经济的前提下,合理选取、设计、优化相关储运方式,加快突破关键核心技术,实现从原材料到储运氢设备的完全国产化。

5.6　本 章 小 结

总体来看,目前我国已掌握了部分氢制取设备和氢燃料电池系统核心技术,氢能技术产业化稳步推进,燃料电池自主化技术及产品不断涌现,并且具备了一定的氢能产业装备和燃料电池整车生产能力。在可再生能源大规模开发利用和氢能产业源头技术创新进步引致其成本快速下降的推动下,未来十年,我国氢能产业发展迎来"最好的时代"。我国制氢、储氢、加氢等环节关键核心装备还不能全部国产化,成本难降。大规模液氢生产储运相关设备、材料和工艺技术受到美国商业管制清单进口限制,液氢技术和装备国产化任务迫在眉睫。

面向 2050 年,一方面,我们必须集中国家优势资源发力基础性研究,组建国家氢能产业创新中心国家队,对标国际最先进的燃料电池技术,加强关键材料研究,实现核心材料和部件的工业化与自主化,自主突破氢能产业链各项关键技术。另一方面,立足我国氢能产业面临的"卡脖子"难题,有前瞻性、有战略性、有规划、有目标地推进国家氢能发展战略,"穷追猛赶"抢占科技制高点,培育经济发展新动能,协同国家新型基础设施建设。

参 考 文 献

干勇,2019. 氢能如何改变我们的未来? [EB/OL].(2019-05-16)[2023-08-25]. https://tv.cctv.com/2019/05/16/VIDEnNOgzSuXmVIjzxWaohvD190516.shtml.

李灿,2019. 太阳燃料是实现低碳能源的主要途径[EB/OL].(2019-10-24)[2023-09-29]. https://m.thepaper.cn/baijiahao_4769771.

毛宗强,2005. 氢能——21 世纪的绿色能源[M]. 北京:化学工业出版社.

塔潘·博斯,2018. 图说氢能:面向 21 世纪的能源挑战[M]. 肖金生,等,译. 北京:机械工业出版社.

希尔 H，2013. 能源变革：最终的挑战[M]. 王乾坤，译. 北京：人民邮电出版社.

肖宇，彭子龙，何京东，等，2019. 科技创新助力构建国家能源新体系[J]. 中国科学院院刊，34（4）：385-391.

OLAH G A，GOEPPERT A，SURYA PRAKASH G K，2011. 跨越油气时代：甲醇经济[M]. 夏磊，胡金波，译. 2 版. 北京：化学工业出版社.

CLEAN SKY 2 JU，FUEL CELLS AND HYDROGEN 2 JU，2020. Hydrogen-powered aviation：A fact-based study of hydrogen technology，economics，and climate impact by 2050[EB/OL]. （2020-05-07）[2023-08-25]. https://www.cleansky. eu/sites/default/files/inline-files/20200507_Hydrogen-Powered-Aviation-report.pdf.

ETC，2021. Making the hydrogen economy possible: Accelerating clean hydrogen in an electrified economy[EB/OL]. （2021-04-16）[2023-08-25]. https://www.energy-transitions.org/publications/making-clean-hydrogen-possible/.

FCU-JU，2019. Hydrogen roadmap europe report：A sustainable pathway for the european energy transition[EB/OL]. （2019-05-09）[2023-08-25]. https://www.iea.org/reports/global-hydrogen-review-2022.

HYDROGEN COUNCIL，2020. Path to hydrogen competitiveness：A cost perspective[EB/OL]. （2020-07-02）[2023-08-25]. https://hydrogencouncil.com/en/path-to-hydrogen-competitiveness-a-cost-perspective/.

IEA，2022. Global hydrogen review 2022[EB/OL]. （2022-09-02）[2023-08-25]. https://www.iea.org/reports/global-hydrogen-review-2022.

NOW-GMBH，2020. The interdisciplinary national innovation programme hydrogen and fuel cell technology[EB/OL]. （2020-07-09）[2023-08-25]. https://www.now-gmbh.de/en/national-innovation-programme/funding-programme.

SHIH C F，ZHANG T，LI J H，et al，2018. Powering the future with liquid sunshine[J/OL]. （2018-09-19）[2023-08-25]. https://www.x-mol.com/paper/822956.

第6章　碳定价与碳市场研究

作为运用市场机制控制温室气体排放的政策工具,碳市场在全球呈强劲增长态势。随着越来越多的国家和地区考虑将碳市场作为节能减排的政策工具,碳交易已逐渐成为应对气候变化、实现"双碳"目标的核心政策。碳市场是基于总量控制与交易机制建立的商品市场。其核心在于为碳排放确立价格,即碳定价,以此将温室气体排放的外部成本内部化到企业的生产成本中。在市场奖惩机制的作用下,市场将引导企业自发地降低减排成本并最终实现资源的优化配置。在各国碳市场建设的实践中,市场效率缺失是各国碳市场的通病。在有效市场中,价格反映的是市场供需。根据总量控制与交易机制,碳价应在社会最低的边际减排成本等于社会能接受的最大的环境成本时达到均衡,然而各市场碳价的实际表现反映了碳市场存在有效性缺失的问题。

本章将围绕碳定价与碳市场相关问题展开,首先从理论入手,介绍碳定价和碳市场相关理论的发展脉络;其次介绍全球碳市场的发展情况,以及我国碳市场建设中的问题与不足;再次,借助欧盟碳市场提供的微观交易数据,对碳市场的有效性问题展开分析;最后,以欧盟经验为借鉴,提出我国碳市场建设的政策建议。

6.1　碳定价理论及碳市场

碳市场是基于总量控制与交易机制建立的一种政策型市场,属于一种碳定价机制。碳定价理论源于 Coase(1960)对经济外部性的讨论。Coase 认为,在产权明晰的条件下,经济的外部性可通过主体间的谈判而纠正,在谈判的过程中,个体和社会的经济性达到最大,从而实现资源配置的帕累托最优。以下将介绍三种主要的碳定价机制,并对各机制的特点、优势、不足予以分析。

6.1.1　碳税与补贴理论

如果企业可以任意地使用自然资源,那么在边际报酬达到零之前,它会一直生产,在此期间,污染也会一直存在。然而,在社会层面,排放将产生一定的社会成本,例如,在全球范围导致气候变化,同时给工厂附近区域居民带来健康问题和呼吸道疾病。当排放权被确立时，这种经济的外部性可通过主体间基于排放成本的竞争而纠正，在竞争过程中，排放的外部成本被内部化，从而使得企业排放的边际成本等于社会的边际成本，社会的经济性达到最大，从而实现资源配置的帕累托最优。

  庇古（Pigou）于 1918 年提出通过征税的办法来限制企业的污染行为，即利用扭曲价格的方式将排放引起的社会成本内部化到排放企业的生产决策中，从而使得排放达到合理水平。例如，在生产过程中施加单位税可使边际收益曲线向下移动，企业面对收益减少时有减产的动机，从而使得企业减产并实现减排。然而只有在企业和社会的边际成本曲线已知的情况下，才能计算出最优的税率，尽管可以认为社会边际成本曲线对所有人都适用，但企业的边际成本曲线各有不同。由于企业和社会的边际成本函数很难测算，现实中很难找到最优税率。

  该理论还指出，对单位减排量给予补贴在激励减排行为上与征税有着相同的效果。与强制对污染物征税的减排政策不同，补贴可以激励企业采取较昂贵的减排策略。然而在实践中，这两种政策工具并不是完全对称的。特别地，对于企业，补贴意味着增加利润，税收则意味着减少利润。在行业层面，税收确实能减少排放量，但也限制了企业的营利性，这是因为税收减少了企业的边际收益和平均收益。与之相反，补贴使得企业营利性上升，从而能吸引一批新的企业参与生产，由此导致产品供给增加及排放量增加。在气候变化的背景下，补贴政策在减排初期可以推动技术变革和减排，但此时不宜补贴企业的减排工作，而应补贴它们的减排技术投资。

  但是，单靠补贴政策远远不够，只有与较高的碳价紧密联系起来，补贴政策才能长期激励企业采用绿色低碳的生产方式，较高的碳价可以激励企业采用新的技术，这致使资金将流向更加绿色和低碳的技术，从而替换那些传统的高排放的技术。在这个过程中，经济增长不仅不会受到抑制，而且一并解决了高排放背景下的环境问题和创新问题——较高的碳价解决了环境外部性的问题，而补贴保证了绿色低碳技术有充足的研发经费。

6.1.2 排放权交易理论

  对排放征税和补贴的主要问题在于，只有精确地了解企业和社会的边际成本曲线，才能推算出最优税率或补贴额，否则将产生次优产量，由此产生的额外成本要么被企业承担，要么被社会承担。因此，Coase 认为应给外部性赋予价格。在污染物排放的所有权明晰的情况下，排放企业和受污染影响的居民将进行谈判，从而使得排放量最终达到均衡水平，实现全社会的帕累托最优。具体而言，只要边际损失高于边际成本，受污染影响的居民就会要求企业减排并给予企业一定量的补偿，谈判的过程将使得企业的排放量逐渐减少，最终导致剩余污染物减少，实现均衡。相反地，当排放企业减排过量时，企业更愿意购买更多的排放权，这是因为与污染造成的损失相比，社会更愿意接受企业较高的赔偿。

在信息完备的情况下，排放权交易与碳税（或补贴）政策都能使排放量达到均衡水平。但排放权交易的优势在于，它不需要对各种边际曲线有完备的知识，这是由于边际成本函数在谈判过程中将逐渐明晰，并由此确保了均衡排放量的准确性。此外，排放权交易与初始权利分配无关。如果排放企业享有排放的一切权利，那么社会成员将不得不购买排放权以减少企业的排放量，反之，如果社会享有环境与环境质量的所有权，那么企业将出售排放权以增加产量。在均衡状态下，每个企业的边际减排成本都等于排放权价格，由所有减排成本曲线加总可得全社会的边际减排成本。由此可知，在每个企业的边际减排成本曲线都不同的情况下，排放权交易还是一种成本最低的减排方式。

排放权交易理论为解决环境负外部性问题提供了重要的思路，但该理论在实践中存在以下问题。首先，该理论假设所有权是明晰的，且对于谈判双方，单位污染物的危害是确定的，否则谈判就会处在崩溃的边缘，或导致次优均衡。其次，能否通过谈判达到最优均衡还取决于是否存在交易成本，当责任划分明晰时，交易成本很低，但是当减排责任难以界定时，交易成本将会变得很高，在这种情况下，容易出现搭便车现象。再次，排放权交易存在伦理问题，例如，环境破坏带来的疾病、死亡、文化衰败等一系列不可逆的事物很难用金钱来衡量，并且容易违背"污染者买单"原则。最后，只有损失函数是平滑的，谈判才能进行，如果存在污染时损失函数取值无穷大，不存在污染时损失函数取值为零，就不会产生交易。

6.1.3　总量控制与交易机制

由于难以界定排放的所有权，Coase 提出的纯市场方法在实践中需要不断地界定和评估污染物排放带来的损失，还需要据此进行烦琐的谈判，再加上缺乏减排的国际合作、较高的交易成本、搭便车等因素，纯市场方法将无法解决排放这一公共物品的外部性问题。

为克服 Coase 提出的纯市场方法的局限性，人们建立了排放权的总量控制与交易机制，这种体系能将社会公众、政府、排放企业的利益结合起来。在这种机制下，主管部门首先结合经济社会的发展需求，评估环境对污染物的最大承载力，并由此确定污染物的排放总量，它等于全社会最优的污染物水平。排放总量确定后，排放权就可以被量化为排放单元，排放企业可以通过免费（祖父制）或有偿的方式获得这些排放单元，并根据自身情况进行交易。当排放单元的价格高于企业的单位减排成本时，企业将减排并且将多出的排放单元出售给减排成本较高的企业，这种行为将逐渐拉低排放价格。相反，减排成本高于排放价格的企业将购买排放单元，排放价格会因此上升。

在以上机制作用下，市场通过交易实现均衡，此时排放单元价格等于所有企业最低的边际减排成本，因此，全社会减排成本是最低的。如果排放单元价格高于最低边际减排成本，成本最低的企业将减排并出售排放单元以获利，这将促使排放单元价格降低；如果排放单元价格低于最低边际减排成本，该企业将停止减排并购买排放单元以扩大产量，这将推高排放单元价格。此外，因为市场为企业提供了出售配额获利的机会，所以该机制更能激励企业投资低排放技术，并通过清洁生产提升自己的市场竞争力。

在完备信息条件下，碳税（补贴）政策和总量控制与交易机制是完全等价的，都可以在成本最低的情况下实现减排目标。在碳税（补贴）政策下，政府可以以税率或补贴额的形式对排放定价，通过调整这个价格使排放量达到最优，这种政策称为价格型政策。政府也可以直接发行一定数量的排放单元，让企业在市场交易中自动发现均衡价格，这种政策称为数量型政策。两种政策形式在实践中存在较大的区别。

在价格型政策中，政策制定者需要准确估算企业和社会的边际成本函数，再根据两者的均衡条件制定税率，如果事后发现税率有偏差，将产生企业和社会的损失。税率过低将导致排放量超过环境容量，出现较高的社会损失；税率过高将抑制企业产量，出现产量下降和增长放缓的次优状态。政策制定者可通过阶段性提高税率的方式校准边际成本曲线，但这种方式在现实中并不可行。

与价格型政策相比，数量型政策具有较大的灵活性。首先，政策制定者只需要给定一个排放总量，最优价格由交易自动产生，且在有效的市场环境下，最优价格等于全社会最低的边际减排成本。其次，数量型政策可以自动适应经济增长，由于排放总量是固定的，经济增长的需求只带动价格提升，而不影响排放总量。最后，数量型政策给排放企业提供了灵活减排的工具，企业可以根据自身情况选择减排或购买排放单元。总量控制与交易机制的核心是市场机制，因此容易受到市场操控行为、交易成本、市场监管、市场约束、搭便车等诸多因素的影响，导致市场失灵。

6.1.4　碳市场

碳市场是基于总量控制与交易机制建立的商品市场。其核心在于为碳排放确立价格，以此将温室气体排放的外部成本内部化到企业的生产成本中。在市场奖惩机制的作用下，市场将引导企业自发地降低减排成本并最终实现资源的优化配置。

从碳市场交易的基本逻辑来看，碳市场并不是一个复杂的系统：碳配额由政府发行并通过祖父制或拍卖的方式分配到排放企业，配额用于抵扣碳排放。排放企业使用碳配额抵扣其碳排放，称为履约。履约一般以年为周期进行，排放企业在一个履约周期开始时获得一定数量的碳配额，并在履约周期结束时核查自身碳排放量并抵扣相应的碳配额，排放企业还可以通过交易出售盈余碳配额或购买碳配额解决短缺问题。排放企业使用碳配额抵扣碳排放的机制称为履约机制。履约机制和交易机制是碳市场的核心机制，决定了市场的供给与需求。此外，还有保证系统正常运行的一系列机制，如惩罚机制、排放核查机制、存储与预借机制、排放抵消机制等。

（1）惩罚机制。当排放企业在履约周期结束时，如果持有的碳配额不足以抵扣碳排放，则需要为其单位超额碳排放缴纳一定的罚款。

（2）排放核查机制。排放企业需要在履约前准确核算其碳排放，通常由监测、报告、核查三个环节组成，涉及政府主管部门、排放企业、第三方核查机构、咨询服务机构、检测机构等多方主体。

（3）存储与预借机制。履约周期间存在一定的重叠期，使得他们可以预支未来的碳配额（预借），也可以将过剩的碳配额带到未来去使用（存储）。

（4）排放抵消机制。由政府发行并发放的碳配额是碳市场的主要碳配额，具有一定的强制性。此外，在诸多碳市场中还存在一些其他渠道产生的碳配额，如欧盟碳市场可以采用核证减排量（certified emission reduction，CER）、减排单位（emission reduction unit，ERU）进行履约，我国可以使用 CCER 进行履约，这些碳配额同样可以用于抵扣碳排放，但是其抵扣的比率或总量存在上限。

6.2　碳市场发展现状

碳交易机制在全球呈强劲增长态势，随着中国、德国、英国和美国纷纷建立新的碳交易体系，2021 年碳排放交易覆盖的全球排放份额比 2005 年欧盟排放交易体系（European Union Emissions Trading Scheme，EU ETS）启动时增加了 2 倍。国际碳行动伙伴组织（International Carbon Action Partnership，ICAP）发布的《全球碳市场进展（2021 年度报告）》显示，全球共有 24 个运行中的碳市场和 8 个计划实施的碳市场，此外，还有 14 个国家或地区考虑将碳市场作为节能减排的政策工具。总体而言，正在运行的碳市场覆盖了全球 16% 的温室气体排放，其司法管辖区产生的地区生产总值占全球地区生产总值的 54%，覆盖人口数量约占全球人口数量的 1/3。随着越来越多的国家或地区考虑将碳市场作为节能减排的政策工具，碳交易已逐渐成为应对气候变化的核心政策。

6.2.1　全球碳市场发展现状

在众多碳交易机制中，EU ETS 是目前世界上交易最活跃的碳市场机制，经过多年的发展与完善，已形成了成熟的总量控制体系、监测/报告/核查（monitoring, reporting, verification，MRV）体系、强制履约体系、减排项目抵消机制、统一碳履约登记簿机制，以及一套严密的监管体系。EU ETS 为世界各国和地区碳排放权交易体系的构建、运作制度和机构等方面都提供了参考。

英国是全球首个推出碳交易地板价的国家，利用价格机制减少碳交易中的价格动荡，提高减排投资收益预期。从运行效果看，该举措有效提升了英国可再生能源发电量，降低了煤电占比，促使英国碳排放量连续下降。

美国由于不受《京都议定书》减排义务的限制，未能形成像欧盟一样覆盖整个经济体的强制性交易体系，虽然缺乏联邦政府的碳交易政策，但是地方政府行动较为活跃，出现了由一些州或企业发起的，限制温室气体排放、鼓励能源创新技术及绿色就业的碳交易制度，具体可以分为自愿总量控制与交易机制、区域性的强制总量控制与交易机制和基于项目的自愿减排机制。

新西兰自 2008 年建立排放交易体系以来，经过多次立法修订，目前已形成了覆盖新西兰温室气体排放量 51% 的交易体系。新西兰温室气体排放总量小，交易体系不设排放上限，纳入的强制履约单位只有 221 家。2019 年之前，排放企业只需要上缴碳排放量的 50% 的碳配额；从 2019 年 1 月开始，排放企业必须按照实际碳排放量全额上缴碳配额，或者向政府按照 17.3 美元/吨二氧化碳的固定价格购买碳配额。

日本碳交易体系繁多且分属不同的主管部门，这些交易体系主要覆盖建筑行业的温室气体排放。日本碳交易体系的市场定位多样化，以积累碳交易经验为目的的有环境省主导的日本自愿排放交易计划、经济贸易产业省主导的日本试验碳交易系统，以促进建筑节能减排为目的东京都碳交易系统和埼玉县碳交易系统。这些碳交易体系间相互独立，导致实际系统间联系较弱，市场流动性低。

韩国是温室气体排放量增长最快的经济合作与发展组织（Organisation for Economic Co-operation and Development，OECD）国家，其排放主要来自化石能源消费，其人均温室气体排放量接近世界平均水平的 3 倍。韩国碳交易体系覆盖了国内约 70% 的温室气体排放，并且在运行中逐步引入强制碳配额拍卖、国际碳配额抵消等碳交易规则。

德国在 2021 年 1 月启动了国家碳排放交易体系，主要针对 EU ETS 未覆盖的且存在碳泄漏风险的行业。德国国家碳排放交易体系是 EU ETS 的有益补充，确

保了德国大多数行业可以被碳市场所覆盖。为保证市场的平稳运行，德国国家碳
排放交易体系的碳定价机制逐步由固定价格过渡至拍卖定价。

6.2.2　全球碳市场建设的经验借鉴

全球碳交易的发展在以下方面为我国提供了经验借鉴。

一是注重法律法规建设，提高碳交易政策的强制性和约束力。欧盟、新西兰、
韩国等国家和地区不仅对碳排放交易制定了综合性法律，而且针对交易体系的各
项要素系统性地制定了法律层级较高、可操作性较强的配套法规、实施细则和指
南，形成了以低碳经济为导向的碳市场法律规制体系，作为制度支撑引导和推进
碳市场长期、规范、有序的推行。

二是循序渐进推进碳交易政策，并在实践中不断完善和强化。碳交易机制体
系庞大、设计复杂，需要经过较长周期的发展和完善。多年来，在发现和总结经
验教训的基础上，各国不断推进、完善和加强其碳交易制度的设计和运行，进行
大力改革，包括扩大行业覆盖范围、增加控排气体种类、削减配额上限和免费发
放数量、增加拍卖比例、完善 MRV 体系、建立市场调节机制、加强市场监管等
措施，从而应对不断强化的气候目标。

三是碳配额设定遵循"宁少勿多"原则，兼顾碳配额分配的公平性。从趋势
上看，欧盟、日本、韩国、新西兰等国家和地区逐渐降低免费发放碳配额的数量，
并且将拍卖作为碳配额分配的核心手段。EU ETS 还实施了市场稳定储备机制，
将上一年度过剩的碳配额按比例转存，由此向需求方传递出碳配额递减与稀缺的
信号，对微观企业参与碳交易形成倒逼，造就了碳配额不断减少的预期，从而构
成碳价上涨的推动力。为了兼顾各地平衡发展，欧盟采用分权化治理模式，建立
了企业差异、行业差异、地区差异等新的更加完善公平的碳配额分配方法。

四是建立碳价稳定机制，激励排放企业的长期减排行为。目前，全球大部分
碳交易机制设置了市场稳定机制，如欧盟的市场稳定储备机制、加利福尼亚州的
成本控制储备机制、新西兰的价格上下限和拍卖保留价格机制等。建立市场稳定
机制是防范碳价异常波动风险、防止市场失灵的有效手段。除此之外，EU ETS
还通过开发更多的碳衍生品来解决二级市场上的碳价波动问题。

6.2.3　中国碳市场发展现状

目前我国的碳金融体系以碳排放权交易为主，自 2013 年起，8 个区域碳市场
陆续启动。2014 年，国家发展改革委发布《碳排放权交易管理暂行办法》，首次
从国家层面明确了全国统一碳市场的总体框架。2017 年 12 月，国家发展改革委

发布《全国碳排放权交易市场建设方案（发电行业）》，标志着全国碳市场完成总体设计，开启建设。2021年7月，全国碳排放权交易正式开市，首批纳入碳市场的电力企业碳排放量超过40亿吨，这意味着中国的碳市场一经启动就成为全球覆盖温室气体排放规模最大的碳市场。随着全国碳市场的建立和不断完善，石化、化工、建材、钢铁等更多高碳排放行业也将陆续纳入全国碳市场。

自2013年试点碳市场启动以来，我国金融机构积极探索了各种碳金融产品。在碳金融衍生品方面，北京绿色交易所在场外期权和掉期上做出了积极尝试，湖北碳排放权交易中心、广州碳排放权交易所和上海环境能源交易所已经上线了碳远期交易，广州期货交易所正在推进碳期货市场建设。国内金融机构在碳配额托管、碳指数和碳保险等支持性产品与服务上也开展了探索性工作，湖北碳排放权交易中心促成了全国首单碳资产托管业务和碳保险业务，中央结算公司和上海清算所都发布了碳配额现货价格指数。

6.2.4 中国碳市场面临的挑战

全国统一碳市场的建立有利于形成统一的碳价，可以提高碳市场的流动性和定价的效率。同时，我国碳市场及碳金融的发展还存在一些问题亟须解决。

（1）缺少能使地方碳市场向全国碳市场平稳过渡的机制。"十四五"时期，全国碳市场加快纳入石化、化工、建材、钢铁、有色金属、造纸、民航七大行业，未来地方碳市场将与全国碳市场共存，地方碳市场向全国碳市场过渡的过程中存在诸多问题。首先，随着全国碳市场范围逐步扩大，地方碳市场交易主体将大大减少，且政策预期不稳，可能影响地方碳市场的有效运行。其次，尚未明确如何合理处置地方剩余碳配额，存在碳配额抛售和地方碳价暴跌的风险。再次，地方碳市场未来定位和行动方向尚不明晰，且全国碳市场其他行业纳入时间未确定，影响地方碳市场下一阶段的工作部署。最后，在自愿减排市场上，国内缺少与加利福尼亚州类似的中间机制，阻碍了高质量的地方自愿减排项目进入全国碳市场。

（2）碳市场有效性不足，不利于碳金融市场发展。目前，国内碳交易一级市场缺少市场化定价手段，试点碳市场和全国碳市场配额主要采用免费发放方式，即使采用了拍卖方式，也只拍卖很少的一部分配额，无法形成市场预期。另外，国内碳交易二级市场流动性不足，试点期间的交易多集中在履约期前，碳配额换手率低，这说明很多企业缺少碳资产管理意识，只是为了完成履约任务进行碳交易，未能真正参与到碳市场中。在交易主体上，部分试点地区允许非排放机构和个人参与碳交易，但现阶段全国碳市场的参与主体主要是排放企业，虽然减少了扰乱市场的风险，但进一步降低了市场流动性。不完善的价格机制和较低的市场参与度导致碳市场有效性不足，难以发挥价格发现功能，不利于碳金融市场的发展。

（3）碳金融产品和服务尚处于起步阶段，缺少风险管理工具。试点期间，地方碳市场在碳金融领域进行了积极探索，但是由于试点碳市场规模较小、成熟度不足，尚不具备支撑碳金融领域健康发展的条件，各大金融机构发行碳金融产品的动力主要来自首单效应，推出的大多数碳金融产品不具备可复制性，碳金融业务还处于试验阶段。另外，我国碳金融衍生品市场发展较为缓慢，地方碳市场的期货和期权交易基本上没有开展，只有湖北、广州和上海上线了远期交易，全国碳市场也只有现货交易，市场上缺少可用的风险管理工具，排放企业碳资产管理需求得不到满足，金融机构和投资者参与碳市场交易的动力不足。

（4）针对碳市场和碳交易的法律体系尚未完善。目前，我国只有深圳试点通过了专门的碳交易法，其他试点在法律体系方面仍有欠缺。碳排放权交易管理条例仍未正式出台，指导市场的只有《碳排放权交易管理暂行办法》。在宏观层面上，缺乏确定减排总量、配额分配方式、核查机制、交易产品属性、交易规则的立法指导。在行业层面上，部分行业碳排放计算标准已制定，但行业的碳排放权市场建立和管理尚为空白。

（5）碳排放核算历史数据存在缺失、方法体系相对落后。全国碳市场的成功建立需要真实可信的排放数据。准确的碳排放核算数据是制定碳市场准入门槛值与设定行业基准线的基本支撑，也是检验排放源是否遵约的重要依据。我国碳排放核算起步较晚，虽已初步建立了碳排放核算方法，并开展了多个年份的清单核算工作，但仍存在工作机制不完善、方法体系相对落后、能源消费及部分化石能源碳排放因子统计基础偏差大、碳排放核算结果缺乏年度连续性等现实问题。

（6）市场主体单一，金融机构参与不足。尽管全国碳市场规定符合条件的非排放机构可以参加，但现阶段能够参与碳市场交易的只有少数地方政府、商业银行及企业等，且不允许个人参与碳交易，由此导致在价格发现、预期引导、风险管理等方面很难满足国内碳金融市场的成长要求，甚至可能影响减排目标的有效达成。碳金融市场建设应努力获得众多投资者的支持与参与，依靠市场化推广来提高参与度、优化资源配置，达到各类主体积极互动、共同推进碳金融市场发展的目的。

（7）碳交易动力不足，缺乏跨领域专业人才。与一般的商品市场不同，碳市场交易的配额来自政府的分配，配额价值反映的是政府发放的配额总量和企业的碳排放需求之间的关系。在碳交易地方试点中，一方面，各地政府配额分配较为宽松，无法形成有效市场需求；另一方面，排放企业一般为生产型企业，缺乏交易的专业人才，不愿意承担交易带来的风险，往往选择持有配额而不是进入交易市场，市场上可流通的配额较少。碳市场缺乏流动性将导致市场机制无法发挥作用，碳价信息失真，碳金融市场也无从发展。

6.3　碳市场的微观表现

碳市场的核心在于为碳排放确立价格，以此将排放的外部成本内部化到企业的生产成本中。在奖惩机制的作用下，市场将引导企业自发地降低减排的成本，最终实现资源的优化配置。然而，从我国 7 个试点的交易情况来看，普遍存在以下市场异象：第一，流动性低，交易不活跃，我国 7 个试点碳市场年整体换手率不到 20%，相比之下 EU ETS 现货交易的换手率超过 500%；第二，交易集中度较高，各试点的交易在邻近履约截止日出现爆发式增长，湖北与深圳试点的年交易集中度较低（在 65% 左右），其他 5 个试点的年交易集中度都超过 90%；第三，未形成有效的价格信号，各试点的价格波动较大，未形成规律性特征，一些试点还出现了价格的大幅震荡。

我国碳市场的这些市场异象与欧盟碳市场第一阶段的情况非常相似。例如，在欧盟碳市场的第一阶段，约 55% 的排放企业只交易了一笔配额或没有交易，交易不仅在时间上集中在履约截止日前后，在空间上 90% 以上的市场交易仅发生在 7% 的交易者之间。

我国碳市场目前还处于起步阶段，市场数据并未对外发布，很难对市场表现进行深入分析。欧盟是我国碳市场建设的重要参考对象，其完整的交易数据被欧盟碳市场的交易登记系统（European Union Transaction Log，EUTL）所记录，是研究碳市场最有价值的微观样本。从微观层面剖析欧盟碳市场的表现，对我国统一碳市场的机制设计具有重要的启示意义。

6.3.1　排放企业的市场交易特征分析

从市场微观层面来看，第一阶段排放企业对配额市场的利用率并不高，表现为（市场）交易的活跃度低，交易呈现季节性、同向性和集中性的特点。

1. 排放企业的市场交易的活跃度分析

排放企业在 EU ETS 第一阶段的交易并不活跃，每家排放企业年均交易次数仅为 1.33 次。图 6-1 展示了排放企业年均交易次数的分布情况，排放企业年均交易次数集中分布在频度较低的区间。

具体而言，31.9% 的排放企业无交易，此类企业虽然被纳入 EU ETS，但是它们除完成规定的履约义务外，并没有参与到市场交易中；22.8% 的排放企业年均仅完成了 1 次交易，此类企业将自身配额持有量交易至履约水平后，再无后续交易。

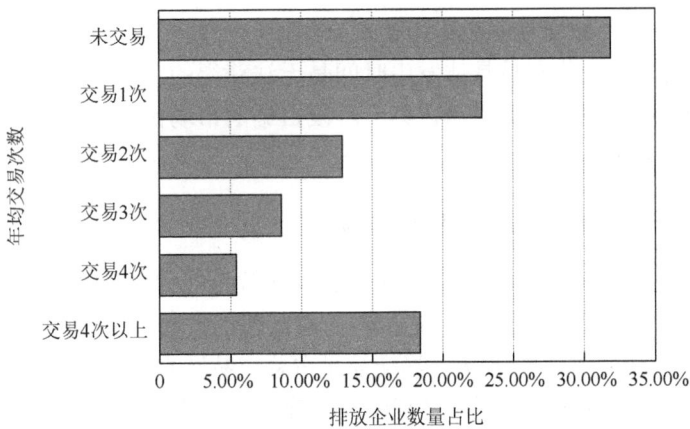

图 6-1 排放企业年均交易次数的分布

2. 排放企业的市场交易的季节性分析

在配额定时集中发放和清缴的履约制度下，排放企业的交易呈现出明显的季节性。图 6-2 展示了 EU ETS 第一阶段从启动到结束期间的月单边交易量及参与交易的排放企业数量。可以看出，两者在每年的 3～4 月和 11～12 月皆出现了较为明显的峰值。每年 3～4 月是排放企业集中发放和清缴配额的时间，此时排放企业已获知自身配额的盈余或短缺状况，并及时通过交易调整配额持有量。与此同时，欧盟在每年 4 月发布所有排放设备的核证排放量，排放企业也会因此形成对配额价格走势的预期，通过交易实现配额资产的保值增值。由于排放企业倾向利用预借完成履约，交易在预借机制不存在的最后一次履约时达到整个时期的峰值。

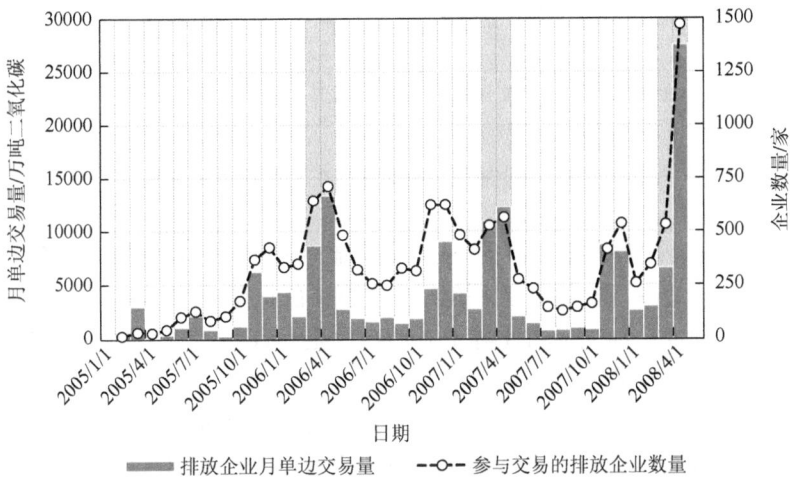

图 6-2 第一阶段配额月单边交易量及参与交易的排放企业数量

每年 11～12 月的交易峰值是由期货合约市场到期交割引起的，EUTL 只记录期货交割的数据，这些交易具体发生时间是无法获得的。由于期货交易发生的时间先于交割时间，并且期货交易在第一阶段占据的市场份额有限，并不能断定此类交易存在季节性。

3. 排放企业的市场交易的同向性分析

从 EU ETS 的微观交易数据中还可以发现排放企业的交易具有同向性的特点。交易的同向性是指排放企业在一定时期内买卖配额的方向性是一致的，表现为净交易量与总交易量相等或相差不大。净交易量占总交易量的比例（简称净交易占比）越大，说明排放企业交易的同向性越明显。净交易占比等于 1 说明交易是完全同向的；在总交易量不为 0 的情况下，净交易占比为 0 说明交易不存在同向性。利用 EU ETS 的微观交易数据，本节计算了其第一阶段排放企业的同向与非同向交易量，以及净交易占比，如图 6-3 所示。

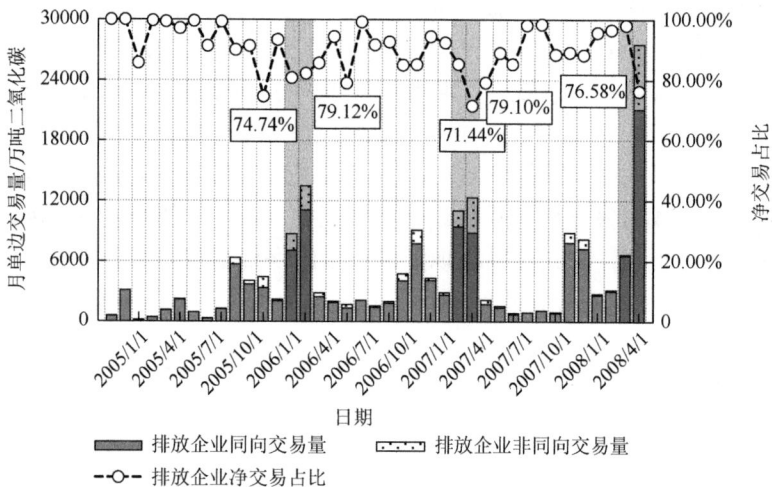

图 6-3　排放企业的同向与非同向交易量及净交易占比

首先，在交易次数大于 1 次的 2996 家排放企业中，约 86% 的排放企业净交易占比大于 80%。其中，净交易占比等于 1 的排放企业有 1759 家，此类企业的交易具有完全的同向性；净交易占比等于 0 的排放企业有 64 家；剩余的 1173 家排放企业中有 821 家排放企业净交易占比大于 80%。

其次，从排放企业的月单边交易量来看，仅有 5 个月净交易占比低于 80%，并且在大多数时期净交易占比高于 90%。净交易占比较低的月份出现在配额集中发放和清缴的 3～4 月，在此期间排放企业大多完成了排放量的核算，同时欧盟会以公告的形式发布所有排放设备的核证排放量。一方面，对自身和市场的配额供需情况逐渐明晰的排放企业需要利用反向交易出售多余的配额或购入配额以填补配额短缺；另一方面，交易活跃度骤然升高会刺激排放企业利用自身持有的配额进行倒买倒卖，从而导致交易同向性降低。

交易的较高同向性反映了排放企业交易配额主要是以履约为动机的，即通过交易控制配额存量与其排放量相当。此外，交易的同向性还反映出排放企业在第一阶段交易的投机性并不强，配额的投机行为只是局部和阶段性的。

4. 排放企业的市场交易的集中性分析

EU ETS 中企业排放量的分布存在极大的差异性，较高排放量意味着企业可以获得更多配额分配，也意味着其配额资产的总价值越大，因此它们通过配额交易实现资产保值增值的动机也就越强。参照洛伦兹曲线，本节将所有排放企业依据排放量由低到高排序，并计算累计排放量占总排放量的比例，结果显示前90%的企业只排放了约7%的二氧化碳，其余10%的企业却排放了约93%的二氧化碳。据此可将排放企业划分为低排放企业与高排放企业。在第一阶段运行期间，低排放企业年均排放了 10 万吨二氧化碳，高排放企业年均排放的二氧化碳则高达855 万吨。

高排放企业参与市场交易的积极性显著高于低排放企业。前者的年均交易次数为 6.6 次，后者的年均交易次数仅为 0.9 次。从两类排放企业交易次数的分布情况来看，低排放企业交易次数的分布较为集中，方差为 331.5 次^2，且 72.9%的低排放企业的交易次数低于样本平均值；高排放企业交易次数的分布则较为离散，方差为 1334.3 次^2，这是因为 EU ETS 中交易较为频繁的排放企业多数为高排放企业，例如，第一阶段交易超过 60 次的 50 家排放企业中有 45 家属于高排放企业，它们中有 12 家排放企业的交易次数甚至超过 100 次，个别企业在第一阶段的交易次数多达 1000 次以上。反观交易次数不超过 60 次的高排放企业，它们的年均交易次数仅为 6 次，尽管大多数高排放企业的交易仍不活跃，但与低排放企业年均交易次数小于 1 次的情况相比，交易相对集中。高排放企业除配额资产总量大、对资产重视程度较高外，往往还具有较强的经济实力和企业规模，这确保了它们可以更好地利用市场信息进行保值增值，因此市场参与度较高。

两类企业的交易都表现出同向性的特点，如图6-4所示。与上面的分析一致，除 2006 年外，两类企业的净交易占比在 3~4 月都出现明显的下降，在此期间两类企业都存在着库存调整型交易和投机型交易。但是在第一次履约期内（2006 年 3~4 月）高排放企业的净交易占比先于低排放企业下降，本书对此现象的解释是：EU ETS 第一次核证排放量公告发布于 2006 年 4 月底，在此之前，两类企业仅了解自身的配额供需状况，但是由于高排放企业占据了市场中大部分配额，它们对自身配额供需状况的判断更接近市场总供需，利用信息的不对称，一方面，它们可以先于低排放企业调整自身的配额持有量；另一方面，这为它们的投机行为创造了便利条件。

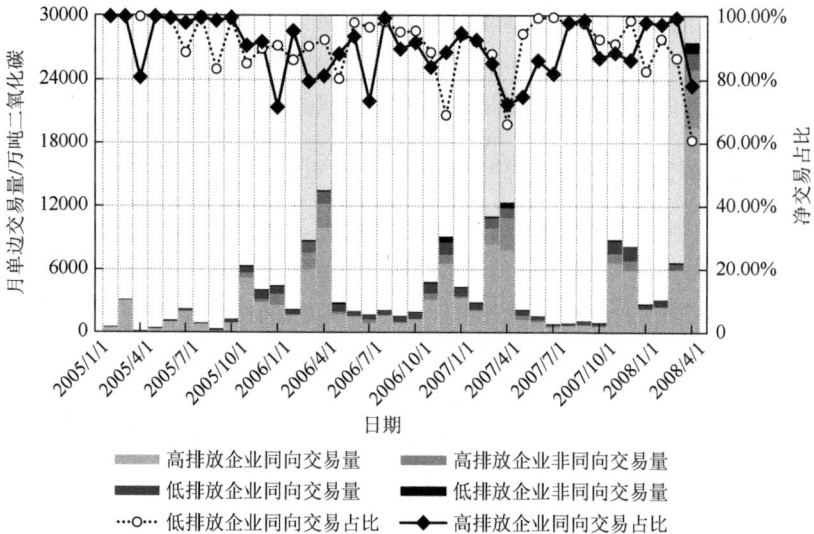

图 6-4　不同排放水平企业的交易同向性特点

从第一阶段来看，高排放企业的净交易占比相对较低：净交易占比低于 80% 的企业在高排放企业中占 44%，在低排放企业中仅占 22%。但是市场中存在少数特殊的低排放企业，它们不仅净交易占比较低，而且总交易量具有一定的规模。具有此类特点的排放企业有法国乳清公司、丹麦洛科威公司、西班牙佩尼亚圣塔食品公司、丹麦天然气公司。它们都具有经济实力雄厚的特点，且为跨国集团公司，尽管持有的配额相对较少，但是依然可凭借其经济实力和市场经验在配额市场进行投机。

6.3.2　非排放企业的市场操控性分析

如果交易只在排放企业间进行，则排放企业的净盈余与市场净盈余相等。但是，微观交易数据显示市场中存在排放企业与非排放企业的大量交易，且非排放企业在交易中形成了一定的库存量，市场净盈余因此被分割为排放企业净盈余与非排放企业库存两部分。因为排放企业是配额的实际使用者，所以排放企业的净盈余可作为反映市场基本面的指标。图 6-5 展示了非排放企业作用下的市场基本面情况及配额价格走势。

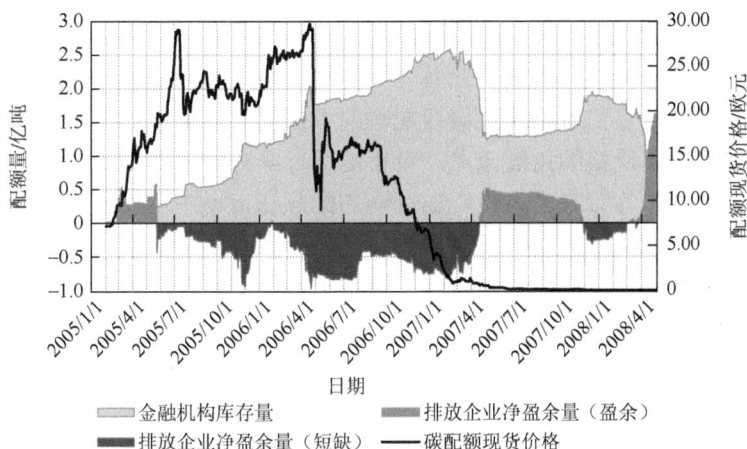

图 6-5　非排放企业作用下的市场基本面情况及配额价格走势

　　配额价格在非排放企业库存量和市场净盈余量的双重作用下表现出一定的规律性。在市场净盈余的波动期，非排放企业库存量与市场净盈余量同时增加，可以看出，在非排放企业的作用下市场基本面总体呈现出短缺的态势，配额价格也因此上升并维持在高位。受高排放企业大量进入 EU ETS 的影响，市场净盈余量于 2005 年 12 月出现了大幅增长，由于非排放企业吸收了这部分配额，市场基本面依然呈现短缺势态，配额价格仍维持在高位。2006 年 4 月初，非排放企业短期内增持了约 0.5 亿吨配额，配额价格也随之由 25 欧元迅速升至 30 欧元。2006 年 4 月 25 日的 EU ETS 第一次核证排放公告中发布了配额发放过剩的信息，配额价格在预期的作用下迅速跌至 10 欧元以下，此时市场基本面非但没有供过于求，在非排放企业的作用下反而存在近 0.8 亿吨的短缺，因此配额价格并没有继续下跌，而是下跌后迅速反弹至 15 欧元。2006 年 8 月，市场净盈余量再次出现突增，新增的配额供给再次被非排放企业吸收，尽管此时市场基本面仍存在约 0.7 亿吨的短缺，但由于配额价格下降预期明显，2007 年 3 月底，配额价格已降低至 1 欧元附近。由于无力挽回低迷的配额价格，非排放企业在 2007 年 4 月抛售了近一半的库存（约 1.25 亿吨），此举使得市场供需基本面在短时间由供不应求反转为供过于求，过剩的供给进入市场导致配额价格最终触底，第一阶段的 EU ETS 就此崩盘。

　　2007 年 11 月底～12 月中旬，非排放企业再次增持约 0.5 亿吨配额，由非排放企业的交易数据可知，此次配额增持的主力为伦敦清算行（LCH Clearnet）和一些高排放企业组建的交易平台。这些交易平台此时增持的配额针对一些规模较大的排放企业，特别是那些在前期出售了大量配额的排放企业，这是因为它们需要在最后一次配额清缴时回购这些配额，但是由于购买数量巨大，需要借助非排放企业进行碳融资。

由以上分析可知，非排放企业并非中性地参与到配额交易中，当市场存在少量的剩余配额时，它们可以通过储存配额的形式形成对价格的控制力，从其增加配额稀缺性和稳定价格的角度来看，对市场运行具有一定的益处。但是其短期行为给其他市场参与者带来了风险，如过剩的配额在市场中后期逐渐累积，非排放企业在丧失价格控制力的情况下大量抛售配额导致市场的崩溃。此外，非排放企业提供的一些业务与预借机制相结合，增强了部分排放企业的套利能力。

6.3.3　主要结论

基于欧盟碳市场微观交易数据，本节对 EU ETS 第一阶段的市场微观交易行为进行观察和分析，得出主要结论如下。

（1）履约成本存在非对称性。在配额免费发放的条件下，配额短缺企业的履约成本等于购买配额的成本，为避免罚款，配额短缺企业参与市场交易的积极性较高；配额盈余企业的履约成本是一种机会成本，在没有累计收益的情况下，机会成本难以吸引配额盈余企业参与市场交易。在配额发放较为宽松的条件下，大量排放企业游离于市场之外，这不利于发现排放权的真实价格，同时对政策实施的效力会产生一定的影响。

（2）配额的流动性较差。对排放企业交易行为特点的研究发现，排放企业交易不活跃且具有季节性。这反映出配额其实是一种时效性较强的商品，与此同时，配额交易的同向性反映出配额的履约属性大于商品属性。正是基于功能的局限性，配额作为商品的流动性较差。多数配额短缺企业选择预借作为履约途径，进一步降低了配额的流动性。预借机制还使得配额交易集中于第一阶段的末期，然而此时配额已经失去了价值。

（3）配额交易集中在优势排放企业。排放企业并非平等地进入排放权交易体系，在配额免费发放的情况下，配额持有量较高和经济实力雄厚的排放企业在交易中占据主导地位，在大多数企业以履约为目的进行交易的同时，它们可凭借交易量和信息上的优势在交易中获利，然而这部分利润并不是由企业实施减排或清洁生产形成的，而是利用信息不对称和资金量不对等形成的。

（4）非排放企业具有交易操控性。与排放企业同样参与到交易中的还有非排放企业，本节未对非排放企业的属性及功能进行划分，但是从其交易的结果来看，它们在市场中吸收了一定规模的配额，这些配额在一段时间内退出了流通领域，加剧了排放企业间的配额竞争，进而对市场的供需结构产生了一定的影响。另外，配额在短时间内流出非排放企业造成了过剩的市场供给，对配额的市场价格形成冲击。

6.3.4　对中国碳市场建设的启示

首先，经济形势的持续低迷或减排技术的迅速发展将使得配额的供给过剩，如果此时配额发放仍保持既定目标，那么市场中必将出现过剩的配额，并且随着时间的推移，过剩的配额将持续积聚，最终导致市场供需状况持续恶化。因此，应引入总量监控和应急调整机制，时刻掌握市场配额存量信息，并根据排放企业的配额持有和使用情况，动态调整下一年度的配额发放总量。

其次，碳市场具有很强的人工属性，表现为标的物的功能简单、消费主体单一且只能在规定的时间内消费，这使得配额商品容易滞留在流通领域。在缺乏流动性的情况下，排放企业并不能切实地作为利益相关者参与到市场交易中，进而造成市场价格信号失灵，资源无法实现优化配置。因此，在标的物设计上，应打破配额的局限性，在其抵扣碳排放功能的基础上，探索其他消费途径提升配额的流通速率。例如，放宽市场准入，激励碳市场以外的企业或组织参与到配额交易中，并允许它们以社会责任等无形资产形式持有或抵扣碳配额。这是因为降低碳排放是排放企业的义务，更是其他非排放企业乃至全社会的责任。

最后，非排放企业的参与可以增加交易规模、带动市场的流动性。然而在市场建立初期，在多数排放企业经验不足的情况下，政府应对其采取较为严格的监管方式，防止金融机构大量囤积配额或抛售配额的行为出现。与此同时，还应加强对排放企业交易行为的监管，特别是那些配额发放量较大的排放企业。这是因为配额一旦被赋予金融属性，此类企业可凭借免费获取的配额在金融市场上获取大量的利润，长此以往，将降低碳市场的市场效力，并且难以激励企业的长期减排行为。

6.4　中国碳市场建设的政策建议

我国在减排问题上的政府约束性政策要大于市场机制。当前，我国在实现"双碳"目标上所需资金将会是天文数字，绝不是单依靠政府财政补贴可以满足的，必须坚持市场导向，充分发挥碳金融在应对气候变化、实现"双碳"目标方面的重要作用。我国碳市场发展基础坚实、潜力巨大，但相较欧盟等发达地区，碳市场仍处于初期阶段，面临金融化程度较低、政策不完善、碳市场作用发挥不充分等问题。结合国际碳市场的发展经验，可从健全碳交易机制、优化碳市场环境、完善碳金融发展战略、合理建设碳金融市场基础设施、完善碳金融市场监管体系及加强碳金融市场风险防范等方面促进我国碳金融的发展与体系建设。

6.4.1　健全碳交易机制

一是加强相关法律法规机制建设。制定全国统一的、有层次的法律法规，对碳市场的准入、产品质量、风险管理、信息披露、法律责任等制度做出全面的规定，使得碳市场监管有法可依。此外，要鼓励碳金融市场制度创新和相关产品结构创新，尽快出台低碳经济与碳排放权交易法律制度，逐步协调、补充部门和地方性法规及具体操作性文件，形成有机统一的低碳经济法律制度体系，保障碳市场平稳运行，并为未来全国碳市场的顺利实施奠定基础。

二是完善 MRV 体系，实现温室气体排放清单编制系统化和常态化。国家和地方层面应尽快颁布温室气体排放监测和报告指南等实施细则，为企业提供详细、具体的操作方法，并要求具备一定资质的第三方机构对企业年度能源生产量、消费量与温室气体排放量进行核查和汇报。此外，应逐步实现各级温室气体排放清单编制系统化和常态化，为全国碳市场配额发放、数据收集及未来履约核查的准确性和科学性奠定基础。

三是大力发展森林碳汇，完善碳排放权抵消机制。我国林业资源丰富，应当将林业纳入碳市场，将林业碳汇纳入配额体系。发达地区可以通过购买欠发达地区的碳汇弥补本地区的碳赤字，欠发达地区通过出售本地区的碳盈余获得经济收益，这也是"绿水青山"向"金山银山"转换的可行路径。

6.4.2　优化碳市场环境

一是完善交易规则和交易方式。碳排放权交易可以采取协议转让、单向竞价或其他符合规定的更有效率的交易方式，发挥全国碳市场引导温室气体减排的作用，同时防止过度投机的交易行为，维护市场健康发展。

二是畅通价格传导路径。碳价能否形成对全社会生产、消费等行为的牵引还取决于能否形成顺畅的价格传导。电力行业碳排放量在碳排放总量中占比约 50%，电价是最重要的"二传手"。目前，中国电价还存在一定的管制问题，并非完全的市场化定价。在这种情况下，碳价信号的传导就可能阻滞在电价环节。应尽快明确总量设定，配额分配由免费方式逐步过渡到拍卖方式，推动金融机构的广泛参与，形成能产生激励效果且相对稳定的碳价，推动能源价格市场化改革等。

三是解决碳市场交易形式单一的问题。从全球看，欧盟、美国等碳市场在建设之初就内置金融功能，是典型的现货期货一体化市场。建议迅速改变碳市场交易形式单一的现状，进一步推进碳期权和碳金融产品创新，学习发达国家期货一体化市场的优点，增加碳市场活力，推进绿色可持续发展。

四是引导发电行业和碳交易试点地区在碳交易中发挥带头作用。目前，中国的行业型碳市场继基础建设期之后，按照计划即将步入模拟运行期，应逐步扩大碳市场覆盖行业与交易主体范围，增加相应交易品种，将其他高耗能、高排放行业逐步纳入碳市场。应引导电力行业发挥碳交易排头兵的作用，加强行业间减排合作，带动其他行业积极参与碳交易。与此同时，国内部分区域应充分利用试点碳市场建设经验与区位优势，在经济发展水平较高、市场化减排经验丰富并有一定区域碳交易实践基础的试点周边率先构建跨区域碳交易平台。

6.4.3　完善碳金融发展战略

一是明确碳市场的金融属性。在碳金融制度体系建设方面，明确碳市场的金融属性。当前，在全国碳市场建设过程中，考虑初期基础市场尚不平稳，交易仍以履约（履行减排义务）为目的，金融属性较弱，导致相关的制度安排基本围绕碳现货市场与非金融主体设计，碳金融相关的法律、财会等制度安排基本仍为空白。因此，需要明确碳市场的金融属性，并在相关法律制度方面予以明确。此外，目前正在修订的《中华人民共和国期货法》应将碳配额衍生品纳入交易品种。依托现有金融基础设施，以市场化、专业化方式构建全国碳市场，有效利用较为成熟的市场管理经验，提高机构投资者参与度，发挥市场成员自律管理功能。

二是鼓励金融机构参与。碳金融市场的创新发展离不开金融机构的积极参与，金融机构特别是商业银行参与碳市场，不仅可以为碳金融市场带来巨大的流动性、强化价格发现功能、平抑价格波动，而且能够促进涉碳融资等创新性金融衍生品的开发，有助于碳金融体系的深化和多元化发展。在现阶段打破金融机构参与碳市场的制度限制，对于碳金融的整体发展会产生积极的推动作用。例如，鼓励银行进一步探索将碳排放权纳入抵质押担保范围，将企业碳表现纳入授信管理流程，采取差别化的贷款额度、利率定价等措施。鼓励保险机构创新研发更多涉及碳定价、碳交易、碳履约等过程的碳保险产品等。

三是加强碳金融人才培养。碳金融市场是人为规定而非自发产生的市场，受政策影响较大。政府作为碳市场的政策制定者，要配备一定的碳金融知识储备人才，才能在制定政策时掌握好"度"，既保证碳市场的稳定运行，又能增加碳市场的活跃度。此外，企业和金融机构作为碳市场的主要参与者，也要提高其碳金融能力，催生碳金融衍生品的流转，从而刺激整个市场健康、良性、活跃发展。

四是丰富碳金融产品体系。成熟的碳金融市场拥有基于碳信用和碳现货的碳金融基础产品，以及碳金融衍生品。目前，我国试点地区与金融机构联手，陆续开发了碳债券、碳远期、碳期权、碳基金、跨境碳资产回购、碳排放权抵质押融资等产品，但尚未建立真正意义上具有金融属性的多层次碳市场产品体系。全国碳市场启动之后，可借鉴国际成熟碳金融市场的发展经验，在拓展基于现货交易的碳金融工具的同时，有序推进各类碳金融衍生品的创新运用，进一步丰富和完善碳金融市场产品体系，为更好地促进碳市场的发展提供套期保值、价格发现与风险管理的功能。

6.4.4　合理建设碳金融市场基础设施

碳金融市场的基础设施建设可保障整个市场交易、结算、流动性管理、风险控制等各环节有效进行，对整个碳金融市场的高效运转与长期发展至关重要。

一是建立统一的交易与支付系统。从碳市场交易对象特性来看，碳市场排放权配额与存款类似，具有高度同质性。如果相关市场是分割的，既没有效率，也达不到统一的价格，就无法形成规模。因此，不管是现货市场，还是衍生于现货的碳期货等衍生品市场及 CCER 市场，都建议统一运营交易。统一交易主要是指场内交易，现货、期货等衍生品及 CCER 不要人为地予以割裂、放到不同的市场开展交易，否则很难形成规模，也很难形成比较好的登记托管、清算结算机制及基础设施安排，更无法形成良好的价格发现和生成机制。对于场外市场，更多的是柜台市场，主要满足大型市场主体开展大宗交易的需求，交易前台可相对分散，主要进行报价驱动。

二是建立集中统一的登记托管系统。登记的主要功能是确权，托管则是对市场主体持有的资产进行保管。现代金融市场中，登记和托管环节通过电子技术越来越紧密地融合在一起。金融资产主要通过账户实现登记和托管功能，电子化簿记系统保障每个市场主体有一个账户，通过该账户非常清晰地记录其资产及其变动，明确其法律法规所规定享有的财产权利。碳市场也一样，不管是排放企业、金融机构还是个人等各类市场主体，可通过碳账户对其碳资产进行产权界定非常清晰的记录。从金融市场改革发展的经验与教训看，统一的登记托管较之于分散登记、多级托管在交易结算、防范风险、监督管理等方面更加有效，从碳市场自身功能看，也有利于碳排放权的履约和清缴。因此，建议从一开始就明确建立全国集中统一的碳排放权登记托管系统。

三是建立统一的清算结算系统。清算实际上是"算账"的过程，因此可交给第三方或中央对手方来进行统计核算。结算则是资产和资金完成交付、债权债务实现结清的过程，既需要对市场主体资产账户进行相应的借记贷记操作，也需要对其资金账户开展相应的借贷操作，而且都通过前述的电子化簿记系统实现。如果某种资产的登记托管和结算是分离的，资产持有、交易和最终结算的过程就会存在信息不对称，从而可能产生道德风险行为，也会影响交易和结算的效率。把碳市场的登记托管和最终结算统一起来，并在资金结算上加入中央银行现代化支付系统，确保发起结算的主体和登记托管的主体是同一个市场参与者，同时通过中央银行现代化支付系统实现资金结算，这样既可有效解决信息不对称问题，也能保障交易结算效率，更好地推动市场健康发展。

四是依托统一系统建立完善的交易数据库。交易数据库不仅是监督管理的重要依据，也是碳市场核算、配额发放、清缴履约的基础。从管理上说，交易数据库既可以与市场分开、独立运行，也可以依附于登记托管和交易结算体系。但从数据采集、管理、运用和相关市场管理角度，依托登记托管和交易结算体系进行数据采集可能最有效、最真实可靠，而且可以避免重复建设，完全依托既有的登记托管结算系统在管理上比较方便，可做到让各方都易于理解、接受和支持。

6.4.5　完善碳金融市场监管体系

我国传统金融行业监管遵循"分业经营、分业监管"的原则。碳金融市场涵盖对象的跨度大、范围广、情况复杂，且处于初期发展水平，为避免出现投机、价格操纵和内幕交易等行为，更应该加大监管力度、完善监管体系、不留监管盲区，以保障碳金融市场的有效运转。

一是完善监管覆盖范围。碳金融及其衍生品本身是一种商品，又是一种权益，同时具有一定的金融属性，这就使得碳金融的覆盖面很广，应该扩大碳金融市场监管对象的覆盖范围。可参照国际成熟碳市场，将碳配额、碳衍生品等列为金融工具纳入金融监管。例如，EU ETS 已于 2018 年 1 月 3 日起将碳配额归为金融工具，这意味着适用于传统金融市场的监管规则也都适用于碳市场。此外，也要加强对参与碳市场交易的金融机构、机构投资者、碳资产管理公司等非排放主体的监管。

二是建立多方协同监管机制。根据《碳排放权交易管理暂行条例（草案修改稿）》第六条："国务院生态环境主管部门会同国务院市场监督管理部门、中国人民银行和国务院证券监督管理机构、国务院银行业监督管理机构，对全国碳排放权注册登记机构和全国碳排放权交易机构进行监督管理。"这说明对碳金融市场的监管是多维度的，无法由某一机构单独进行监管，需要多监管部门打破传统、形成合力。一方面，要加强以生态环境部为主的监管体系的建设；另一方面，要在涉及碳交易的金融方面加强金融领域的监管。由于证监会对市场机制、价格调控、未来衍生品的引入、风险防控等一系列问题有着丰富的经验，建议在监管中引入证监会，进行联合监管。

三是健全信息公开披露制度。对有关碳交易的主体、配额分配、交易规则、碳交易价格、定期的评估和相应报告等进行及时披露，给市场提供及时透明的信息。可以借鉴针对上市公司的强制披露的制度，建立公开平台，对披露的方式、内容、范围等事先进行规范，强制碳交易参与者及时披露相关信息，并建立定期报告制度。

四是建立相应的监管信息系统。加快监管当局之间的监管信息网络建设，以实现金融监管的信息共享，提高监管效率，实施动态、实时、持续全过程的碳金融监管模式。

6.4.6　加强碳金融市场风险防范

相较于传统金融市场，碳金融市场的形成和起步较晚，相关的配套制度、平台和机制建设尚不完善，在运行过程中会面临更多的风险和不确定性。加快建设碳金融市场风险防范体系是碳金融市场健康运行的重要保障。

一是建立健全碳金融法律体系。法律制度的健全及对法律法规的严格落实是碳金融市场成功运行的重要前提。我国应根据国际碳金融市场的发展趋势，吸取发达国家的成熟经验，尽快颁布比较完整的碳排放交易法。此外，中国部分区域以地方政府规章和相关政策性文件约束碳金融市场业务，强制性效力不够，应该考虑将其上升为地方性法规。有关部门要明确和细化碳排放权的初步分配机制、交易规则和程序，加强对超标排放的法律责任认定，以法律形式明确碳排放主体应承担的法定减排义务，做到"有法可依，执法必严"，加大对不履约企业的法律惩处力度，减少法律漏洞和规制漏洞。

二是加强碳金融风险的预防管理。及时发现可能的风险源并进行有针对性的风险规避是碳金融风险管理的第一步，主要可以从以下几点进行。第一，针对政策风险，碳交易主管部门可联合证券、银行等多部门共同构建一套评估机制，对碳金融相关政策的制定从宏观经济、能源、金融等多角度多领域进行全面评估，以保证政策的有效性和合理性，防范政策风险的产生。第二，针对信用风险，强化信息披露机制建设，最大限度地减少出现信息不对称的可能性。第三，针对操作风险，加强对市场参与主体在注册方面的要求和审核，并进行相关知识培训，从源头减少出现不合规操作的可能性，提升注册登记系统和交易系统的稳定性与安全性。第四，针对市场价格风险，通过设计配额柔性机制或建立配额调节池，提高市场的自我调节功能，以减少出现突发性价格失衡的可能性。

三是完善碳金融风险的识别体系。对碳金融交易进行全面监管、及时识别其中风险并做出预警是化解碳金融风险和降低损失的核心。无论是国家层面的主管部门还是市场参与主体都应根据风险控制和规避的需要构建监管机制并设计风险识别和预警系统。政府部门可以建立碳排放和交易信息数据库，通过数据库对相关数据的收集和整理，加强对碳排放、碳交易及核查认证信息等数据的科学分析、风险识别和等级评估，及时提示与公布预测风险。此外，主管部门也应跟踪监测碳金融产品的价格趋势，并结合宏观经济、能源领域等多方面因素，对市场风险进行识别和预判，在必要时点通过配额回购或其他价格干预方式稳定市场预期。

四是加强碳金融风险事后管理。碳金融风险发生后的应急处置和事后管理是进一步控制风险损失、总结经验以促进碳金融健康发展的保障。主管部门和市场参与主体应分别从宏观和微观层面明确风险应急的基本原则与流程，并根据历史交易、风险规避经验等建立风险应急策略库。在对风险事件进行相应的处置后，还应建立严格的责任追究机制，不仅增强相关人员的风险防范意识，而且提高风险管理人员的工作积极性，进而提升整体的管理水平。

参 考 文 献

范英，莫建雷，2015. 中国碳市场顶层设计重大问题及建议[J]. 中国科学院院刊，30（4）：492-502.

国际碳行动伙伴组织，2021. 全球碳市场进展（2021 年度报告）[EB/OL]. （2021-12-02）[2023-10-07]. https://icapcarbonaction.com/en/?option=com_attach&task=download&id=735.

刘寅鹏，郭剑锋，范英，2015. EU ETS 试验阶段微观交易大数据分析及其对中国的启示[J]. 气候变化研究进展，11（6）：420-428.

莫建雷，朱磊，范英，2013. 碳市场价格稳定机制探索及对中国碳市场建设的建议[J]. 气候变化研究进展，9（5）：368-375.

彭斯震，常影，张九天，2014. 中国碳市场发展若干重大问题的思考[J]. 中国人口·资源与环境，24（9）：1-5.

万怡挺，2016. 欧盟碳排放交易体系的兴起和困境[J].环境与可持续发展，41（5）：68-71.

BAUMOL W J，OATES W E，1988. The theory of environmental policy[M]. Cambridge：Cambridge University Press.

CAPOOR K，AMBROSI P，2006. State and trends of the carbon market 2006[M]. Washington DC：World Bank.

CASON T N，GANGADHARAN L，DUKE C，2003. A laboratory study of auctions for reducing non-point source pollution [J]. Journal of Environmental Economics and Management，46（3）：446-471.

CHESNEY M，GHEYSSENS J，TASCHINI L，2013. Environmental finance and investments[M]. Heidelberg：Springer.

COASE R H，1960. The problem of social cost[J]. Journal of Law and Economics，3：1-44.

CONVERY F J，REDMOND L，2007. Market and price developments in the European Union Emissions Trading Scheme[J]. Review of Environmental Economics and Policy，1（1）：88-111.

CROSSLAND J，LI B，ROCA E，2013. Is the European Union Emissions Trading Scheme（EU ETS）informationally efficient？Evidence from momentum-based trading strategies[J]. Applied Energy，109：10-23.

DALES J H，1968. Land，water，and ownership[J]. The Canadian Journal of Economics，1（4）：791-804.

ELLERMAN A D，CONVERY F J，DE PERTHUIS C，2010. Pricing carbon：The European Union Emissions Trading Scheme[M]. Cambridge：Cambridge University Press.

ELLERMAN A D，JOSKOW P L，2008. The European Union's emissions trading system in perspective[M]. Arlington：Pew Center on Global Climate Change.

ENGELS A，2009. The European Emissions Trading Scheme：An exploratory study of how companies learn to account for carbon [J]. Accounting，Organizations and Society，34（3）：488-498.

FAN Y，LIU Y P，GUO J F，2016. How to explain carbon price using market micro-behaviour？[J]. Applied Economics，48（51）：4992-5007.

GODBY R，2002. Market power in laboratory emission permit markets[J]. Environmental and Resource Economics，23（3）：279-318.

HAHN R W，1984. Market power and transferable property rights[J]. The Quarterly Journal of Economics，99（4）：753-765.

IPCC，2007. Climate change：Synthesis report[M]. Cambridge：Cambridge University Press.

LIU Y P，GUO J F，FAN Y，2017. A big data study on emitting companies' performance in the first two phases of the European Union Emission Trading Scheme[J]. Journal of Cleaner Production，142：1028-1043.

MONTAGNOLI A，DE VRIES F P，2010. Carbon trading thickness and market efficiency[J]. Energy Economics，32（6）：1331-1336.

MONTERO J P，2009. Market power in pollution permit markets[J]. The Energy Journal，30（2）：1-28.

第7章 中国新型电力市场与电力能源转型

随着我国电力能源转型的推进，越来越多可再生能源发电机组并入电网，电力系统和电力市场均受到冲击，中国新型电力市场改革迫在眉睫。对于各个电力市场参与者，清楚市场发展趋势、交易模式、潜在盈利方式等对于其参与新型电力市场至关重要。本章梳理中国电力市场发展历程、交易模式和新型电力市场发展趋势，并逐渐厘清我国面向"双碳"目标新型电力系统能源转型中的挑战、构建思路及重点举措。

7.1 中国电力市场发展历程

我国的电力改革开始于 20 世纪 80 年代初期，陆续出台电力政企分开、国有电力资产私有化等一系列改革举措（刘振亚，2012）。2002 年，《国务院关于印发电力体制改革方案的通知》出台，我国启动对电力工业进行市场化改革。2014 年，习近平总书记提出"四个革命、一个合作"能源安全新战略[①]，为我国新时代能源发展指明了方向。2015 年，《中共中央 国务院关于进一步深化电力体制改革的若干意见》及配套文件出台，标志着我国的电力市场以"逐步建立以中长期交易规避风险，以现货市场发现价格，交易品种齐全、功能完善的电力市场，在全国范围内逐步形成竞争充分、开放有序、健康发展的市场体系"为目标向成熟市场化迈进。2016 年，国家发展改革委、国家能源局印发的《电力中长期交易基本规则（暂行）》计划在全国范围内开展电力中长期市场交易（黄露和王宇飞，2021）。2017 年，《国家发展改革委办公厅 国家能源局综合司关于开展电力现货市场建设试点工作的通知》选择了蒙西、南方（以广东起步）、浙江、四川、甘肃、山东、山西、福建等 8 个地区作为第一批的电力现货市场试点。目前，全国 8 个电力现货市场建设试点工作已全部启动，包括单日、多日、单周、双周、单月、多月的结算试运行，电力现货交易试点的进展见表 7-1。我国目前电力市场交易主要包括中长期交易、现货交易，已经适度地开展了辅助服务交易、可再生能源电力绿色证书交易、发电权交易等其他交易。依据中国电力企业联合会（简称中电联）的统计数据，2017 年、2018 年、2019 年中国电力市场交易量（含发电权交易电量、

---

① 新华社网，2021. 人民日报文章：新时代中国能源在高质量发展道路上奋勇前进[EB/OL].（2021-01-01）[2023-08-25]. https://baijiahao.baidu.com/s?id=1687613230945050616&wfr=spider&for=pc.

不含抽水蓄能低谷抽水交易电量等特殊交易电量）分别为 16327.3 亿千瓦·时、20654.0 亿千瓦·时、28106.9 亿千瓦·时，年均复合增速为 31.2%，占全社会用电量的比例由 25.9% 提高到 38.9%。

表 7-1　截至 2020 年 7 月底的电力现货市场试点建设进程

试点	时间	结算试运行	备注
南方（以广东起步）	2019 年 5 月 15～16 日	首次开展结算试运行	—
	2019 年 6 月 20～23 日	日结算试运行	—
	2019 年 9 月	首次月结算试运行	—
	2020 年 8 月	月结算试运行	—
山东	2019 年 9 月 20～26 日	首次开展连续结算试运行	—
	2019 年 12 月	按周连续结算试运行	—
	2020 年 5 月 16～19 日	连续结算试运行	验证了全国首个煤电机组容量电价补偿机制，但也出现不平衡资金问题
	2020 年 9～12 月	计划开展长期结算试运行	2020 年全国最长时间的电力现货市场连续结算试运行
蒙西	2019 年 9 月 21～27 日	为期 1 周结算试运行	—
	2020 年 6 月 17～23 日	连续结算试运行	采用电力现货市场与调频辅助服务市场联合运行模式，暂不开展日内市场
	2020 年 8 月	预计连续 2 周结算试运行	—
	2020 年 9 月	力争实现连续 30 天结算试运行	—
甘肃	2019 年 9 月	首次周结算试运行	首次实现新能源全消纳
	2019 年 11 月	周结算试运行	—
	2020 年 4 月	首次月结算试运行	全国首家完成月结算试运行的省份
	2020 年 8 月	计划开展长周期结算试运行，且不少于 2 个月	—
浙江	2019 年 9 月 20～26 日	连续 7 天结算试运行	—
	2020 年 5 月 12～18 日	连续 7 天结算试运行	采用电能量和辅助服务交易统一申报方式
	2020 年 7 月	整月结算试运行	—
福建	2019 年 9 月 21～27 日	连续 7 天结算试运行	—
	2020 年 4 月 8～21 日	连续 14 天结算试运行	—
	2020 年 7 月	整月结算试运行	—
四川	2019 年 9 月 26～30 日	连续调电试运行和结算试运行	丰水期结算试运行
	2019 年 10 月 29～30 日	连续 2 天试运行	—
	2020 年 4 月 16 日～5 月 25 日	枯水期长周期结算试运行	—

续表

试点	时间	结算试运行	备注
山西	2019 年 9 月 1 日	日结算试运行	国网区域首个开展电力现货试运行的省份
	2019 年 9 月 18~24 日	连续 7 天结算试运行	—
	2020 年 5 月	半个月结算试运行	—
	2020 年 9 月	整月结算试运行	—

注：南方（以广东起步）市场 2018 年 8 月 31 日首先启动现货交易试运行，蒙西市场 2019 年 6 月 26 日最后启动现货交易试运行。

资料来源：黄露和王宇飞（2021）。

　　实现"双碳"目标的过程是一场广泛而深刻的经济社会变革，在能源供给侧要构建多元化清洁能源供应体系，大力发展非化石能源，重点是加大风电、光伏发电等新能源发电的开发利用，要求电力系统展现更大作为。2021 年 3 月 15 日，习近平总书记在中央财经委员会第九次会议上提出构建以新能源为主体的新型电力系统[①]，明确了新型电力系统在实现"双碳"目标中的基础地位，是"双碳"背景下党中央对电力系统发展做出的重大决策。2021 年 11 月 24 日，习近平总书记主持召开中央全面深化改革委员会第二十二次会议，审议通过了《关于加快建设全国统一电力市场体系的指导意见》（以下简称指导意见）[②]，强调要遵循电力市场运行规律和市场经济规律，优化电力市场总体设计，实现电力资源在全国更大范围内共享互济和优化配置，加快形成统一开放、竞争有序、安全高效、治理完善的电力市场体系（马莉，2022）。2022 年 1 月 18 日，指导意见正式出台，明确了今后一个时期电力市场建设的目标和重点任务，为我国电力行业开启新局面、推进全国统一电力市场建设提供了根本遵循。中国电力市场政策按照时间顺序整理如表 7-2 所示。

表 7-2　中国电力市场政策整理（以时间先后排序）

序号	成文日期	文件号	发布单位	文件名称
1	2002 年 2 月 10 日	国发〔2002〕5 号	国务院	国务院关于印发电力体制改革方案的通知
2	2008 年 3 月 17 日	电监市场〔2008〕15 号	电监会	电监会关于印发《发电权交易监管暂行办法》的通知

　　① 求是网，2021. 习近平主持召开中央财经委员会第九次会议强调 推动平台经济规范健康持续发展 把碳达峰碳中和纳入生态文明建设整体布局[EB/OL].（2021-03-15）[2023-10-07]. http://www.qstheory.cn/yaowen/2021-03/15/c_1127214373.htm.

　　② 新华社，2021. 习近平主持召开中央全面深化改革委员会第二十二次会议强调：加快科技体制改革攻坚建设全国统一电力市场体系 建立中小学校党组织领导的校长负责制[EB/OL].（2021-11-24）[2023-10-07]. https://www.gov.cn/xinwen/2021-11/24/content_5653171.htm.

续表

序号	成文日期	文件号	发布单位	文件名称
3	2012 年 3 月 14 日	财建〔2012〕102 号	财政部、国家发展改革委、国家能源局	关于印发《可再生能源电价附加补助资金管理暂行办法》的通知
4	2015 年 3 月 15 日	中发〔2015〕9 号	中共中央、国务院	中共中央 国务院关于进一步深化电力体制改革的若干意见
5	2015 年 11 月 26 日	发改经体〔2015〕2752 号	国家发展改革委、国家能源局	国家发展改革委 国家能源局关于印发电力体制改革配套文件的通知
6	2016 年 3 月 24 日	发改能源〔2016〕625 号	国家发展改革委	国家发展改革委关于印发《可再生能源发电全额保障性收购管理办法》的通知
7	2016 年 5 月 27 日	发改能源〔2016〕1150 号	国家发展改革委、国家能源局	国家发展改革委 国家能源局关于做好风电、光伏发电全额保障性收购管理工作的通知
8	2016 年 7 月 14 日	发改运行〔2016〕1558 号	国家发展改革委、国家能源局	国家发展改革委 国家能源局关于印发《可再生能源调峰机组优先发电试行办法》的通知
9	2016 年 12 月 29 日	发改能源〔2016〕2784 号	国家发展改革委、国家能源局	国家发展改革委 国家能源局关于印发《电力中长期交易基本规则（暂行）》的通知
10	2017 年 1 月 18 日	发改能源〔2017〕132 号	国家发展改革委、财政部、国家能源局	国家发展改革委 财政部 国家能源局关于试行可再生能源绿色电力证书核发及自愿认购交易制度的通知
11	2017 年 2 月 14 日	国能监管〔2017〕49 号	国家能源局	国家能源局关于开展跨区域省间可再生能源增量现货交易试点工作的复函
12	2017 年 8 月 28 日	发改办能源〔2017〕1453 号	国家发展改革委办公厅、国家能源局综合司	国家发展改革委办公厅 国家能源局综合司关于开展电力现货市场建设试点工作的通知
13	2017 年 11 月 8 日	发改能源〔2017〕1942 号	国家发展改革委、国家能源局	国家发展改革委 国家能源局关于印发《解决弃水弃风弃光问题实施方案》的通知
14	2018 年 4 月 27 日	国能发监管〔2018〕36 号	国家能源局	国家能源局关于进一步促进发电权交易有关工作的通知
15	2018 年 11 月 8 日	国能综通法改〔2018〕164 号	国家能源局综合司	国家能源局综合司关于健全完善电力现货市场建设试点工作机制的通知
16	2018 年 11 月 21 日	发改办能源〔2018〕1518 号	国家发展改革委办公厅、国家能源局综合司	国家发展改革委办公厅 国家能源局综合司关于印发电力市场运营系统现货交易和现货结算功能指南（试行）的通知
17	2019 年 1 月 7 日	发改能源〔2019〕19 号	国家发展改革委、国家能源局	国家发展改革委 国家能源局关于积极推进风电、光伏发电无补贴平价上网有关工作的通知
18	2019 年 5 月 10 日	发改能源〔2019〕807 号	国家发展改革委、国家能源局	国家发展改革委 国家能源局关于建立健全可再生能源电力消纳保障机制的通知
19	2019 年 7 月 31 日	发改办能源规〔2019〕828 号	国家发展改革委办公厅、国家能源局综合司	国家发展改革委办公厅 国家能源局综合司印发《关于深化电力现货市场建设试点工作的意见》的通知
20	2020 年 1 月 20 日	财建〔2020〕4 号	财政部、国家发展改革委、国家能源局	关于促进非水可再生能源发电健康发展的若干意见
21	2020 年 1 月 20 日	财建〔2020〕5 号	财政部、国家发展改革委、国家能源局	关于印发《可再生能源电价附加资金管理办法》的通知

续表

序号	成文日期	文件号	发布单位	文件名称
22	2020 年 2 月 18 日	发改体改〔2020〕234 号	国家发展改革委、国家能源局	国家发展改革委 国家能源局印发《关于推进电力交易机构独立规范运行的实施意见》的通知
23	2020 年 3 月 26 日	发改办能源规〔2020〕245 号	国家发展改革委办公厅、国家能源局综合司	国家发展改革委办公厅 国家能源局综合司关于做好电力现货市场试点连续试结算相关工作的通知
24	2020 年 5 月 18 日	发改能源〔2020〕767 号	国家发展改革委、国家能源局	国家发展改革委 国家能源局关于印发各省级行政区域 2020 年可再生能源电力消纳责任权重的通知
25	2020 年 6 月 10 日	发改能源规〔2020〕889 号	国家发展改革委、国家能源局	国家发展改革委 国家能源局关于印发《电力中长期交易基本规则》的通知
26	2020 年 7 月 31 日	发改办能源〔2020〕588 号	国家发展改革委办公厅、国家能源局综合司	国家发展改革委办公厅 国家能源局综合司关于公布 2020 年风电、光伏发电平价上网项目的通知
27	2020 年 9 月 29 日	财建〔2020〕426 号	财政部、国家发展改革委、国家能源局	关于《关于促进非水可再生能源发电健康发展的若干意见》有关事项的补充通知
28	2020 年 9 月 30 日	国能综通新能〔2020〕107 号	国家能源局综合司	国家能源局综合司关于公布光伏竞价转平价上网项目的通知
29	2020 年 11 月 25 日	发改运行〔2020〕1784 号	国家发展改革委、国家能源局	国家发展改革委 国家能源局关于做好 2021 年电力中长期合同签订工作的通知
30	2021 年 6 月 7 日	发改价格〔2021〕833 号	国家发展改革委	国家发展改革委关于 2021 年新能源上网电价政策有关事项的通知
31	2021 年 7 月 15 日	发改能源规〔2021〕1051 号	国家发展改革委、国家能源局	国家发展改革委 国家能源局关于加快推动新型储能发展的指导意见
32	2021 年 7 月 26 日	发改价格〔2021〕1093 号	国家发展改革委	国家发展改革委关于进一步完善分时电价机制的通知
33	2021 年 7 月 29 日	发改运行〔2021〕1138 号	国家发展改革委、国家能源局	国家发展改革委 国家能源局关于鼓励可再生能源发电企业自建或购买调峰能力 增加并网规模的通知
34	2021 年 9 月 8 日	国能综通新能〔2021〕84 号	国家能源局综合司	国家能源局综合司关于公布整县（市、区）屋顶分布式光伏开发试点名单的通知
35	2021 年 10 月 11 日	发改价格〔2021〕1439 号	国家发展改革委	国家发展改革委关于进一步深化燃煤发电上网电价市场化改革的通知
36	2021 年 12 月 21 日	国能发监管规〔2021〕60 号	国家能源局	国家能源局关于印发《电力并网运行管理规定》的通知
37	2021 年 12 月 21 日	国能发监管规〔2021〕61 号	国家能源局	国家能源局关于印发《电力辅助服务管理办法》的通知
38	2022 年 1 月 18 日	发改体改〔2022〕118 号	国家发展改革委、国家能源局	国家发展改革委 国家能源局关于加快建设全国统一电力市场体系的指导意见

资料来源：黄露和王宇飞（2021）。

　　2050 年，我国将基本建成以特高压电网为骨干网架、以清洁能源为主导的全球能源互联网（刘振亚，2015）。我国电力市场化改革将坚持四个原则，包括促进电力供应科学发展、保障电力系统安全、综合发挥市场机制和宏观调控作用、总体设计并依法逐步推进（刘振亚，2012）。在未来新型电力系统形势下，我国将继续坚持以改革促发展的方针，认真总结以往电力改革实践、科学把握国际电力改革趋势，从我国电力工业发展实际出发，与时俱进地完善改革战略，走中国特色电力市场化道路。

7.2　中国电力市场交易模式

7.2.1　市场成员

　　由于电力具有与其他商品不同的技术特性，电力交易的组织方式更加复杂，因此，有效的电力市场设计能够充分挖掘电力商品特性（皮波·兰奇和圭多·切尔维尼，2017）。

　　电力市场成员包括发电企业、输配电企业（电网企业）、售电企业、储能企业、电力交易机构、电力调度机构、电力用户等。发电企业包括燃煤发电、燃气发电、核电、风电、光伏发电等种类发电机组的企业。各类发电机组如表 7-3 所示。

表 7-3　各类发电机组

大类	主要细分类别
燃煤发电	一般煤电、调峰、热电联产、基荷机组
燃气发电	一般煤气、调峰、热电联产
核电（贵州电网有限责任公司电力调度控制中心，2018）	气冷堆型、轻水堆型、重水堆型、快中子增殖型
风电	集中式、分布式、独立电力系统、陆上、海上
光伏发电	集中式、分布式、独立电力系统、水上漂浮
水电	一般水电、抽水蓄能、海洋能
生物质能发电	农林生物质发电、生活垃圾焚烧发电、沼气发电
其他	地热能、光热

　　电力交易机构包括地区电力交易中心和区域电力交易中心两类，我国已建成 32 个地区电力交易中心（表 7-4）和 2 个区域电力交易中心（北京电力交易中心和广州电力交易中心）。电力交易中心承担了交易规则策划、市场交易组织、市场化交易平台构建等职能（贵州电网有限责任公司电力调度控制中心，2018）。目前电力交易中心主要由电网公司与当地主要发电企业、用电单位联合成立。

表 7-4　我国地区电力交易中心列表

序号	名称	序号	名称	序号	名称	序号	名称
1	首都电力交易中心	9	浙江电力交易中心	17	广西电力交易中心	25	江西电力交易中心
2	天津电力交易中心	10	安徽电力交易中心	18	昆明电力交易中心	26	甘肃电力交易中心
3	冀北电力交易中心	11	辽宁电力交易中心	19	贵州电力交易中心	27	青海电力交易中心
4	河北电力交易中心	12	吉林电力交易中心	20	海南电力交易中心	28	宁夏电力交易中心
5	山西电力交易中心	13	黑龙江电力交易中心	21	福建电力交易中心	29	新疆电力交易中心
6	山东电力交易中心	14	蒙东电力交易中心	22	湖北电力交易中心	30	四川电力交易中心
7	上海电力交易中心	15	陕西电力交易中心	23	湖南电力交易中心	31	重庆电力交易中心
8	江苏电力交易中心	16	广东电力交易中心	24	河南电力交易中心	32	西藏电力交易中心

电力调度机构主要为电网公司成立的分公司或内部非法人单位，例如，广东电网有限责任公司电力调度控制中心为广东电网有限责任公司的分公司。

7.2.2　交易品种及交易方式

根据国家发展改革委和国家能源局印发的《电力中长期交易基本规则》中的相关规定，电力中长期市场主要是指符合准入条件的发电企业、售电企业、电力用户和独立辅助服务提供者等市场主体，通过自主协商、集中竞价等市场化方式，开展多年、年、季、月、周等日以上的电力交易。交易品种包括电力直接交易、跨省跨区交易（指跨越发电调度控制区）、合同电量转让交易，以及辅助服务补偿（交易）机制等。电力中长期交易可以采取双边协商、集中竞价、挂牌等方式进行（贵州电网有限责任公司电力调度控制中心，2018）。

（1）双边协商交易指市场主体之间自主协商交易电量（电力）、电价，形成双边协商交易初步意向后，经安全校核和相关方确认后形成交易结果。双边协商交易应当作为主要的交易方式。

（2）集中竞价交易指市场主体在交易报价提交截止时间前通过电力交易平台申报电量、电价，电力交易机构汇总市场主体提交的交易申报信息，并按照市场规则进行统一的市场出清（黄露和王宇飞，2021）。经电力调度机构安全校核后，确定最终的成交对象、成交电量与成交价格等（贵州电网有限责任公司电力调度控制中心，2018），并发布市场出清结果。

（3）挂牌交易指市场主体将需求电量或可供电量的数量和价格等信息通过电力交易平台发布要约，由符合资格要求的另一方提出接受该要约的申请，经安全校核和相关方确认后形成交易结果（贵州电网有限责任公司电力调度控制中心，2018）。

　　电力中长期交易现阶段主要开展电能量交易，灵活开展发电权交易、合同转让交易，根据市场发展需要开展输电权、容量等交易。电力现货市场交易现阶段主要开展电能量交易、调频服务和备用服务等。电力市场交易以电能量直接交易为主，2019 年全国各电力交易中心组织开展的各类交易电量合计 28344 亿千瓦·时。其中，电力直接交易量（含省内及省间交易量）为 21771.2 亿千瓦·时，占 76.8%；发电权交易量（含省内及省间交易量）为 2749.8 亿千瓦·时，占 9.7%（黄露和王宇飞，2021）。用户参与程度逐步提高，工业园区用户、110 千伏及以上电压等级工商业用户积极参与电力市场交易，部分省区中市场电量占比已超过 50%（贵州电网有限责任公司电力调度控制中心，2018）。

　　根据交易标的物执行周期，中长期电能量交易包括年度（多年）交易、月度交易、月内（多日）交易等针对不同交割周期的电量交易。现货电力交易包括日前交易、日内交易和实时交易。各交易品种概况如表 7-5 所示。

表 7-5　各交易品种概况

交易品种	交易标的物	交易方式	交易限额	备注
年度（多年）交易	次年（多年）的电量（或者年度分时电量）	双边协商或者集中交易	不低于 80%	年度电量，并分解到月
月度交易	次月电量（或者月度分时电量）		不低于 90%	可组织开展针对年度内剩余月份的月度电量（或者月度分时电量）交易
月内（多日）交易	月内剩余天数或者特定天数的电量（或者分时电量）	集中交易	不低于 95%	—
日前交易	某个运行日（D 日）的电量	双边协商或者集中交易	需满足机组约束、系统平衡约束、网络约束等条件	由运行日提前一天（D-1 日）市场竞价出清决定
日内交易	运行日未来数小时的电量			由运行日内滚动市场竞价出清决定
实时交易	运行日未来 15 分钟~2 小时（时间可设置）的电量			

　　资料来源：黄露和王宇飞（2021）。

　　年度（多年）交易的标的物为次年（多年）的电量（或者年度分时电量）。年度（多年）交易可通过双边协商或者集中交易的方式开展。对于年度交易，应当在年度电力电量预测平衡的基础上，结合检修计划，按照不低于关键通道可用输电容量的 80% 下达交易限额。

　　月度交易的标的物为次月电量（或者月度分时电量），条件具备的地区可组织开展针对年度内剩余月份的月度电量（或者月度分时电量）交易。月度交易可通过双边协商或者集中交易的方式开展。对于月度交易，应当在月度电力电量预测平衡的基础上，结合检修计划和发电设备利用率，按照不低于关键通道可用输电容量的 90% 下达交易限额；发电设备利用率应当结合调峰调频需求制定，并向市场主体公开设备利用率。

月内（多日）交易的标的物为月内剩余天数或者特定天数的电量（或者分时电量）。月内交易主要以集中交易方式开展。对于月内交易，参考月度交易的限额制定方法，按照不低于关键通道可用输电容量的 95% 下达交易限额。

日前交易的标的物为次日电量，日内交易的标的物为运行日未来数小时的电量，实时交易的标的物为运行日未来 15 分钟～2 小时（时间可设置）的电量，均可通过双边协商或者集中交易的方式开展。电力现货交易规模主要受到机组约束、系统平衡约束和网络约束等限制。

辅助服务是确保电网安全稳定运行必不可少的电力服务项目（贵州电网有限责任公司电力调度控制中心，2018）。当前我国辅助服务市场正处于起步阶段。不同类型的电源运行特性不同，因此所能提供的调峰辅助服务不同。径流式水电、风电、核电等类型电源不具备调峰能力；非径流式水电基本调峰范围为 0 至额定出力容量；煤电机组基本调峰范围一般为额定容量的 50% 至额定容量；抽水蓄能机组基本调峰范围为负额定蓄能容量至额定蓄能容量，因此其可以创造负荷需求（贵州电网有限责任公司电力调度控制中心，2018）。

整体来看，中长期电力交易偏重电力系统的整体长期稳健性，电力现货交易偏重在整体电力系统稳健的基础上发挥实时调节作用，并能更好地发现电力商品属性，实现市场化定价。

7.2.3　结算方式

1. 一般结算方式

发电企业上网电量电费由电网企业支付；电力用户向电网企业缴纳电费，并由电网企业承担电力用户侧欠费风险；售电公司按照电力交易机构出具的结算依据与电网企业进行结算。市场主体可自行约定结算方式，未与电网企业签订委托代理结算业务的，电网企业不承担欠费风险。

电力交易机构向各市场成员提供的结算依据包括以下内容：实际结算电量；各类交易合同（含优先发电合同、基数电量合同、市场交易合同）电量、电价和电费；上下调电量、电价和电费，偏差电量、电价和电费，分摊的结算资金差额或者盈余等信息（采用发电侧预挂牌上下调偏差处理机制的地区）；新机组调试电量、电价、电费；接受售电公司委托出具的零售交易结算依据。

2. 风电、光伏发电结算方式

对于未核定最低保障收购年利用小时数的地区，按照当月实际上网电量及政府批复的价格水平或者价格机制进行结算。对于核定最低保障收购年利用小时数的地区，最低保障收购年利用小时数内的电量按照政府批复的价格水平或者价格机制进行结算，超出最低保障收购年利用小时数的部分应当通过市场交易方式消纳和结算。

财政部根据电网企业和省级相关部门申请及本年度可再生能源电价附加收入情况，按照以收定支的原则向电网企业和省级财政部门拨付补助资金。对于当年纳入国家规模管理的新增项目，需足额兑付补助资金。对于纳入补助目录的存量项目，由电网企业依照项目类型、并网时间、技术水平和相关部门确定的原则等条件，确定目录中项目的补助资金拨付顺序并向社会公开。其中，自然人分布式、参与绿色电力证书交易、自愿转为平价等项目可优先兑付补助资金；参与市场交易的风电、光伏发电电量结算涉及中央财政补贴时，按照《可再生能源电价附加资金管理办法》等补贴管理规定执行。

7.3　中国新型电力市场发展概况

7.3.1　中国电力市场中的可再生能源交易

1. 绿色电力证书交易

绿色电力证书是指国家可再生能源信息管理中心按照国家能源局的相关管理规定，依据可再生能源上网电量通过国家能源局可再生能源发电项目信息管理平台向符合资格的可再生能源发电企业颁发的具有唯一代码标识的电子凭证。绿色电力证书有效期暂定为一个考核年，在有效期内可以且仅可以出售一次，不得再次转手出售，过期自动注销。绿色电力证书作为记录计量可再生能源电力的生产、实际消纳和交易的载体，用于监测、考核可再生能源电力配额指标完成情况。北京电力交易中心、广州电力交易中心及各省级区域电力交易中心在国家可再生能源信息中心完成可再生能源电力证书交易登记注册后，组织开展证书交易。

可再生能源电力配额包括可再生能源电力总量配额和非水电可再生能源电力配额。根据各省级行政区域的可再生能源资源、国家能源规划、跨省跨区输电通道建设运行条件等因素，国务院能源主管部门按年度制定各省级行政区域可再生能源电力配额指标。各省级行政区域规定应达的最低可再生能源比例指标为约束性指标，按超过约束性指标10%确定为激励性指标。

对非水电可再生能源电量核发非水电绿色电力证书，对常规水电电量核发水电绿色电力证书。非水电绿色电力证书依托陆上风电、光伏发电企业（不含分布式光伏发电企业）生产的可再生能源发电量发放，可用于可再生能源电力总量配额和非水电可再生能源电力配额考核。水电绿色电力证书随着水电交易转移给购电方，用于可再生能源电力总量配额。

2. 发电权交易

发电权交易（或称替代发电交易）是指发电企业将基数电量合同、优先发电合同等合同电量（或称合约电量），通过电力交易机构搭建的交易平台，以双边协商、集中竞价、挂牌等市场化方式向其他发电企业进行转让的交易行为。国家电力监管委员会于 2008 年发布了《发电权交易监管暂行办法》，提出发电权交易原则上由高效环保机组替代低效、高污染火电机组发电，由水电、核电等清洁能源发电机组替代火电机组发电……发电权交易一般在省级电网范围内进行，并创造条件跨省、跨区进行……发电权交易可以通过双边交易方式或集中交易方式进行交易……开展发电权交易，应与电力市场建设工作统筹考虑，纳入市场建设规划，做好发电权交易与其他电力交易品种之间的协调与衔接。

发电权交易目前已在云南省、新疆维吾尔自治区、广西壮族自治区、山东省、贵州省等地陆续开展。以云南省为例，2015 年 11 月，云南省正式获批成为全国第一批电改综合试点省份之一，随后其率先开展了电力市场化交易，形成了省内市场、西电东送增量市场、清洁能源市场三个交易市场，拥有直接交易、集中撮合交易、挂牌交易、发电权交易四种交易模式。云南省率先开展发电权交易，一方面是由于其水电资源丰富，可实现水能的充分合理利用，另一方面是由于丰水期水电相比煤电交易电价具有极大优势，煤电与水电进行发电权交易可补充部分收益。

3. 可再生能源保障性收购

在煤电基数电量占比高的背景下，由于风电、光伏发电等可再生能源发电存在负荷不稳定、电网输电能力滞后，风电、光伏发电存在较为严重的弃风弃光情况。基于《中华人民共和国可再生能源法》，国家发展改革委等部委印发了《可再生能源发电全额保障性收购管理办法》等文件，明确了各类资源区的保障性收购小时数及无法实现保障性收购的补偿机制；明确对无补贴风电、光伏发电项目严格落实优先上网和全额保障性收购政策，且不要求此类项目参与跨区电力市场化交易。

4. 其他新型电力市场交易类型

电力中长期市场已经在我国得到推广应用，电力现货市场、辅助服务市场已经开始试点应用。除上述市场交易类型外，实际上还有金融输电权、容量市场等交易品种和发电权交易等交易类型。

金融输电权、容量市场等交易品种在我国尚未试点，并且发电权交易等交易类型可以等同于月度或者年度电量计划调整，因此以下对市场组织要点进行有针对性的介绍。

金融输电权的本质是电力金融交易，其建设初衷是对冲由阻塞造成的价格扭曲。市场成员参与金融输电权交易时的一个重要参考指标就是输电线路的可用输电容量。其由美国宾夕法尼亚-新泽西-马里兰州（Pennsylvania-New Jersey-Maryland，PJM）电力市场引入，是为解决阻塞管理问题而组织的电力金融市场。金融输电权不仅能通过金融手段解决由阻塞造成的价格改变，而且能有效引导输电网建设投资。

电量市场用来协调电量的持续购买、卖出和传输，容量市场则鼓励维持现有发电资源的同时刺激发展新的容量来源的投资。容量市场参与者包括负荷服务商、资源供应商。容量市场与电量市场间的关系十分紧密、相辅相成。例如，PJM 电力市场采用的节点边际电价（locational marginal price，LMP）制度使得发电机组难以回收固定成本，因此有必要建立完善的容量市场，以改善现有发电机组的经济回报，鼓励投资新的发电机组。此外，为了很好地跟踪市场现有容量供需情况，以决定容量市场拍卖所需要达到的目标容量值，容量市场的需求曲线需要由电量日前市场、实时市场的历史数据进行仿真得到。虽然存在一定程度的滞后性，但总体来说，容量市场与电量市场是动态相关的。

网损分摊是电力市场中的常见问题，尤其是在发电权交易中，发电权转移过程必将产生网损的改变，网损应当由谁承担、参与交易的各方应当按照什么原则承担网损都是网损分摊需要考虑的问题。我国目前尚未形成明确的网损分摊原则，但依据国外电力市场网损分摊经验，在电力市场新形势下，发电公司、电网公司、配电公司必须明确各自责任。典型电力市场的网损分摊方法总结如表 7-6 所示。

表 7-6　典型电力市场的网损分摊方法

电力市场名称	电力市场交易模式
美国加利福尼亚州电力市场	平均网损系数法
美国新英格兰电力市场	边际网损系数法
纽约州电力市场	发电机和负荷的实时节点边际定价
PJM 电力市场	计划实行实时节点边际网损系数法
阿根廷电力市场	动态节点定价
澳大利亚电力市场	动态分区边际网损定价
加拿大安大略省电力市场	日前实行平均网损分摊法 计划实行实时节点定价

资料来源：贵州电网有限责任公司电力调度控制中心（2018）。

7.3.2　中国新型电力市场发展趋势

目前我国的经济社会发展阶段和国情与其他国家不同,因此,实现"双碳"目标的能源转型和电力市场转型路径不能完全照搬其他国家发展模式。新型电力市场可以服务于碳中和目标,原因如下。

(1) 不同的电力市场机制可以起到不同的市场转型路径引导作用。电力市场机制可以包括电力现货市场、电力容量市场、辅助服务市场、电力平衡市场、中长期电力合同市场、金融(物理)输电权市场,以及绿色电力证书市场等。电力市场机制还可与碳市场耦合联动,协同发挥作用。多种市场机制的组合将对我国电力能源转型产生影响。通过电力市场机制改革及新能源技术的广泛应用,实现新型电力系统转型,使得电力系统更具智慧、绿色、高效的优势,更有利于实现碳中和目标。

(2) 新型电力市场将为电力能源相关产业带来新动能。新型电力市场通过市场化交易,为风电、光伏发电、储能、电动汽车、电力需求响应、能源互联网、能源数字化、能源托管服务、能源运营服务等产业带来巨大的市场空间。电力市场信号也将带动其他电力能源相关产业发展及核心技术研发应用。

(3) 电力市场转型有助于提升电力能源行业效率。市场机制能促进价格机制和服务界面的完善,更好地服务电力用户,提升用户体验和行业服务水平。电力市场化改革将激活电力行业的巨大活力,进一步提升我国新能源电力相关产业的实力及国际竞争力,降低国内电力生产消费的环境污染和碳排放,使我国向碳中和转型升级。

电力行业对于现代能源治理体系完善及新型电力系统建设形成了一定的共识。在协调能源、电力、经济发展和环境目标过程中,更要注重有为政府与有效电力市场有机结合。随着我国电力市场化改革的进一步深化,电力市场的交易与调度运行组织层面将呈现如下发展特征。

(1) 交易模式将由中长期交易向以日为单位的现货市场发展。随着电力体制改革全面深化,亟待加快探索建立电力现货交易机制,改变计划调度方式,发现电力商品价格,形成市场化的电力电量平衡机制,逐步构建中长期交易与现货交易相结合的电力市场体系,充分发挥市场在电力资源配置中的决定性作用,进一步释放改革红利(贵州电网有限责任公司电力调度控制中心,2018)。

(2) 交易品种将由电能交易向以调峰、调频为代表的辅助服务拓宽。电力市场中的调峰、调频服务可以进一步促进风电、光伏发电等清洁能源发电的消纳。

(3) 市场成员将由燃煤发电向多种能源协同的市场交易体系拓展。燃煤发电是我国目前主要的电源组成部分,发电侧将拓展市场成员范围,让水电、风电、光伏发电、分布式电源等多种类型电源参与电力市场已经成为必然趋势，市场参与主体更加多元化。

（4）有为政府应与有效电力市场有机结合。确保推进中长期电力规划的制定，建立滚动优化调整机制，注重规划与市场并行，做好市场监管工作。

7.4　面向"双碳"目标的新型电力系统能源转型

7.4.1　新型电力系统的内涵

针对电力系统面临的问题与挑战，应科学构建新型电力系统，保障国家能源战略实施。构建以新能源为主体的新型电力系统，必须坚持系统思维，遵循电力系统的技术特点和客观规律，充分利用成熟技术、存量系统并深入挖掘潜力，开放包容地支持新技术发展，积极稳妥、循序渐进实现转型（舒印彪等，2021）。

新型电力系统以新能源为供给主体，将满足不断增长的清洁用电需求。新型电力系统在具备安全性的基础上，将兼具高度的开放性和适应性，具体体现在以下方面。

（1）安全性。新型电力系统中的各级电网协调发展，广域资源优化配置能力显著提升；多种电网技术相互融合，能有效承载高比例的新能源、直流等电力电子设备接入，电网安全稳定水平提高；发电容量增加，能满足国家能源安全、电力可靠供应，以及电网安全运行的需求。

（2）开放性。新型电力系统满足各种新设备便捷接入需求，可兼容各类新电力技术，具有多元、开放、包容的特征；新型电力系统可支撑新型电源与负荷的双向互动，将成为各类能源网络有机互联的纽带。

（3）适应性。新型电力系统可以应用先进技术进行灵活调节，且具有高度智能的运行控制能力，实现源-网-荷-储环节之间的紧密衔接和协调互动，并适应海量异构资源接入和密集交互的场景。

7.4.2　新型电力系统面临的变化与挑战

1. 电力系统转型带来的变化

我国电力系统正在向新型电力系统过渡，系统特征和运行机理日趋复杂，亟待统筹。电力市场面临保障电力供应、促进市场转型、提高系统效率、优化资源配置等多重目标与挑战（马莉，2022）。舒印彪等（2021）对我国以新能源为主体的新型电力系统框架开展研究，研究表明，新型电力系统转型的相关物质基础和技术基础变化主要表现在以下方面。

（1）电源布局与功能变化。我国电源布局将由原本的传统能源集中式发电逐步转向多种能源集中式发电与分散式发电并举，并且电源接入位置愈加偏远、愈加深入低电压等级。常规电源功能将逐渐转向调节与支撑；新能源将作为主体电源提供电力电量，且具备主动支撑、调节与故障穿越等构网能力。

（2）电网规模与形态变化。中国幅员辽阔、资源与需求呈现逆向分布，需要大范围优化能源资源配置，故须加强全国联网和跨国输电，参与建设全球能源互联网（刘振亚，2015）。除积极开展跨国输电联网工程外，我国互联电网形成了西南、西北、东北、"三华"（包括华北、华中、华东）及南方电网等五个互联同步电网，且互联电网规模仍将进一步扩大。西电东送、北电南供、水火互济、风光互补将使得我国互联电网的安全水平更高、结构更合理、功能更清晰、配置能力更强。电网形态正由交直流混联大电网向微电网、柔直电网等多种形态电网并存的方向转变。

（3）负荷结构与特性变化。产消者广泛存在，负荷从单一用电向着发-用电一体化的方向转变，调节支撑能力增强。构建有源化配电网，允许多种能源灵活接入电网。

（4）电网平衡模式变化。由于新型电力系统的发电侧与用电侧均面临不确定性，电力平衡模式需要由源随荷动逐步转变为储能/多能转换等技术参与缓冲的、更长时间尺度的供需平衡。

2. 新型电力系统面临的挑战

1）电力供应保障

一是保障供应充裕的基础理论面临挑战。在全球气候变化、可再生能源大规模开发的背景下，可再生能源资源禀赋在长期演化过程中会发生显著变化。电源、电网的规划决策面临资源禀赋和运行双重不确定性且具有明显的路径依赖性。上述特征给传统资源禀赋评估与规划理论带来重大挑战（舒印彪等，2021）。

二是新能源发电出力保障供应难度大。随着新能源发电的快速发展，可控电源占比下降，风能、太阳能等清洁能源发电用于保障电力供应的难度加大。在碳中和阶段，火电占比下降，新能源装机规模持续提升，而负荷仍将保持一定增长，因此，实时电力供应与中长期电量供应保障困难更加突出。

三是罕见天文现象、极端天气下的供应保障难度更大。日食等罕见天文现象将显著影响新能源出力；随着全球气候变化的加剧，暴雪、冰冻、极热等极端天气事件不断增多增强，超出现有预测与认知。罕见天文现象与极端天气具有概率小、风险高、危害大的特征，在新能源高占比情景下的影响极大，会显著推高供电保障成本。

2）系统平衡调节

一是电网平衡基础理论面临挑战。新型电力系统的供需双侧呈现高度不确定性，系统平衡机制将由确定性发电跟踪不确定负荷变成不确定发电与不确定负荷双向匹配。此外，供需双侧互动的电网对于气候等外部条件的依赖性较高，针对传统电网建立的供需平衡理论需要发展和完善。

二是日内调节面临较大困难。新能源出力的随机波动性需要可控电源、储能机组的深度调节能力予以抵消。此外，负荷侧调节资源也将起到一定的作用，以满足日内消纳需求。

三是季节性调节需求增大。新能源发电和用电存在季节性不匹配性：夏季、冬季用电高峰期的新能源出力低于平均水平，春季、秋季新能源出力相对较多时的用电水平处于全年低谷。新能源高占比情景下，季节性消纳矛盾将更加突出，需要新建更大容量的系统调节资源。

四是控制基础理论有待创新。在新型电力系统中，大量新能源电力电子设备将从不同的电压等级接入电网，控制资源逐渐呈现时变化、碎片化、黑箱化、异质化的特征，面对电压、频率波动容易脱网问题，故障演变过程更为复杂，很难实施传统的集中式控制，需要建立新的控制基础理论对各类电力资源进行有效聚纳与调控。

五是高比例可再生能源的电力系统面临电网稳定性问题。新能源电力电子设备普遍具有脆弱性，未来其与长距离输电的叠加会使得大面积停电的风险增加。

3）整体供电成本

供电成本包括三个部分，分别是电厂成本、电力系统层面的成本，以及其他成本。电厂成本包括用于建造电厂的混凝土和钢材，以及燃料和运行人力成本。电力系统层面的成本包括发电厂在扩建、加固或连接输配电网方面对系统施加的成本，以及可再生能源发电机组维持旋转备用或额外可调度容量的成本。其他成本涉及空气污染、气候变化、事故，以及不同电力技术选择对电力供应安全、就业和区域凝聚力或创新和经济发展的影响等多方面。

由于新建电厂增多，供电成本增加，尤其是新能源机组发电的不稳定性会导致供电成本更高。新增新能源电厂供电成本包括新能源机组成本、系统调节运行成本、大电网扩展投资/接网/配网投资等系统成本。随着新能源发电量渗透率的逐步提高，系统调节运行成本显著上升，将影响整体供电成本。

7.4.3　新型电力系统构建原则与思路

1. 新型电力系统构建原则

以实现碳中和为目标，设计和选择适宜的新型电力系统发展路线、技术路径。

抓住新型电力系统发展过程中的主要矛盾，兼顾当前困难与长远挑战，通过系统重构、技术创新和体制机制创新来突破转型瓶颈。新型电力系统的构建应兼顾能源转型安全，充分考虑电力行业资金与技术密集、路径依赖较强的特点，积极稳妥地推进能源转型。

2. 新型电力系统构建思路

基于新型电力系统的构建原则，研判我国未来电力系统的电力技术形态、电力网络形态和电网平衡模式，设计技术可行、成本适当、运行安全、适合国情的发展路径。

在电力技术形态上，未来我国电力系统仍将以交流电技术为主导。长期保持以交流电网作为电力系统的网架基础，各类电源依据技术要求和标准直接或间接以交流电技术并入电网。在大规模储能、高效电氢转换、碳捕集、纯直流组网等颠覆性技术方面应争取尽快取得突破。

在电力网络形态上，采取交直流互联的大电网以满足远距离大规模输电和新能源跨区域消纳平衡的需求。应鼓励分布式微电网、纯直流电力系统等多种组网技术共存，因地制宜地选择技术路线，以适应新能源集中开发、海上风电、大量分布式新能源接入等电网局部场景。

在电网平衡模式上，通过需求响应、多能互补等方式充分挖掘负荷侧的调节能力，开发储能技术实现发/用电解耦，达到实时平衡。

在发展路径上，电力行业具有技术与资金密集的特点，适宜采取循序渐进构建新型电力系统的发展方式。需尽快发展成熟、经济、有效的新能源技术与产品方案来应对当前的转型挑战，重点挖掘成熟技术潜力，同步开展颠覆性技术攻关。从远期上看，在颠覆性技术取得突破后，推动电力系统形态逐步向着适应颠覆性技术转型，进而导向不同的电力系统发展路径。

此外，新型电力系统还应参与实现能源协同，建设可持续发展能源系统（何建坤，2018），包括实现化石能源和可再生能源的协同，集中式供能和分布式供能的协同，电网、气网、热（冷）网、车网的协同。

我国正处于能源转型的关键时期，化石能源与可再生能源处于共存地位，探索开发化石能源和可再生能源协同利用、扬长补短具有长远意义，以化石能源弥补可再生能源的波动性，以可再生能源弥补化石能源的高碳排放。

现代化能源系统中的分布式能源系统可以缓解大电网的局部阻塞、输配损失问题，为大电网局部安全性做出贡献；反过来，分布式能源系统的发展也需要大电网作为补偿和备用。

电网、气网、热（冷）网、车网连接能源系统中的各个部件，形成支撑整个能源系统的架构。能源系统未来正逐步转向四网互联的发展趋势，达到协同效应，形成一个庞大的缓冲、储存和分配体系，尽可能多地消纳波动性可再生能源，满足波动性能源需求。

3. 新型电力系统的发展阶段

（1）传统电力系统转型阶段。新能源快速发展，新能源占比高和电力电子设备占比高的"双高"影响处于量变阶段，常规电源仍是电力电量供应主体，新能源作为补充。发/用电的实时平衡仍然是主要特征，依靠以抽水蓄能为主体的成熟储能技术基本满足日内平衡需求。跨区输电、交流电网互联的规模进一步扩大。在此阶段，充分开发现有资源，挖掘可用技术潜力，同步开展支撑更高比例新能源的颠覆性技术研发。

（2）新型电力系统形成阶段。新能源成为装机主体，具备相当程度的主动支撑能力；常规电源功能逐步转向调节与支撑；大规模储能技术取得突破，可实现日以上时间尺度的平衡调节。存量电力系统向新形态转变，交直流互联大电网与局部全新能源直流组网、微电网等多种形态共存。在此阶段，"双高"影响转入质变阶段，已有的技术和发展模式面临瓶颈，颠覆性技术逐步成熟并具备推广应用条件。

（3）新型电力系统成熟阶段。新能源将成为主力电源，依托成熟颠覆性技术，因地制宜地开展新能源的传输和利用。在此阶段，颠覆性技术已高度成熟并广泛应用，发/用电实现充分解耦，新型电力系统基本构建完成。

7.4.4 构建新型电力系统的重点举措

转型期的新型电力系统面临新能源发电等冲击，但仍须遵循交流电力系统的基本原理，保障足够的系统惯量、调节能力和支撑能力。除保障电力供应外，还要促进新能源消纳。运用新手段、谋划新布局，保障电网安全、稳定、高效运行。

在电源侧，应提升新能源电力供应能力（舒印彪等，2021），建设大型新能源基地，因地制宜地发展分布式发电。科学谋划煤电机组退出路径，逐渐减容减量，合理利用存量资产。安全有序地开展核能发电，适时推动内陆核电站建设。提升机组调节能力。加快在运行煤电机组的灵活性改造，提升机组的调节速率和深度调峰能力。新建煤电机组均应实现深度调峰。鼓励或要求新能源机组配置一定比例储能。有序发展天然气调峰机组，充分发挥其启停耗时短、功率调节快的优势，增强电力系统灵活性。

在电网侧，应进一步建设电力的跨省、跨区长距离输电通道，通过全国统一电力市场平台实现更大范围的资源交易、调度与优化配置。加强发/用端的交流电网，使其可以满足大规模、跨区域的输电需求，增强抵御故障能力，更好地促进清洁能源消纳的互联互通。积极开展适应分布式系统、微电网等发展的智能配电网络建设，构建"互联网+"智慧能源系统，满足分布式清洁能源并网、多元负荷用电的需要，实现电、冷、热、气等的多能互补与协调控制。扩展柔性输电等电网技术的应用场景，以适应发/用电端新能源大规模集中接入等。建设分布式微电网，同步实现内部能量管理及与大电网的协调互动。安装大容量储能设备，支撑新型电力系统安全运行，并在长周期平衡调节等方面发挥关键作用。探索分布式电源、分布式储能参与低压侧电压调节。

在负荷侧，应全面拓展电力消费新模式，着力开发电动汽车、分布式储能等需求响应资源，充分发挥电网负荷侧资源的调节能力，鼓励源-荷互动。促进终端消费设备节能提效，鼓励安装可与电网互动的需求侧响应资源。

在基础理论研究方面，应开展转型期重大课题研究，主要涉及新型电力系统重大基础理论研究、关键技术研究，以及技术标准布局。重大基础理论研究包括供需平衡理论研究、系统稳定分析理论研究，以及系统控制理论研究等。关键技术研究包括新能源构网主动支撑技术、大规模远距离海上风电及送出技术、储能支撑电网安全运行技术、"双高"电力系统仿真评估技术、源-网-荷-储资源协调控制技术，以及新型电力系统故障防御技术等。技术标准布局包括新型电力系统技术标准体系建设，以及新能源并网、多元负荷接入、源-网-荷-储协同控制等重要标准的研究制定等，从电源侧、电网侧和负荷侧全面开展标准体系建设和关键标准研制。

在颠覆性技术发掘方面，应在新型电力系统转型阶段论证并实施国家科技重大专项，开展技术攻关，发挥颠覆性技术远期支撑我国推进碳中和目标的作用。新型电力系统颠覆性技术主要包括高效电氢双向转换技术、新型储能技术、高效碳捕集技术、直流组网技术等。

7.5　本 章 小 结

自 2015 年《中共中央 国务院关于进一步深化电力体制改革的若干意见》提出以来，电力市场建设稳步前进，建立了由区域电力交易中心和省级电力交易中心构成的全国统一电力市场体系，市场化交易电量和市场主体数量均大幅增长。

新型电力系统中将逐渐采用清洁能源发电替代传统化石燃料发电。通过应用新能源发电技术、半导体技术、电力电子技术、储能技术、需求侧响应技术，以及数字技术等，实现更高的清洁性、灵活性和供需双侧互动性。

参 考 文 献

贵州电网有限责任公司电力调度控制中心, 2018. 电力市场与调度运行实践[M]. 北京: 中国电力出版社.

何建坤, 2018. 中国低碳发展战略、路径与对策[M]. 北京: 科学出版社.

黄露，王宇飞，2021. 电力行业政策及发展趋势——市场交易篇[J/OL].（2021-01-05）[2023-08-25]. https://www.sohu.com/a/442682383_238300.

刘振亚，2012. 中国电力与能源[M]. 北京：中国电力出版社.

刘振亚，2015. 全球能源互联网[M]. 北京：中国电力出版社.

马莉，2022. 建设全国统一电力市场，开启电力行业新局面[J]. 财经界，（5）：6-7.

皮波·兰奇，圭多·切尔维尼，2017. 电力市场经济学：理论与政策[M]. 杨争林，等，译. 北京：中国电力出版社.

舒印彪，陈国平，贺静波，等，2021. 构建以新能源为主体的新型电力系统框架研究[J]. 中国工程科学，23（6）：61-69.

第8章 中国城市数字化水平及其对碳排放的影响

习近平总书记指出，实现"双碳"目标是一场广泛而深刻的经济社会变革[①]。我国是世界第一大能源消费国，面临严峻的能源安全问题。2020年，中国数字经济总量跃居世界第二，数字贸易规模达1.46万亿元，同比增长20.5%，数字贸易增速高于服务贸易整体增速15.6个百分点。与此同时，当下大多数国家和地区陆续宣布了碳中和目标，在应对气候危机、实现碳中和、加速绿色转型和推动技术制度创新方面，数字经济、绿色低碳和国际经贸合作交流进一步推向纵深。将数字经济的减碳优势与绿色发展的广阔前景紧密结合，是当前全社会面临的最紧迫的任务。在供给端，中国原油对外依存度超过72%（清华大学中国经济思想与实践研究院宏观预测课题组和李稻葵，2021），新冠病毒感染、俄乌局势等国际事件进一步加剧了能源供应风险；在消费端，2020年中国一次能源消费占全球一次能源消费总量的26.13%，同比增长2.1%，是为数不多的需求增长国，但国家发展改革委发布的数据显示，我国单位GDP能源消耗是世界平均水平的1.5倍。

与此同时，中国的资源禀赋条件决定了以煤炭为主的能源结构在未来相当长时期内难以根本改变（杨子晖，2011），这为经济发展戴上沉重的"碳排"枷锁。作为一种高效可持续的发展模式，高质量发展的目标之一是提高能源使用效率，降低碳排放，用更少的能源投入创造更多的经济产出（张军扩等，2019），破除能源对中国经济发展的制约。兼顾经济发展、能源安全和减污降碳，是实现"双碳"目标与推动高质量发展的重要手段之一。世界经济论坛数据显示，到2030年，各行业受益于信息通信技术（information and communications technology，ICT）减少的碳排放量将达到121亿吨，其中，能源领域减少的碳排放量超18亿吨。IEA预测，采用数字化技术，可使2016～2040年年均发电成本降低800亿美元，相当于全球发电总成本的5%。同时，数字经济推动油气生产成本降低10%～20%，可以在2040年将光伏发电和风电的弃电率由7%降至1.6%，从而到2040年减少3000万吨二氧化碳排放。面对经济增长、能源安全与节能减排的三重困境，数字化技术作为第三次工业革命的代表，成为破局的重要思路。

从数字经济推动减排的机理分析来看，一方面，数字经济在供给侧推动全球

---

① 新华网，2021.习近平在中共中央政治局第二十九次集体学习时强调 保持生态文明建设战略定力 努力建设人与自然和谐共生的现代化[EB/OL]．（2021-05-01）[2023-08-25]. http://www.xinhuanet.com/politics/leaders/2021-05/01/c_1127401181.htm.

减排的同时，衍生巨大的低碳投资需求。首先，数字经济建立在电力基础上，云计算、区块链、数据中心等基础设施都是耗电大户，直接带动用电量需求上升。据统计，目前全球数据中心的用电量已占全球总用电量的 3%，到 2025 年全球数据中心的用电量按现在的电价估算将超过 100 亿美元，年均增速将达到 6%。调研机构 Grand View Research 公司预计，北美地区作为世界上最大的数据中心集聚地，占据当前所有数据中心总用电量的 35% 左右。基于中国、印度等国家互联网的高速发展，预计未来亚太地区将成为数据中心用电量增长最快的地区。其次，数字经济对生产活动进行优化，减少活动中的能耗和碳排放。水泥的能耗约占全球能源消耗的 2%，水泥的碳排放量占全球碳排放总量的 5%，水泥生产总成本的 40%～70% 都是能源消耗，因此数字技术对水泥生产活动的数字化改善将明显节约生产成本。

另一方面，数字化转型在需求侧更有助于全社会实现碳中和，引导绿色金融供给。首先，数字技术可以为消费者提供有效的激励引导，助力脱碳途径多样化，是实现碳中和的有效路径。与消费者选择相关的需求侧解决方案是减少经济碳足迹的有力工具，对消费者自身及全社会都有明显的社会利益。其次，数字技术引导资金向使用低碳技术的企业流动。无论是引入新的低碳技术还是从现有的技术转向低碳技术代价都是昂贵的。这意味着需要通过政策扶持促使以利润最大化为目标的企业选择低碳技术。数字技术的加持可以使得碳市场交易更有效率，应用物联网技术，金融机构可以实时掌握企业经营参数，通过人工智能对获取的大数据进行分析，通过企业碳足迹估算出其真实的减排力度，避免优惠政策刺激下的搭便车现象，更有针对性地引导资金提供给"绿色"企业。

我国政府也将数字化转型作为实现绿色化、推动能源改革的战略选择。2015 年，党的十八届五中全会首次把"国家大数据战略"纳入顶层设计以推动经济转型发展。2019 年 10 月，《中共中央关于坚持和完善中国特色社会主义制度 推进国家治理体系和治理能力现代化若干重大问题的决定》进一步将数据归为与资本、劳动力等并列的主要生产要素，推动绿色技术创新。2022 年 1 月，《国务院关于印发"十四五"数字经济发展规划的通知》中明确指出要充分发挥数据要素作用，在数字化转型过程中推进绿色发展。我国部分地区尝试借助数字化手段实现政府部门与产业主体间的通力合作，通过搭建智慧能源管理平台、促进政府能源监管数字化与产业数字化转型协同化等方式，形成各级政府、产业园区、大中小企业等相关主体多级联动、多方协同的良性互动，逐步探索数字化赋能的系统性碳减排路径，为有效避免政策"一刀切"和"运动式"减碳提供了可信依据。然而我国的数字化程度达到了什么水平？数字化对节能减排的作用究竟如何？本章尝试从实证分析角度回答上述问题：①从数字经济的内涵及测度、数字化与能源相关问题研究三个方面进行文献综述；②在我国城市维度进行数字化发展水平的测度，建立相应的指标体系，并创新性地采用基于层间相关性的客观赋权法（criteria importance through intercriteria correlation，CRITIC）确定指标权重，进行不同权重指标间的对比分析；③对核心变量进行特征分析，对各城市的数字化、碳排放及能源消耗总量进行探索性分析；④从主模型、稳健及异质多个方面进行实证结果的分析；⑤结合实证分析结果给出具体可操作的政策建议。

8.1　文　献　综　述

8.1.1　数字化的内涵及测度

随着信息通信技术、人工智能、大数据的迅猛发展，数字经济已成为带动全球经济高质量发展的重要动力。根据中国信息通信研究院发布的《全球数字经济白皮书（2022 年）》和《中国数字经济发展报告（2022 年）》，2021 年，全球 47 个主要国家数字经济增加值为 38.1 万亿美元，占地区生产总值的比例为45.0%；美国数字经济规模蝉联世界第一，中国位居第二，规模达到 45.5 万亿元，占 GDP 的比例为 39.8%。数字经济为经济发展增添新动能，有效提升全要素生产率，持续推动产业结构调整和经济可持续发展（裴长洪等，2018）。数字经济的高速发展推动数据要素成为关键生产要素，数据成为现代生产要素具备理论科学性、历史必然性与现实必要性（宋冬林等，2021）。2017 年 12 月 8 日，习近平总书记在主持中共中央政治局集体学习时指出，构建以数据为关键要素的数字经济①。2020 年 4 月 9 日，《中共中央　国务院关于构建更加完善的要素市场化配置体制机制的意见》第一次将数据与土地、劳动、资本、技术等传统要素并列为五大生产要素。数据要素作为数字经济时代全新的生产要素，贯穿数字经济的全过程，与其他要素不断融合，释放数据要素的动力与活力，在社会生产和经济发展中发挥着重要作用，对于实施供给侧结构性改革、创新驱动发展战略具有重要意义（蔡继明等，2022；徐翔和赵墨非，2020）。

近年来，数字经济一直是经济学界研究的热门话题，规模测度领域的研究成果层出不穷，目前研究中使用较普遍的两种方法是增加值测算和构建指标体系。Barefoot 等（2018）采用对数字经济增加值测算的方法，对 2006~2016 年美国数字经济规模做出估算。Ahmad 和 Ribarsky（2018）、Mitchell（2018）将数字经济产业进行了划分，对数字经济统计分类进行了完善。许宪春和张美慧（2020）确定了数字经济规模核算范围，筛选出数字经济相关产业，系统测算中国数字经济

① 新华网，2017. 数字改变中国——从数字经济看中国经济新高地[EB/OL].（2017-12-17）[2023-08-25]. http://www.xinhuanet.com/politics/2017-12/17/c_1122122520.htm.

的规模与结构。中国信息通信研究院自 2015 年以来连续第六次发布数字经济研究成果，分析我国数字经济发展情况。数字经济作为中国经济发展的新动能，其测算研究对于充分发挥数字经济的积极影响起着至关重要的作用，但目前尚未形成完善的数字经济测算体系，仍是数字经济领域的研究重点。

数字经济指标体系构建方法通过对不同维度的数字经济内容进行综合，反映数字经济发展水平。欧盟、世界经济论坛、腾讯研究院、中国信息通信研究院等众多机构或组织均编制了数字经济相关指数，中国的学者也从省市级维度进行了探索。王军等（2021）基于中国 2013～2018 年省级面板数据构建省级数字经济发展水平评价体系；杨慧梅和江璐（2021）从数字产业化与产业数字化两个维度，采用主成分分析法构建了中国省级数字经济发展水平指标体系；黄群慧等（2019）采用市级数据对互联网综合发展指数进行度量；赵涛等（2020）测度了 2011～2016 年中国 222 个地级及以上城市的数字经济水平；陈贵富等（2022）利用地市级宏观数据构建城市数字经济指数。数字经济指标体系构建方法为数据要素测度在指标选择与体系构建方面提供了重要思路，是数据要素测度的关键方法。

国家工业信息安全发展研究中心联合北京大学光华管理学院、苏州工业园区管理委员会、上海数据交易所共同编写发布的《中国数据要素市场发展报告（2020～2021）》提到"数据资产，从本质上来讲是产权的概念，是指由个人或企业拥有或者控制的，能够为个人或企业带来经济利益的，以物理或电子的方式记录的数据资源"。目前众多学者针对数据资产的核算问题进行了探讨，Reinsdorf 和 Ribarsky（2019）总结了从宏观视角衡量数据资产价值的三种可能方法，即市场法、成本法、收入法；李静萍（2020）建议开展包括数据资产和数据开发资产在内的附属核算，并针对数据资产估计方法提出了一些建议；彭刚等（2022）基于国民账户体系（system of national accounts，SNA）围绕数据资产核算系列理论和实践问题展开探讨；许宪春等（2022）结合理论研究及实地调研对数据资产统计与核算问题进行了系统探讨。数据资产核算方法为数据要素的测度提供了一定参考。

数据要素测度领域相关研究见表 8-1。

表 8-1　数据要素测度领域相关研究

研究方法	相关文献
数据生产要素理论分析	Janssen 等（2019）、Jones 和 Tonetti（2020）、徐翔和赵墨非（2020）、李海舰和赵丽（2021）
数字经济增加值测算	Barefoot 等（2018）、Ahmad 和 Ribarsky（2018）、Mitchell（2018）、许宪春和张美慧（2020）、OECD（2020）、蔡跃洲和牛新星（2021）、中国信息通信研究院（2022）
指标体系构建	黄群慧等（2019）、OECD（2014）、赵涛等（2020）、王军等（2021）、杨慧梅和江璐（2021）、European Commission（2022）、陈贵富等（2022）
数据资产核算	Reinsdorf 和 Ribarsky（2019）、李静萍（2020）、许宪春等（2022）、彭刚等（2022）

8.1.2　数字化与能源相关研究

在生产融合过程中，数字化展现出与绿色化的协同关系。从目的来看，两者都追求对传统行业进行升级改造，尤其是电力、建筑、交通等能源消耗与碳排放的重点领域；从手段来看，两者都依赖前沿高新技术，智能化生产能够提高供能效率、减少能源浪费、加速固碳技术研发、加强企业碳管理能力，技术进步是提升能源效率的关键途径（陈钊和陈乔伊，2019；黄群慧，2014）。

能源是增长的动力来源，部分学者从理论与实证方面对数字经济的节能效用进行探究。Hilty 和 Aebischer（2015）将信息通信技术与可持续发展纳入同一理论框架，发现信息通信技术能够有效消除生产过程冗余，避免能源浪费，并且与其他节能措施存在协同关系，从而提高能源使用效率。Sue Wing 和 Eckaus（2004）通过对美国 35 个行业进行实证分析得出信息化引致的技术创新是能源强度长期下降的关键因素。Shahbaz 等（2022）利用 72 个国家的面板数据证明了数字经济能够提高高收入国家可再生能源消费占比。那么，该结论对中国是否适用呢？李标等（2015）通过构建静态和动态面板模型对中国 2005～2013 年的省际数据进行分析，发现信息化改革可以提升数据信息利用率从而降低能源强度，该作用在短期和长期均显著成立。汪东芳和曹建华（2019）基于 2000～2015 年中国省际面板数据构建托比（Tobit）模型和门槛回归模型，研究得出互联网发展可以显著提升地区能源效率，且当网络规模达到一定临界值后，这种促进作用会显著增强。郭家堂和骆品亮（2016）更具体地给出这一临界值为 1.43% 的网民比例。王永进等（2017）利用世界银行对中国 12400 家企业的调查数据，从生产柔性的角度解释了数字化改革减少能源浪费的微观机制。Wang 等（2022）直接聚焦碳排放，利用 2003～2016 年珠三角地区面板数据，证明了信息通信技术可以通过技术创新与增加经济规模有效降低碳排放。

然而，部分学者对数字技术的节能效用持怀疑态度。一方面，数字基础设施本身需要消耗大量能源。人工智能在生产、消费和处置过程中会消耗大量稀缺资源，加剧了资源浪费和环境污染的问题（Brevini，2020）。Sadorsky（2012）利用动态面板数据模型研究发现，新兴国家信息通信设备的普及程度与电力消耗之间存在正相关关系，这一结论在部分 OECD 成员国（Schulte et al.，2016）与撒哈拉以南非洲国家（Asongu et al.，2018）也成立。大数据中心耗电量多、散热大的特点也让数字技术发展在环保议题上饱受争议（Williams，2011）。另一方面，科技进步具有收入效应。Takase 和 Murota（2004）对美国和日本的企业数据进行分析后发现，信息技术带来的经济扩张在增加收入的同时，降低了能源获取成本，造成能源消耗增加。在科技创新方面，Peters（2007）对中国 1992～2002 年的经济投入产出数据进行分解发现，中国由技术进步带来的碳排放减少不足以抵消消费增长带来的碳排放增加。黎文靖和郑曼妮（2016）进一步从技术创新视角指出，中国技术发展不充分是由于追求数量而忽略质量。由此导致数字产业核心技术缺乏，传统制造业与互联网平台融合不充分，数据流通受阻，能源效率提升有限（祝合良和王春娟，2021）。在要素分配方面，陈诗一和陈登科（2017）采用反事实策略对资源配置扭曲进行分解发现，中国资本、劳动、能源要素配置均存在不同程度扭曲，能源已成为首要贡献者，这使得能源价格相对较低，易引发能源回弹效应。虽然中国与发达国家同为资本偏向型技术进步，但国有经济发达及上述技术劣势、要素扭曲使得国际经验在中国并不适用（易信和刘凤良，2013；杨振兵等，2015；李小平和李小克，2018）。张意翔等（2017）在偏向型技术进步框架下利用1995~2014年中国省际面板数据进行研究发现，与发达国家相反，中国区域技术进步越偏向于资本，对能源效率的提升作用越小。

虽然学界对数字化与碳排放、能源消耗已有诸多研究，但存在一定不足。一方面，由于缺乏数字化水平识别方法，当前大多研究聚焦于互联网、信息通信技术等单一热门数字技术对能源消费的影响。然而，数字化是包含大数据、云计算、区块链等多项技术的整体，仅研究单一技术可能低估数字化对能源消费的影响。另一方面，基于中国国情的讨论不足，针对发达国家的研究起步早、理论成熟，中国在技术水平、政策等方面与发达国家仍存在差异，直接挪用其结论容易引发误判。因此，本章将使用中国城市数据，尝试对我国城市维度数字化水平进行识别，在此基础上讨论数字化对碳排放及能源消耗的影响。

8.2 数字化的测度

参考现有文献中数据要素相关指标体系，同时考虑城市维度数据的可得性，本章从四个维度选择八个指标构建数据要素综合评价指标体系，利用 CRITIC 法对各指标进行赋权，测度我国各城市的数据要素规模，分析我国城市数据要素规模的发展现状。

8.2.1 数字化指标体系的构建

目前已有部分文献涉及数据要素城市维度测度，但仍相对较少，本章借鉴黄群慧等（2019）和赵涛等（2020）利用百人中互联网宽带接入用户数、计算机服务和软件业从业人员占城镇单位从业人员比例、人均电信业务总量和百人中移动电话用户数四个指标构建的测度互联网发展的指标体系，以及陈贵富等（2022）采用的从数字基础设施（百人中移动电话用户数、百人中互联网宽带接入用户数）、数字产业化（信息传输、计算机服务和软件业从业人员占城镇单位从业人员比例、人均电信业务收入）、产业数字化（数字普惠金融指数）和数字创新（5G 产业专利授权数、工业互联网专利授权数、电子商务专利授权数）四个维度测度城市数字经济综合发展水平。

　　参考相关指标体系的指标选取情况，结合相关文献在数字经济、数据要素等方面的指标定义，同时考虑城市维度数据的可得性，本章利用中国 245 个城市 2011～2020 年的面板数据，从数字产业规模、数字基础设施、数字研发投入和数字人力资源四个维度选择八个指标构建数据要素综合评价指标体系，测度城市数据要素规模，数据来源为《中国城市统计年鉴》，金额指标利用相应的价格指数折算至基期 2011 年，具体指标体系如表 8-2 所示。

表 8-2　数据要素综合评价指标体系构建

二级指标	三级指标
数字产业规模	邮政业务收入/万元 电信业务收入/万元
数字基础设施	移动电话年末用户数/万户 互联网宽带接入用户数/万户
数字研发投入	教育支出/万元 科学技术支出/万元
数字人力资源	交通运输、仓储和邮政业人员/万人 信息传输、计算机服务和软件业人员/万人

8.2.2　指标赋权法选择

　　在多指标综合评价中主要使用赋权法来确定各指标权重，包括主观赋权法和客观赋权法。主观赋权法主要从个人主观的看法和经验出发，如专家评分法；客观赋权法是根据原始数据之间的关系通过一定的数学方法来确定权重，如熵权法、标准离差法和 CRITIC 法。考虑主观赋权法缺乏足够的权威性支持，主观性过强，不适用于本章情况，选用客观赋权法来确定各指标权重。熵权法、标准离差法主要根据指标的变异程度来赋权；CRITIC 法考虑的因素更加全面，除变异程度之外还考虑了指标之间的冲突性。本章选用熵权法和 CRITIC 法对指标进行赋权，并对比两种方法的赋权差异。

　　对各三级指标之间的相关性进行计算，相关系数矩阵如表 8-3 所示。由表中数据可知，各指标间的相关系数均大于 0.5，说明这些指标之间存在着较强的相关性，若采用熵权法、标准离差法来进行赋权，则无法考虑各指标之间的相关性，因此使用考虑指标间冲突性的 CRITIC 法对数据要素综合评价指标体系进行赋权更具优势，并以该方法的赋权结果测度数据要素规模。

表 8-3　指标间的相关系数矩阵

指标	指标							
	科学技术支出	教育支出	邮政业务收入	电信业务收入	移动电话年末用户数	互联网宽带接入用户数	交通运输、仓储和邮政业人员	信息传输、计算机服务和软件业人员
科学技术支出	1.0000	0.8701	0.6743	0.7059	0.7715	0.6510	0.7922	0.8120
教育支出	0.8701	1.0000	0.6188	0.7642	0.9044	0.8152	0.8617	0.8083
邮政业务收入	0.6743	0.6188	1.0000	0.5272	0.6238	0.5590	0.5049	0.5422
电信业务收入	0.7059	0.7642	0.5272	1.0000	0.7732	0.6342	0.7432	0.7098
移动电话年末用户数	0.7715	0.9044	0.6238	0.7732	1.0000	0.8581	0.8637	0.7388
互联网宽带接入用户数	0.6510	0.8152	0.5590	0.6342	0.8581	1.0000	0.6949	0.5541
交通运输、仓储和邮政业人员	0.7922	0.8617	0.5049	0.7432	0.8637	0.6949	1.0000	0.8649
信息传输、计算机服务和软件业人员	0.8120	0.8083	0.5422	0.7098	0.7388	0.5541	0.8649	1.0000

8.2.3　CRITIC 法赋权过程

1. 数据无量纲化处理

为消除各指标量纲不同的影响，首先对所有指标进行无量纲化处理。考虑若采用标准化处理，标准差的数值均变为 1，因此使用最大最小归一化来进行无量纲化处理，其中，x_{ij} 代表第 j 个指标的第 i 个值，x'_{ij} 代表去量纲化的指标。

正向指标如下：

$$x'_{ij} = \frac{x_{ij} - (x_j)_{\min}}{(x_j)_{\max} - (x_j)_{\min}} \quad (i=1,2,3,\cdots,n; j=1,2,3,\cdots,m) \qquad (8\text{-}1)$$

负向指标如下：

$$x'_{ij} = \frac{(x_j)_{\max} - x_{ij}}{(x_j)_{\max} - (x_j)_{\min}} \quad (i=1,2,3,\cdots,n; j=1,2,3,\cdots,m) \qquad (8\text{-}2)$$

2. 指标的变异性计算

利用标准差来表示各指标内取值的变动情况。标准差越大，变异程度越大，反映的信息越多，在赋权时的权重越大。其中，$\overline{x_j}$ 代表第 j 个指标的均值，S_j 代表第 j 个指标的标准差。

$$\begin{cases} \overline{x_j} = \dfrac{1}{n}\sum_{i=1}^{n} x_{ij} \\[2ex] S_j = \sqrt{\dfrac{\sum_{i=1}^{n}\left(x_{ij}-\overline{x_j}\right)^2}{n-1}} \end{cases} \quad (i=1,2,3,\cdots,n;\, j=1,2,3,\cdots,m) \qquad (8\text{-}3)$$

3. 指标的冲突性计算

利用相关系数来衡量指标间的冲突性。指标间的相关系数越大，该指标与其他指标反映出的相同信息越多，该指标的评价强度一定程度上被削弱，在赋权时的权重越小。其中，r_{jk} 代表第 j 个指标和第 k 个指标之间的相关系数，R_j 代表指标的冲突性，对相关系数进行了反向处理，冲突性越大，权重越大。

$$R_j = \sum_{k=1}^{m-1}(1-r_{jk}) \quad (j=1,2,3,\cdots,m;\, k=1,2,3,\cdots,m-1, k\neq j) \qquad (8\text{-}4)$$

4. 信息效用值计算

C_j 为第 j 个指标的信息效用值，结合了指标的变异性和指标的冲突性。信息效用值越大，指标在该综合评价指标体系中的作用越大，权重越大。

$$C_j = S_j \cdot R_j \qquad (8\text{-}5)$$

5. 指标赋权权重计算

W_j 为第 j 个指标的 CRITIC 法赋权结果。

$$W_j = \frac{C_j}{\sum_{j=1}^{m} C_j} \qquad (8\text{-}6)$$

8.2.4　数据要素综合评价指标体系评价结果

考虑分析的全面性和赋权方法的对比性，分别采用 CRITIC 法和熵权法对数据要素综合评价指标体系进行赋权，结果如表 8-4 所示。在这两种方法的赋权结果中，八个指标的权重均为 10%左右，两种方法测度的数据要素平均规模（本章使用地区生产总值加权平均法计算数据要素平均规模）的差异小于 10%，虽存在一定差异，但整体差距不大。CRITIC 法和熵权法测度的数据要素平均规模如图 8-1 所示，2011~2020 年，CRITIC 法测度的数据要素平均规模均略高于熵权法，但并未存在明显差异。考虑各指标数据之间存在较大的相关性，本章采用 CRITIC 法测度数据要素规模。

表 8-4 数据要素综合评价指标体系赋权结果

指标	CRITIC 法赋权结果	熵权法赋权结果
科学技术支出	10.82%	13.24%
教育支出	10.71%	11.65%
邮政业务收入	11.40%	13.76%
电信业务收入	10.36%	12.04%
移动电话年末用户数	15.57%	11.61%
互联网宽带接入用户数	16.79%	12.10%
交通运输、仓储和邮政业人员	14.00%	12.43%
信息传输、计算机服务和软件业人员	10.35%	13.17%
数据要素平均规模	0.1385	0.1273

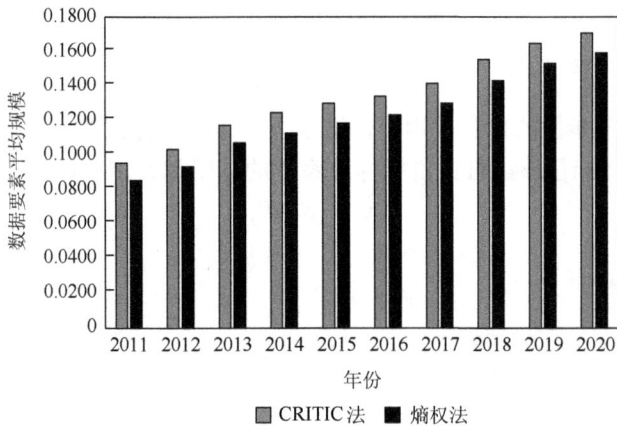

图 8-1 CRITIC 法和熵权法测度数据要素平均规模对比

如表 8-4 所示，从 CRITIC 法赋权结果来看，移动电话年末用户数和互联网宽带接入用户数两个指标权重最大，均为 16%左右。随着互联网和信息技术的发展，家家户户实现了通电话、通网，沟通联系更加便捷，直接通过网络获取信息，电子商务进入了人们的生活，人们享受着数字经济带来的便利，数字基础设施是城市数据要素规模的重要体现。如图 8-1 所示，我国城市数据要素平均规模呈现明显的逐年扩大趋势，2011~2020 年增长了近 80%，信息技术逐渐融入人们的生活，城市数据要素规模不断增加。

对数据要素规模四个维度占比进行计算，结果如图 8-2 所示。在数据要素规模各维度占比中，数字基础设施最高，达到 50%左右；数字研发投入与数字人力资源分别为第二、第三位，为 20%左右；数字产业规模最低，为 10%左右。从数据要素规模各维度占比的变动趋势来看，数字产业规模和数字研发投入占比呈现明显的上升趋势，数字基础设施和数字人力资源占比呈现下降趋势。城市数据要素各维度发展速度存在一定差异，数字基础设施和数字人力资源的作用有所削弱；数字研发投入和数字产业规模实现较快增长，重要性突显；数字基础设施作为数字经济发展的设施基础和必备条件，仍是衡量城市数据要素规模的最关键因素。

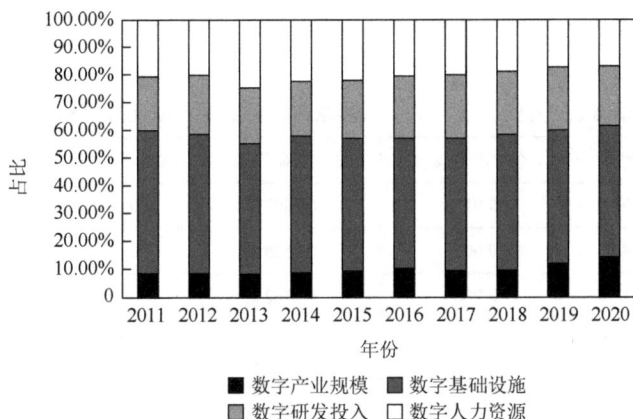

图 8-2　数据要素规模各维度占比

东、中、西部城市数据要素平均规模如图 8-3 所示，东部城市数据要素平均规模最大，高于全国平均水平；中部城市数据要素平均规模最小，增速最大，2011～2020 年增长了 110%。

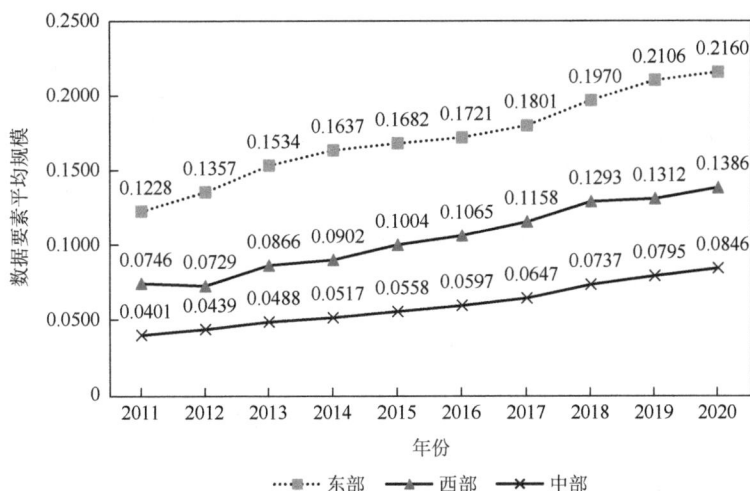

图 8-3　东、中、西部城市数据要素平均规模

　　全国和东、中、西部城市数据要素各维度规模和占比如表 8-5 所示。在数据要素各维度规模方面，东部、西部和中部城市均位列第一、第二、第三；在数据要素各维度占比方面，东部城市数字基础设施相较其他区域占比较低，中部城市数字人力资源相较其他区域占比较低，西部城市数字产业规模和数字研发投入相较其他区域占比较低。不同地区城市数据要素发展情况存在一定差异，西部城市数字产业发展较慢、数字研发投入力度相对较低，中部城市数字人力资源较为匮乏。不同城市应从自身的发展特点出发，因地制宜地发展数字经济，扩大数据要素规模。

表 8-5　全国和东、中、西部城市数据要素各维度规模和占比

数据要素	地区	数字产业规模	数字基础设施	数字研发投入	数字人力资源
各维度规模	东部	0.0195	0.0807	0.0410	0.0362
	西部	0.0076	0.0618	0.0181	0.0220
	中部	0.0065	0.0362	0.0124	0.0082
	全国	0.0143	0.0669	0.0302	0.0271
各维度占比	东部	10.99%	45.49%	23.11%	20.41%
	西部	6.94%	56.44%	16.53%	20.09%
	中部	10.27%	57.19%	19.59%	12.95%
	全国	10.32%	48.30%	21.81%	19.57%

　　对城市数据要素规模进行描述性统计分析如表 8-6 所示。2011～2020 年我国数据要素规模最大的三个城市为北京市、上海市和深圳市，最小的三个城市为七台河市、乌海市、铜川市，最大与最小数据要素规模相差上百倍，我国不同城市间的数据要素规模存在较大差距。北京市、上海市和深圳市作为我国经济最发达、数字经济发展最快的城市，数据要素规模也最大；而七台河市、乌海市和铜川市均位于我国北部地区，经济发展较落后，数据要素规模仍相对较小。数据要素规模增速最快的三个城市为内江市、铜陵市和揭阳市，实现了 2011～2020 年 3～4 倍的增长；数据要素规模增速最慢的三个城市为赤峰市、哈尔滨市和丹东市，其中，赤峰市和哈尔滨市出现了负增长。

表 8-6　城市数据要素规模描述性统计分析

项目	城市	平均规模	增速
数据要素规模排名前三	北京市	0.6194	—
	上海市	0.5632	—
	深圳市	0.3869	—

续表

项目	城市	平均规模	增速
数据要素规模排名后三	七台河市	0.0043	—
	乌海市	0.0048	—
	铜川市	0.0051	—
数据要素规模增速前三	内江市	—	472.50%
	铜陵市	—	445.77%
	揭阳市	—	318.84%
数据要素规模增速后三	赤峰市	—	−18.05%
	哈尔滨市	—	−9.76%
	丹东市	—	12.75%

本节利用我国 245 个城市 2011～2020 年面板数据,结合现有文献中数字经济相关指标体系及城市数据的可得性,从数字产业规模、数字基础设施、数字研发投入和数字人力资源四个维度选择八个指标,构建城市维度数据要素综合评价指标体系。对比 CRITIC 法和熵权法的赋权结果未存在较大差异,考虑指标间的相关性,采用 CRITIC 法对各指标的赋权结果测度城市数据要素规模。

研究发现,2011～2020 年我国城市数据要素规模呈现明显的上升趋势,增长了近 80%,其中,东部城市数据要素规模最大,中部城市数据要素规模增速最快;数字基础设施是影响城市数据要素规模的最关键因素,在数据要素规模中贡献了50%左右;不同地区城市数据要素发展存在不同特点,城市应从自身发展特点出发,因地制宜地加强数据要素发展,发挥各自的优势与特色。

8.3　核心变量的特征分析

8.3.1　数字化水平的收敛性

为了进一步分析我国各城市数字化水平的变化趋势,本节运用 σ 收敛模型和绝对 β 收敛模型量化研究我国数字化水平的收敛特征,为推动我国经济生产向数字化转型提供更多方向性参考。

1. σ 收敛性

σ 收敛性反映了单个城市数字化水平对该城市所在城市层级整体水平的偏离度。数字化水平的 σ 收敛是指各城市之间数字化水平的离差随时间的推移而趋于

下降。数字化水平的 σ 收敛模型可以表示为

$$\sigma_t = \sqrt{\frac{1}{n}\sum_{i=1}^{n}\left(\ln S_{it} - \frac{1}{n}\sum_{i=1}^{n}\ln S_{it}\right)^2} \tag{8-7}$$

式中，t 为年份；i 为城市；n 为所在层级的城市数量；$\ln S_{it}$ 为第 t 年 i 城市数字化水平的对数值；σ_t 为第 t 年数字化水平的 σ 收敛指数。若 $\sigma_{t+1} < \sigma_t$，则该层级城市包容性绿色全要素生产率存在 σ 收敛。

从表 8-7 的 σ 收敛指数来看，三个层级的 σ 收敛指数均呈现下降趋势，表明无论是全国、直辖市/省会城市/计划单列市，还是普通地级市，均存在一定程度上的 σ 收敛特征，各层级城市的数字化水平有一定的趋同现象。由于两个层级城市数字化水平的绝对差距在逐渐拉大，全国城市的数字化水平趋同更多地来源于这两个层级城市内部的趋同，也表明我国的数字化建设实现了城市层级内一定程度上的均衡。

表 8-7　σ 收敛指数

年份	全国	直辖市、省会城市及计划单列市	普通地级市
2011	0.9000	0.7456	0.6923
2012	0.8596	0.7415	0.6569
2013	0.8473	0.7424	0.6413
2014	0.8530	0.7676	0.6466
2015	0.8590	0.7653	0.6578
2016	0.8465	0.7484	0.6545
2017	0.8364	0.7233	0.6492
2018	0.8388	0.6931	0.6445
2019	0.8293	0.7002	0.6354

2. 绝对 β 收敛性

绝对 β 收敛是指在不考虑外界因素的情况下，初期数字化水平低的城市相比数字化水平高的城市具有更快的增速，即数字化水平的增速与其初期数字化水平负相关；最终各城市的数字化水平会收敛到相同的稳定状态。其具体表达式为

$$(\ln S_{it} - \ln S_{i0})/t = \alpha + \beta \ln S_{i0} + \varepsilon_{it} \tag{8-8}$$

式中，S_{it}、S_{i0} 分别为第 t 期与初期 i 城市的数字化水平；t 表示时间跨度；α、β 和 ε_{it} 分别为常数项、绝对收敛指数及随机误差项；$\beta < 0$ 表明该层级城市的数字化水平存在绝对 β 收敛，且 $|\beta|$ 越大，收敛速度越快。

从表 8-8 的绝对 β 收敛指数来看，所有层面的数字化水平均呈现绝对 β 收敛

属性，表明我国数字化建设的追赶效应不是十分明显，也从侧面表明有较强数字化基础的城市的后续数字化建设会更加快速有效。

表 8-8　绝对 β 收敛指数

变量	全国	直辖市、省会城市及计划单列市	普通地级市
β	1.6789*** （58.40）	1.5728*** （17.78）	1.6958*** （38.26）
α	0.0096*** （5.37）	0.0206 （1.49）	0.0058*** （4.89）
R^2	0.9335	0.9107	0.8745
F 值	3140.91	315.98	1463.87

注：R^2 指拟合程度；F 值指 F 检验的统计量；括号内数值代表标准误。
***在 1% 的水平下显著。

8.3.2　数字化水平的城市分类

为进一步了解我国数字化在各城市的实际情况，更加直观地展示我国数字化水平的空间分布情况，借鉴魏敏和李书昊（2018）的划分方式，本章依据数字化测度结果和标准差的关系，将各城市划分为明星型、平庸型和落后型三种类型，其中，明星型为数字化水平高于 S_1 的城市[①]；平庸型城市为数字化水平介于 S_1 和 S_2 的城市[②]；落后型城市为数字化水平低于 S_2 的城市。根据上述划分条件，共得到明星型城市 29 个、平庸型城市 180 个、落后型城市 36 个。从划分结果来看，29 个明星型城市中有 24 个城市是直辖市、省会城市或计划单列市，占比为 82.76%，也表明约 80% 的直辖市、省会城市或计划单列市（不包括拉萨和台北）为明星型城市，表明我国不同层级城市的数字化水平仍存在一定差距。从落后型城市来看，大部分落后型城市属于中西部地区，表明中西部地区仍是我国数字化建设的"洼地"，也应是我国提高数字化的重点着力区域。

8.3.3　碳排放及能源消耗总量

为探究 2011 年以来我国各城市碳排放及能源消耗的状况，本节对各城市的碳排放总量（单位为百万吨）、能源消耗总量（单位为万吨标准煤）及碳排放强度（单位为吨每万元）进行对数化处理，并以各城市生产总值占当年 GDP 的比例为权重累加得到我国历年碳排放及能源消耗情况，结果见图 8-4。

---

① $S_1 =$ 均值 $+ 0.5 \times$ 标准差。
② $S_2 =$ 均值 $- 0.5 \times$ 标准差。

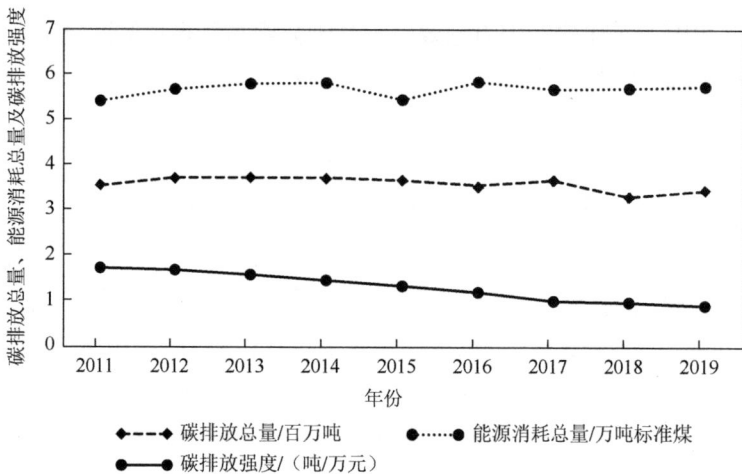

图 8-4　碳排放及能源消耗情况

图 8-4 显示，我国碳排放强度自 2011 年以来一直处于下降态势，特别是 2012 年党的十八大提出"节约资源和保护环境"基本国策以来，下降趋势尤为明显。碳排放强度定义为碳排放总量与经济产出之比。直观来看，碳排放强度降低有两个原因：①在给定碳排放总量不变的情况下，经济产出增加；②在给定经济产出不变的情况下，碳排放总量减少。从投入产出角度，在产出端，数字化转型可以增加顾客需求（Frishammar and Åke Hörte，2005）、提高产品科技附加值（肖旭和威聿东，2019），并在长期内推动制造业服务化，扩充业务范围（李廉水等，2019），从而带来经济产出的增加；在投入端，数字化转型可以实现自动化生产（Longo and York，2015），从而减少能源投入、降低碳排放强度。

碳排放总量与能源消耗总量的变化程度较小，在一段时期内甚至还有上升趋势，其原因在于我国经济总量持续上升，虽然碳排放强度有所下降，但是经济总量的提升必然导致碳排放总量和能源消耗总量有所增加。与此同时，我国的工业在国民经济中的比例一直较高，其中，重工业特征十分明显，工业的快速发展导致我国的碳排放总量一直处于较高水平。此外，我国人口较多，城镇化进程中需要大量的基础设施建设和住房建设，对高耗能产品（如钢筋、水泥）的需求量增加，导致碳排放总量上升。

8.4　实证分析

为探究数字化对碳排放及能源消耗的影响，本节从城市层面构建双向固定效应模型，以数字化为核心自变量，以碳排放总量、能源消耗总量及碳排放强度[①]为

---

① 碳排放强度 = 碳排放总量/GDP，其中，GDP 已经消除了价格因素。

因变量，且参考张志新等（2021）、葛立宇等（2022）及佟金萍等（2018）的研究，从经济增长、对外开放度、产业结构及教育四个领域选取控制变量，具体指标分别为生产总值增速、外商投资在生产总值中的占比、第三产业占比，以及教育支出在生产总值中的占比[①]。

$$\text{Carbon}_{it} = \varphi_0 + \varphi_1 \text{DIGI}_{it} + \sum_{j=1}^{4} \theta_j \text{Control}_{itj} + \text{city}_{it} + \text{year}_t + \varepsilon_{it} \qquad (8\text{-}9)$$

$$\text{Energy}_{it} = \varphi_0 + \varphi_1 \text{DIGI}_{it} + \sum_{j=1}^{4} \theta_j \text{Control}_{itj} + \text{city}_{it} + \text{year}_t + \varepsilon_{it} \qquad (8\text{-}10)$$

$$\text{CEI}_{it} = \varphi_0 + \varphi_1 \text{DIGI}_{it} + \sum_{j=1}^{4} \theta_j \text{Control}_{itj} + \text{city}_{it} + \text{year}_t + \varepsilon_{it} \qquad (8\text{-}11)$$

式中，下标 i 为城市，t 为年份，j 为城市层面随时间变化的控制变量个数；因变量 Carbon_{it}、Energy_{it} 和 CEI_{it} 分别为 i 城市在第 t 年的碳排放总量、能源消耗总量和碳排放强度；本节的核心自变量为 DIGI_{it}，表示 i 城市在第 t 年的数字化程度（简称数字化）；φ_1 为本节关注的核心参数；Control_{itj} 表示一系列控制变量；city_{it} 表示 i 城市不随时间变化的个体固定效应，year_t 表示时间固定效应，ε_{it} 为随机误差项。

表 8-9 介绍了因变量、自变量、控制变量及稳健性检验中替代变量的描述性统计情况。从描述性统计结果来看，无论是数字化，还是碳排放总量、能源消耗总量、碳排放强度，各城市之间的差异性十分明显，最大值与最小值相差了上百倍甚至数百倍，这一定程度上反映了我国不同城市能源消耗及碳排放的差异性，也为那些能源消耗总量较大、碳排放强度较高的城市敲响了警钟。

表 8-9　变量描述性统计

变量类型	变量名称	均值	标准差	最小值	最大值
因变量	碳排放总量/百万吨	44.788	48.116	1.345	457.757
	能源消耗总量/万吨标准煤	1572.874	1562.353	124.28	11696.46
	碳排放强度/（吨/万元）	1.959	1.635	0.19	12.949
自变量	数字化	0.049	0.071	0.003	0.699
控制变量	生产总值增速	8.881%	3.475%	0.100%	22.65%
	外商投资在生产总值中的占比	1.658%	1.67%	0.001%	16.431%
	教育支出在生产总值中的占比	2.739%	1.878%	0.322%	13.358%
	第三产业占比	41.7%	10.5%	18.08%	83.50%
替代变量（稳健性检验）	数字普惠金融指数	166.988	65.829	21.26	321.646
	互联网宽带接入用户数/万户	107.072	127.813	6.942	1535.174

---

① 控制变量数据均来源于《中国城市统计年鉴》。

　　在控制变量层面，各控制变量的差异性均十分明显，表明我国城市层面的经济发展差异仍然存在，尤其是生产总值增速的差异，重点反映出我国经济发展仍存在不平衡现象。由于区位和土地、气候、能源等因素不同，各城市的对外开放度与产业结构存在较大差异，直接影响了该城市的能源消耗及碳排放。教育支出在生产总值中的占比更多反映的是当地政府对教育的重视程度，主要体现在对群体的节能减排意识方面的影响，存在一定时滞性，此处不再展开描述。在替代变量层面，数字普惠金融指数与互联网宽带接入用户数均呈现较大波动性，一方面反映出我国在数字化的技术层面和经济层面均存在一定不平衡，另一方面表明近年来我国数字经济与互联网实现了飞速发展。

8.4.1　基准回归

　　从表 8-10 的基准回归结果来看，数字化对碳排放总量和能源消耗总量均有显著的正向影响，对碳排放强度的影响则显著为负，表明数字化可能成为经济增长的新增量，然而经济增长的同时加剧了能源消耗，导致碳排放总量提升。基于数字技术的节能效用，数字化对碳排放强度的影响显著为负，表明数字化对于我国"双碳"目标的实现具有显著的正向促进作用。

表 8-10　基准回归结果

因变量	碳排放总量	能源消耗总量	碳排放强度
数字化	262.785***	6.115***	-3.552***
生产总值增速	-2.738***	-0.013**	0.108
外商投资在生产总值中的占比	-0.416	-0.002	-0.053**
教育支出在生产总值中的占比	-2.984***	-0.072***	0.003
第三产业占比	-37.91***	-0.368***	-2.134***
常数项	78.996***	7.179***	4.117***

**在 5%的水平下显著。

***在 1%的水平下显著。

　　控制变量中，由于我国的 GDP 基数越来越大，虽然经济总量在持续上升，但是 GDP 增速由 2011 年的 9.6%降低到了 2020 年的 2.2%，而碳排放总量和能源消耗总量一直处于上升阶段，因此出现了生产总值增速对碳排放总量和能源消耗总量负向显著的现象。对外开放度对生产总值增速的影响可能处于环境库兹涅茨倒 U 形曲线的右侧，即随着贸易量增长，碳排放强度降低。教育对于碳排放总量和能源消耗总量的影响更多来源于居民生活方面，教育支出在生产总值中的占比越高，碳排放总量和能源消耗总量越低，这与佟金萍等（2018）的研究结果相一致，其原因在于居民教育水平的提升使其具有节能减排意识，进而外化为节能减排行动，使得碳排放总量和能源消耗总量有所降低。在产业结构方面，无论是碳排放总量还是能源消耗总量，其较大比例源自第二产业，因此第三产业占比的提升在一定程度上使得经济增量的来源实现由第二产业向第三产业的转移，进而使得碳排放总量、能源消耗总量及碳排放强度显著降低。

8.4.2　稳健性检验

普惠金融可以定义为能有效和全方位地为社会所有群体提供服务的金融体系，其初衷意在强调通过金融基础设施的不断完善，提高金融服务的可得性，实现以较低成本向社会提供便捷的金融服务。数字普惠金融则是借助数字技术来普惠金融服务的成本，更有效地解决金融排斥问题。数字普惠金融是数字化在经济方面的具体应用，因此本节选用数字普惠金融代替数字化对模型进行稳健性检验，具体指标为北京大学公布的数字普惠金融指数。从表 8-11 的分析结果来看，数字普惠金融指数与数字化对能源消耗及碳排放的影响无明显差异，二者均对碳排放总量和能源消耗总量有明显的正向影响，对碳排放强度的影响则显著为负。这表明数字化对碳排放及能源消耗的回归结果在经济层面是稳健的。

表 8-11　稳健性检验（经济层面）

因变量	碳排放总量	能源消耗总量	碳排放强度
数字普惠金融指数	6.115***	0.014***	-0.021***
生产总值增速	-0.013**	-0.012*	-0.105***
外商投资在生产总值中的占比	-0.002	0.01	-0.033
教育支出在生产总值中的占比	-0.072***	-0.038***	-0.061**
第三产业占比	-0.368***	0.765***	-1.566***
常数项	7.179***	4.582***	7.25***

*在 10%的水平下显著。
**在 5%的水平下显著。
***在 1%的水平下显著。

虽然互联网化和数字化高度交融，互联网化的大多数技术理念、管理理念、组织运作理念和数字化高度相通，但是互联网化与数字化仍有一定区别。数字化是一场以互联网化为基础的技术变革，是互联网化在生产过程中的一种具体表现，因此在技术层面，本节选用互联网化代替数字化，具体指标选择互联网宽带接入用户数。从表 8-12 的回归结果来看，互联网宽带接入用户数对碳排放和能源消耗的影响与数字化较为一致。这表明数字化对碳排放和能源消耗的回归结果在技术层面也是稳健的。

表 8-12　稳健性检验（技术层面）

因变量	碳排放总量	能源消耗总量	碳排放强度
互联网宽带接入用户数	0.144***	0.004***	−0.021***
生产总值增速	−2.865***	−0.015***	−0.105***
外商投资在生产总值中的占比	−0.455	−0.004	−0.033
教育支出在生产总值中的占比	−2.679***	−0.067***	−0.061**
第三产业占比	−11.695	0.195	−1.566***
常数项	66.263***	6.89***	7.25***

**在 5%的水平下显著。

***在 1%的水平下显著。

8.5　异质性分析

8.5.1　等级城市异质性

根据表 8-13 中不同城市的异质性分析结果，数字化对碳排放和能源消耗在不同等级城市之间的作用方向无差异，然而其作用大小在不同等级城市之间存在明显的差异。具体表现为普通地级市的数字化对碳排放和能源消耗的影响明显大于直辖市、省会城市及计划单列市。究其原因可能是普通地级市的数字化正处于高速发展阶段，数字基础设施建设需要消耗大量能源，造成一定程度的碳排放，所以在回归结果中数字化对碳排放总量和能源消耗总量的影响显著为正。至于碳排放强度，数字化在两个城市维度上对其均有显著的降低作用，且在普通地级市上的作用更加明显，表明普通地级市高速发展的数字化对碳排放强度的边际作用效果更强。

表 8-13　不同等级城市的异质性

因变量	碳排放总量		能源消耗总量		碳排放强度	
城市类型	直辖市、省会城市及计划单列市	普通地级市	直辖市、省会城市及计划单列市	普通地级市	直辖市、省会城市及计划单列市	普通地级市
数字化	184.637	744.873***	3.881***	20.661***	−1.77***	−15.447***
生产总值增速	−3.087	−3.034***	0.01	−0.026***	0.014	−0.125***
外商投资在生产总值中的占比	−0.087	−0.726	−0.032*	−0.013	−0.144***	−0.014
教育支出在生产总值中的占比	4.973	−2.687***	−0.027	−0.055***	0.095**	−0.016
第三产业占比	−86.043	−77.81***	−2.161***	−1.139***	0.637	−2.468***
常数项	107.457	80.205***	8.588***	7.09***	1.186***	4.801***

*在 10%的水平下显著。

**在 5%的水平下显著。

***在 1%的水平下显著。

8.5.2　资源异质性

根据《国务院关于印发全国资源型城市可持续发展规划（2013—2020 年）的通知》，本节将全国的城市分为资源型城市和非资源型城市两部分，并进行异质性分析。从表 8-14 的分析结果来看，数字化对两种城市的能源消耗总量和碳排放强度均有显著影响，且影响效果与基准回归结果一致。从二者的区别来看，数字化对资源型城市的影响明显大于非资源型城市，可能的原因在于，资源型城市对自然资源存在一定的依赖性，而数字化的应用更多地降低了这种依赖，使得资源型城市（尤其是资源衰退型城市）有了新的经济增长来源，进而使得碳排放强度有所下降。

表 8-14　资源异质性

因变量	碳排放总量		能源消耗总量		碳排放强度	
城市类型	资源型城市	非资源型城市	资源型城市	非资源型城市	资源型城市	非资源型城市
数字化	7.039	−1.661	2.731***	1.004***	−15.441**	−1.220*
生产总值增速	−0.152	−0.246**	−0.004**	−0.01***	0.078	0.045
外商投资在生产总值中的占比	−0.39	−0.162	0.007	0.008	0.002	−0.015
教育支出在生产总值中的占比	1.257	0.426*	0.001	0.007*	0.001	−0.001
第三产业占比	19.777	14.412**	0.228***	0.364***	−2.605***	−1.295***
常数项	43.771***	36.023***	6.884***	6.846***	3.63***	1.736***

*在 10%的水平下显著。

**在 5%的水平下显著。

***在 1%的水平下显著。

8.5.3　产业结构异质性

根据各城市的产业结构，本节将城市分为服务业强市（第三产业占比较高的城市）和工业强市（第二产业占比较高的城市）两部分，以探究不同产业结构背景下，数字化对于碳排放和能源消耗的影响。从表 8-15 的结果来看，数字化对于二者的能源消耗总量仍有显著正向影响，其中，对工业强市的作用效果显著高于服务业强市，表明数字化可能主要作用于工业领域，工业经济规模的扩大导致能源消耗总量的上升。对于碳排放强度，数字化在工业强市中显著降低了碳排放强度，这是由于数字化技术在工业领域充分应用，使得工业在生产过程中尽可能实现了低碳生产，降低了碳排放强度。

表 8-15　产业结构异质性

因变量	碳排放总量		能源消耗总量		碳排放强度	
城市类型	服务业强市	工业强市	服务业强市	工业强市	服务业强市	工业强市
数字化	-8.863	70.944	0.871***	2.729***	-0.52	-8.385*
生产总值增速	-0.297*	0.111	-0.002	-0.011***	0.038	0.063
外商投资在生产总值中的占比	-0.178	-0.162	0.006	0.004	-0.013	-0.028
教育支出在生产总值中的占比	0.302	1.04*	0.009*	0.003	-0.016	0.007
第三产业占比	14.906*	34.373***	0.7***	0.184*	-2.453***	-2.569***
常数项	47.544***	19.661***	6.788***	6.779***	2.621***	2.825***

*在10%的水平下显著。
***在1%的水平下显著。

8.6　结论与政策建议

经济增长进入高质量发展新阶段，加快数字化发展和绿色转型已成为推动能源安全新战略落地、实现"双碳"目标的重要助力。本章测度了我国城市层面的数字化水平，发现近年来我国城市数字化水平呈现明显的逐年上涨趋势，2011～2020年增长了近80%；从发展趋势来看，我国数字化水平存在一定程度上的趋同效应，但是主要集中在不同层级城市内部；从城市分类结果看，直辖市、省会城市及计划单列市的数字化水平普遍较高。在此基础上，本节实证分析了数字化对于能源消耗及碳排放的影响，结果显示，数字化对碳排放总量及能源消耗总量有显著的正向效应，对碳排放强度的影响则呈现负向态势，表明数字化对于我国低碳发展模式有明显的促进作用。从稳健结果来看，以经济层面与技术层面为替代变量进行实证分析的结果与基准回归结果基本一致，表明基准回归结果是稳健的。在异质性分析中，数字化对普通地级市、资源型城市及工业强市的作用效果更加明显。

基于上述结果，数字化转型对于低碳经济的发展有明显的驱动作用，然而不可否认的是，数字化对于能源消耗总量与碳排放总量的提升作用仍然存在。本节提出如下有针对性的政策建议。

第一，依托多样化数字技术和措施降低大数据能耗，加快构建绿色低碳的全国一体化大数据中心体系。"双碳"目标贯穿了数字产业全领域、生产经营全过程。当前我国数据中心和5G基站年耗电量超过1200亿千瓦·时，约占全社会总用电量的 2%，折合二氧化碳排放量为 7320 万吨，并呈较快上升趋势。根据测算，谷歌（Google）近百万台服务器的耗电量只占全球数据中心的 1%左右。Google 自主设计制造服务器，为各种应用优化服务器架构，通过尝试把服务器建在海上以降低散热的困难度等技术进一步降低大数据中心的能耗。发挥数字化和节能减碳工作的协同效应，加强节能导向型基础与前沿技术的开发及推广。推动龙头企业、科研院所在能源回收利用、数字减碳等绿色低碳领域取得核心技术突破，支持行业标准化组织与第三方机构共同制定绿色低碳等级标准。在此基础上，完善技术供给体系，鼓励开展前沿节能减排技术示范应用，推动产学研融通创新。

第二，进一步优化数字化技术。作为低碳化发展战略的重要驱动力，应将数字化对减碳、节能的作用实现最大化，同时优化数字化技术，将数字化建设本身（尤其是在普通地级市这类数字化水平较低的城市）的碳排放降到最低。注重能源领域的数字化转型，2020 年，我国能源领域的碳排放量占全国碳排放总量的 77%，表明能源领域仍是实现"双碳"目标的主要战场，尤其在工业强市、资源型城市，应重点加强能源领域的数字化转型，实现数字化为低碳化战略赋能。延展产业链下游的基础设施，通过建立数字平台上的个人碳账户、碳积分等方式，让消费者成为循环经济和生产体系的一环。让消费者适当地参与低碳经济和财政政策的制定，以此营造积极的环境。不仅可以更好地了解不同的选择和利益，而且可以解决外部因素、鼓励购买低碳产品，以及设计有益于全社会的标准和规范。数字经济将消费者的需求与权利纳入政策讨论和战略布局的中心，减少可能妨碍碳中和解决方案实施的障碍。数字信息活动和碳标识计划等"软措施"可以在更广泛的产品和服务中发挥重要作用，从而使消费者能根据产品的碳效率和预期经济效益来识别与匹配优先级。

第三，提升劳动力技能水平，培养数字技术顶尖人才，让数字化的节能效应更加持续。劳动力质量提升的背后是低技能员工失业风险与高技能员工招聘要求的不断攀升。因此，一方面，要健全数字素养相关的职业培训与再就业政策，帮助容易被自动化生产设施替代的低技能员工获得与技术进步水平相匹配的技能，或从事数据标注员等新兴工作；另一方面，要强化人才培养体系，鼓励高等院校从数字减碳需求出发，积极开设人工智能、大数据、环境工程等相关专业，通过产学研融合实现行业与专业对接。劳动质量的提升既可以提高劳动生产率，也有利于持续发挥数字要素的节能作用。

第四，发挥全国一盘棋的精神，统筹谋划、全面布局，推动区域均衡发展。从各地实际出发，制定差异化政策，推动区域能源、技术与人才互补。中西部地区能源资源充沛，东部地区数字技术水平与人才储备更具优势，因此，中西部地区应凭借能源价格优势承接东部地区产业以完成工业升级，推动能源结构优化，东部地区应加大对中西部地区数字化的技术援助，通过"东数西算"等形式，为全国范围内节能减排、实现区域协调发展做出贡献。制定一系列政策工具，支持全社会经济的研究和创新，特别是在清洁能源和气候减排行动方面。引导公共投资与社会投资并举，进一步提升研发强度，推动社会投资对研究与创新投入的长期的、持续的增长。"欧洲2020发展战略"设定了研发强度达到3%的目标，日本和美国2015年已经分别达到3.3%和2.8%的研发强度。厘清政府和市场关系，兼顾完善环境规制与要素市场化配置。污染惩治和技术补贴相结合，促进节能减排领域的技术创新，除对重污染高能耗企业进行监管外，政府还应加强中小企业节能监察和执法，给予中小企业一定的财税优惠，缓解其引入数据基础设施的成本压力，带动产出规模提升。同时，完善要素市场，把垄断性业务中的竞争性业务细分出来，充分利用价格机制引导合理投资，释放数据生产要素对资本生产率的促进红利。

第五，发挥数字企业与数字人民币在实现碳中和目标中的先行先试作用，发挥数字经济的普惠特性。国内为数众多的小微企业是产业链的关键环节，小微企业在促进国内就业、创新与经济转型中发挥着重要作用。同样，小微企业对绿色产业、绿色经济长期发展也至关重要，借助数字人民币天然普惠特性，将有助于缓解小微企业融资难、融资贵问题，释放小微企业绿色技术创新活力，加快推动绿色产业转型升级。企业作为践行绿色低碳发展的重要参与者，是绿色发展方式和生活方式的重要推动者，在应对气候变化中将发挥重要作用。互联网科技企业凭借场景、技术等优势与数字人民币结合，可以进一步优化人们的出行体验，是互联网科技企业贯彻新发展理念、贡献数字经济发展、积极支持实体经济高质量发展的有益尝试与探索，是互联网科技企业践行社会责任的生动体现。

8.7　本　章　小　结

本章拓展了经济绿色转型与数字化转型这两个领域的相关研究，同时为进一步推动数字化、加快发展中国家数字经济发展步伐提供了一些新的思路和依据。虽然我国数字化一直处于高速增长阶段，然而我们应充分认识到我国不同城市层面数字化水平差距较大，且数字化对于我国实现"双碳"目标具有一定推动作用，因此在推动中国产业数字化进程中，一方面，应加强对低数字化水平城市的资助与帮扶，实现我国数字化转型的平衡稳定发展；另一方面，对生产部门应开展数字化转型培训课程、搭建数字化知识服务平台，并借此打破劳动力对数字化转型陌生恐惧的印象，提升数字化知识和数字化转型倾向。

参 考 文 献

蔡继明，刘媛，高宏，等，2022. 数据要素参与价值创造的途径——基于广义价值论的一般均衡分析[J]. 管理世界，
　　38（7）：108-121.

蔡跃洲，牛新星，2021. 中国数字经济增加值规模测算及结构分析[J]. 中国社会科学，11：4-30，204.

陈贵富，韩静，韩恺明，2022. 城市数字经济发展、技能偏向型技术进步与劳动力不充分就业[J]. 中国工业经
　　济，8：118-136.

陈诗一，陈登科，2017. 中国资源配置效率动态演化——纳入能源要素的新视角[J]. 中国社会科学，（4）：67-83，
　　206-207.

陈钊，陈乔伊，2019. 中国企业能源利用效率：异质性、影响因素及政策含义[J]. 中国工业经济，（12）：78-95.

葛立宇，莫龙炯，黄念兵，2022. 数字经济发展、产业结构升级与城市碳排放[J]. 现代财经（天津财经大学学报），
　　42（10）：20-37.

郭家堂，骆品亮，2016. 互联网对中国全要素生产率有促进作用吗？[J]. 管理世界，（10）：34-49.

黄群慧，2014. "新常态"、工业化后期与工业增长新动力[J]. 中国工业经济，（10）：5-19.

黄群慧，余泳泽，张松林，2019. 互联网发展与制造业生产率提升：内在机制与中国经验[J]. 中国工业经济，（8）：
　　5-23.

黎文靖，郑曼妮，2016. 实质性创新还是策略性创新？——宏观产业政策对微观企业创新的影响[J]. 经济研究，
　　51（4）：60-73.

李标，吴贾，陈姝兴，2015. 城镇化、工业化、信息化与中国的能源强度[J]. 中国人口·资源与环境，25（8）：69-76.

李海舰，赵丽，2021. 数据成为生产要素：特征、机制与价值形态演进[J]. 上海经济研究，8：48-59.

李静萍，2020. 数据资产核算研究[J]. 统计研究，37（11）：3-14.

李廉水，石喜爱，刘军，2019. 中国制造业 40 年：智能化进程与展望[J]. 中国软科学，（1）：1-9，30.

李小平，李小克，2018. 偏向性技术进步与中国工业全要素生产率增长[J]. 经济研究，53（10）：82-96.

裴长洪，倪江飞，李越，2018. 数字经济的政治经济学分析[J]. 财贸经济，39（9）：5-22.

彭刚，李杰，朱莉，2022. SNA 视角下数据资产及其核算问题研究[J]. 财贸经济，43（5）：145-160.

清华大学中国经济思想与实践研究院宏观预测课题组，李稻葵，2021. 中国宏观经济形势分析与未来取向[J].
　　改革，（1）：1-17.

宋冬林，孙尚斌，范欣，2021. 数据成为现代生产要素的政治经济学分析[J]. 经济学家，（7）：35-44.

佟金萍，陈国栋，杨足膺，等，2018. 居民受教育程度对生活碳排放的门槛效应研究[J]. 环境污染与防治，40（3）：
　　360-364.

汪东芳，曹建华，2019. 互联网发展对中国全要素能源效率的影响及网络效应研究[J]. 中国人口·资源与环境，
　　29（1）：86-95.

王军，朱杰，罗茜，2021. 中国数字经济发展水平及演变测度[J]. 数量经济技术经济研究，38（7）：26-42.

王永进，匡霞，邵文波，2017. 信息化、企业柔性与产能利用率[J]. 世界经济，40（1）：67-90.

魏敏，李书昊，2018. 新时代中国经济高质量发展水平的测度研究[J]. 数量经济技术经济研究，35（11）：3-20.

肖旭，戚聿东，2019. 产业数字化转型的价值维度与理论逻辑[J]. 改革，（8）：61-70.

徐翔，赵墨非，2020. 数据资本与经济增长路径[J]. 经济研究，55（10）：38-54.

许宪春，张美慧，2020. 中国数字经济规模测算研究——基于国际比较的视角[J]. 中国工业经济，（5）：23-41.

许宪春，张钟文，胡亚茹，2022. 数据资产统计与核算问题研究[J]. 管理世界，38（2）：16-30，2.

杨慧梅，江璐，2021. 数字经济、空间效应与全要素生产率[J]. 统计研究，38（4）：3-15.

杨振兵，邵帅，张诚，2015. 生产比较优势、棘轮效应与中国工业技术进步的资本偏向[J]. 数量经济技术经济研究，32（9）：39-55.

杨子晖，2011. 经济增长、能源消费与二氧化碳排放的动态关系研究[J]. 世界经济，34（6）：100-125.

易信，刘凤良，2013. 中国技术进步偏向资本的原因探析[J]. 上海经济研究，25（10）：13-21.

张军扩，侯永志，刘培林，等，2019. 高质量发展的目标要求和战略路径[J]. 管理世界，35（7）：1-7.

张意翔，成金华，汤尚颖，等，2017. 技术进步偏向性、产权结构与中国区域能源效率[J]. 数量经济技术经济研究，34（8）：72-88.

张志新，黄海蓉，林立，2021. 贸易开放、经济增长与碳排放关系分析——基于"一带一路"沿线国家的实证研究[J]. 软科学，35（10）：44-48.

赵涛，张智，梁上坤，2020. 数字经济、创业活跃度与高质量发展——来自中国城市的经验证据[J]. 管理世界，36（10）：65-76.

中国信息通信研究院，2022. 中国数字经济发展报告（2022 年）[R]. 北京：中国信息通信研究院研究报告.

祝合良，王春娟，2021. "双循环"新发展格局战略背景下产业数字化转型：理论与对策[J]. 财贸经济，42（3）：14-27.

ACEMOGLU D，RESTREPO P，2018. Artificial intelligence，automation，and work[M]//AGRAWAL A，GANS J，GOLDFARB A. The economics of artificial intelligence: An agenda. Chicago: University of Chicago Press: 197-236.

AHMAD N，RIBARSKY J，2018. Towards a framework for measuring the digital economy[C]. Paris: 16th Conference of the International Association of Official Statisticians: 1-32.

ASNI A E，MUK B，DUMANCIC K，2019. Defining and measuring the digital economy in croatia[C]. Zagreb: The International Conference on the Economics of Decoupling: 451-467.

ASONGU S A，LE ROUX S，BIEKPE N，2018. Enhancing ICT for environmental sustainability in sub-Saharan Africa[J]. Technological Forecasting and Social Change，127: 209-216.

BAREFOOT K，CURTIS D，JOLLIFF W，et al，2018. Defining and measuring the digital economy[R]. Washington DC: US Department of Commerce Bureau of Economic Analysis.

BREVINI B，2020. Black boxes，not green: Mythologizing artificial intelligence and omitting the environment[J]. Big Data & Society，7（2）：161.

FRISHAMMAR J，ÅKE HÖRTE S，2005. Managing external information in manufacturing firms: The impact on innovation performance[J]. Journal of Product Innovation Management，22（3）：251-266.

HILTY L M，AEBISCHER B，2015. ICT for sustainability: An emerging research field[M]//HILTY L M，AEBISCHER B. ICT Innovations for Sustainability. Cham: Springer: 3-36.

JANSSEN M，VAN DER VOORT H，WAHYUDI A，2017. Factors influencing big data decision-making quality[J]. Journal of Business Research，70（1）：338-345.

JONES C I，TONETTI C，2020. Nonrivalry and the economics of data[J]. American Economic Review，110（9）：2819-2858.

LONGO S B，YORK R，2015. How does information communication technology affect energy use? [J]. Human Ecology Review，22（1）：55-72.

MITCHELL J，2018. A proposed framework for digital supply-use tables[C]. Paris: Meeting of the Informal Advisory Group on Measuring GDP in a Digitalised Economy: 1-56.

PETERS G P，WEBER C L，GUAN D B，et al，2007. China's growing CO_2 emissions a race between increasing consumption and efficiency gains[J]. Environmental Science and Technology，41（17）：5939-5944.

REINSDORF M，RIBARSKY J，2019. Measuring the digital economy in macroeconomic statistics: The role of data[R].

Geneva：International Monetary Fund.

REXHAEUSER S，SCHULTE P，WELSCH H，2014. ICT and the demand for energy：Evidence from OECD countries[R].
Mannheim：ZEW.

SADORSKY P，2012. Information communication technology and electricity consumption in emerging economies[J].
Energy Policy，48：130-136.

SCHULTE P，WELSCH H，REXHAUSER S，2016. ICT and the demand for energy：Evidence from OECD countries[J].
Environmental and Resource Economics，63：119-146.

SHAHBAZ M，WANG J，DONG K，et al，2022. The impact of digital economy on energy transition across the globe：
The mediating role of government governance[J]. Renewable and Sustainable Energy Reviews，166：112620.

SUE WING I，ECKAUS R S，2004. Explaining long-run changes in the energy intensity of the US economy[R].
Cambridge：MIT Joint Program on the Science and Policy of Global Change.

TAKASE K，MUROTA Y，2004. The impact of IT investment on energy：Japan and US comparison in 2010[J]. Energy
Policy，32（11）：1291-1301.

WANG J，DONG X，DONG K，2022. How does ICT agglomeration affect carbon emissions? The case of Yangtze River
Delta urban agglomeration in China[J]. Energy Economics，111：106107.

WILLIAMS E，2011. Environmental effects of information and communications technologies[J]. Nature，479（7373）：
354-358.

第9章　中国碳密集行业资产搁浅风险评估

为实现"双碳"目标，中国正在建立全国范围的碳市场。随着碳定价的实施，目前碳密集型能源基础设施的投资将面临碳定价风险，有些甚至可能成为搁浅资产。本章构建一个基于实物期权理论的评估模型，以量化新建燃煤电厂因碳定价而成为搁浅资产的隐含风险。本章获得燃煤电厂资产搁浅的时间概率分布，并在碳定价方案中估计新建电厂的预期寿命。结果表明，碳定价将增加燃煤电厂成为搁浅资产的风险，电厂寿命也将相应缩短。此外，较高的碳价和碳配额拍卖比例将导致更高的搁浅风险。特别地，在碳配额完全拍卖的情况下，以中国碳市场中观察到的平均碳价（50 元/吨二氧化碳）为政策冲击，电厂预期寿命将缩短 3 年；随着碳价达到 100 元/吨二氧化碳，电厂预期寿命将缩短 10 年。因此，未来应将燃煤电厂因碳定价而成为搁浅资产的隐含风险纳入投资评估，以避免做出短视甚至错误的投资决策。

9.1　研 究 背 景

目前碳定价被越来越多的国家和地区应用于温室气体减排的实践中（World Bank，2020）。在碳定价背景下，当前的碳密集型投资和资产（如燃煤电厂）将不可避免地面临未来碳定价风险，有些甚至可能成为搁浅资产（Generation Foundation，2013；IEA，2013）。量化碳定价所隐含的资产搁浅风险可以帮助相关利益相关者明确碳定价对当前投资的意义，并为潜在投资者重新评估其投资决策提供参考。

中国拥有世界上最大的煤电容量，未来煤电扩张可能继续（Zhao et al.，2021；Zhao et al.，2020）。具体而言，中国电力行业在过去几十年中随着经济的高速增长经历了快速扩张，这一过程主要由燃煤发电主导。随着经济的持续增长、城市化及终端行业电气化的快速发展，预计电力需求将继续增长，未来可能建造更多的发电设施（IEA，2017）。根据中国电力行业的机构代表即中电联提出的发展计划，煤电扩张可能在未来十年继续。具体而言，中电联于 2019 年提议 2030 年煤电容量上限为 1300 吉瓦，比 2019 年煤电容量增加 290 吉瓦，这将允许新增数百家燃煤电厂，包括因中央政府控制而暂停建设的燃煤电厂。作为一项重要的政策工具，中国在 2017 年底根据 7 个省市碳定价试点的经验启动了全国碳市场建设。目前碳定价体系建设已经完成，碳定价从 2021 年起首先在电力部门运行，然后逐步扩展到其他部门。全国范围的碳定价将为中国实现"双碳"目标发挥关键作用，这将为加快能源转型提供新的激励。

本章揭示和量化碳定价所隐含的新建燃煤电厂成为搁浅资产的风险，并探索碳定价如何影响新建燃煤电厂的预期寿命，以便潜在投资者能够考虑这一风险，调整目前的投资决策，并避免做出短视甚至错误的决策。

在应对气候变化背景下，与气候变化减缓相关的搁浅资产评估包括不可继续被利用的化石燃料储量的评估（McGlade and Ekins，2015），全球金融资产的市场价值评估（Dietz et al.，2016），中央银行、金融监管机构和金融体系的评估（Battiston et al.，2017；Campiglio et al.，2018），以及全球宏观经济的评估（Mercure et al.，2018）等。鲜有研究专门关注碳定价政策隐含的碳密集型资产的搁浅风险。现有的少量研究仅主要使用净现值（net present value，NPV）、平准化能源成本（levelized cost of energy，LCOE）或内部收益率（internal rate of return，IRR）等贴现现金流（discounted cash flow，DCF）模型，通过分析给定市场和政策条件下的成本和收益来评估建设与运营燃煤电厂的经济可行性（Zhao et al.，2017；Spencer et al.，2017）。具体而言，Zhao 等（2017）使用 LCOE 和 IRR 评估中国煤电投资，估算了不同情景下的 LCOE 与 IRR，其结果解释了中国煤电产能快速增长的原因。Spencer 等（2017）分析了燃煤电厂的历史和未来收入、回报率和净现值，认为即使没有未来的气候政策，煤电行业也已经面临着产生搁浅资产的高风险。这些方法没有充分、明确地考虑与未来市场和政策相关的风险和不确定性，如燃料价格、电价，尤其是气候政策和相应的碳价，并且忽略了电厂管理者的动态管理灵活性，即根据未来的市场和政策条件决定何时关停电厂。具体而言，对于运营中的燃煤电厂，即使某些时期的净现金流为负值，也可能不会立即关闭，这是因为市场和政策形势可能在未来变得有利，即管理者可以优化电厂被迫关停决策的时间。这种时间选择对于电力公司应对未来风险至关重要，在高度不确定性情况下，关闭决策是不可逆转的，与立即关闭相比，等待不确定性得到解决（或减少）可能获得更大的项目回报（Dixit and Pindyck，1994）。

为了解决传统方法的问题，本章开发一种基于实物期权的蒙特卡罗方法，以定量评估和揭示燃煤电厂通过碳定价成为搁浅资产的隐含风险，并在不同的碳定价情景下进行风险压力测试，获得新建燃煤电厂成为搁浅资产的时间概率分布，并计算不同碳定价方案下新建燃煤电厂的预期寿命。

9.2　模型和方法

首先，利用随机过程对驱动燃煤电厂关停决策的不确定因素的动力学进行建模；其次，利用蒙特卡罗方法对其进行数值模拟；最后，介绍管理者关于在不确定的碳约束事件中是否及何时做出燃煤电厂搁浅的决策过程，基于此，估计燃煤电厂搁浅的时间概率分布和预期寿命。

1. 影响煤电资产搁浅的不确定因素建模

燃煤电厂的潜在投资者面临着不确定的未来成本和收入，主要是因为电力销售收入、燃料成本（尤其是碳成本）具有显著的不确定性（Abadie and Chamorro，2008；Zhu and Fan，2013；Mo et al.，2015；Zhao et al.，2017；Mo et al.，2018）。这些不确定的收入和成本可以进一步归因于未来不确定的电价、煤价和碳价。尽管对如何选择最适合描述商品价格演化行为的随机过程没有普遍共识，但在许多自由的市场中能经常观察到均值反转行为（Dixit and Pindyck，1994；Pindyck，1999；Szolgayova et al.，2008；Benth et al.，2012；Keles et al.，2012；Nomikos and Andriosopoulos，2012）。虽然中国的电价仍处于政府监管之下，但是 2015 年发布的《中共中央　国务院关于进一步深化电力体制改革的若干意见》启动了新一轮以市场为导向的电价改革。目前，中国约 50%的煤电上网价格由市场决定。预计未来电价将越来越多地由市场力量决定，即使出现暂时偏离均衡的情况，电价也会趋向均衡水平。因此，本章使用均值回复过程对电价演化进行建模，并选择非均匀几何布朗运动（inhomogeneous geometric Brownian motion，IGBM）来对电价演化进行建模，这也是许多相关研究采取的做法（Pindyck，1999；Abadie and Chamorro，2008；Heydari and Siddiqui，2010；Zhu and Fan，2013）：

$$\mathrm{d}P_t^{\mathrm{E}} = k_{\mathrm{E}}\left(L_{\mathrm{E}} - P_t^{\mathrm{E}}\right)\mathrm{d}t + \sigma_{\mathrm{E}}P_t^{\mathrm{E}}\mathrm{d}W_t^{\mathrm{E}} \tag{9-1}$$

式中，P_t^{E} 为 t 期的电价；L_{E} 为电价长期趋向的均衡水平；k_{E} 为朝向均衡水平的逆转速度；σ_{E} 为电价的瞬时波动率；$\mathrm{d}W_t^{\mathrm{E}}$ 为标准维纳过程的增量，该过程服从均值为零、方差为 $\mathrm{d}t$ 的正态分布（Abadie and Chamorro，2013）。

根据伊藤引理，该随机过程的离散形式为

$$P_{t+1}^{\mathrm{E}} = P_t^{\mathrm{E}}\left\{\exp\left[\frac{k_{\mathrm{E}}\left(L_{\mathrm{E}} - P_t^{\mathrm{E}}\right)}{P_t^{\mathrm{E}}} - \frac{1}{2}\sigma_{\mathrm{E}}^2\right]\Delta t + \sigma_{\mathrm{E}}\sqrt{\Delta t}\,\varepsilon_t\right\} \tag{9-2}$$

中国在煤价改革方面取得了较快的进展，自 2003 年取消政府对煤炭市场的干预以来，煤价主要由市场决定（Zhao et al.，2012；Cui and Wei，2017；Zhang et al.，2019）。因此，使用 IGBM 过程对煤价的动态进行建模（Pindyck，1999）：

$$dP_t^{CO} = k_{CO}\left(L_{CO} - P_t^{CO}\right)dt + \sigma_{CO}P_t^{CO}dW_t^{CO} \tag{9-3}$$

式中，P_t^{CO} 为 t 期的煤价；L_{CO} 为煤价长期趋向的均衡水平；k_{CO} 为朝向均衡水平的逆转速度；σ_{CO} 为煤价的瞬时波动率；dW_t^{CO} 为标准维纳过程的增量。

类似地，该随机过程的离散形式为

$$P_{t+1}^{CO} = P_t^{CO}\left\{\exp\left[\frac{k_{CO}\left(L_{CO} - P_t^{CO}\right)}{P_t^{E}} - \frac{1}{2}\sigma_{CO}^2\right]\Delta t + \sigma_{CO}\sqrt{\Delta t}\varepsilon_t\right\} \tag{9-4}$$

式中，P_t^{E} 为 t 期的电价。目前中国碳价相对较低，但随着中长期碳预算的收紧，碳价预计将逐步上涨，这反映出中国正积极推进"双碳"目标。与此同时，碳价的演变受到许多不确定因素的影响，反映了影响价格的供需因素的不确定性。因此，本章采用几何布朗运动（geometric Brownian motion，GBM）过程对未来碳价的演化进行建模（Abadie and Chamorro，2008；Rohlfs and Madlener，2013；Mo et al.，2015；Mo et al.，2018）：

$$dP_t^{CA} = \alpha_{CA}P_t^{CA}dt + \sigma_{CA}P_t^{CA}dW_t^{CA} \tag{9-5}$$

式中，P_t^{CA} 为 t 期的碳价；α_{CA} 为碳价漂移率；σ_{CA} 为碳价的瞬时波动率；dW_t^{CA} 为标准维纳过程的增量。

此外，该过程的风险中性形式为

$$dP_t^{CA} = (\alpha_{CA} - \lambda)P_t^{CA}dt + \sigma_{CA}P_t^{CA}dW_t^{CA} \tag{9-6}$$

式中，λ 为风险溢价；$(\alpha_{CA} - \lambda)$ 为风险调整后的碳价漂移率（Dixit and Pindyck，1994；Abadie and Chamorro，2008；Mo et al.，2018）。

该随机过程的离散形式为

$$P_{t+1}^{CA} = P_t^{CA}\exp\left[\left(\alpha_{CA} - \frac{1}{2}\sigma^2 - \lambda\right)\Delta t + \sigma_{CA}\sqrt{\Delta t}\varepsilon_t\right] \tag{9-7}$$

上述任意两个维纳过程的增量可能是相关的（Dixit and Pindyck，1994；Fuss et al.，2008；Szolgayova et al.，2008，Rohlfs and Madlener，2013；Mo et al.，2015；Mo et al.，2018），关系如下：

$$\begin{cases} dW_t^{E}dW_t^{CO} = \rho_{E\text{-}CO}dt \\ dW_t^{E}dW_t^{CA} = \rho_{E\text{-}CA}dt \\ dW_t^{CA}dW_t^{CO} = \rho_{CA\text{-}CO}dt \end{cases} \tag{9-8}$$

式中，ρ 为相关参数，它反映了两个价格序列趋势性变化之外波动项之间共同演化趋势的程度，正值（负值）意味着一个价格的扰动正向（负向）反映在另一个价格变化中。

2. 不确定性条件下煤电资产搁浅决策建模

碳定价条件下煤电资产管理者决定将燃煤电厂关停的详细过程如下。假设燃煤电厂建设在 T_0 年完成；然后它将进入运行阶段，在这个阶段，面对未来的不确定性，管理者可以选择提前关停燃煤电厂。假设燃煤电厂的寿命为 $(T-T_0)$ 年，每隔一定时期可以进行一次决策。在每个决策期 t，如果未来的市场条件和政策不足以支持燃煤电厂的持续运营，管理者可以决定关停燃煤电厂，这将导致资产搁浅，其剩余价值假定为 V^{R}；否则，管理者可能决定继续运营燃煤电厂，这会导致资产的存续价值 V_t^{C}（Dixit and Pindyck，1994）。通过比较每个决策期的上述两个决策带来的项目价值，管理者可以就立即关停燃煤电厂或继续运营燃煤电厂做出最优决策，进而投资者可以从最优决策中得到最优项目价值：

$$V_t = \max\left(V^{\mathrm{R}}, V_t^{\mathrm{C}}\right) \tag{9-9}$$

具体而言，假设资产的剩余价值为原始投资成本 I 的固定比例（α）（Zhao et al.，2017）：

$$V^{\mathrm{R}} = \alpha I \tag{9-10}$$

资产的存续价值 V_t^{C} 由两部分组成：一部分是 t 期的即时现金流量 CF_t；另一部分是下一期存续价值期望值的贴现：

$$V_t^{\mathrm{C}} = \mathrm{CF}_t + \exp(-r \cdot \Delta t) E_t[V_{t+\Delta t}] \tag{9-11}$$

式中，Δt 为两个连续决策期之间的时间长度；r 为贴现率。

计算资产的存续价值 V_t^{C} 的关键问题是估算 $E_t[V_{t+\Delta t}]$。为提高 $E_t[V_{t+\Delta t}]$ 估计值的准确性，本章使用 Longstaff 和 Schwartz（2001）提出并被许多相关研究广泛采用的最小二乘蒙特卡罗（least-squares Monte Carlo，LSM）方法（Cortazar et al.，2008；Gamba and Fusari，2009；Mo et al.，2015；Mo et al.，2018）。具体地，首先，将 $V_{t+\Delta t}$ 与随机变量的一组多项式函数的线性组合进行回归，即

$$\begin{aligned} V_{t+\Delta t} = a + bP_t^{\mathrm{E}} + cP_t^{\mathrm{CO}} + dP_t^{\mathrm{CA}} + e\left(P_t^{\mathrm{E}}\right)^2 + f\left(P_t^{\mathrm{CO}}\right)^2 + g\left(P_t^{\mathrm{CA}}\right)^2 \\ + hP_t^{\mathrm{E}}P_t^{\mathrm{CO}} + kP_t^{\mathrm{E}}P_t^{\mathrm{CA}} + lP_t^{\mathrm{CO}}P_t^{\mathrm{CA}} + \varepsilon \end{aligned} \tag{9-12}$$

然后，使用最小二乘法估计式（9-12）中的参数（a、b、c、d、e、f、g、h、k、l）。根据这些估计的回归参数和 t 期的模拟随机变量，计算预期资产的存续价值，即

$$\begin{aligned} E_t[V_{t+\Delta t}] = \hat{a} + \hat{b}P_t^{\mathrm{E}} + \hat{c}P_t^{\mathrm{CO}} + \hat{d}P_t^{\mathrm{CA}} + \hat{e}\left(P_t^{\mathrm{E}}\right)^2 + \hat{f}\left(P_t^{\mathrm{CO}}\right)^2 + \hat{g}\left(P_t^{\mathrm{CA}}\right)^2 \\ + \hat{h}P_t^{\mathrm{E}}P_t^{\mathrm{CO}} + \hat{k}P_t^{\mathrm{E}}P_t^{\mathrm{CA}} + \hat{l}P_t^{\mathrm{CO}}P_t^{\mathrm{CA}} \end{aligned} \tag{9-13}$$

此外，加入随机变量更高阶多项式来检验结果的稳健性，结果是变化不显著，但计算时间显著增加。

该模型从 T 期（末期）向前求解。T 期的边界条件如下：如果燃煤电厂立即关停，管理者可以得到资产的剩余价值 V^R，否则，管理者可以得到 T 期当期的燃煤电厂运营现金流量 CF_T 与剩余价值 V^R 贴现之和，T 期最优项目价值为

$$V_T = \max\left(V^R, CF_T + \exp(-r \cdot \Delta t)V^R\right) \tag{9-14}$$

本章关注燃煤电厂资产搁浅的时间概率分布和新建燃煤电厂的预期寿命，因此首先计算每个 t 期的燃煤电厂关停概率，即燃煤电厂在 t 期关停的模拟路径数除以模拟路径总数，进一步预期寿命，即所有可能寿命的概率加权平均值。

3. 各期净现金流量计算

t 期的现金流量为

$$CF_t = R_t^E - C_t^F - C_t^{O\&M} - C_t^{CA} - C_t^T \tag{9-15}$$

式中，R_t^E 为电力销售收入；C_t^F 为燃料成本；$C_t^{O\&M}$ 为运维成本；C_t^{CA} 为碳排放成本；C_t^T 为税收成本。其中，R_t^E、C_t^F 和 C_t^{CA} 可进一步计算为

$$\begin{cases} R_t^E = P_t^E \cdot N_t^E \\ C_t^F = P_t^{CO} \cdot N_t^{CO} \\ C_t^{CA} = \beta \cdot P_t^{CA} \cdot N_t^{CA} \end{cases} \tag{9-16}$$

式中，P_t^E、P_t^{CO} 和 P_t^{CA} 分别为 t 期的电价、煤价和碳价；N_t^E、N_t^{CO} 和 N_t^{CA} 为 t 期的售电量、煤炭消耗量和碳排放量；β 为碳配额拍卖比例。

t 期的售电量、煤炭消耗量和碳排放量可进一步计算为

$$\begin{cases} N_t^E = CAPC \cdot UH \cdot (1 - APCR) \\ N_t^{CO} = CAPC \cdot UH \cdot CCPS \\ N_t^{CA} = CAPC \cdot UH \cdot CEF \end{cases} \tag{9-17}$$

式中，CAPC 为电厂容量；UH 为电厂年利用小时数；APCR 为厂用电率；CCPS 为单位电力生产的煤炭消耗量；CEF 为电力生产的碳排放因子。

运维成本 $C_t^{O\&M}$ 包括人工成本 C_t^L、材料成本 C_t^M、用水成本 C_t^W、污染控制成本 C_t^{PC} 和检修成本 C_t^{OC}，计算如下：

$$C_t^{O\&M} = C_t^L + C_t^M + C_t^W + C_t^{PC} + C_t^{OC} \tag{9-18}$$

税收成本 C_t^T 包括增值税、所得税、房产税、城市维护建设税、教育费附加税（Zhao et al.，2017）。

9.3　数据和参数

9.3.1　燃煤电厂数据

　　超临界电厂是中国新建燃煤电厂的主流技术（Zhao et al.，2017），本章选择一个具有代表性的 600 兆瓦超临界燃煤电厂作为研究对象。假设燃煤电厂建设于 2020 年完成，燃煤电厂运营于 2021 年开始，正常情况下燃煤电厂寿命为 30 年（Zhao et al.，2017），即不考虑市场和政策条件下将持续运营到 2050 年。与代表性燃煤电厂相关的技术和经济数据如表 9-1 所示。

表 9-1　代表性燃煤电厂的技术和经济数据

参数	数值
投资成本/（元/千瓦）	3590
生命周期/年	30
供电煤耗/（克标准煤/（千瓦·时））	309
碳排放因子/（千克二氧化碳/（千瓦·时））	0.83
年利用小时数/小时	4200
剩余价值比例	5%
厂用电率	5%
劳动力成本/（元/年）	80000
工资增速	5%
材料成本及其他支出/（元/（千瓦·时））	0.02
材料成本及其他支出增速	2%
污染物控制成本/（元/（千瓦·时））	0.006
大修成本	2%
增值税	17%
所得税	25%
房产税	1.2%
城市维护建设税	5%
教育费附加税	0.5%

资料来源：Zhao 等（2017）；Mo 等（2018）；Fan 等（2019）。

9.3.2　市场和政策参数

　　燃煤电厂面临的与未来市场和政策相关的参数如表 9-2 所示。具体而言，初始煤价和电价根据市场条件设定；根据 Abadie 和 Chamorro（2008）的研究，估算煤价和电价的长期均衡水平、波动率和回复率。对于碳市场，碳交易试点的历史碳价从接近零到约 150 元/吨二氧化碳不等，反映了试点地区碳减排成本和碳减排目标的差异。虽然目前碳价的平均价格水平较低，约为 50 元/吨二氧化碳，但随着碳减排目标在未来变得更加严格，碳价预计会持续上涨，这反映出随着碳减排机会的开发，碳减排可能变得更加困难，碳减排成本可能变得更高（Morris et al.，2019；Duan et al.，2018）。因此，全国碳市场的初始碳价（以下简称碳价）设定为 50 元/吨二氧化碳，预期碳价漂移率设定为 4%（Morris et al.，2019；Duan et al.，2018；Mo et al.，2016）。这些参数可能影响最终结果，因此对碳价和碳价漂移率进行情景分析。由于电力市场仍在政府监管之下，全国碳市场仍处于初级阶段，两个价格之间的相关参数难以直接从历史价格中估算，因此本章基于相关研究来设定这一参数（Abadie and Chamorro，2008；Fuss et al.，2008；Rohlfs and Madlener，2011；Mo et al.，2018；Environmental Defense Fund，2020）。另外，时间步长也是一个关键参数，本章该参数被设置为 0.5 年，这意味着每半年管理者可以决定是否关停电厂。在这些参数中，长期均衡煤价、长期均衡电价和碳价将直接影响燃煤电厂运营的收入和成本支出，并可能对燃煤电厂运营决策产生重大影响。因此，9.4 节将对这些参数进行情景分析。

表 9-2　燃煤电厂面临的市场和政策参数

参数	数值
初始煤价/（元/吨）（5000 千卡/千克）	549
初始电价/（元/（兆瓦·时））	390
初始碳价/（元/吨二氧化碳）	50
碳价波动率	15%
煤价波动率	10%
电价波动率	5%
风险调整的碳价漂移率	4%
长期均衡电价/（元/（兆瓦·时））	400
电价均值回复率	0.45
长期均衡煤价/（元/吨）（5000 千卡/千克）	500
煤价均值回复率	0.32

续表

参数	数值
电-碳价相关系数	0.39
电-煤价相关系数	0.60
碳-煤价相关系数	−0.35
时间步长/年	0.5

资料来源：Abadie 和 Chamorro（2008）；Fuss 等（2008）；Rohlfs 和 Madlener（2011），Mo 等（2018），Environmental Defense Fund（2020）。

9.4　结　　果

9.4.1　在碳定价下成为搁浅资产的风险和电厂预期寿命

在基准情景下，碳价设定为 50 元/吨二氧化碳，这与中国碳市场试点的平均碳价及全国碳市场的碳价基本相同，预期碳价漂移率设定为 4%（Morris et al.，2019；Duan et al.，2018；Mo et al.，2016）。在情景分析中，根据中国碳市场试点的碳价变化，碳价设定为 0~150 元/吨二氧化碳，碳价漂移率设定为 3%~5%。此外，在基准情景下，假设碳配额通过完全拍卖进行分配，关注碳定价引发的极端搁浅风险。

基于上述情景设定，本节获得燃煤电厂在不同碳定价情景下资产搁浅的时间概率分布，如图 9-1 所示。在零碳价情景下，燃煤电厂搁浅的风险接近零，电厂可能继续运行，直到电厂寿命自然结束。随着碳价的引入和增加，在电厂寿命自然结束之前搁浅风险增加。具体而言，随着 50 元/吨二氧化碳的碳价的实施，在碳价漂移率为 4%的情景下（图 9-1（b）），燃煤电厂在 2030 年和 2040 年之前关停的概率分别为 6.7%和 9%；当碳价达到 100 元/吨二氧化碳，即深圳和北京试点初期的碳价时，燃煤电厂在 2030 年和 2040 年之前关停的概率分别为 33%和50%；如果 2020 年的碳价进一步达到 150 元/吨二氧化碳，燃煤电厂在开始运营后立即关停的概率将接近 100%。在碳价漂移率为 3%的情景下（图 9-1（a）），碳排放限制不太严格，2030 年和 2040 年之前燃煤电厂关停的概率分别为 3.6%和5.4%；随着碳价升至 100 元/吨二氧化碳，2030 年和 2040 年之前燃煤电厂关停的概率分别为 25.8%和28.3%；当碳价达到 150 元/吨二氧化碳时，2030 年和 2040 年之前燃煤电厂关停的概率进一步增加到 64%和100%。在碳价漂移率为 5%的情景下（图 9-1（c）），碳排放限制更加严格，2030 年和 2040 年之前燃煤电厂关停的概率分别为 11.3%和14%；当碳价达到 100 元/吨二氧化碳时，2030 年和 2040年之前燃煤电厂关停的概率分别为 31%和97%；当碳价为 150 元/吨二氧化碳时，2030 年和 2040 年之前燃煤电厂关停的概率进一步增加到 95%和100%。

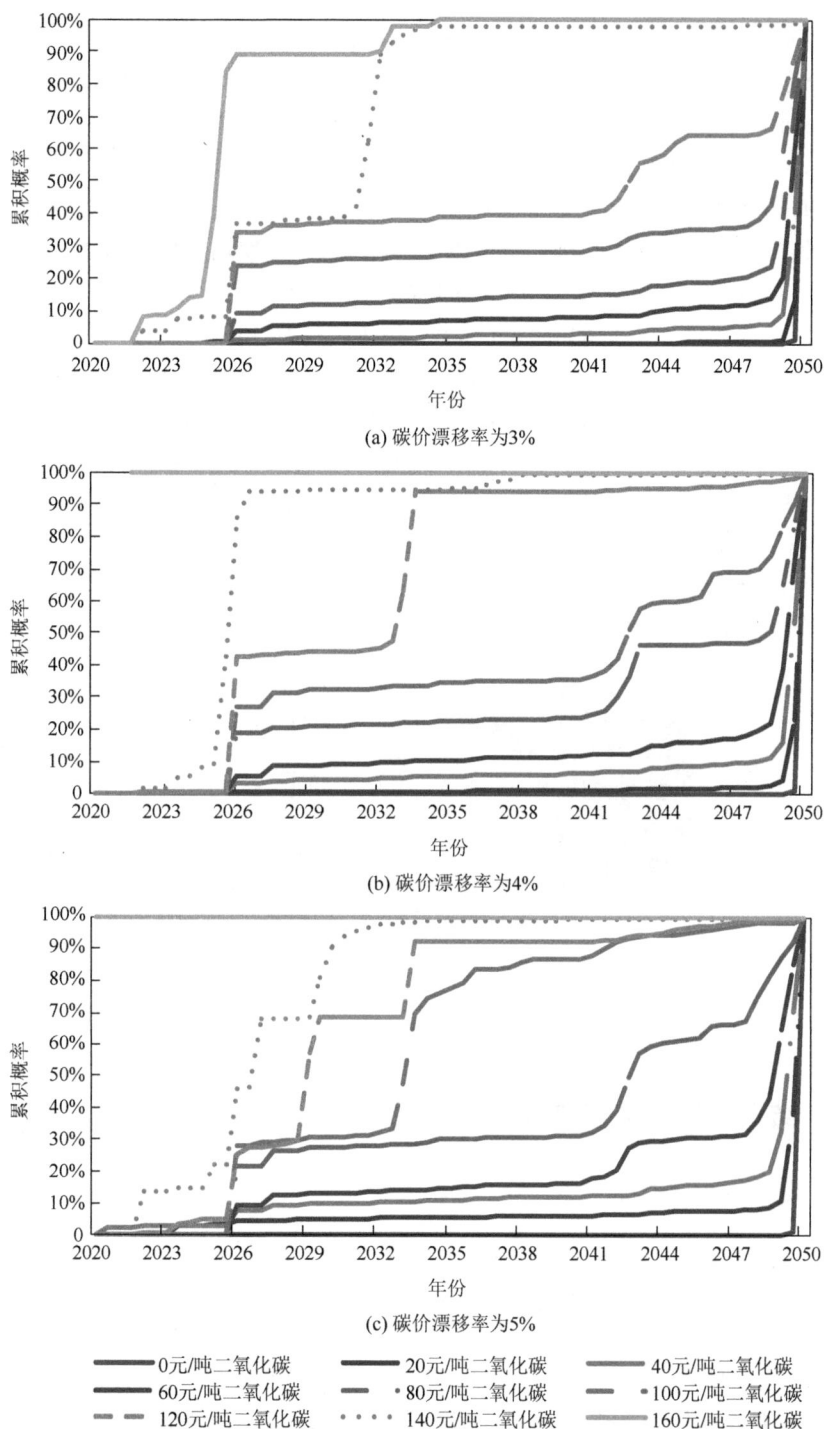

(a) 碳价漂移率为3%

(b) 碳价漂移率为4%

(c) 碳价漂移率为5%

—— 0元/吨二氧化碳	—— 20元/吨二氧化碳	—— 40元/吨二氧化碳
—— 60元/吨二氧化碳	– – 80元/吨二氧化碳	– – 100元/吨二氧化碳
– – 120元/吨二氧化碳	···· 140元/吨二氧化碳	—— 160元/吨二氧化碳

图9-1　不同碳定价情景下燃煤电厂资产搁浅的时间概率分布（见文后彩图）

　　根据上述资产搁浅的时间概率分布，可以估计燃煤电厂的预期寿命，碳定价对燃煤电厂预期寿命的潜在影响如图 9-2 所示。假设电厂的技术寿命为 30 年（Zhao et al.，2017），随着碳价的引入和增加，预期寿命将缩短。此外，随着碳价的升高，电厂预期寿命的变化对碳价的变化更加敏感。具体而言，在碳价漂移率为 4%的基准情景下，碳定价的影响在低碳价的情况下是有限的；随着碳价达到 50 元/吨二氧化碳，电厂的预期寿命为 27 年，意味着预期寿命缩短了 3 年；当碳价达到 100 元/吨二氧化碳时，预期寿命将缩短 10 年；当碳价达到约 115 元/吨二氧化碳时，燃煤电厂的预期寿命将减半；当碳价达到 150 元/吨二氧化碳时，电厂几乎将在开始运行后立即关停。在碳价漂移率较低（碳价漂移率为 3%）的情景下，碳价为 50 元/吨二氧化碳、100 元/吨二氧化碳和 150 元/吨二氧化碳时，电厂的预期寿命分别为 28.4 年、22.5 年和 7.7 年，分别缩短 1.6 年、7.5 年和 22.3 年。在碳价漂移率较高（碳价漂移率为 5%）的情景下，碳价为 50 元/吨二氧化碳、100 元/吨二氧化碳和 150 元/吨二氧化碳时，电厂的预期寿命分别为 25.6 年、12.1 年和 2.8 年，分别缩短 4.4 年、17.9 年和 27.2 年。因此，碳价和碳价漂移率都对燃煤电厂的预期寿命有显著影响。

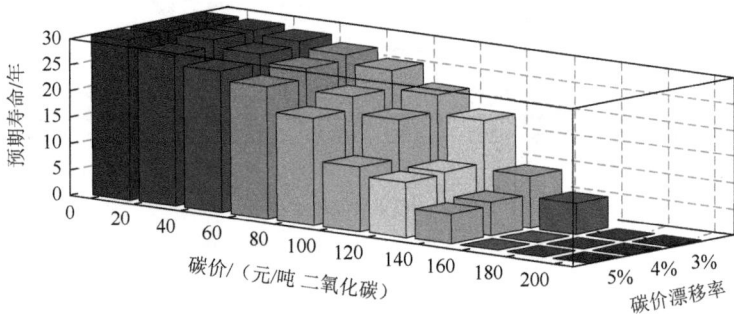

图 9-2　　不同碳定价情景下燃煤电厂的预期寿命（见文后彩图）

9.4.2　结果对一些关键参数的敏感性

1. 碳配额分配方法

　　碳配额分配方法决定了燃煤电厂管理者为获得配额必须支付的费用，进而直接影响燃煤发电的未来运营成本。目前，中国碳市场试点大多数碳配额的发放是通过免费分配的方式来进行的，预计未来将逐步引入拍卖方式，且拍卖比例将逐步提高（生态环境部办公厅，2020）。本节对拍卖比例为 0～100%进行情景分析。如图 9-3 所示，在所有碳配额都是免费分配的情况下，随着碳价的变化，燃煤电厂资产搁浅风险几乎没有变化，随着碳配额拍卖比例的增加，搁浅风险变化更加

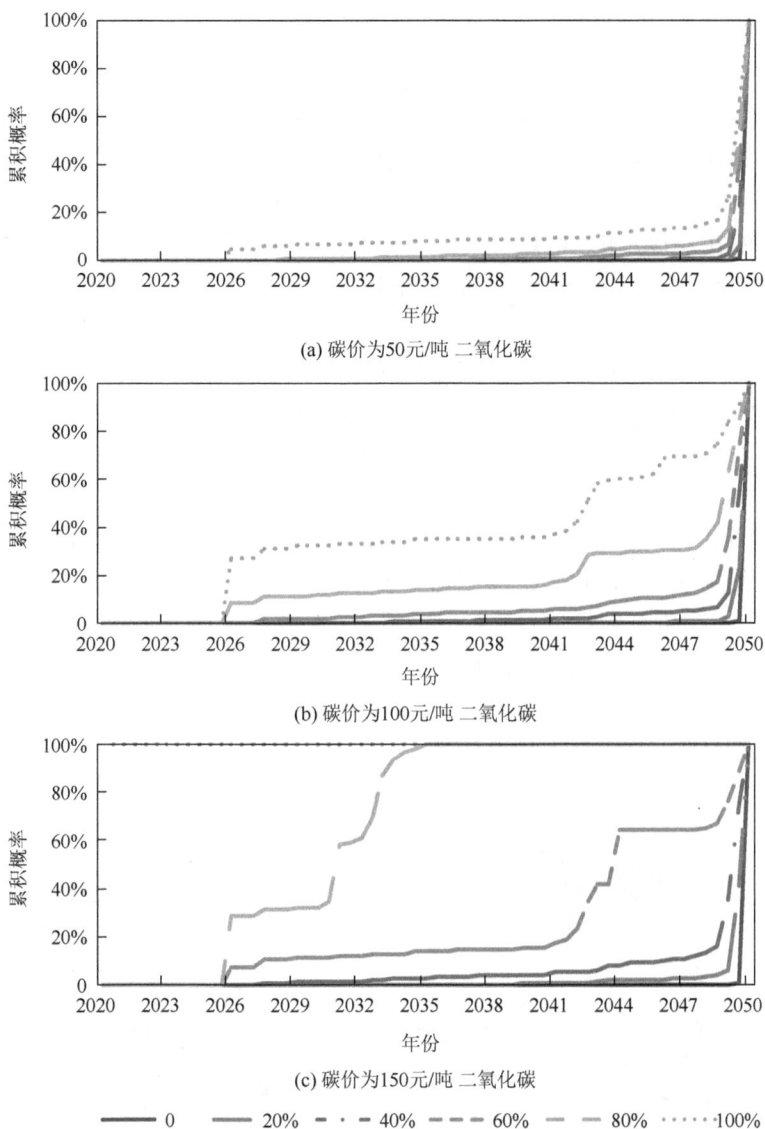

(a) 碳价为50元/吨 二氧化碳

(b) 碳价为100元/吨 二氧化碳

(c) 碳价为150元/吨 二氧化碳

图9-3　不同碳配额拍卖比例情景下燃煤电厂资产搁浅的时间概率分布（见文后彩图）

显著。此外，在碳价较低（碳价为 50 元/吨二氧化碳）的情景下（图 9-3（a）），累积概率仅随拍卖比例的变化而略有变化，特别是在短期内这种变化微乎其微，这表明在碳价较低的情景下，碳配额分配方法对燃煤电厂资产搁浅风险影响不大；在碳价较高（碳价分别为 100 元/吨二氧化碳、150 元/吨二氧化碳）的情景下（图 9-3（b）和（c）），随着拍卖比例的增加，概率的变化更加显著。具体而言，随着碳价达到 100 元/吨二氧化碳（图 9-3（b）），到 2035 年燃煤电厂关停的累积概率并没有随着拍

卖比例的增加而增加；随着碳价达到 150 元/吨二氧化碳（图 9-3（c）），到 2035 年
燃煤电厂关停的累积概率随着拍卖比例的增加而迅速增加，即使在短期内也是如
此，例如，在 2025 年之前，随着拍卖比例的变化，燃煤电厂关停的累积概率变化
显著。本节进一步得到在不同拍卖比例情景下燃煤电厂关停的累积概率。在碳
价为 50 元/吨二氧化碳（中国碳市场试点的平均碳价）的情景下，以 50%和 100%
的拍卖比例在 2030 年之前燃煤电厂关停的累积概率分别为 0.01%和 6.75%，在
2040 年之前燃煤电厂关停的累积概率分别为 0.41%和 9.07%；在 100 元/吨二氧化
碳的高碳价情景下，以 50%和 100%的拍卖比例在 2030 年之前燃煤电厂关停的累
积概率分别为 0.61%和 32.53%，在 2040 年之前燃煤电厂关停的累积概率分别为
2.97%和 35.63%；在碳价为 150 元/吨二氧化碳（即碳交易试点中历史最高的碳价）
的情景下，以 50%和 100%的拍卖比例在 2030 年之前燃煤电厂关停的累积概率分
别为 4.75%和 100%，在 2040 年之前燃煤电厂关停的累积概率分别为 9.91%和
100%。因此，碳定价带来的搁浅风险在很大程度上取决于碳配额分配方法。

根据燃煤电厂资产搁浅的时间概率分布，可以相应地估计电厂预期寿命，如
图 9-4 所示。在所有碳价情景下，电厂预期寿命将随着碳配额拍卖比例的增加而
缩短。在免费分配或低拍卖比例的情况下，碳定价对预期寿命的影响很小，即

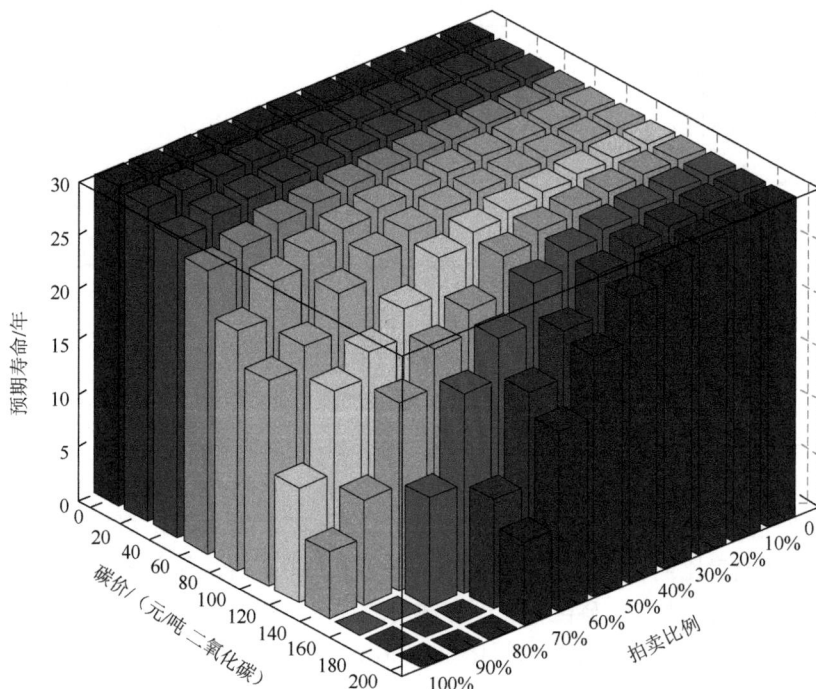

图 9-4 不同碳配额拍卖比例情景下燃煤电厂的预期寿命（见文后彩图）

使拍卖比例为 50%，碳定价对于电厂预期寿命的影响在本节所关注的碳价水平（即 150 元/吨二氧化碳或更低的碳价）下也是有限的。具体而言，在 150 元/吨二氧化碳的碳价情景下，当拍卖比例为 50% 时，电厂预期寿命仅缩短了 3 年；随着拍卖比例进一步提高到 80%，电厂预期寿命缩短了 20 年。此外，本节可以得到在不同拍卖比例情景下燃煤电厂关停时的临界碳价。具体来说，在拍卖比例为 80% 的情景下，临界碳价为 200 元/吨二氧化碳，超过该价格，燃煤电厂将在 2021 年开始运营后立即关停；在拍卖比例为 90% 的情景下，临界碳价为 160 元/吨二氧化碳。

2. 电厂利用率

电厂利用率反映了一个电厂满负荷运行的小时数及该电厂一年的发电量。电厂利用率主要受总体电力需求增长、总体煤炭发电能力增长、可再生能源发展和电力市场调度机制等的影响，这些在未来都充满了不确定性。因此，本节进行敏感性分析，得到在不同电厂利用率情景下燃煤电厂资产搁浅的时间概率分布，如图 9-5 所示。

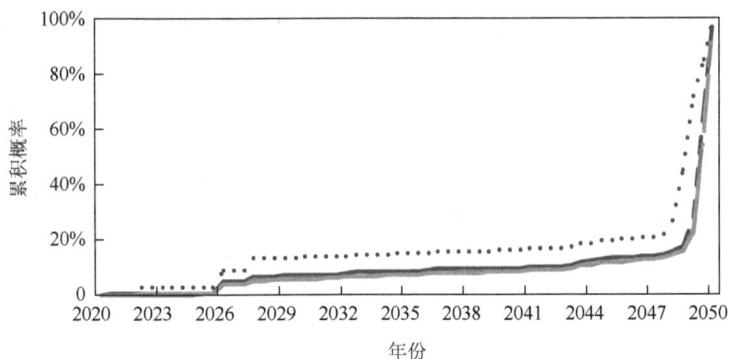

(a) 碳价为 50 元/吨 二氧化碳

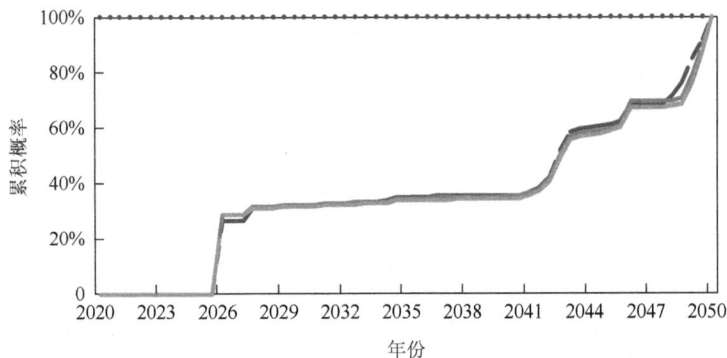

(b) 碳价为 100 元/吨 二氧化碳

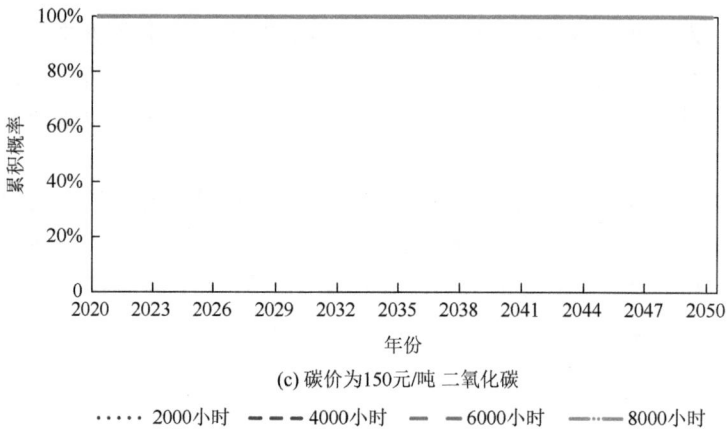

(c) 碳价为150元/吨 二氧化碳

······ 2000小时　－ －－ 4000小时　－ － 6000小时　——— 8000小时

图 9-5　不同电厂利用率情景下燃煤电厂资产搁浅的时间概率分布（见文后彩图）

　　总体来看，在本节关注的碳价范围内，随着年利用小时数的减少，搁浅风险都会增加。此外，年利用小时数的影响存在一些临界值，低于这些临界值时，搁浅风险会迅速增加。具体而言，在低碳价（碳价分别为 50 元/吨二氧化碳和100 元/吨二氧化碳）的情景下，当年利用小时数低于某些临界值时，随着年利用小时数的变化，搁浅风险才会迅速增加。例如，在碳价为 50 元/吨二氧化碳的情景下，当运行时间超过 2000 小时时，随着年利用小时数的减少，燃煤电厂关停的累积概率变化很小；只有当运行时间小于 2000 小时时，燃煤电厂关停的累积概率才会快速增加，并迅速接近 100%。同样，在碳价为 100 元/吨二氧化碳的情景下，当运行时间超过 3000 小时时，燃煤电厂关停的累积概率随年利用小时数的减少而变化不大，只有当运行时间进一步减少并接近 3000 小时时，燃煤电厂关停的累积概率才迅速增加并接近 100%。因此可以推断，在碳价为 50 元/吨二氧化碳和100 元/吨二氧化碳的情景下，年利用小时数应分别保持在 2000 小时和 3000 小时以上，否则在短期内，电厂将面临很大的搁浅风险。在碳价为 150 元/吨二氧化碳的情景下，在所有运行时间情景下，燃煤电厂关停的累积概率接近 100%，这是因为碳定价导致的额外运营成本太高，无法维持电厂的运营，即使调度系统为电厂分配了充足的运行时间，管理者也将选择立即关停电厂。

　　根据燃煤电厂资产搁浅的时间概率分布，可以计算其预期寿命，如图 9-6 所示。在任何碳价情景下，电厂预期寿命都会随着年利用小时数的减少而缩短。当运行时间高于某些临界值时，这种变化似乎并不显著；当运行时间低于这些临界值时，电厂将在运行后迅速发生搁浅。具体来说，在碳价为 160 元/吨二氧化碳、140 元/吨二氧化碳、120 元/吨二氧化碳和 100 元/吨二氧化碳的情景下，年利用小时数的临界值分别为 6000 小时、3500 小时、2500 小时和 2000 小时。此外，本节可以获得临界碳价，高于临界碳价时电厂在开始运行后立即陷入困境。年利用小时数为 2000 小时、3000 小时、4000 小时时，临界碳价分别为 100 元/吨二氧化碳、120 元/吨二氧化碳和 140 元/吨二氧化碳，当年利用小时数超过 6000 小时时，临界碳价为 160 元/吨二氧化碳。

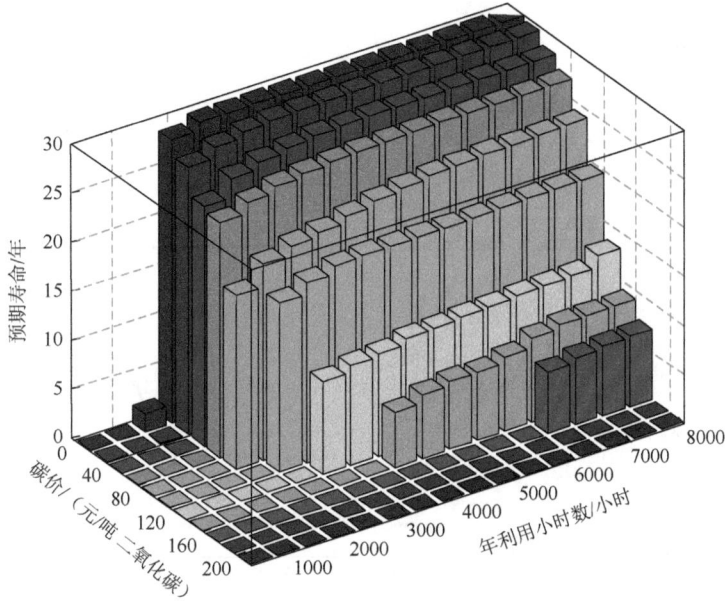

图 9-6　不同年利用小时数情景下燃煤电厂的预期寿命（见文后彩图）

3. 长期均衡电价

电价直接决定电力销售收入，是电厂运营决策的关键驱动因素。目前，电力市场仍在监管之中，即根据煤电价格联动政策进行调整（NDRC，2005）。具体而言，电网电价基准主要根据发电平均成本设定，与投资成本、运行维护成本和燃料成本密切相关。然而，煤电价格联动政策在实践中并未发挥良好作用，电价变动明显滞后于煤价变化（Liu et al.，2013）。2015 年启动了新一轮定价改革，电价将越来越多地由市场力量决定。因此，在中长期的未来，电价有望恢复到均衡水平。由于长期电价的演变是不确定的，本节对长期均衡电价进行情景分析，根据中国不同地区的电价变化，长期均衡电价为 0.3～0.5 元/（千瓦·时）。

在不同长期均衡电价情景下燃煤电厂资产搁浅的时间概率分布如图 9-7 所示。在碳价为 50 元/吨二氧化碳的情景下，长期均衡电价为 0.39 元/（千瓦·时），即中国当前的平均电价，燃煤电厂搁浅风险较低，2045 年前的累积概率小于 15%。随着长期均衡电价的降低，管理者从电力销售中获得的收入将减少，在所有三种碳价

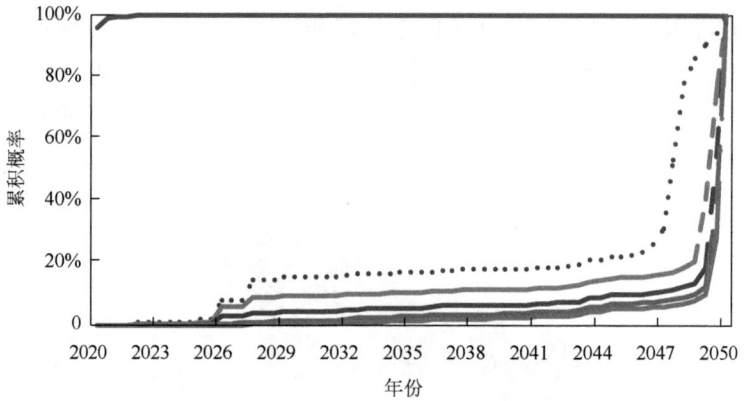

(a) 碳价为50元/吨 二氧化碳

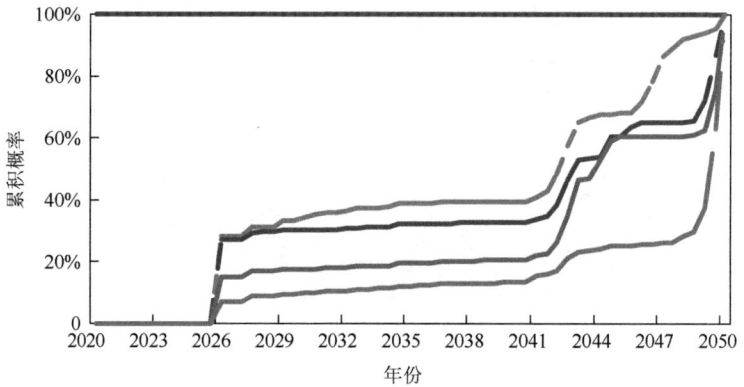

(b) 碳价为100元/吨 二氧化碳

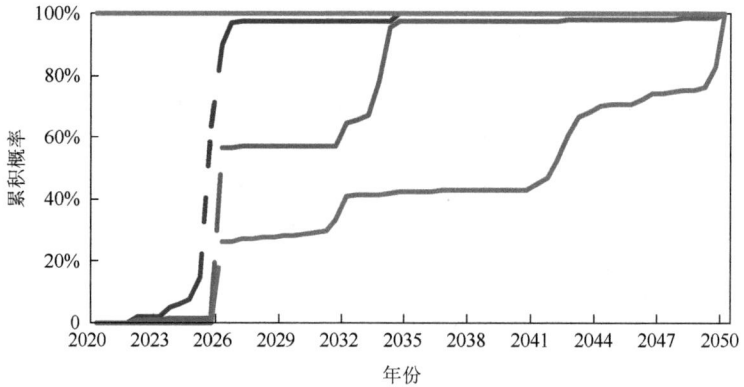

(c) 碳价为150元/吨 二氧化碳

—— 0.3元/（千瓦·时）	········ 0.34元/（千瓦·时）
- - - 0.38元/（千瓦·时）	— — 0.42元/（千瓦·时）
— — 0.46元/（千瓦·时）	—— 0.5元/（千瓦·时）

图 9-7　不同长期均衡电价情景下燃煤电厂资产搁浅的时间概率分布（见文后彩图）

情景下，电厂搁浅风险也相应增加。此外，目前平均碳价为 50 元/吨二氧化碳，在长期均衡电价接近 0.34 元/（千瓦·时）之前，搁浅风险不会随着长期均衡电价的下降而发生很大变化。具体而言，由于临界长期均衡电价为 0.34 元/（千瓦·时），2030 年前燃煤电厂关停的累积概率为 15.6%，2040 年前燃煤电厂关停的累积概率仅增加至 18.2%；随着长期均衡电价进一步下降，并低于 0.34 元/（千瓦·时），燃煤电厂关停的累积概率迅速增加，接近 100%，燃煤电厂开始运行后不久就会关停。随着碳价的上涨，临界长期均衡电价也上涨。在碳价为 100 元/吨二氧化碳和 150 元/吨二氧化碳的情景下，临界长期均衡电价分别为 0.36 元/（千瓦·时）和 0.42 元/（千瓦·时），在此价格之下，燃煤电厂关停的累积概率在电厂运行早期迅速增加至 100%。特别是在碳价为 150 元/吨二氧化碳的情景下（图 9-7（c）），即使长期均衡电价高达 0.50 元/（千瓦·时），2035 年前燃煤电厂关停的累积概率也接近 100%。

　　根据燃煤电厂资产搁浅的时间概率分布，可以估计其预期寿命，如图 9-8 所示。当前平均碳价为 50 元/吨二氧化碳，长期均衡电价为 0.38 元/（千瓦·时），电厂的预期寿命约为 26.4 年，缩短了 3.6 年。随着长期均衡电价降至 0.3 元/（千瓦·时），即中国不同省区市中的最低电价，即使没有引入碳定价，电厂的预期寿命也只有 12.6 年。如果长期均衡电价达到 0.5 元/（千瓦·时），即中国不同省区市中的最高

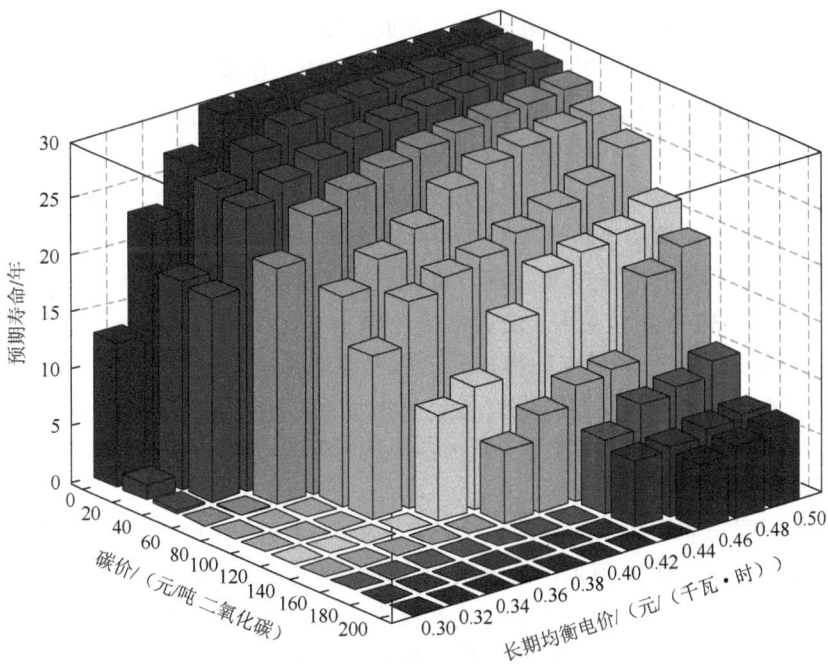

图 9-8　不同长期均衡电价情景下新建燃煤电厂的预期寿命（见文后彩图）

电价，电厂的预期寿命为 29 年，即使碳价达到 150 元/吨二氧化碳，电厂的预期寿命也达 15 年。由结果可以得到，长期均衡电价对电厂的预期寿命有重大影响。类似地，本节可以获得临界碳价，高于该临界碳价时燃煤电厂在启动运行后立即陷入困境。具体而言，长期均衡电价为 0.3 元/（千瓦·时）、0.35 元/（千瓦·时）和 0.45 元/（千瓦·时）时，临界碳价分别为 80 元/吨二氧化碳、110 元/吨二氧化碳和 200 元/吨二氧化碳。

4. 长期均衡煤价

由于煤价是发电成本的重要决定因素，未来煤价的变化可能对燃煤电厂的运营和搁浅风险产生重大影响，本节对长期均衡煤价进行敏感性分析。在基准情景下，根据历史平均煤价，将长期均衡煤价设定为 500 元/吨（5000 千卡/千克，余同），根据中国不同省区市中煤价的变化，将长期均衡煤价设定为 100～1000 元/吨。不同长期均衡煤价情景下燃煤电厂资产搁浅的时间概率分布如图 9-9 所示。

随着长期均衡煤价的上涨，电厂搁浅风险也在增加。类似地，存在临界长期均衡煤价，在临界长期均衡煤价下，搁浅风险随着长期均衡煤价的上涨而变化不大；在临界长期均衡煤价以上，搁浅风险随着长期均衡煤价的上涨而迅速增加，并接近 100%。具体而言，在碳价为 50 元/吨二氧化碳（图 9-9（a））的情景下，临界长期均衡煤价约为 700 元/吨，在此价格之下，燃煤电厂关停的累积概率较低，即 2035 年和 2045 年之前分别为 13% 和 17%。在碳价达到 100 元/吨二氧化碳（图 9-9（b））的情景下，临界长期均衡煤价约为 600 元/吨，在此价格之下，2040 年之前燃煤电厂关停的累积概率始终低于 35%。在碳价达到 150 元/吨二氧化碳的情景下（图 9-9（c）），即使在较低的长期均衡煤价下（如 100 元/吨），燃煤电厂关停的累积概率也将迅速增加，并在 2035 年前接近 100%。具体来看，由于目前的碳价为 50 元/吨二氧化碳，如果长期均衡煤价高于 700 元/吨，那么燃煤电厂将在 2030 年之前关停；随着碳价达到 100 元/吨二氧化碳，如果长期均衡煤价高于 600 元/吨，燃煤电厂将在开工后立即关停；在碳价达到 150 元/吨二氧化碳的情景下，如果长期均衡煤价高于 300 元/吨，则在 2025 年之前燃煤电厂关停的累积概率高达 90%。因此，在可预见的长期均衡煤价下，燃煤电厂搁浅风险很高。

根据不同长期均衡煤价情景下燃煤电厂资产搁浅的时间概率分布，可以估计其预期寿命，如图 9-10 所示。随着长期均衡煤价的上涨，电厂的预期寿命缩短。具体而言，即使没有碳价，随着长期均衡煤价达到 700 元/吨，即中国不同省区市中的最高煤价，电厂的预期寿命也将缩短 10 年；当长期均衡煤价达到 1000 元/吨时，电厂将在开始运营后立即关停。引入 50 元/吨二氧化碳的碳价后，如果长期均衡

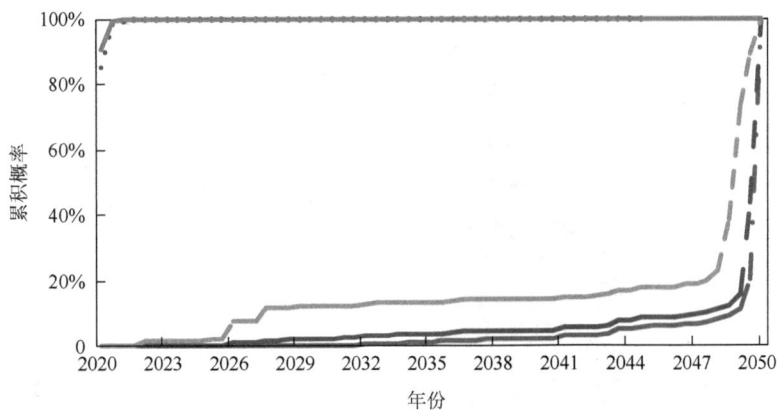

(a) 碳价为50元/吨 二氧化碳

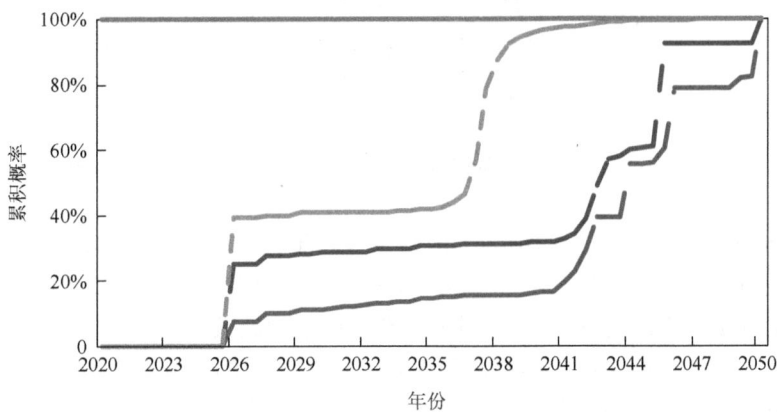

(b) 碳价为100元/吨 二氧化碳

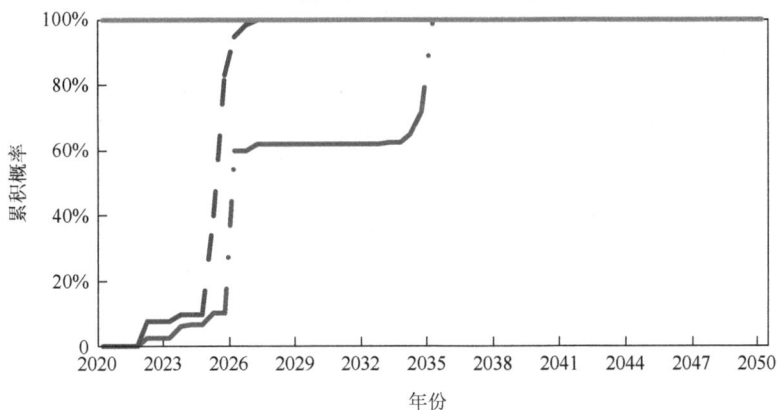

(c) 碳价为150元/吨 二氧化碳

- · — 200元/吨　　　— — 400元/吨　　　— — — 600元/吨
- · · · · 800元/吨　　　——— 1000元/吨

图 9-9　不同长期均衡煤价情景下燃煤电厂资产搁浅的时间概率分布（见文后彩图）

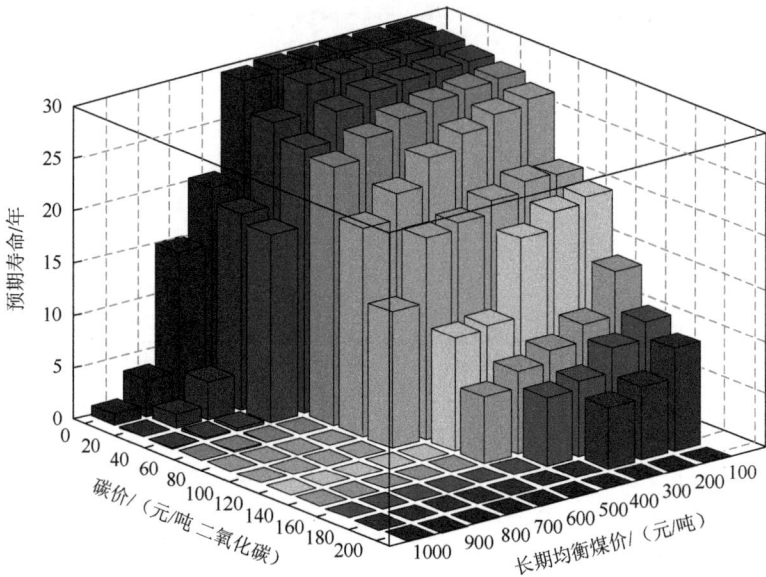

图 9-10　不同长期均衡煤价情景下燃煤电厂的预期寿命（见文后彩图）

煤价达到 700 元/吨，电厂的预期寿命为 9 年，缩短 21 年；当长期均衡煤价达到
800 元/吨时，电厂将在投产后立即关停。随着碳价达到 100 元/吨二氧化碳，即使
长期均衡煤价为 200 元/吨，即中国不同省区市中的最低煤价，电厂的预期寿命也
将缩短 8 年；如果长期均衡煤价达到 600 元/吨，电厂的预期寿命将进一步缩短约
17 年；随着长期均衡煤价达到 700 元/吨，该电厂将在投产后立即关停。当碳价为
150 元/吨二氧化碳时，即使在最低长期均衡煤价（长期均衡煤价为 200 元/吨）情
景下，电厂的预期寿命也只有 13 年；当长期均衡煤价高于 500 元/吨时，电厂将
立即关停。类似地，本节可以获得相应的临界碳价，高于临界碳价时，燃煤电厂
在启动运行后很快陷入困境。具体来说，长期均衡煤价为 200 元/吨、400 元/吨、
600 元/吨、800 元/吨和 1000 元/吨时，临界碳价分别为 200 元/吨二氧化碳、
180 元/吨二氧化碳、120 元/吨二氧化碳、40 元/吨二氧化碳和 20 元/吨二氧化碳。

9.5　本 章 小 结

　　本章基于实物期权的蒙特卡罗方法对中国碳定价对新建燃煤电厂的资产搁浅
风险进行了系统评估，并估计了不同碳定价情景下燃煤电厂资产搁浅的时间概率
分布和电厂的预期寿命变化。

　　结果表明，在当前市场和政策条件下，碳定价对新建燃煤电厂隐含的资产搁
浅风险较高，碳定价将缩短燃煤电厂的预期寿命。具体而言，随着中国碳市场试

点中观测到的平均碳价为 50 元/吨二氧化碳，2030 年和 2040 年之前新建燃煤电厂关停的概率分别为 6.7%和 9%；新建燃煤电厂的预期寿命将缩短 3 年，即整个电厂寿命的 10%。随着碳价的上涨，搁浅风险变得更显著，电厂的预期寿命将进一步缩短。当碳价达到 100 元/吨二氧化碳时，燃煤电厂将在其寿命自然结束前 10 年关停；当碳价达到 150 元/吨二氧化碳时，燃煤电厂将于 2021 年开始运营后很快关停。根据《巴黎协定》，为实现 2 摄氏度甚至 1.5 摄氏度的目标，未来将更新国家减排目标，以便加强气候行动。因此可以推断，碳预算将进一步收紧，碳价在中长期内将继续上涨。这意味着新目标所隐含的碳价将更高，预计未来碳定价所隐含的燃煤电厂陷入运营困境的风险更高。此外，如果燃煤电厂因碳定价提前关停，投资成本可能无法收回，这可能导致潜在投资者的损失。进一步，为潜在投资者提供融资的金融机构也可能面临高风险，在评估是否为煤电项目融资的决策时，应充分考虑碳定价的隐含风险。

燃煤电厂成为搁浅资产的风险将受到碳配额分配方法的影响，并且随着拍卖比例的增加，风险将变得更高。在免费分配或拍卖比例较低的情况下，碳定价对电厂的预期寿命几乎没有影响，即使拍卖比例为 50%，在本章关注的碳价范围内，即 150 元/吨二氧化碳或更低，其对电厂的预期寿命的影响也是有限的。具体而言，在碳价为 150 元/吨二氧化碳的情景下，拍卖比例为 50%，电厂的预期寿命仅缩短了 3 年。目前，中国碳市场试点中的碳配额主要通过免费分配的方式分配给燃煤电厂，可以推断，碳定价对搁浅风险的影响可能是有限的。然而，根据其他碳定价系统的经验，为提高碳定价系统的有效性和效率，未来拍卖比例会增加。因此，未来碳定价的影响将更加显著，利益相关者应充分预期未来碳配额分配规则的调整，以避免做出短视甚至错误的决策。

除了碳价水平和碳配额分配方法，电价和煤价也会影响电厂成为搁浅资产的风险。动力煤价格主要由市场（即动力煤的供应和需求）决定。2016~2021 年，中国的煤炭生产能力在"去产能"政策下减少了约 9 亿吨，而现在煤价处于高位。在这种情况下，燃煤电厂管理者将承担高昂的燃料成本，根据本章的评估结果，这将导致较高的资产搁浅风险。对于电价演变，市场化改革正在进行，这将进一步提高市场效率，降低未来电价。此外，由于可再生能源发电的边际成本低于化石燃料发电，未来煤电和可再生能源发电之间的竞争将更加激烈，这也将激励人们进一步降低上网电价。综上所述，预计未来煤电行业将面临更高的燃料价格和更低的电价，这可能导致燃煤电厂面临更高的资产搁浅风险。

最后，本章的研究工作还可以从以下方面进行进一步探讨。首先，燃煤电厂的搁浅风险将受到碳捕集和储存（carbon capture and storage，CCS）技术的影响：如果电厂可以用 CCS 技术进行改造，那么搁浅风险可能降低。因此，可以进一步探讨 CCS 技术对搁浅风险的影响。其次，燃煤电厂的搁浅风险受到碳定价的影响，碳价的演变也可能受到燃煤电厂搁浅风险的影响。本章假设碳价是外生增长的，在未来的工作中可以由内生设定碳价。最后，基于能源定价和能源消费的地区差异（Cheong et al.，2019），不同地区之间的碳定价效应可能不同，可以进一步细化评估。

参 考 文 献

生态环境部办公厅，2020. 关于公开征求《全国碳排放权交易管理办法（试行）》（征求意见稿）和《全国碳排放权登记交易结算管理办法（试行）》（征求意见稿）意见的通知[EB/OL].（2020-10-28）[2023-08-25]. http://www.gov.cn/xinwen/2020-11/05/content_5557519.htm.

ABADIE L M，CHAMORRO J M，2008. European CO_2 prices and carbon capture investments[J]. Energy Economics，30（6）：2992-3015.

ABADIE L M，CHAMORRO J M，2013. Investment in energy assets under uncertainty-numerical methods in theory and practice[M]. London：Springer.

BATTISTON S，MANDEL A，MONASTEROLO I，et al，2017. A climate stress-test of the financial system[J]. Nature Climate Change，7（4）：283-288.

BENTH F E，KIESEL R，NAZAROVA A，2012. A critical empirical study of three electricity spot price models[J]. Energy Economics，34（5）：1589-1616.

CAMPIGLIO E，DAFERMOS Y，MONNIN P，et al，2018. Climate change challenges for central banks and financial regulators[J]. Nature Climate Change，8（6）：462-468.

CHEONG T S，LI V J，SHI X，2019. Regional disparity and convergence of electricity consumption in China：A distribution dynamics approach[J]. China Economic Review，58：101154.

CORTAZAR G，GRAVET M，URZUA J，2008. The valuation of multidimensional American real options using the LSM simulation method[J]. Computers & Operations Research，35（1）：113-129.

CUI H R，WEI P B，2017. Analysis of thermal coal pricing and the coal price distortion in China from the perspective of market forces[J]. Energy Policy，106：148-154.

DIETZ S，BOWEN A，DIXON C，et al，2016."Climate value at risk" of global financial assets[J]. Nature Climate Change，6（7）：676-679.

DIXIT A K，PINDYCK R S，1994. Investment under uncertainty[M]. Princeton：Princeton University Press.

DUAN H B，MO J L，FAN Y，et al，2018. Achieving China's energy and climate policy targets in 2030 under multiple uncertainties[J]. Energy Economics，70：45-60.

Environmental Defense Fund，2020. EU power industry in the EU ETS—The experience and implication[R/OL]. （2020-06-02）[2023-08-25]. http://123.56.70.122/uploads/soft/202005/1_21164423.pdf.

FAN J L，WEI S J，YANG L，et al，2019. Comparison of the LCOE between coal-fired power plants with CCS and main low-carbon generation technologies：Evidence from China[J]. Energy，176：143-155.

FUSS S，SZOLGAYOVA J，OBERSTEINER M，et al，2008. Investment under market and climate policy uncertainty[J]. Applied Energy，85（8）：708-721.

GAMBA A，FUSARI N，2009. Valuing modularity as a real option[J]. Management Science，55（11）：1877-1896.

GENERATION FOUNDATION，2013. Stranded carbon assets—Why and How carbon risks should be incorporated in investment analysis[R/OL].（2013-10-30）[2023-08-25]. https://www.readkong.com/page/stranded-carbon-assets-6191327.

HEYDARI S，SIDDIQUI A，2010. Valuing a gas-fired power plant: A comparison of ordinary linear models，regime-switching approaches，and models with stochastic volatility[J]. Energy Economics，32（3）：709-725.

IEA，2013. Redrawing the energy climate map. World energy outlook special report 134[R/OL].（2013-06-10）[2023-08-25]. https://www.iea.org/reports/redrawing-the-energy-climate-map.

IEA，2017. World energy outlook 2017[R]. Paris：IEA.

KELES D，GENOESE M，MÖST D，et al，2012. Comparison of extended mean-reversion and time series models for electricity spot price simulation considering negative prices[J]. Energy Economics，34（4）：1012-1032

LIU M H，MARGARITIS D，ZHANG Y，2013. Market-driven coal prices and state-administered electricity prices in China[J]. Energy Economics，40：167-175.

LONGSTAFF F，SCHWARTZ E，2001. Valuing American options by simulation: A simple leastsquares approach[J]. Review of Financial Studies，14：113-147.

MCGLADE C，EKINS P，2015. The geographical distribution of fossil fuels unused when limiting global warming to 2℃ [J]. Nature，517（7533）：187-190.

MERCURE J F，POLLITT H，VIÑUALES J E，et al，2018. Macroeconomic impact of stranded fossil fuel assets[J]. Nature Climate Change，8：588-593.

MO J L，AGNOLUCCI P，JIANG M R，et al，2016. The impact of Chinese carbon emission trading scheme（ETS）on low carbon energy（LCE）investment[J]. Energy Policy，89：271-283.

MO J L，SCHLEICH J，FAN Y，2018. Getting ready for future carbon abatement under uncertainty—Key factors driving investment with policy implications[J]. Energy Economics，70：453-464.

MO J L，SCHLEICH J，ZHU L，et al，2015. Delaying the introduction of emissions trading systems—Implications for power plant investment and operation from a multi-stage decision model[J]. Energy Economics，52：255-264.

MORRIS J，PALTSEV S，KU A Y，2019. Impacts of China's emissions trading schemes on deployment of power generation with carbon capture and storage[J]. Energy Economics，81：848-858.

NDRC，2005. Measures of electricity pricing administration[EB/OL].（2005-03-28）[2023-08-25]. http://www.nea.gov.cn/ 2011-08/16/c_131052547.htm.

NOMIKOS N，ANDRIOSOPOULOS K，2012. Modelling energy spot prices: Empirical evidence from NYMEX[J]. Energy Economics，34（4）：1153-1169.

PINDYCK R S，1999. The long-run evolutions of energy prices[J]. The Energy Journal，20（2）：1-27.

ROHLFS W，MADLENER R，2011. Valuation of CCS-ready coal-fired power plants: A multi-dimensional real options approach[J]. Energy Systems，2（3-4）：243-261.

ROHLFS，W，MADLENER R，2013. Assessment of clean-coal strategies: The questionable merits of carbon capture-readiness[J]. Energy，52：27-36.

SPENCER T，BERGHMANS N，SARTOR O，2017. Coal transitions in China's power sector: A plant-level assessment of stranded assets and retirement pathways[R/OL].（2017-12-15）[2023-08-25]. https://www.iddri.org/sites/default/ files/import/publications/st1217_china-coal.pdf.

SZOLGAYOVA J，FUSS S，OBERSTEINER M，2008. Assessing the effects of CO_2 price caps on electricity investments: A real options analysis[J]. Energy Policy，36（10）：3974-3981.

THOMAS S，NICOLAS B，OLIVER S，2017. Coal transitions in China's power sector: A plant-level assessment of stranded assets and retirement pathways[R/OL].（2017-11-12）[2023-08-25]. https://www.iddri.org/sites/default/files/ import/publications/st1217_china-coal.pdf.

WORLD BANK，2020. State and trends of carbon pricing 2020[R/OL].（2020-05-27）[2023-08-25]. https://openknowledge.

worldbank.org/entities/publication/bcc20088-9fbf-5a71-8fa0-41d871df4625.

YANG M，YUAN Y N，SUN C W，2021. The economic impacts of China's differential electricity pricing policy：
Evidence from energy-intensive firms in Hunan Province[J]. Energy Economics，94：105088.

ZHANG Y F，NIE R，SHI X P，et al，2019. Can energy-price regulations smooth price fluctuations？ Evidence from
China's coal sector[J]. Energy Policy，128：125-135.

ZHAO C H，ZHANG W R，WANG Y，et al，2017. The economics of coal power generation in China[J]. Energy Policy，
105：1-9.

ZHAO X L，LYON T P，WANG F，et al，2012. Why do electricity utilities cooperate with coal suppliers？ A theoretical
and empirical analysis from China[J]. Energy Policy，46：520-529.

ZHAO Y H，CAO Y，SHI X P，et al，2020. How China's electricity generation sector can achieve its carbon intensity
reduction targets？[J]. Science of the Total Environment，706：135689.

ZHAO Y H，CAO Y，SHI X P，et al，2021. Structural and technological determinants of carbon intensity reduction of
china's electricity generation[J]. Environmental Science and Pollution Research，28（11）：13469-13486.

ZHU L，FAN Y，2013. Modelling the investment in carbon capture retrofits of pulverized coal-fired plants[J]. Energy，
57：66-75.

第10章　中国电力需求与资源价格的区域失衡

中国目前正在进行涉及国家层面和地区层面大范围的电价改革。当前我国电力生产以燃煤发电为主，煤价上涨可能增加发电成本，从而导致煤价与电价"倒挂"的现象，这种情况可能造成发电企业的经济损失和电力供应紧张的局面。在此背景下，我国出台了一系列改革政策，推动电价由政府决定价格向市场决定价格转变，来强化市场在电力资源配置中的基础作用。2020年1月1日，国家发展改革委宣布改进燃煤发电定价机制，实行"基价＋波动"的市场化机制。2021年我国进一步放开所有燃煤发电价格，将燃煤发电价格作为新能源发电价格的挂钩基准，市场化交易电价的浮动范围原则上按20%调整。这意味着在这种定价机制下，不同地区的电价是由发电成本和当地燃煤发电价格共同决定的。考虑中国区域能源禀赋和发电结构的显著异质性，各地区必须因地制宜地制定当地电价支持政策。

中国一次能源的供给和需求在地理上存在错配情况。虽然从西南水电基地、西北煤炭基地向中东部地区进行了大规模的电力输送，但是远距离大容量的电力输送仍然无法满足中东部地区的大量用电需求。正因如此，中东部地区不得不建设更多的燃煤发电项目，增加了煤炭供应、供水、交通、环境等方面的压力，降低了能源资源的空间配置效率。

煤价和电价之间的"倒挂"问题已经延伸到水资源上。水和能源密不可分，二者都是支持经济社会可持续发展不可或缺的基础资源（Ackerman and Fisher，2013；Bartos and Chester，2014；Zhang et al.，2022）。随着清洁能源发展要求的不断提高，水电在发电整体结构中的重要性日益上升。2020年，中国水电发电量达到12140.3亿千瓦·时，同比增长5.3%。我国水电装置主要分布在水资源禀赋丰富的西南地区，其水电发电量占全国水电发电量的58.51%。水电的发电和输送进一步加剧了中国电力供需的区域不平衡。

中国目前的电价并不包括发电过程中水消耗的成本，这种计算方式使得水电和火电这两种最耗水的发电类型的价格明显低于可再生能源发电的价格。由于没有计算发电过程中水消耗的成本，水电和煤电的价格优势不利于可再生能源电力结构的优化。同时，从消费的角度来看，在输电过程中虚拟水（virtual water，即电力生产输送过程中所消耗的水资源）伴随着电力传输从发电地区转移到用电地区（El-Sadek，2011）。这意味着电力传输的过程无形中在地理上对水资源进行了再分配，从而对区域水资源状况产生了影响。火电和水电在中国电力生产中占主导地位，这两种发电类型造成了大量的用水需求和虚拟水的流动，因此，有必要在区域电价机制改革中充分考虑水资源的影响因素（Feng et al.，2014；Zhang et al.，2017；Zhang and Anadon，2013；Zhu et al.，2015）。此外，电网在中国的电价中也起着至关重要的作用。电网不仅协调了不同地区的电力调度和用电量，而且影响着发电企业和售电企业的电价。考虑不同地区电价政策和电力能源结构的多样性，不同电网公司主导的地区电价差异显著。因此，在研究区域电力定价问题时，有必要关注电网在跨区域输配电中的作用。

　　近年来，关注发电与水资源相互作用的研究越来越多。目前已有学者从能源与水的角度研究区域可持续发展、电力生产对淡水资源消耗、不同发电技术对水资源消耗影响等（Aili et al.，2021；DeNooyer et al.，2016；Dodder，2014；Pfister et al.，2011；Yates et al.，2013；Zhang et al.，2022）。例如，应用投入产出模型、生命周期分析法、主成分分析法、系统动力学模型和节点流模型等方法分析能源生产不同生命周期中的用水情况及发电过程中虚拟水的体现，基于其在全产业链核算中的优势，量化分析全产业链中与电力相关的虚拟水流量网络（Feng et al.，2014；Zhang et al.，2017；Zhang and Anadon，2013；Zhu et al.，2015）。

　　但是，现有研究还存在一定的不足。首先，由于火电是最耗水的发电类型，目前研究大多集中在火电对水资源的影响上，其他发电类型（如核电、水电、风电）和技术改进（如碳捕集和储存）对水资源的影响还没有得到充分的研究（Dodder，2014；van Vliet et al.，2016；Wang et al.，2021）。全面系统地研究所有发电类型对水资源的影响有助于更好地理解不同发电类型对水资源影响的异质性，从而有利于制定更有针对性的电力生产结构调整相关政策。其次，现有的关于发电和水资源的研究大多集中在区域层面（Wang and Chen，2021；Zhang et al.，2022），通过多区域投入产出（multiregional input-output，MRIO）方法研究从初始生产到最终消费的间接联系。但是，这些研究都未能透彻研究西电东送与发电的关系（Liu and Chen，2020；Zhu et al.，2020）。最后，现有研究多集中在传统的单个部门（Wang et al.，2019，2020），在城市和区域的层面（Feng et al.，2019），以及从国家和跨境范围的角度（Zhang et al.，2016，2019）研究发电和水资源之间的关系，从电网层面开展发电与水资源输送的研究比较少。由于电网系统与中国输配电价改革密切相关，有必要从电网层面进行分析。

　　因此，本章在综合调查与电力输送相关的虚拟水的基础上，重点研究考虑水资源消耗的中国区域电价。本章在以下方面对现有研究做出贡献：①提出一个基于区域间投入产出分析的核算框架，用来跟踪与电力相关的虚拟水运输对区域水资源的影响，从而识别水电网络中高风险的关键路径，扩展区域间投入产出模型的应用，有助于风险分析方法的发展；②研究不同地区电价与水价之间的联系，本章涉及的发电类型包括燃煤发电、燃气发电、石油发电、核电、水电、风电、光伏发电、生物质能等其他可再生能源发电 8 个细分类型，这种细分的发电类型对于理解电力生产与水资源之间的关系具有更高的参考价值；③重点从电网层面研究跨区域电力传输与虚拟水传输之间导致的空间错配问题，研究结果可为水-能源的联合管理提供科学参考，从而有利于我国电价改革相关政策的制定。

10.1　中国各地区发电特征分析

10.1.1　分地区发电结构特征分析

随着中国经济的高速发展，2017～2020 年，中国的各类能源生产总量和消费总量快速提高，尤其是各类电力的生产量和消费量持续增长。2020 年，我国能源生产总量达到 40.8 亿吨标准煤，能源消费总量达到 49.8 亿吨标准煤；发电量为 76264 亿千瓦·时，同比增长 4.09%。《中国电力统计年鉴 2021》的数据显示，从 2017～2020 年的发电结构来看，我国各发电类型的发电量逐年上升。火电和水电是我国目前最主要的发电类型，2020 年这两种类型的发电量占总发电量的比例为 85.7%，如图 10-1 所示，我国火电发电量从 2017 年的 45877 亿千瓦·时增长至 2020 年的 51770 亿千瓦·时，增速达 12.85%；水电发电量由 2017 年的 11947 亿千瓦·时增长至 2020 年的 13553 亿千瓦·时，增速为 13.44%。

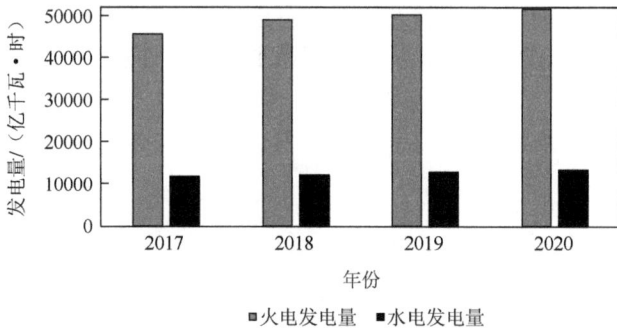

图 10-1　2017～2020 年火电与水电发电量

国家对能源结构调整和新能源发展非常重视。降低煤炭在能源结构中的比例、大幅度提高非化石能源的比例是中国近年能源转型的主要工作。国家对于清洁能源发展的支持力度不断加大，对风能、太阳能、核能的开发利用取得了非常大的进展，主要体现在清洁能源发电量不断增加。图 10-2 是 2017～2020 年风电、核电和光伏发电的发电量，三种发电类型的发电量每年都在持续增长，四年间发电量分别增长了 1619 亿千瓦·时、1181 亿千瓦·时、1433 亿千瓦·时，增速分别为 53.15%、47.6% 和 121.65%。

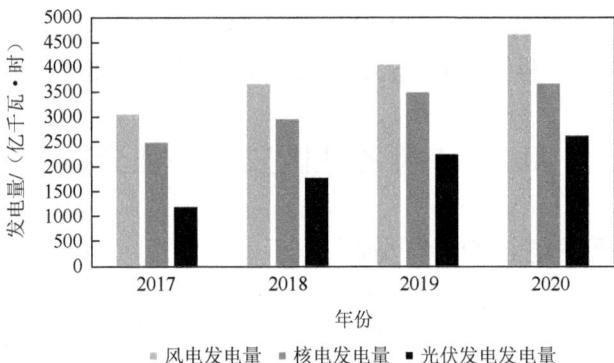

图 10-2 2017～2020 年风电、核电、光伏发电的发电量

同时，随着我国清洁低碳、安全高效的现代能源体系建设深入推进，我国能源转型升级取得重要进展和显著成果，能源结构显著改善。火电发电量占总发电量的比例逐年下降，从 2017 年的 71.1% 下降至 2020 年的 67.9%。水电发电量占比较为稳定，2017～2020 年一直为 18% 左右。核电、风电和光伏发电等新能源发电的发电量占比分别上升了 1 个、1.4 个和 1.6 个百分点。图 10-3 是我国 2020 年各发电类型的发电量占比，新能源开发和利用的技术问题还有待深入研究，目前新能源发电（风电、核电和光伏发电）的发电量仅占我国总发电量的 14.3%，火电和水电在未来的一段时间内仍然是我国最主要的两种发电类型。

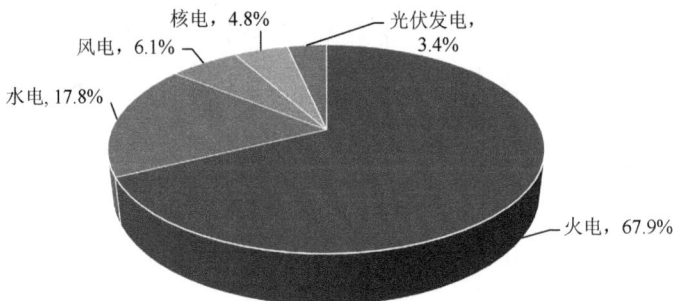

图 10-3 2020 年各发电类型发电量占比

进入 21 世纪，我国经济、电力工业规模和人民生活水平实现了突飞猛进的发展，体现在人均发电量、人均用电量和人均生活用电量水平大幅度提高。如图 10-4 所示，2001 年，人均发电量、人均用电量和人均生活用电量分别为 1167 千瓦·时、

1154 千瓦·时、145 千瓦·时；2020 年，人均发电量、人均用电量和人均生活用电量分别增长至 5405 千瓦·时、5331 千瓦·时、776 千瓦·时，分别增长了4238 千瓦·时、4177 千瓦·时、631 千瓦·时，增长量分别是 2001 年的 3.63 倍、3.62 倍、4.35 倍。

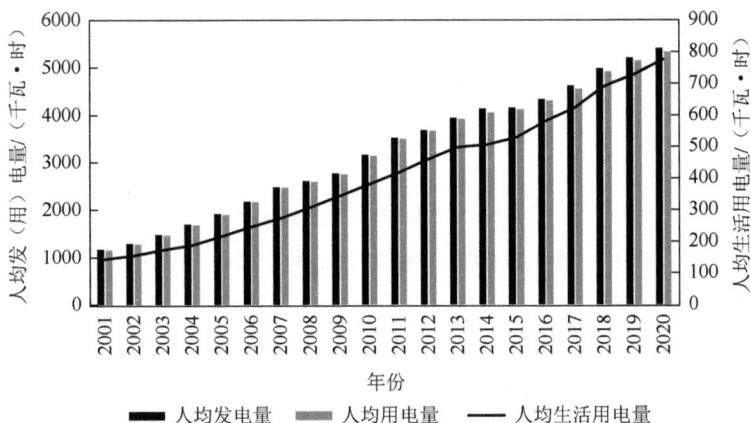

图 10-4　2001～2020 年人均发电量、人均用电量和人均生活用电量情况

2011～2019 年数据根据第七次全国人口普查数据修订；人均发电量计算所用数据是中电联全口径统计数据

2011～2020 年，我国发电结构发生了较大的变化。图 10-5 是我国不同发电类型装机容量情况，风电和光伏发电装机容量大幅升高，2011 年风电和光伏发电的装机容量仅为 4523 万千瓦·时和 222 万千瓦·时，2020 年风电和光伏发电的装机容量增长至 28165 万千瓦·时和 25365 万千瓦·时，这两种发电类型装机容量占比也从 2011 年的 4.4% 和 0.2% 提升至 2020 年的 12.8% 和 11.5%。从图10-5 中可以看出，虽然可再生能源发电迅猛增长，火电占比逐年下降，但是火电仍然是满足我国电力需求最主要的发电类型，2011 年火电装机容量占比为72.3%，装机容量为 76834 万千瓦；2020 年火电装机容量占比为 56.5%，装机容量为 124624 万千瓦。

从地区层面来看，基于各地区发电能力的差异，各地区的发电量在 2016～2020 年呈现出不同的趋势。从全国层面来看，2016 年全国总发电量为 60228 亿千瓦·时，2020 年全国总发电量达到 76264 亿千瓦·时，增长 26.6%。我国各地区间的自然资源和地理条件差异很大，导致发电能力有相当大的差异。2020 年发电量前十的省区分别为山东、内蒙古、江苏、广东、四川、新疆、云南、浙江、山西、湖北，发电量总计为 43452 亿千瓦·时，占全国总发电量的 56.98%。从图 10-6中可以看出，2016～2020 年这十个省区的发电量都在逐年增长，东西部地区发电量相当。

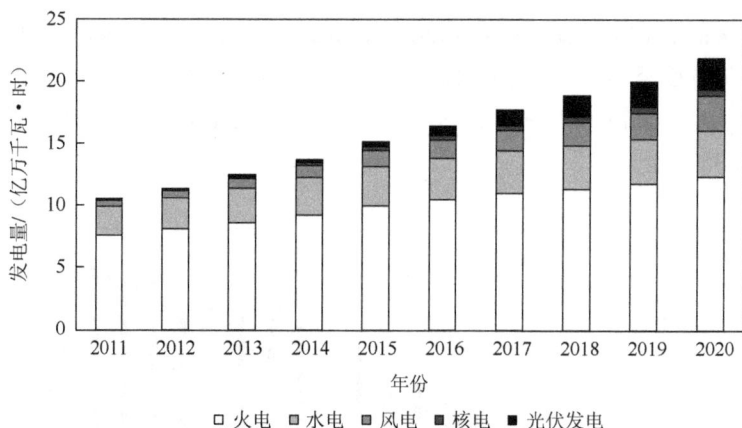

图 10-5　2011～2020 年中国不同发电类型装机容量情况

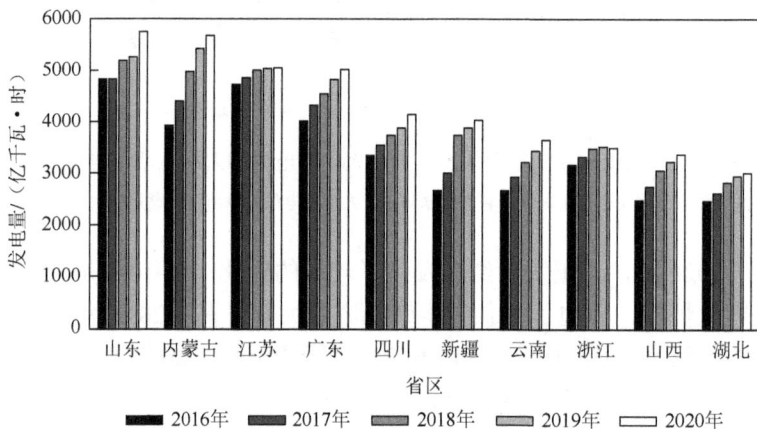

图 10-6　2020 年发电量前十省区的五年间（2016～2020 年）发电量

电力与经济社会发展密切相关，2016～2020 年各省区市的用电量逐年增长①。《中国电力统计年鉴 2021》显示，2020 年全国总用电量为 75214 亿千瓦·时，比 2016 年增加 15467 亿千瓦·时，增速达 25.89%。2020 年全国用电量前十的省区分别为山东、广东、江苏、浙江、河北、内蒙古、河南、新疆、四川和福建，这十个省区的用电量占全国总用电量的 59.45%。结合图 10-7 来看，用电量最多的五个省区都属于东部地区，前十省区仅有内蒙古、新疆和四川属于西部地区。根据各省区的用电量和发电量的情况，东部地区用电量大于发电量。例如，2020 年发电量和用电量都为全国第一的山东当年用电量为 6940 亿千瓦·时，而发电量为 5781 亿千瓦·时，还有 1159 亿千瓦·时的用电缺口。

———————————
① 本章关于全国各省区市的数据不包括港澳台地区。

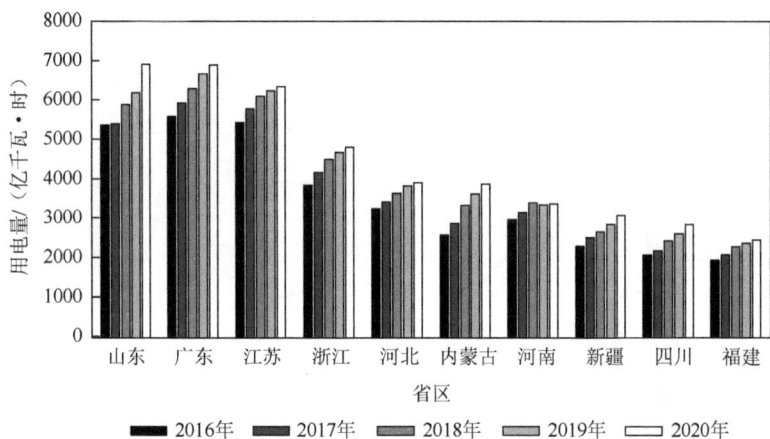

图 10-7　2020 年用电量前十省区的五年间（2016～2020 年）用电量

火电是我国目前最主要的发电类型。这得益于我国丰富的煤炭资源，89.43%的火电是由煤炭提供的，煤炭有着易储存和运输的特点，是我国电力供应的压舱石。如图 10-8 所示，2020 年火电发电量前十的省区分别是山东、内蒙古、江苏、广东、新疆、山西、安徽、浙江、河南、河北。从地区上来看，以东部地区为主，各省区的火电发电量增速与该省（区）的当年的发电结构有关，不同省区之间有较大差异，其中，2020 年新疆的火电发电量增速高达 15.0%，2020 年安徽的火电发电量增速为-4.7%。

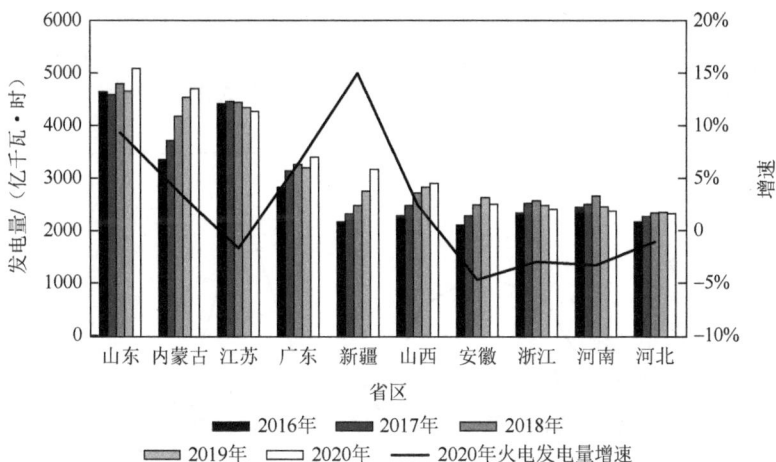

图 10-8　2020 年火电发电量前十省区的五年间（2016～2020 年）火电发电量及 2020 年火电发电量增速

水电长期是我国的第二大电源，水电的供应对于地区的自然禀赋有较高的要求。2016～2020 年，在我国水电发电量前十的省区中，除甘肃和青海外主要集中在中部和南部水资源丰富的省区（图10-9）。从区域来看，水电发电量排名前列的省份没有明显波动，分别是四川、云南、湖北和贵州等，2020年这四个省份水电发电量总计达到8979亿千瓦·时，占全国水电发电量的66.25%。

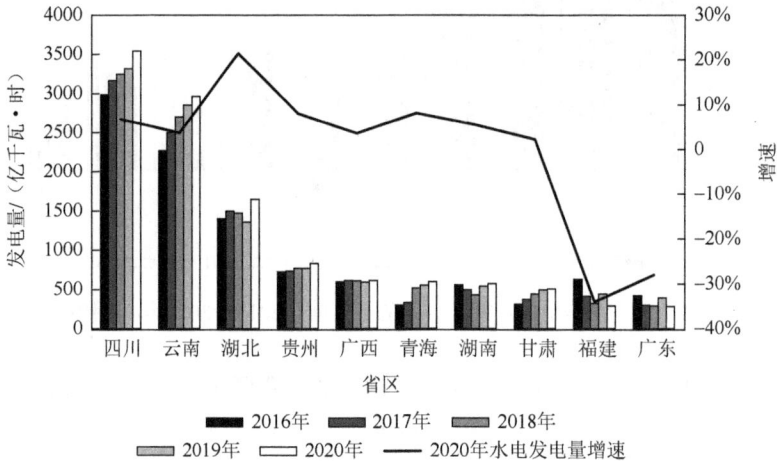

图 10-9　2020 年水电发电量前十省区的五年间（2016～2020 年）水电发电量及 2020 年水电发电量增速

　　随着新能源发电技术的成熟及相关政策的支持，我国风电技术得到快速发展。从风电发电量上来看，相较于 2016 年的 2409 亿千瓦·时，2020 年风电发电量增长至 4665 亿千瓦·时，增长了约 90%。图 10-10 为我国 2016～2020 年风电发电量前十的省区，可以看出我国风电的总体规模还有很大的提升空间。

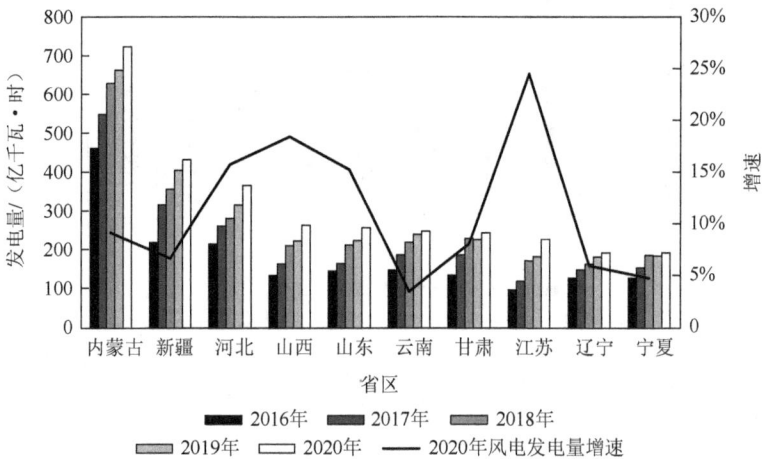

图 10-10　2020 年风电发电量前十省区的五年间（2016～2020 年）风电发电量及 2020 年风电发电量增速

从地区数据可以看出，风电对自然地理环境有一定的要求，风电发电量排名前三的省区分别是内蒙古、新疆和河北，这三个省区的风电发电量呈逐年上升趋势。2020 年，主要风电省区的风电发电量总计达到 3166 亿千瓦·时，占全国风电发电量的 67.87%。此外，内蒙古、新疆、山西、云南、甘肃和宁夏等中西部地区也是我国具有潜力的风电大省（区）。

和水电类似，风电的生产高度依赖当地自然条件。风能无法像煤炭那样储存和运输，且目前风电成本较高，因此，尽管国家大力发展清洁能源，大规模的风电利用短期内还是不容易实现的，需要进行更多的技术积累。

大幅度提高非化石能源比例是中国近年能源转型的主要工作。2016～2020 年我国光伏产业高速发展，光伏发电发电量逐年增长。2016 年光伏发电发电量为 665 亿千瓦·时，2020 年光伏发电发电量增长至 2611 亿千瓦·时，增长了 2.93 倍。

除了个别省区市因日照不充足、闲置土地少等自然条件受限外，光伏发电发电量与地区在光伏产业上的投入力度息息相关。2020 年光伏发电发电量前十的省区分别是河北、山东、内蒙古、江苏、青海、山西、新疆、宁夏、甘肃、浙江（表 10-1），其合计光伏发电发电量占全国光伏发电发电量的 63.39%。相比其他发电类型，光伏发电发电成本较高，具有随机性、间歇性和不稳定性的特点，因此光伏发电发电量仅占总发电量的 3.4%。随着我国新能源发电装机容量的不断增长，光伏发电产业还有很大的增长空间。

表 10-1 2016～2020 年光伏发电发电量前十省区（单位：亿千瓦·时）

地区	2016 年	地区	2017 年	地区	2018 年	地区	2019 年	地区	2020 年
青海	90	内蒙古	113	山东	137	河北	176	河北	211
内蒙古	83	青海	113	青海	131	山东	167	山东	206
新疆	67	新疆	107	内蒙古	130	内蒙古	163	内蒙古	188
甘肃	60	江苏	81	河北	126	青海	158	江苏	167
宁夏	55	河北	77	江苏	120	江苏	154	青海	167
江苏	47	宁夏	76	新疆	116	新疆	132	山西	159
河北	40	山东	73	安徽	104	山西	128	新疆	157
山东	31	甘肃	73	浙江	100	安徽	125	宁夏	136
山西	27	安徽	62	宁夏	97	浙江	119	甘肃	133
云南	23	山西	56	甘肃	95	甘肃	118	浙江	131

10.1.2　跨省输配电结构特征分析

全国总发电量和总用电量呈现上升趋势，很多地区存在电力供应和需求不匹配问题。例如，2020 年北京的发电量仅为 456 亿千瓦·时，用电量为 1140 亿千瓦·时，存在 684 亿千瓦·时的用电缺口；同年山西的用电量为 2343 亿千瓦·时，发电量为 3395 亿千瓦·时，可多供应 1052 亿千瓦·时的电。各省区市的自然禀赋不同，在电的需求和供给上呈现出不平衡的趋势，而电力间的调度有效地解决了此类问题。

全国各省区市都存在跨省电力调度行为，西部地区为电力输出的主要区域。根据《中国电力统计年鉴 2021》公布的各省区市的跨省送出电量数据，西部地区（尤其是内蒙古、云南、四川、陕西、宁夏、新疆和甘肃等六个省区）为电力净生产地区，送电量高达 7752.2262 亿千瓦·时，占全国总送电量的 50.55%。除山西和湖北外，中东部地区整体用电量大于发电量，存在部分邻近省区市间的电力调度行为，跨省输电量较少。2020 年西部地区的跨省输电量相比 2019 年均有所增加，增加总量为 908.0239 亿千瓦·时，其中，跨省输电量最大的省（区市）是内蒙古，为 2310.7674 亿千瓦·时；跨省输电量增速最大的省（区市）是新疆，增速为 41.78%（图 10-11）。

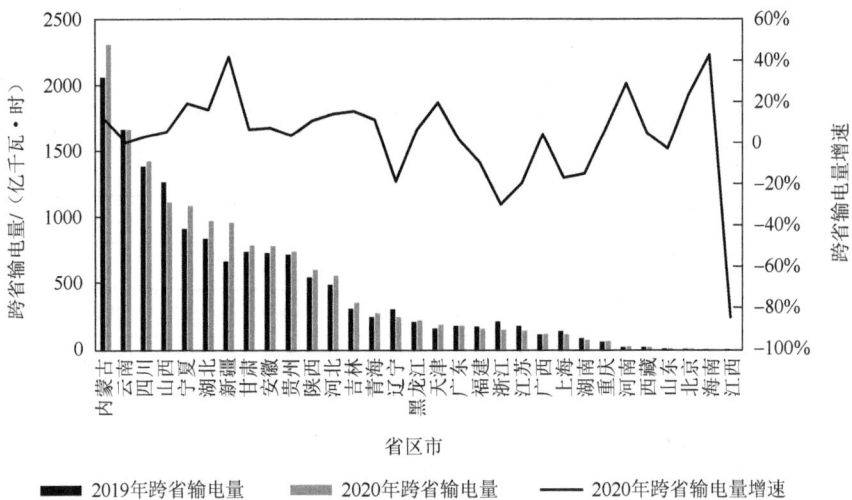

图 10-11　2019～2020 年跨省输电量及 2020 年跨省输电量增速

10.1.3　省级电网企业输配电特征分析

电网企业的供电量与发电量并不相等。电网企业的供电量 = 厂供电量 + 外购

电量 + 电网送入电量−向电网输出电量。对供电量的正确计量是保证线损率、购电量、购电费、利润等主要技术经济指标准确的前提，也是表征电力部门生产技术水平、经营管理水平和在一定售电量下核定电网企业升级的一项综合性技术经济指标。在某种意义上讲，线损管理就是供、售电量的管理，其目的是使线损率达到经济合理水平。

各省区市之间的电力调度是解决电力供需不平衡问题的主要方式，西电东送是解决此类供需问题的一个重要工程。电力主要净输入省区市的电网企业供电量与发电量的比值会超过 100%，而电力主要净输出省区市的电网企业供电量与发电量的比值很低。考虑电网输电损耗等因素，2020 年我国电网企业供电量与发电量的比值为 84.71%。如图 10-12 所示，2020 年各省区市的电网企业供电量与发电量的比值超过 100% 的省区市分别为北京（263.71%）、上海（156.81%）、广东（129.94%）、天津（122.82%）、河北（117.43%）、重庆（116.92%）、浙江（112.49%）、青海（107.63%）、江苏（105.22%）、湖南（102.91%）、辽宁（101.73%）、河南（100.52%）。除青海外，其余省区市都属于中东部地区。电力主要输出省区（如新疆、内蒙古、宁夏、山西、四川、湖北、甘肃）的电网企业供电量与发电量的比值远低于全国平均水平，分别为 31.39%、40.75%、50.21%、58.13%、58.48%、61.15%、62.89%，这些省区均属于中西部地区。

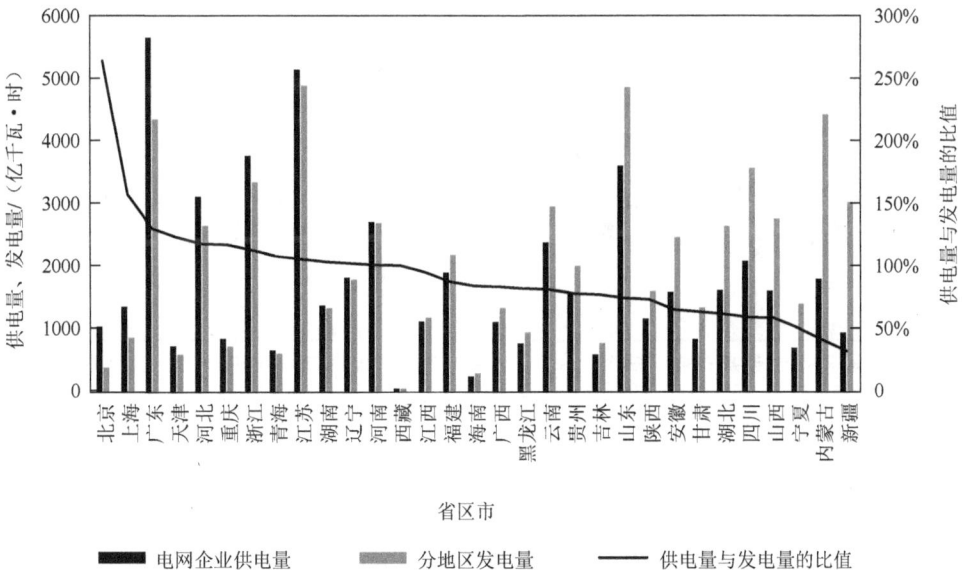

图 10-12　2020 年全国各省区市电网企业供电量和发电量及供电量与发电量的比值

新疆的电网企业供电量为新疆电力公司上报公司口径数据

10.2　中国各地区电价与水价对比分析

10.2.1　上网电价与工业水价分析

地区上网电价和工业水价由各省区市自行定价，不同省区市上网电价相差较大，呈现出东部地区高、西部地区低的趋势。2017 年上网电价较高的省区市除四川外都属于东部地区，其中，广东上网电价最高，为 0.4505 元/（千瓦·时）。上网电价较低的省区都属于西部地区，分别为宁夏、新疆、内蒙古、甘肃等，均为西部地区跨省输电大省（区），其中，宁夏上网电价最低，为 0.2595 元/（千瓦·时），仅为广东上网电价的 57.6%。

地区工业水价与当地水资源丰富程度并不匹配。例如，水资源相对匮乏的新疆、青海等西部地区的工业水价较低，分别为 3.6 元/米³、3.43 元/米³；水资源丰富的四川的工业水价比上述两省区高，为 4.43 元/米³。

综合考虑不同省区市的环境规制和水资源禀赋，较为发达的中东部地区的环境标准更加严格，全国各省区市之间的工业水价差别很大。工业水价最高的是北京，为 9.5 元/米³，工业水价最低的是甘肃，为 1.97 元/米³，两者相差 7.53 元/米³（图 10-13）。

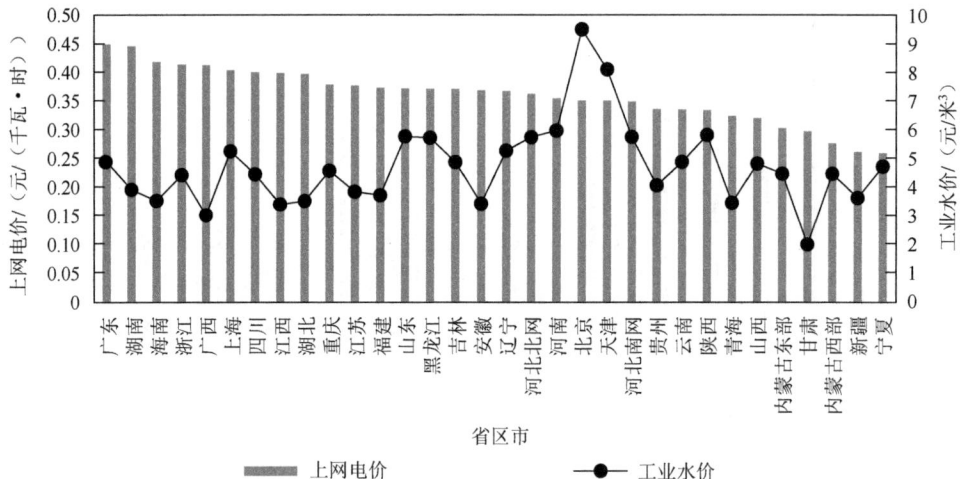

图 10-13　2017 年上网电价与工业水价的关系

围绕实现"双碳"目标要求，促进风电、光伏发电等新能源发电产业的持续健康发展，充分发挥价格信号引导作用。国家能源局对于新能源的上网电价形成机制在原有机制的基础上做出改进。在推行新能源的过程中，风电、光伏发电技术得到了很多政策支持。因此，风电、光伏发电指导价是统筹考虑各地燃煤发电基准价和市场交易平均价分别确定的。由各省区市 2021 年风电、光伏发电指导价和燃煤发电基准价可以看出，除青海外，其他省区市的风电、光伏发电指导价与燃煤发电基准价相当，整体呈现西部地区价格低、东部地区价格高的特征（图 10-14）。

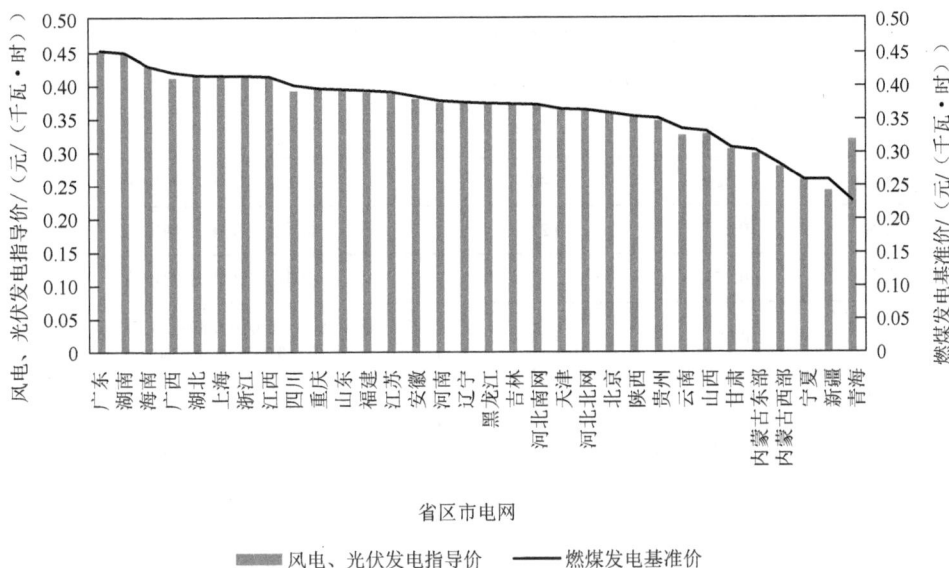

图 10-14   2021 年风电、光伏发电指导价和燃煤发电基准价

在"双碳"目标指引下，西北地区新能源将进入大规模快速发展和高比例并网阶段，我国电力市场急需不断完善。截至 2021 年底，西北地区新能源发电装机容量占全国新能源发电装机容量的比例为 42%，西部地区新能源发电量占全国新能源发电量的比例为 21%，作为我国电力输出的主要区域，随着西北地区新能源越来越多地被开发利用，该地区需要及时更新适合本地区的风电、光伏发电定价方法。光伏发电成本比较高，为优化能源结构，相关政策对清洁能源的补贴力度较大。随着新能源布局发展更加完善，从 2021 年起，对于新备案集中式光伏电站、工商业分布式光伏和新核准陆上风电项目发电，中央财政不再补贴，未来风电、光伏发电指导价可能有明显变化。

各省区市之间的水电上网电价差异较大，部分省区市在区域内部也会实行差异化定价，如按水电站规模定价、一站一议、峰谷定价等。同时，水电可以通过抽水蓄能方式实现电源快速启停和大幅度调节，是很好的调峰电源。水电供应地区整体呈现小水电的上网电价大于大中水电的上网电价的特征，部分省区按水电站规模定价价差较大，例如，2017 年湖北的小水电上网电价为 0.2864 元/（千瓦·时），大中水电的上网电价为 0.41 元/（千瓦·时）（表 10-2）。水电整体的上网电价和火电相当，相比其他非水可再生能源发电类型更加便宜，但是水电供电量受当年极端天气等因素影响，例如，2022 年水电第一大省四川的大旱天气导致全国水电供应量显著下降。

表 10-2　2017 年各省区电网水电上网电价情况

省区电网	上网电价/（元/（千瓦·时））（含税）		备注
	小水电	大中水电	
河北北网	0.42	0.42	含小水电标杆上网电价
山西	0.27	0.27	含小水电标杆上网电价
山东	0.37	0.37	含小水电标杆上网电价
浙江	0.48	0.48	实行峰谷电价，峰电：0.595 元/（千瓦·时），谷电：0.238 元/（千瓦·时）
安徽	0.3844	0.3844	含小水电标杆上网电价
福建	0.311	0.311	含小水电标杆上网电价
湖北	0.2864	0.41	—
湖南	0.3	0.41	—
江西	0.31	0.36	—
四川	0.308	大型电站一站一议	外送电项目根据输电成本核定电价
辽宁	0.33	0.347	—
吉林	0.3757	0.3757	具有调节性电站可申请单独核算
黑龙江	0.3859	一站一议	大中型电站根据成本、电价单独核算
陕西	0.27	0.27	—
甘肃	0.257	0.257	—
青海	0.212	一站一议	大型电站电价可核算到 0.25 元/（千瓦·时）以上
云南	0.235	大型电站一站一议	外送电项目根据输电成本核定电价
贵州	0.26	一站一议	大型电站电价可批复到 0.3 元/（千瓦·时）
新疆	0.235	0.25	南疆三地州

注：标杆上网电价含脱硫、脱硝和除尘电价。

10.2.2　分地区服务业用水与工业水价分析

我国已经推广实施阶梯水价制度。2002 年,《关于进一步推进城市供水价格改革工作的通知》要求进一步推进城市供水价格改革。2014 年 1 月,国家发展改革委、住房城乡建设部出台相关政策,要求 2015 年底前所有城市原则上全面实行居民阶梯水价制度。

为了充分发挥市场、价格因素在水资源配置、水需求调节等方面的作用,拓展水价上调的空间,增强企业和居民的节水意识,避免水资源过度浪费,各地区实行阶梯水价,即单位水价会随着耗水量分段增加。目前除青海外,各省区市都实行三个阶梯的生活水价。各省区市第一阶梯和第二阶梯水价价差为 $1 \sim 2$ 元/米 ^{3},第二阶梯和第三阶梯水价价差为 $2 \sim 3$ 元/米 ^{3},河南、山东第二阶梯和第三阶梯水价价差分别为 4.65 元/米 ^{3} 和 4.2 元/米 ^{3}(图 10-15)。

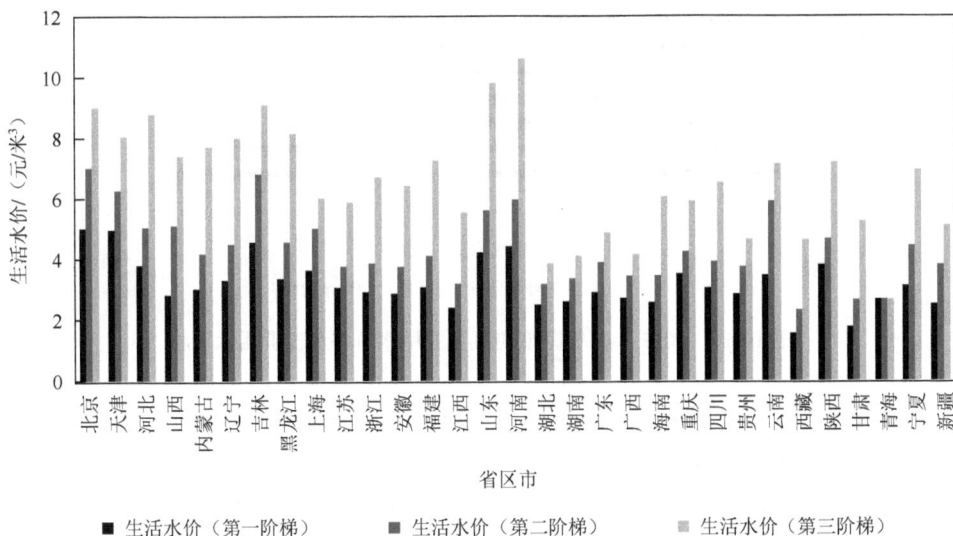

图 10-15　2017 年各省区市的三个阶梯生活水价

我国服务业用水与工业用水的价格不同。2015 年,我国开始实行水价分类改革,针对工业、服务业实行不同的价格标准,各省区市的服务业用水与工业用水由该省(区市)自行定价,不同省区市间的用水价格差别较大。用水定价没有特别的地域特征,水资源丰沛的区域(如贵州、湖南、四川)的用水价格并没有明显优势(图 10-16)。

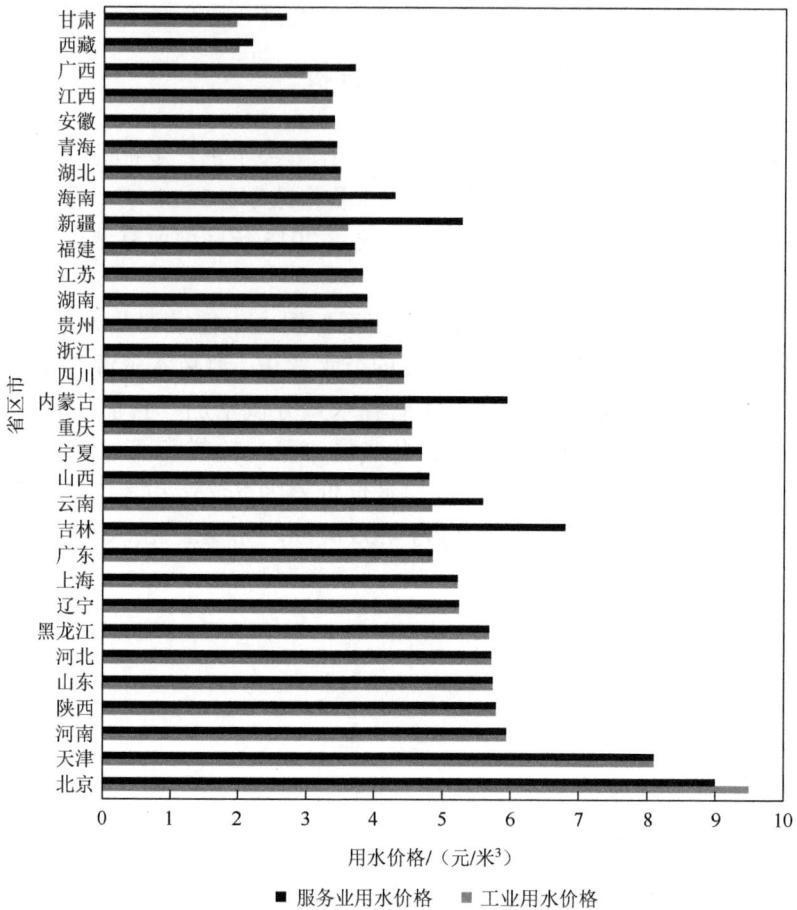

图 10-16　2017 年各省区市的服务业用水价格和工业用水价格

　　大部分省区市的服务业用水价格与工业用水价格相同，其中，八个省区的工业用水价格低于服务业用水价格，吉林、新疆和内蒙古的服务业用水价格与工业用水价格有较大价差，分别为 1.95 元/米^3、1.68 元/米^3 和 1.5 元/米^3。

10.3　方法和数据

10.3.1　方法

　　本节基于由切纳里-摩西模型（Chenery-Moses model）构建的 2017 年中国区域间投入产出表对电-水网络进行量化研究。

　　2017 年中国区域间投入产出表是截至本节撰写时最新的中国省际投入产出表。该表由中国 31 个省区市和 42 个行业组成。考虑投入产出表与电力生产用水数据的部门匹配情况，本节将该表中的 42 个行业汇总为 26 个部门，包括 1 个农业部门、5 个能源部门（煤；原油和天然气；炼焦、煤气、石油；电力、热力的生产和供应；天然气）、1 个水利部门、15 个非能源非水利部门和 4 个服务部门，见附表 1。

　　不同发电技术对电-水网络的核算影响很大，因此有必要根据技术差异对发电部门进行分类。本节发电以火电（包括燃煤发电、燃气发电、石油发电）、核电、水电和除水电外的可再生能源发电（包括风电、光伏发电、生物质能等其他可再生能源发电）的四种电力组合和八种电力技术进行区分，由其在区域间投入产出框架中的技术参数和成本参数来表示。图 10-17 为电-水网络分析的区域间投入产出框架，其中，将电力生产中的用水分为八种类型，包括水电和七种发电类型（燃煤发电、燃气发电、石油发电、核电、风电、光伏发电和生物质能等其他可再生能源发电）的水冷却技术。为了简便起见，本节使用一个假设两区域（区域 r 和 s）的区域间投入产出模型来展示电-水网络核算中区域间投入产出模型的数学结构（表 10-3）。在区域间投入产出模型中，中间品生产分为能源部门（C）、水利生产供应部门（W）和其他部门（N），其中，下标 i 和 j 表示部门。

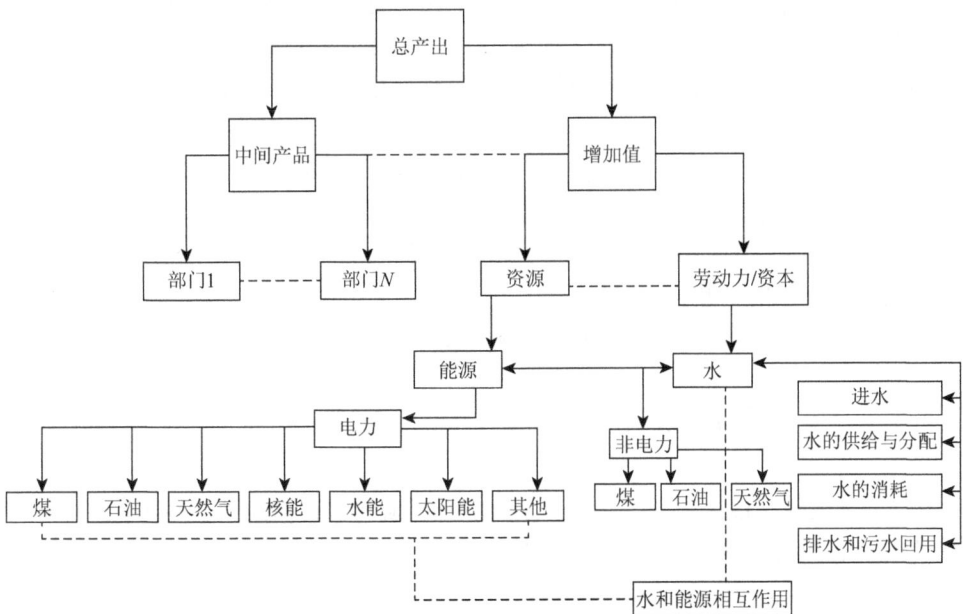

图 10-17　电-水网络分析的区域间投入产出框架

表 10-3　两区域间投入产出模型的基本结构

项目		中间投入						最终需求		出口	最终需求合计	总产出
		地区 r			地区 s			地区 r	地区 s			
		C	W	N	C	W	N					
地区 r	C	Z_{CC}^{rr}	Z_{CW}^{rr}	Z_{CN}^{rr}	Z_{CC}^{rs}	Z_{CW}^{rs}	Z_{CN}^{rs}	F_C^{rr}	F_C^{rs}	e_C^r	f_C^r	X_C^r
	W	Z_{WC}^{rr}	Z_{WW}^{rr}	Z_{WN}^{rr}	Z_{WC}^{rs}	Z_{WW}^{rs}	Z_{WN}^{rs}	F_W^{rr}	F_W^{rs}	e_W^r	f_W^r	X_W^r
	N	Z_{NC}^{rr}	Z_{NW}^{rr}	Z_{NN}^{rr}	Z_{NC}^{rs}	Z_{NW}^{rs}	Z_{NN}^{rs}	F_N^{rr}	F_N^{rs}	e_N^r	f_N^r	X_N^r
地区 s	C	Z_{CC}^{sr}	Z_{CW}^{sr}	Z_{CN}^{sr}	Z_{CC}^{ss}	Z_{CW}^{ss}	Z_{CN}^{ss}	F_C^{sr}	F_C^{ss}	e_C^s	f_C^s	X_C^s
	W	Z_{WC}^{sr}	Z_{WW}^{sr}	Z_{WN}^{sr}	Z_{WC}^{ss}	Z_{WW}^{ss}	Z_{WN}^{ss}	F_W^{sr}	F_W^{ss}	e_W^s	f_W^s	X_W^s
	N	Z_{NC}^{sr}	Z_{NW}^{sr}	Z_{NN}^{sr}	Z_{NC}^{ss}	Z_{NW}^{ss}	Z_{NN}^{ss}	F_N^{sr}	F_N^{ss}	e_N^s	f_N^s	X_N^s
进口		M^{Zr}			M^{Zs}			M^{Fr}	M^{Fs}			m
增加值		$(v^r)'$			$(v^s)'$							
总投入		$(x^r)'$			$(x^s)'$							
能源		c_C^r	c_W^r	c_N^r	c_C^s	c_W^s	c_N^s					
水		w_C^r	w_W^r	w_N^r	w_C^s	w_W^s	w_N^s					

区域间投入产出表的每一行表示产出的使用，包括中间使用（在标记为 Z 的分块中，元素 Z_{ij}^{rs} 为 r 地区 i 行业到 s 地区 j 行业的中间投入）、国内最终使用（在标记为 F 的分块中，元素 F_i^{rs} 为 r 地区 i 行业的最终产品满足 s 地区的最终需求）和出口（在标号为 e 的分块中，元素 e_i^r 为 r 地区中 i 行业的出口）。

区域间投入产出模型的每一列表示用于生产的投入，包括国内中间投入（在标记为 Z 的分块中）、进口中间投入（在标号为 M^Z 的分块中，元素 M_j^{Zr} 为 r 地区 j 行业进口的中间投入）和增加值（在标记为 v 的分块中，元素 v_j^s 为 s 地区 j 行业产生的增加值）。能源和水的数据由卫星账户提供，元素 c_j^s 和 w_j^s 分别为 s 地区 j 行业的能源和水的消费量。

上述账户计算方程可以用矩阵形式表示为

$$X = AX + F \tag{10-1}$$

$$A = \begin{bmatrix} A^{rr} & A^{rs} \\ A^{sr} & A^{ss} \end{bmatrix}, \quad X = \begin{bmatrix} X^r \\ X^s \end{bmatrix}, \quad F = \begin{bmatrix} F^{rr} + F^{rs} \\ F^{sr} + F^{ss} \end{bmatrix} \mu + \begin{bmatrix} e^r \\ e^s \end{bmatrix} \tag{10-2}$$

式中，X 为所有区域的总产出向量；A 为所有区域间直接需求系数矩阵；F 为所有加总的区域间的最终需求向量。

r 地区 j 行业的电力用水直接系数为

$$W^r = \begin{bmatrix} \omega_j^r \end{bmatrix}, \quad \omega_j^r = \frac{w_j^r}{x_j^r} \tag{10-3}$$

由此可得 s 地区引起的 r 地区的电力用水总量系数：

$$\mathrm{TW}^{rs} = W^{rs}[I - A^{rs}]^{-1} \qquad (10\text{-}4)$$

式中，

$$W^{rs} = \begin{bmatrix} W^{r_1} & 0 & \cdots & 0 \\ 0 & W^{r_2} & \cdots & 0 \\ \vdots & \vdots & & \vdots \\ 0 & 0 & \cdots & W^{r_n} \end{bmatrix} \qquad (10\text{-}5)$$

区域间供需平衡的、与电力相关的虚拟水的区域间传输量为

$$\mathrm{WFE}^{rs} = \mathrm{TW}^{rs}F^{rs} \qquad (10\text{-}6)$$

由此可得各能源类型的、与电力相关的虚拟水传输量为

$$\begin{aligned} (\mathrm{WFE}^{rs})_{\mathrm{total}} = {} & (\mathrm{TW}^{rs}F^{rs})_{\mathrm{coa}} + (\mathrm{TW}^{rs}F^{rs})_{\mathrm{ngs}} + (\mathrm{TW}^{rs}F^{rs})_{\mathrm{pet}} \\ & + (\mathrm{TW}^{rs}F^{rs})_{\mathrm{nuc}} + (\mathrm{TW}^{rs}F^{rs})_{\mathrm{hyd}} + (\mathrm{TW}^{rs}F^{rs})_{\mathrm{win}} \\ & + (\mathrm{TW}^{rs}F^{rs})_{\mathrm{sol}} + (\mathrm{TW}^{rs}F^{rs})_{\mathrm{oth}} \end{aligned} \qquad (10\text{-}7)$$

10.3.2　数据

1. 发电用水强度

本节的核算涵盖不同发电类型电力部门组合的用水量。其中，火电（以煤、石油、天然气、核能、生物质能等为主要化石燃料）在能源和燃料的提取、运输和发电过程中都需要消耗水。与电力有关的虚拟水的消耗是指通过蒸发、运输或其他不能以液体形式恢复到原始水源的过程中的水资源损失。各地区不同行业用水量数据来自《中国环境统计年鉴 2018》和 2017 年《中国水资源公报》，用水强度数据参考 Zhang 等（2016）的研究。各地区不同行业能源供应和用电量数据来自《中国能源统计年鉴 2018》，能源消费强度数据参考 Xia 等（2015）的研究。

电力生产中的用水量与电厂采用的冷却技术密切相关。国内常用的冷却技术有三种：开环冷却、闭环冷却和空冷。由于冷却塔循环水存在蒸发损失，闭环冷却系统的用水量最多；开环冷却系统使用自来水，用水量少得多；空冷系统的用水量最少，该系统不需要用水来冷却。本节主要介绍的燃煤电厂配置的闭环冷却、开环冷却和空冷系统的用水量占比分别为 50.2%、38.2% 和 11.6%，其中，燃煤和燃气发电机组的用水量数据来自中电联。不同冷却技术下燃煤电厂的用水强度存在显著差异。对于有闭环冷却、开环冷却和空冷系统的电厂，本节使用中国省级退水强度的高值（附表 2）。根据中电联制定的中国火电厂及其他发电技术的详细用水清单，考虑各机组的发电类型、机组规模、冷却技术和水源，估算出各

机组的用水系数（附表3）。热电部门的省域海水使用量及不同省区市的水电和可再生能源的用水强度均未纳入本节的研究。

2. 各省区市电网发电成本结构

中国电网可分为国家级电网、地方电网和省级电网三个层次，共八个电网。大部分国家级电网由国家电网有限公司（国家级国有企业）管理运营，南方电网由中国南方电网有限责任公司（国家级国有企业）运营，内蒙古西部电网由内蒙古电力（集团）有限责任公司（地方国有企业）运营。本节将内蒙古东部电网和内蒙古西部电网合并为内蒙古电网（表10-4）。

表10-4　按省级行政区域划分地区及电网分布情况

地区	省区市	
东部地区（E）	北京、天津、河北、上海、江苏、浙江、福建、山东、广东、海南	
中部地区（M）	山西、安徽、江西、河南、湖北、湖南	
西部地区（W）	内蒙古、广西、重庆、四川、贵州、云南、陕西、甘肃、青海、宁夏、新疆、西藏	
北部地区（NE）	黑龙江、辽宁、吉林	
国家级电网	地方电网	省级电网
国家电网有限公司	华北电网	北京、天津、河北、山东、山西
	东北电网	黑龙江、辽宁、吉林
	华东电网	上海、江苏、浙江、福建、安徽
	华中电网	江西、河南、湖北、湖南
	西南电网	重庆、四川、西藏
	西北电网	陕西、甘肃、青海、宁夏、新疆
中国南方电网有限责任公司	南方电网	广东、广西、贵州、云南、海南
——	内蒙古电网	内蒙古西部、内蒙古东部

注：内蒙古东部电网属于国家电网有限公司东北分部（包括赤峰、通辽、兴安、呼伦贝尔），内蒙古西部电网由内蒙古电力（集团）有限责任公司（包括阿拉善、乌海、巴彦淖尔、包头、呼和浩特、乌兰察布、锡林郭勒）运营。

2017年各省区市电网电力组合数据来自《中国能源统计年鉴2018》，见附表4。因为西藏电网与其他省区市隔离，且发电能力非常小，所以本节的研究不包括西藏。中国的发电结构不断完善，目前已经发展成为多种发电类型和多种电力来源的混合发电，包括水电、核电、风电、可再生能源发电（光伏发电、生物质能发电等）。目前，我国已建成了一批水电站，其中包括三峡工程等特大型水电站。

水电与水资源、电力密切相关，是中国最重要的可再生能源。2017年，中国水电发电量为11.29亿千瓦·时，占总发电量的18.6%，占可再生能源发电量的

64.1%。中国的水电主要位于水资源禀赋丰富的西南地区，该地区的水资源量达 1112 亿米³，占中国水资源总量的 38.69%。从省级层面看，2017 年四川、云南、西藏的水电成本占比分别为 72.8%、65.4%、71.8%（图 10-18）。

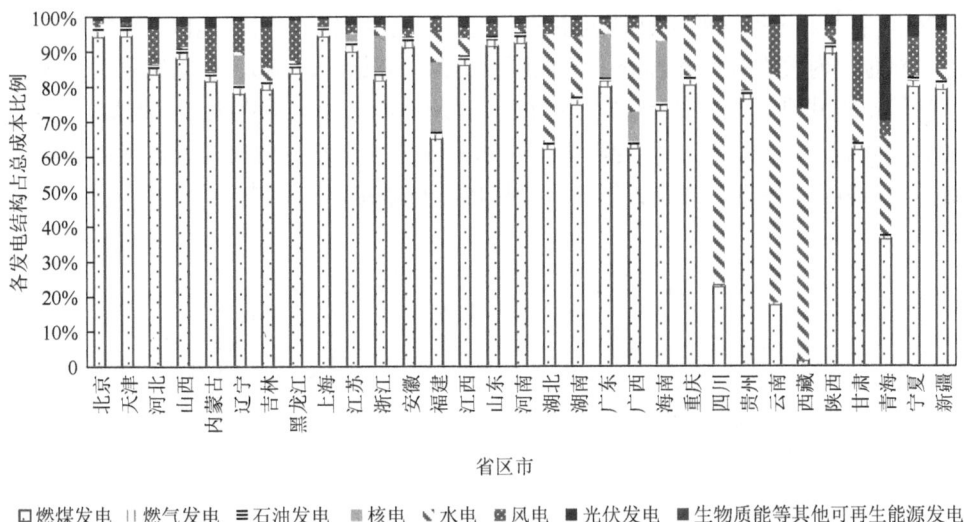

图 10-18　2017 年发电成本结构（见文后彩图）

发电成本结构为附表 4 中按 LCOE 和各省区市电力组合计算的结果；中国不同电厂的 LCOE 数据来自 IEA 于 2015 年的报告

10.4　结　果

10.4.1　与电力相关的虚拟水传输和水价

估计结果表明，2017 年在区域间流动的虚拟水消耗量为 55 亿米³，约占电力行业总用水量的 50%。就具体的发电类型而言，大多数省区市中，与燃煤发电有关的用水是电力生产过程中消耗水的主要形式，其次是水电的用水。不同地区的发电结构不仅反映了当地的能源资源禀赋，而且决定了发电成本。例如，2017 年以水电为主的四川的电价为 0.4012 元/（千瓦·时），电价与上海接近，但其工业水价比上海要低 0.8 元/米³（图 10-13）；其他以水电为主的省区市的工业水价也普遍较低。因此，当电力从电价较高的电网输送到电价较低的电网时，嵌入在电力中的较低水价的水资源同时输送到水价较高的地区。这意味着嵌入电力传输的水资源的稀缺性并未体现在电力交易过程中，这加剧了水资源空间配置的不平衡。

将省级电网层面省际电力相关的虚拟水净流量绘制成圆图（图 10-19），可以观察到虚拟水净流量的四组主要路径。首先华北—华东路径是最大的虚拟水净流量（虚拟水净流出量为224.4万米³）路径；其次是华中—华东路径（虚拟水净流出量为1.701亿米³）；再次是西北—西南路径（虚拟水净流出量为1.507亿米³），该路径包括四川、重庆、西藏；最后是内蒙古—东北路径（虚拟水净流出量为8230万米³）。虚拟水的消耗地区主要来自能源资源禀赋丰富的地区，包括西部地区（新疆、内蒙古等）和部分中部地区（山西、安徽、河南）。在国家层面，虚拟水的输电方式是以电网的跨省输电为主、以跨电网远距离输电为辅。例如，山西、河北、安徽、广东、辽宁作为涉电虚拟水的输出省份，主要在区域电网内部传输虚拟水；新疆、陕西、内蒙古等西部地区的涉电虚拟水以跨电网传输为主要特征。

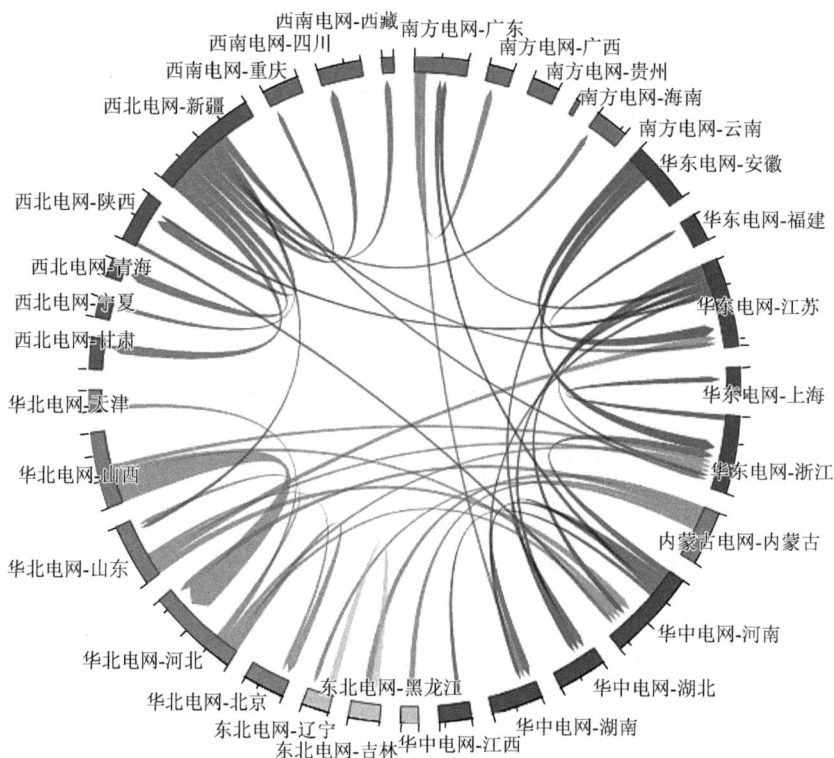

图 10-19 省际电力相关的虚拟水净流量的空间布局（见文后彩图）

按电网从上到下顺时针排序；同一电网公司中的节点具有相同的颜色，边和出站节点具有
相同的颜色；箭头按照虚拟水的转出地至虚拟水的接收地

10.4.2 与煤电、气电相关的虚拟水流动

与煤电相关的虚拟水流量与当地煤炭资源禀赋高度相关。全国各省区市燃

煤发电和水电相关的虚拟水净流出量分别为 14.026 亿米^3 和 1.411 亿米^3，分别占电力相关虚拟水总净流出量的 70.2%和 7.1%。煤炭资源丰富的省区（如新疆、山西、河北、内蒙古）有大量的与煤电相关的虚拟水的流出。煤电相关的虚拟水流量的空间分布特征呈现出了地理错配现象，这是因为中国西北部地区为主要的煤炭储备地区，中国东部地区为电力的高需求地区。自 21 世纪初中央政府开始推进西部大开发战略以来，我国煤电产业以前所未有的速度向西北地区转移。为了满足华东电网和华中电网的高电力需求，大量电力从西向东、从北向南远距离大容量输送。

跨区域输电实现了有丰富煤炭资源省区的低价电力向电价较高的中东部经济发达地区的输送。与煤电相关的虚拟水流出地区一般电价较低。例如，新疆和内蒙古作为主要的与煤电相关的虚拟水流出省区，电价相对较低，分别为 0.262 元/（千瓦·时）和 0.277 元/（千瓦·时）。同时，新疆电力流向电价较高的浙江、四川、江苏等省份，这三个省份的电价分别为 0.4153 元/（千瓦·时）、0.4012 元/（千瓦·时）、0.378 元/（千瓦·时）（图 10-13）。煤炭资源禀赋较丰富的省区往往水资源匮乏，因此水价较高。例如，煤炭资源丰富的河北和山西的工业水价分别达到 5.73 元/米^3 和 4.8 元/米^3（图 10-13）。这一发现证实了低价电力通过与电力相关的虚拟水将电力输送到电价较高的地区，同时高价的水资源通过虚拟水的传输向水资源禀赋丰富、水价较低的地区隐性输送，这两种状况的并存会加剧水资源空间配置的隐形失衡。

与燃气发电相关的虚拟水流量目前仅占与电力相关的虚拟水总流量的很小的比例。尽管目前气电价格较高，考虑中国在"双碳"背景下对煤炭消费的限制，"十四五"时期，中国气电产量将继续增长。对化石燃料消耗的限制也会影响燃气发电的部署和运输，使其在长期内不太可能成为主要的电力类型。

10.4.3　与水电相关的虚拟水流量

图 10-20 显示了省际水电相关的虚拟水流量的空间布局。在南方电网中，广东接收了最多的水电相关虚拟水流量，接收量为 7.15 亿米^3。为广东输送虚拟水的主要省份分别为云南（3.72 亿米^3）、贵州（1.10 亿米^3）和四川（1.17 亿米^3），这三个省份的电力输配都由西南电网负责。总体而言，西南地区水电开发规模大，但是电力需求有限，电力供给大于需求，因此需要将剩余电力大规模向外省输送。电力接收地区主要在中东部地区，包括广东、广西、北京、天津、河北、山东，这些地区的电力消费量共计 2.91 亿千瓦·时。2030 年，西南地区水电外送规模预计将占中东部地区电力市场的 24%，并且中东部地区完全有能力消纳西南地区的水电。

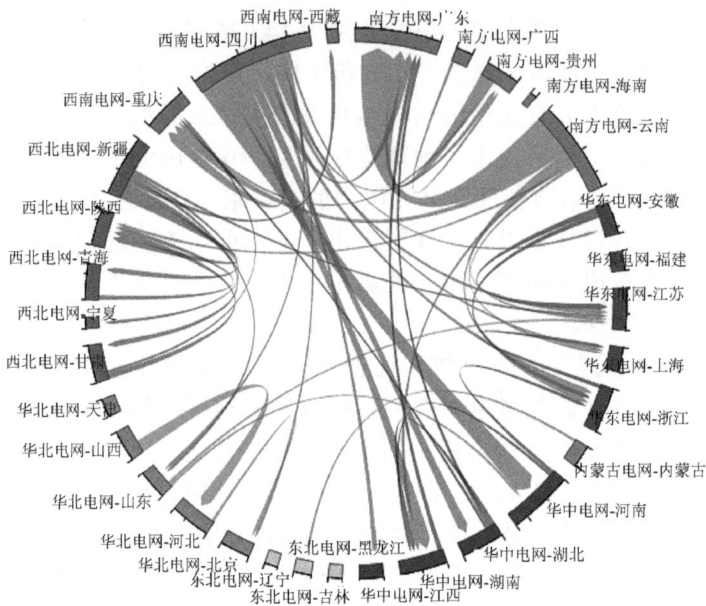

图 10-20　省际水电相关的虚拟水流量的空间布局（见文后彩图）

即使在同一地区，水电价格也存在显著差异。例如，湖南水电价格为 0.3～ 0.41 元/（千瓦·时），最高水电价格与最低水电价格相差 30% 以上。不仅如此，水电与煤电的价格差异也十分明显。例如，湖南煤电上网电价为 0.45 元/（千瓦·时），比最低水电上网电价高出 50%，这些差别电价违背了正常的电力市场规律，制约了清洁能源电力的发展。在跨区输电方面，与煤电类似，水电也呈现出低电价地区向高电价地区输送电力的格局。

与水电相关的虚拟水呈现两种传输方式，分别为同一电网的跨省输送和跨电网的跨省输送。前者反映了水资源从高价格地区向低价格地区的流动，例如，在南方电网中，水电相关的虚拟水以由云南、贵州流出至广西为主，虚拟水流出省份云南和贵州的工业水价分别为 4.85 元/米^3 和 4.05 元/米^3，远高于虚拟水流入省区广西的工业水价（2.99 元/米^3）；后者反映了与水电相关的虚拟水从低水价地区向高水价地区的流动，例如，水电相关的虚拟水从西南电网的四川输送到华中电网的河南，虚拟水输出省份四川的工业水价为 4.43 元/米^3，接收虚拟水的省份河南的工业水价高达 5.95 元/米^3。因此，将沿着省级电网跨省输送的水电相关的虚拟水考虑进电力定价中不仅能够反映水资源的稀缺性，而且有助于更好地匹配电价与电力生产中的真实成本。

10.4.4　与可再生能源发电相关的虚拟水流动

与可再生能源发电相关的虚拟水消耗量与地理间的传输模式表现出一致

性。风电和光伏发电相关的虚拟水主要流入地区与该能源的主要进口地区相吻合。可将中国省区市分为三个集群：华北电网的北京—天津—山东（分别有630万米^3、380万米^{3}和280万米^{3}的净流入量），华中电网的江西—河南—湖南—湖北（分别有60万米^3、290万米^3、560万米^{3}和550万米^{3}的净流入量），以及西南电网的四川—重庆—西藏（分别有800万米^3、670万米^{3}和240万米^{3}的净流入量）。与可再生能源相关的虚拟水主要流出省区为可再生能源发电厂的主要建设地区，包括新疆、内蒙古、河北（风电相关的虚拟水流出量分别为1800万米^3、2670万米^3、1180万米^3，光伏发电相关的虚拟水流出量分别为933万米^3、743万米^3、868万米^3）。

我国几乎所有省区市（青海除外）的风电和光伏发电指导价与燃煤发电基准价基本相同，这意味着可再生能源发电也存在电力生产与水价的区域不匹配问题。在新能源发电类型中，光伏发电要与其他发电类型竞争，竞争对象包括风电、水电、燃煤发电、核电等。在我国西南地区，光伏发电站不得不与水电竞争，但光伏发电价格比水电价格更高。例如，青海光伏发电指导价为0.3196元/（千瓦·时），高于水电价格（0.21元/（千瓦·时））。因此，光伏发电的主要发展方向应该是价格改革，通过对与电力相关的虚拟水传输过程中水资源的消耗进行适当的评估，将水资源的稀缺性充分纳入和反映在电力定价中（图10-21）。

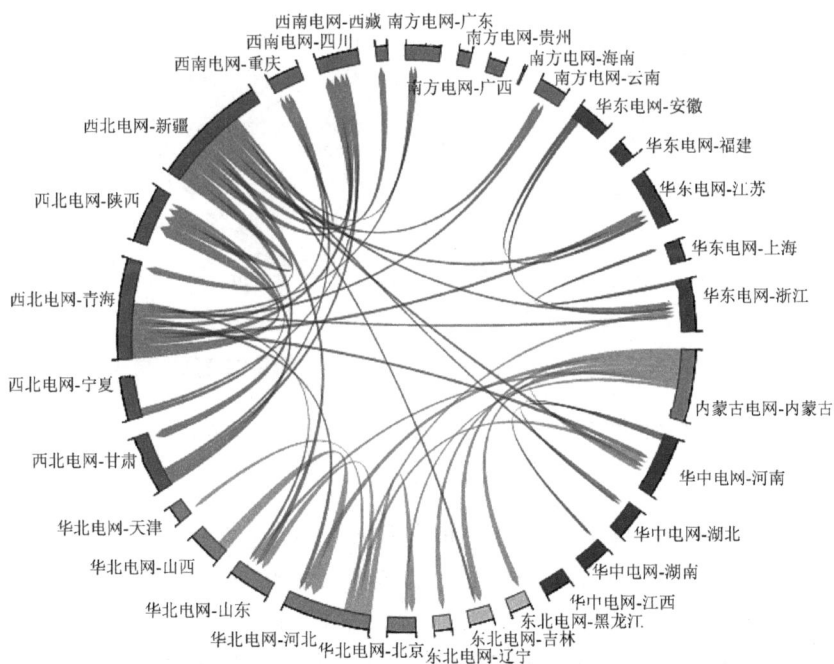

图10-21　省际光伏发电相关的虚拟水流量的空间布局（见文后彩图）

生物质能等其他可再生能源发电方面，安徽、江苏、山东、吉林、河南等省份可再生能源发电占比高，是主要的可再生能源电力的供应省份，这些省份存在着明显的虚拟水净流出的情况，总流出量为 3690 万米 ^{3}。从图 10-22 中可以观察到四组省际生物质能等其他可再生能源电力相关的虚拟水消耗传输的主要路线：以安徽/山东—浙江/江苏为代表的从中部地区到东部地区路线；以河南/湖南—广东为代表的从华中地区到华南地区路线；以吉林—辽宁/黑龙江为代表的东北地区路线。生物质能发电过程对水资源的消耗有两种方式，分别为能源作物生长过程中的用水和生物质发电过程中的用水，其用水量为 286.6 米 ^{3}/（兆瓦·时）。

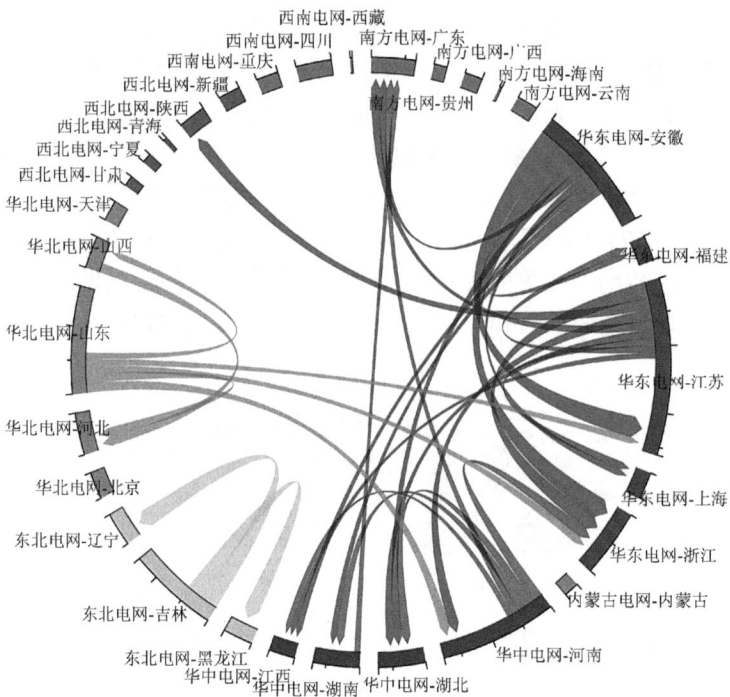

图 10-22　省际生物质能等其他可再生能源相关的虚拟水流量的空间布局（见文后彩图）

10.5　讨　　论

中国水资源在不同省区市间的分布是不平衡的。电力相关虚拟水的流入可以减轻区域水资源压力，这是因为它实际上相当于接收了虚拟水流出区域的水资源；反之，电力相关虚拟水的流出相当于增加了区域水资源压力。本章探究了电力相关虚拟水的流动对区域水资源状况的影响。如图 10-23 所示，以人均水资源量为横坐标来表示各省区市水资源状况，以电力相关虚拟水净流出量占总用水量的比例为纵坐标来表示虚拟水净流出的规模和流动方向。水胁迫阈值设置为每年 1700 米³/人。将各省区市划分为四组：象限 I（水资源充足，虚拟水净流出省区市）、象限 II（缺水，虚拟水净流出省区市）、象限 III（缺水，虚拟水净流入省区市）、象限 IV（水资源充足，虚拟水净流入省区市）。结果显示，大部分省区市属于象限 I 和象限 II，表明电力相关的虚拟水流动正在加剧中国区域水资源不平衡。位于象限 II 的省区为水资源匮乏但能源资源丰富的省区，如位于中西部地区的山西、陕西、内蒙古、河南等省区。尽管这些省区已经很缺乏水资源，但是这些省区仍然通过电力相关产品的生产和贸易损失更多的水资源，因此虚拟水的流动正在恶化这些省区本已不容乐观的水资源状况。相反，位于象限 IV 的省区市水资源禀赋相对丰富，却有电力相关的虚拟水净流入。位于象限 III 的省市受益于区域间电力相关的虚拟水流入，该组的五个省市正面临水资源短缺情况，尤其是北京和天津，水资源极度匮乏，人均水资源不足 200 米³，分别约为全国和世界平均水平的 1/10 和 1/40，与电力相关的虚拟水的流入在一定程度上减轻了这些省市的水资源压力。

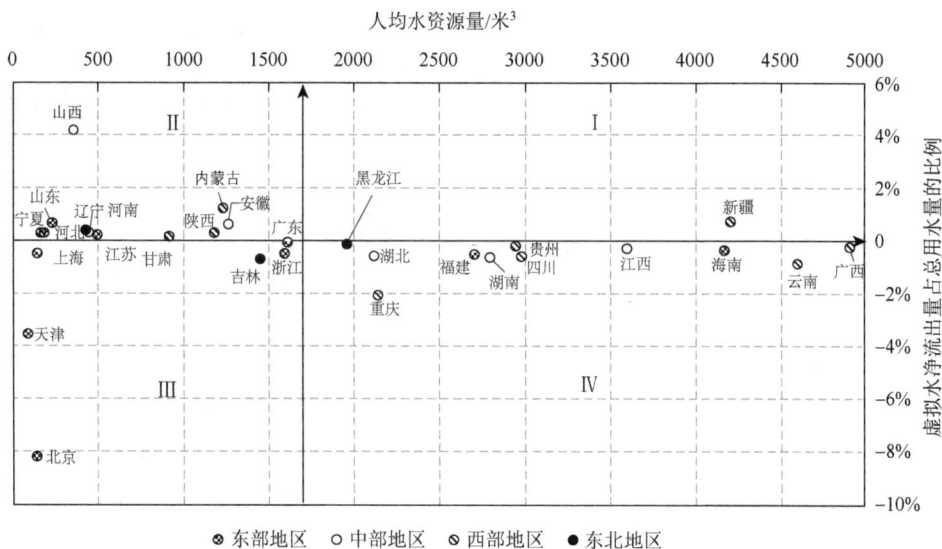

图 10-23　根据电力相关的虚拟水流量和区域水状态对各省区市进行分类

青海、西藏的人均水资源量分别达到 13189 米³、142311 米³，不作展示

考虑位于象限 II 的省区水资源状况不容乐观，其虚拟水的流出存在可能威胁当地水安全的潜在风险。结合图 10-19 和图 10-23 来看，在华北电网中，山西—河北的虚拟水流出量最大，为 1.096 亿米³，河北—北京的虚拟水流出量次之，为 0.31 亿米³；在东北电网中，辽宁—吉林的虚拟水流出量最大，为 3000 万米³；在

华东电网中，安徽—江苏/浙江的虚拟水流出量分别为 4360 万米^3 和 4210 万米^3。在与能源管理相关的政策制定中，需要特别关注这些路径涉及的省区市的水安全问题。

10.6 本章小结

本章利用了区域间电力相关的虚拟水核算框架来研究电力分配对水资源的影响，在此基础上评估跨区域电力传输和电价之间的空间不匹配，主要发现如下。

首先，燃煤发电是最消耗水的发电类型，具有大型燃煤发电能力的电力流出省区市在塑造省际电-水网络方面发挥着主要作用。我国西部主要煤电生产省区存在大量与电力相关的虚拟水净流出。中国煤炭资源最丰富的两个省区为山西和新疆，目前这两个省区正在通过增加风电和光伏发电装机容量来加快发展新能源。同时，山西、陕西、内蒙古、河南等中西部水资源匮乏但能源资源丰富的省区的水资源条件因电力的生产而恶化。虽然西北地区的发电中风电、光伏发电等可再生能源发电的比例越来越大，但燃煤发电的总规模仍在迅速扩张。在享受新建电厂和电网跨越式建设带来的巨大经济效益和增强能源安全的同时，电力生产对西北地区水资源的影响也应在其规划、设计、建设和运营的整个生命周期被认真考虑。

其次，虽然可再生能源在中国电力供应结构中所占比例的提高在一定程度上缓解了电力和水资源的区域不平衡问题，但跨区域输电的需求仍然强劲，电力相关的虚拟水传输加剧了水资源的空间不平衡。包括煤炭和大部分可再生能源在内的电力资源主要分布在东北、华北和西北地区，这些地区大多是经济欠发达地区，电价相对较低。此外，电力资源丰富的地区往往缺水。这些地区通过虚拟水传输，为经济发达的中部和东南部地区提供了廉价的电力和水资源，这加剧了水资源空间配置的隐形失衡。

最后，与电力相关的水传输在很大程度上归因于跨电网的远距离电力传输。近年来，连接中国电网的特高压输电线路的建设（如新疆哈密—河南郑州）提高了全国范围内的电力连通性和电网大规模调度能力，同时造成了与发电相关的环境压力的空间转移。其中，水资源压力和由缺水导致的生态破坏是最令人关注的环境影响。一方面，中国华北/西北电网输电所体现的水量未来极有可能大幅增长。另一方面，水资源情况与当地的水价并不匹配，各地的水价差异很大。与水有关的生态破坏在水价较低的地区（如新疆）比水价较高的地区（如河南）更多。主要原因在于，电力和水的价格可以调整，分别计入电和水的成本。石油、天然气和电力的价格正在基于市场定价机制进行改革，但这不足以保证外部成本的内部化。电价由政府控制，这降低了能源企业控制用水节约成本的意愿，尤其是在水资源丰富、环境标准不严格的中西部欠发达地区。

由于较发达的内陆地区收入水平更高、环境标准更严格，中西部地区的污染密集型企业有动机进行产业转移。鼓励我国能源丰富的地区通过提供所需的资金、投资、工艺和专业技术来减少欠发达地区的用水量。然而，缺乏对资源相关政策和规划的综合考虑可能导致稀缺水资源的过度开发或能源基础设施的过度开发。因此，有必要通过建立资源环境税、跨区域排放（水权）交易、区域联合环保基金等综合补偿政策或机制，进一步支持并激励需求导向型政策。

本章的研究尚存在一些局限性。首先，投入产出表编制过程中本身存在一定的局限性，未来数据调研方面的改进有助于此类研究得到更加准确有用的结果。其次，需要进一步研究如何从假设的（平均）分析到特定地区的量化结果（如新疆的结构性缺水），以揭示个别地区之间的显著差异。最后，需要对目前的核算方法进行进一步深化研究，以便能够同时对关键因素、敏感度和不确定性进行更详细的描述。

参 考 文 献

ACKERMAN F，FISHER J，2013. Is there a water-energy nexus in electricity generation？ Long-term scenarios for the western United States[J]. Energy Policy，59：235-241.

AILI A，ZHAO D L，TAN G，et al，2021. Reduction of water consumption in thermal power plants with radiative sky cooling[J]. Applied Energy，302：117515.

BARTOS M D，CHESTER M V，2014. The conservation nexus：Valuing interdependent water and energy savings in Arizona[J]. Environmental Science & Technology，48（4）：2139-2149.

DENOOYER T A，PESCHEL J M，ZHANG Z X，et al，2016. Integrating water resources and power generation：The energy-water nexus in Illinois[J]. Applied Energy，162：363-371.

DODDER R S，2014. A review of water use in the U.S. electric power sector: Insights from systems-level perspectives[J]. Current Opinion in Chemical Engineering，5：7-14.

EL-SADEK A，2011. Virtual water：An effective mechanism for integrated water resources management[J]. Agricultural Sciences，2（3）：248-261.

FENG C Y，QU S，JIN Y，et al，2019. Uncovering urban food-energy-water nexus based on physical input-output analysis：The case of the Detroit Metropolitan Area[J]. Applied Energy，252：113422.

FENG K S，HUBACEK K，SIU Y L，et al，2014. The energy and water nexus in Chinese electricity production: A hybrid life cycle analysis[J]. Renewable and Sustainable Energy Reviews，39：342-355.

LIU Y T，CHEN B，2020. Water-energy scarcity nexus risk in the national trade system based on multiregional input-output and network environ analyses[J]. Applied Energy，268：114974.

PFISTER S，SANER D，KOEHLER A，2011. The environmental relevance of freshwater consumption in global power production[J]. The International Journal of Life Cycle Assessment，16（6）：580-591.

VAN VLIET M T H，WIBERG D，LEDUC S，et al，2016. Power-generation system vulnerability and adaptation to changes in climate and water resources[J]. Nature Climate Change，6（4）：375-380.

WANG J Y，YU Z，ZENG X L，et al，2021. Water-energy-carbon nexus: A life cycle assessment of post-combustion carbon capture technology from power plant level[J]. Journal of Cleaner Production，312：127727.

WANG S G，CHEN B，2021. Unraveling energy-water nexus paths in urban agglomeration: A case study of Beijing-Tianjin-Hebei[J]. Applied Energy，304：117924.

WANG S G，FATH B，CHEN B，2019. Energy-water nexus under energy mix scenarios using input-output and ecological network analyses[J]. Applied Energy，233：827-839.

WANG X C，KLEMEŠ J J，WANG Y T，et al，2020. Water-energy-carbon emissions nexus analysis of China: An environmental input-output model-based approach[J]. Applied Energy，261：114431.

XIA Y，FAN Y，YANG C H，2015. Assessing the impact of foreign content in China's exports on the carbon outsourcing hypothesis[J]. Applied Energy，150：296-307.

YATES D，MELDRUM J，AVERYT K，2013. The influence of future electricity mix alternatives on southwestern US water resources[J]. Environmental Research Letters，8（4）：045005.

ZHANG C，ANADON L D，2013. Life cycle water use of energy production and its environmental impacts in China[J]. Environmental Science & Technology，47（24）：14459-14467.

ZHANG C，ZHONG L J，FU X T，et al，2016. Revealing water stress by the thermal power industry in China based on a high spatial resolution water withdrawal and consumption inventory[J]. Environmental Science & Technology，50（4）：1642-1652.

ZHANG C，ZHONG L J，LIANG S，et al，2017. Virtual scarce water embodied in inter-provincial electricity transmission in China[J]. Applied Energy，187：438-448.

ZHANG F，XUAN X，HE Q，2022. A water-energy nexus analysis to a sustainable transition path for Ji-shaped bend of the Yellow River，China[J]. Ecological Informatics，68：101578.

ZHANG J C，ZHONG R，ZHAO P，et al，2016. International energy trade impacts on water resource crises: An embodied water flows perspective[J]. Environmental Research Letters，11（7）：074023.

ZHANG P P，ZHANG L X，CHANG Y，et al，2019. Food-energy-water（FEW）nexus for urban sustainability: A comprehensive review[J]. Resources，Conservation and Recycling，142：215-224.

ZHU X J，GUO R P，CHEN B，et al，2015. Embodiment of virtual water of power generation in the electric power system in China[J]. Applied Energy，151：345-354.

ZHU Y N，KE J，WANG J H，et al，2020. Water transfer and losses embodied in the West-East electricity transmission project in China[J]. Applied Energy，275：115152.

第11章 中国企业环境违规与再融资风险分析

当前,全球气候变化问题日益凸显,引发国际社会越来越强烈的担忧。在此背景下,我国政府出台了以新《中华人民共和国环境保护法》为代表的一系列更为严格的环保法规和政策措施,加强了对企业污染和过度排放活动的监管与处罚,为全球应对环境和气候变化做出了巨大牺牲与贡献,体现了我国作为负责任大国的担当。从微观角度,环保违规罚款等财务损失也可以内化企业污染的成本,迫使受到处罚的企业和其他市场参与者提升其环境表现(Karpoff et al.,2005;Fernando et al.,2017)。然而,日益收紧的环保政策还可能带来相关企业的声誉损失,恶化投资者对其未来营收和现金流状况的预期,进而降低企业的市场价值,并增加企业的信用风险,最终给企业带来额外的融资成本(Chava,2014;Matsumura et al.,2014;Duan et al.,2020)。例如,随着我国各省区市清洁空气行动计划的开展,高污染企业的贷款违约率和信用利差分别增加了 50%和 5.5%(Huang et al.,2021)。更为重要的是,我国还通过绿色信贷政策限制银行和其他金融机构向违反环境法规的企业提供信贷,这可能直接推高高污染高排放企业的再融资风险,进一步加重其融资约束和借贷成本。因此,研究我国企业环境违规对债务融资成本的影响,并考察再融资风险在其中所起的作用至关重要。本章应用我国上市企业债券样本对这一问题展开研究:一方面,本章的研究发现可以填补企业环境违规与债券融资成本关系研究的相关空白;另一方面,我国作为全球最大的转型经济体,本章的研究发现可以对其他新兴经济体的污染密集型企业、债券投资者和监管机构的环境风险管理实践提供依据。

11.1 概　　述

近年来,环境责任行为与企业财务绩效之间的关系越来越受到学术界和业界的关注(Calvin and Street,2020;Eichholtz et al.,2019;El Ghoul et al.,2018;Eliwa et al.,2021;Lu and Abeysekera,2021;Luo et al.,2012;Ma et al.,2021)。另外,大量的学者也关注到,企业的环保违规行为(如石油泄漏、过度排放和有毒污染物泄漏)可能导致企业直接和间接的财务损失,如来自环境监管部门的大额处罚(可能伴随相关的法律诉讼及污染物清理成本)、未来收入和现金流的恶化,以及随之而来的声誉和企业估值的损害(Chava,2014;Duan et al.,2020;

Erragragui，2018；Fernando et al.，2017；Karpoff et al.，2005；Matsumura et al.，2014；Hu and Li，2015)。对于资本市场的投资者，更重要的是了解市场对企业环境违规行为的反应。这对于他们对资产进行重新定价，并进一步调整暴露于相应环境风险下的投资组合至关重要。

本章分析环境违规行为对被处罚企业债券成本的影响。环境违规是一种严重的社会不负责任行为。对违反环境法规的企业进行处罚，将通过上述直接和间接的不利财务后果内化污染成本，从而迫使企业改善其环境绩效。然而，环境处罚可能引起市场投资者对被处罚企业环境风险的担忧，从而增加其违约风险，进而导致债务下行风险。此外，债券市场是边际融资来源（Gourio，2013），其未来收益主要受下行风险影响（Bai et al.，2019）。因此，环境处罚的影响可以通过企业债券成本的变化有效地反映出来。

此外，本章聚焦中国债券市场。中国是世界上最大的发展中国家，在过去几十年里曾发生了较为严重的环境污染事件（Huang et al.，2021；Wang et al.，2020）。但自 2015 年新《中华人民共和国环境保护法》颁布以来，我国政府加强了对企业污染活动的监管和处罚。高污染高能耗企业正面临着前所未有的环境监管压力。此外，过往的研究表明中国资本市场在资产定价和资本配置效率方面有待提高（Groenewold et al.，2003；Li，2008）。虽然近年来股票市场的效率有了显著提高（Carpenter et al.，2021），但中国的债券市场与发达国家相比尚不发达。中国债券市场会对企业的环境风险有所反应吗？如果有，会以什么样的方式？这些问题尚未得到充分的研究，但它们对中国债券市场的投资者至关重要。为了考察环境违规行为对企业债券成本的影响，本章通过我国各省区市生态环境局网站手工收集上市企业的环境违规事件，并将其与债券信息进行匹配，进而研究企业因环境违规而受到处罚后，其债券发行成本的变化。结果表明，企业因环境污染受到处罚后，其债券发行信用利差（简称债券利差）显著增加，且债券利差的增加幅度与罚款金额呈显著正相关。相反，债券利差的变动与标准化后的罚款-收入比例之间没有关系。这些结果表明，环境违规行为和相应的处罚对企业的债券融资成本有重要影响，但效应主要来自环境处罚的信号效应。对环境违规行为处以更高的罚款，在一定程度上反映了监管部门对被处罚企业的态度。然而，与这些企业的总收入相比，罚款金额相对较小。因此，影响企业债券成本的不是环境处罚带来的直接损失，而是政府施加的隐性罚款。

本章还分析政府对环境违规企业施加的再融资约束是不是环境违规处罚影响企业债券融资成本的主要渠道。除了对违反环境法规的企业进行行政处罚，我国还通过绿色信贷政策限制银行和其他金融机构向违反环境法规的企业提供信贷。许多国家的金融机构在其贷款决策中考虑了环境风险，并开始加强其环境信用风险管理（Thompson and Cowton，2004）。我国政府通过行政手段对违反环境法规的企业进行信贷限制，将直接加重高污染高排放企业的再融资风险，被处罚企业的融资约束也将更加严重。由于融资约束是影响企业资本成本和投资的关键因素（Campbell et al.，2012），本章进一步研究被处罚企业的再融资风险对其债券融资成本的影响。具体来说，本章从两个方面来展开研究。首先，本章研究持有更多短期债券的企业是否会比持有更多长期债券的企业承受更多的环境处罚带来的负面影响。受到环境处罚的企业中，持有更多短期债券的企业可能比那些持有更多长期债券的企业面临更严重和更紧迫的再融资风险，同时其发行新债或从金融机构借款的渠道被限制，因此可能不得不通过其他更高昂的融资渠道或清算资产来融资（Brunnermeier and Yogo，2009）。与这一推论一致，本章发现企业因环境违规被处罚后，其短期（即到期日不足 1 年）债券利差显著增加，但其中长期（即到期日超过 1 年）债券利差的变动不显著。其次，本章以被处罚企业的内部融资依赖度作为再融资风险的代理指标，考察再融资约束的不利影响。结果表明，与依赖外部融资的企业相比，依赖内部融资的企业在受到处罚后所面临的再融资风险更小。这些结果证实，对被处罚企业施加的融资限制是环境违规行为影响企业债券成本的一个重要渠道。

　　本章的贡献主要体现在以下方面。首先，本章扩展资本成本与环境责任行为关系的相关研究。以往的研究发现，企业的环境责任投资和良好的环境绩效与股权融资成本、贷款利率和债券利差的降低显著相关（Chava，2014；Erragragui，2018；Seltzer et al.，2022；Zerbib，2019）。本章的结论与以往的研究一致，且从环境处罚的角度证实了两者的关系，这有助于投资者理解企业环境违规行为的负面影响。其次，本章分析被处罚企业的再融资约束对环境绩效与资本成本关系的影响。之前的研究（Chava，2014；Seltzer et al.，2022）关注了所有权结构变化等市场因素对这一关系的影响。本章的研究发现了企业环境风险影响资本成本的新来源。更重要的是，由于国际社会对气候变化和环境恶化的日益关注，各国政府日益收紧环境监管，可能带来更高的环境监管风险。在这一背景下，本章的研究对于中国和其他新兴经济体的污染密集型企业、债券投资者和监管机构的环境风险管理实践至关重要。

11.2　文献综述及假设提出

11.2.1　文献综述

　　环境绩效对资本成本的影响研究大致可以分为两类。第一类文献可以追溯到21 世纪初，它们揭示了企业社会责任表现及披露与融资成本之间的关系。例如，Dasgupta 等（2001）认为资本市场会对企业环境绩效的好坏进行奖励或处罚，从而有利于环境法规建设薄弱的发展中国家的污染控制。El Ghoul 等（2018）和 Eichholtz 等（2019）分别基于跨国样本和商业抵押贷款与房地产投资信托基金债券市场方面的证据进一步证明了这一发现。与上述研究不同，Luo 等（2012）认为促使企业进行环境投资和披露的决定因素不是金融市场投资者的反应，而是来自公众和政府的压力。

将企业环境责任的概念扩展为企业社会责任，Oikonomou 等（2014）在企业债券市场中发现了类似的结果。企业社会责任表现良好（不佳）不仅会受到更低（高）企业债券收益率的奖励（处罚），而且会反映在企业债务的信用评级上，最终影响企业债券的定价。Eliwa 等（2021）证明在企业的贷款市场中，环境、社会和公司治理（environment、social responsibility、governance，ESG）绩效及信息披露都会显著降低企业的债务融资。

考虑国际社会对全球气候变化和环境恶化的日益关注，第二类文献集中在对企业环境违规行为的不利财务后果的考察，特别是针对企业过度的碳或有毒气体排放。这一效应会内化企业污染的成本，迫使被处罚企业和其他市场参与者提升其环保形象以避免额外的财务损失。Karpoff 等（2005）认为，在证券市场中，除了相应的罚款，环境违规行为还会导致企业遭受大量的市值损失，而损失程度与罚款金额相关。然而，后续的企业社会责任研究（Eliwa et al.，2021）并未找到对环境违规行为进行声誉惩罚的证据。Matsumura 等（2014）进一步在其样本中证明，1 单位超过中位数的碳排放会对企业估值产生额外的负面影响，特别是对于没有做环境信息披露的企业。Fernando 等（2017）发现，机构投资者会低估那些面临环境处罚、诉讼或其他事故损失（如有毒化学品泄漏）等环保风险较高的企业股票的价值，并在资产组合中剔除这类资产，从而拉低高污染企业的估值。Sautner 等（2020）基于机器学习方法测度了全球范围内的企业层面环境风险暴露水平，证实了企业的环境监管风险水平与其估值呈负相关。

除了市场价值损失，高度暴露于环境风险中会直接恶化企业未来的现金流和信誉（Duan et al.，2020），而这两者都是企业债务融资成本的关键因素。在贷款市场中，Chava（2014）发现，与环境责任表现优异的企业相比，有碳或有毒气体排放等环境问题的企业银行贷款的成本会更高。但是他们认为环境责任表现对企业贷款的影响是基于企业和贷款层面的特征，如机构所有权和贷款银团的结构，而非企业环境责任绩效的差异。

与这一发现相反，Kleimeier 和 Viehs（2018）的研究表明，碳排放强度与企业的贷款信用利差呈显著正相关，且这一效应不能由投资者偏好解释。因此，他们得出了环境风险是高污染企业贷款信用利差溢价的主要驱动因素的结论，并证明了企业贷款利率中存在环境风险溢价。Anginer 等（2020）进一步证明了环境风险暴露对贷款融资成本的不利影响，有环境负面事件的企业贷款信用利差较高，获得长期贷款的能力较低，且在贷款合同中会受到更严格的限制。考虑环境风险水平的区域性差异，Javadi 和 Masum（2021）证明，企业或其客户位于环境风险暴露程度较高地区的企业贷款成本更高，且环境风险暴露主要集中在信用评级较低的企业的长期贷款中。

以往研究主要关注环境风险暴露对企业股权成本和贷款融资成本的不利影响，忽略了环境风险暴露与企业债券成本之间的关系。Duan 等（2020）、Huynh 和 Xia（2021）的研究是少有的例外。但是，Duan 等（2020）没有找到支持企业债券收益率中存在环境风险溢价的证据，而 Huynh 和 Xia（2021）的研究更关注具有对冲环境风险潜力的企业债券。目前，我国的环保法规越来越严格，环境监管风险的增加意味着未来环境违规行为的发生频率可能增加，因此企业面临的环境处罚损失也会增加，最终导致企业违约风险的上升。例如，随着中国环境政策风险水平的上升，高污染企业的贷款违约率和利差分别增加了 50% 和 5.5%（Huang et al.，2021）。因此，对于污染密集型企业、债券投资者和监管部门，考察环境违规行为与企业债券成本之间的关系至关重要。本章通过研究环境处罚对被处罚企业债券成本的影响，以及进一步揭示再融资风险在其中所起的作用，为这方面的研究做出贡献。

11.2.2　假设提出

有充分的文献证明，无论是良好的环境责任绩效还是披露，企业的环境责任活动都会增加企业的估值，降低其信用风险，因此这类企业有较低的融资成本（Dasgupta et al.，2001；Eichholtz et al.，2019；El Ghoul et al.，2018；Eliwa et al.，2021；Oikonomou et al.，2014）。与此同时，企业的环境违规行为（如过量的碳或有毒气体排放）也会受到资本市场的惩罚，并被计入企业的股权和债务融资成本。

基于上述理论分析，本章提出以下假设。

H11-1　环境违规将增加被处罚企业的债券成本。

由于存在债券期限，债券市场中的企业自然会比股票市场中的企业面临更高的再融资风险（Oikonomou et al.，2014）。另外，Custódio 等（2013）发现存在严重信息不对称问题的企业不得不更多地依赖短期债务，而存在环境违规行为反映出被处罚企业可能存在较高程度的信息不对称。此外，我国限制国有银行及其他金融机构向不符合环保标准的企业提供融资服务，即绿色信贷政策（Zhang and Vigne，2021）。因此，受到环境处罚的企业不得不更多地依赖短期债券，并在债务到期后面临更高的再融资风险。

因此，本章提出如下假设。

H11-2a　环境处罚对企业债券成本的影响在依赖短期债务的企业中更为显著。

我国的绿色信贷政策使得高污染企业面临更高的融资约束（Zhang and Vigne，2021），因此这类企业被迫降低对外部融资的依赖。但是，内部融资能力的增加又会增强企业获取外部融资的能力，降低再融资风险，从而降低企业的债务成本（Dang and Phan，2016）。另外，有能力产生更高现金流的企业可能天然地较少依赖外部融资，这也可以减轻再融资风险对债务成本的不利影响（Harford et al.，2014）。因此，即使这些企业受到环境处罚，由于其再融资风险水平较低，它们的债券成本可能不会像依赖外部融资的企业那样有较大幅度的增加。

因此，本章提出如下假设。

H11-2b　内部融资的依赖度会缓解环境处罚对企业债券成本的不利影响。

11.3　研　究　设　计

11.3.1　基准回归模型

本章考察对环境违规行为的处罚是否影响企业债券成本，并考察被处罚企业的再融资风险是不是环境处罚影响企业债券成本的重要渠道。本章首先检验企业被环境违规处罚之后的一段时期环境违规如何影响债券成本。实证模型如下：

$$\sum_{t}^{n} \text{Bondcost}_{i,t} = \alpha_0 + \alpha_1 \text{Penalty}_{i,t} + \sum_{i=2}^{n} \alpha_i \text{control}_{i,t-1} \\ + \text{industrialFE} + \varepsilon_{i,t} \tag{11-1}$$

式中，$\text{Bondcost}_{i,t}$ 为 i 债券在第 t 月的债券成本；n 为罚款后第 n 月；$\text{Penalty}_{i,t}$ 为 i 债券在第 t 月的环境罚款代理变量；系数 α_1 反映了环境违规罚款对企业债券成本的影响程度，α_1 显著为正表明环境处罚会导致债券成本在之后的时间显著增加。其次控制企业和债券层面的特征因素，并在回归中纳入对行业固定效应的考量。

此外，本章考察环境违规行为是否通过再融资风险来影响企业的债券成本。在模型（11-1）中引入环境处罚指标与再融资风险指标之间的交互项：

$$\sum_{t}^{n} \text{Bondcost}_{i,t} = \beta_0 + \beta_1 \text{Penalty}_{i,t} + \beta_2 \text{Penalty}_{i,t} + \beta_3 \text{Penalty}_{i,t} \times \text{Risk}_{i,T} \\ + \sum_{i=4}^{n} \beta_i \text{control}_{i,t-1} + \text{industrialFE} + \varepsilon_{i,t} \tag{11-2}$$

式中，$\text{Risk}_{i,T}$ 为 i 债券所属企业在第 T 年的再融资风险。事实上，企业在受到环境监管部门的处罚后将面临多大的再融资风险难以观察。本章利用企业被处罚前1年的内部融资依赖度来间接衡量企业的再融资风险。企业的内部融资依赖度越高，其再融资风险可能越小。系数 β_3 显著为负表明对于内部融资依赖度较高的企业（或再融资风险较低的企业），环境处罚对其债券成本的影响较小，也说明再融资风险是环境违规处罚影响企业债券成本的重要渠道。

11.3.2 数据来源与变量定义

1. 环境违规罚款

本章最重要的数据是环境违规处罚。但是，在过去的几十年中，上市企业并没有太多主动披露环境处罚信息的动机，直至近年证监会才强制规定上市企业披露环境责任绩效或环境处罚的相关信息。这使得我们很难从年报或广泛使用的数据库中获取环境处罚的详细信息。因此，本章从各省区市生态环境局网站上手工收集 2008～2020 年上市企业的环保违规事件数据，最终得到 97 家上市企业的 386 起环境违规事件。大多数样本企业属于金属加工、采矿、建筑和化工等行业。表 11-1 报告了样本企业的行业分布。本章构造一个虚拟变量 Penalty 来表示企业是否受到环境违规处罚，如果企业在第 t 月受到环境监管部门的处罚，虚拟变量的值取 1，否则，虚拟变量的值取 0。在稳健性检验中，本章分别使用企业环境罚款金额（Fines）及企业环境罚款金额与毛收入之比（Fines/income ratio）替代虚拟变量。

表 11-1 样本企业行业分布（单位：家）

行业	企业数量
农、林、牧、渔	3
化工生产	9
建筑	10
设备制造（含交通、常规、特种装备制造）	10
金属加工（含黑色金属与非黑色金属）	18
采矿业	9
非金属矿产（含石油加工、炼焦和核燃料）	6
电力、天然气、水生产与供应	8
交通和仓储	8
其他	16

2. 企业债券成本

本章的债券成本数据来自国泰安数据库（China Stock Market Accounting

Research，简称 CSMAR）数据库。事实上，与美国和欧洲相比，中国的债券市场仍不发达，因此上市企业并非都是通过发行债券融资的。在本章的环境处罚样本中，2008～2020 年，只有 93 家企业发行了债券，涉及 178 只债券。本章将罚款后发行的债券剔除，以比较罚款前后债券成本的变化。因此，样本中留下了 83 家企业发行的 154 只债券。在前人研究的基础上，本章选取债券利差（Spread）来衡量债券成本，即企业债券发行利率与同期限国债到期收益率之差。因为样本容量不够大，不足以捕捉有关环境处罚和企业债券发行之间关系的有效信息，所以本章没有使用发行价差来衡量债券成本。

3. 再融资风险

在检验模型（11-2）中再融资风险的中介效应时，本章使用内部融资依赖度来间接衡量再融资风险。对内部融资依赖度较高的企业，环境违规导致的信贷限制对其影响可能较小。本章首先利用企业产生现金流的能力来反映企业的内部融资依赖度。因为外部融资成本更高，所以能够产生更多现金流的企业利用外部资源为其项目融资的动力较低（Almeida and Campello，2010）。本章中企业产生现金流的能力是通过现金流-资本比例（Cash flow/capital ratio，即息税前利润和折旧摊销之和与固定资产净值之比）来衡量的。此外，本章还使用 KZ 指数（Kaplan and Zingales，1995）和 SA 指数（Hadlock and Pierce，2010）[①]来间接衡量企业的内部融资依赖度，面临更严重融资约束的企业（即更高的 KZ 指数或 SA 指数）被迫更加依赖内部融资渠道（Harford et al.，2014）。

4. 其余控制变量

本章在回归分析中控制企业和债券层面的特征。在企业层面的特征中，本章控制资产回报率（ROA，净利润与总资产之比），资产负债率（Leverage）为总负债与总资产之比，有形资产比例（Tangibility）为有形资产与总资产之比，规模（Size）为总资产的自然对数，市场价值与总资产之比（market-to-book，MBT）为资产的市场价值与账面价值之比。在债券层面的特征中，本章按照 Bao 等（2011）的方法来计算并控制债券的非流动性（Illiquidity），久期（Duration）为债券的麦考利久期（Macaulay，1938），发行量（Volume）为债券发行实际募集资金的自然对数，评级（Rating）为由信用评级机构提供的债券评级，范围为 1～6。所有控制变量的数据都从 CSMAR 数据库中获得。各变量的详细定义见表 11-2，各变量的描述性统计见表 11-3。

---

① KZ 指数以 Kaplan 和 Zingales 命名，SA 指数指规模/年龄（size/age）指数。

表 11-2　变量的定义

变量符号	变量名称与度量方法
Spread	债券利差为债券发行利率与同期限国债到期收益率之差
Penalty	虚拟变量，环境处罚企业为 1，反之为 0
Fines	企业环境罚款金额
Fines/income ratio	企业环境罚款金额与毛收入之比，其中，毛收入以营运利润衡量
ROA	资产回报率为企业净利润与总资产之比
Leverage	资产负债率为总负债与总资产之比
Tangibility	有形资产比例为有形资产与总资产之比，其中，有形资产包括建筑物、房屋、厂房、机器设备等
Size	企业规模为总资产的自然对数
MBT	市场价值与总资产之比为资产的市场价值与账面价值之比
Cash flow/capital ratio	现金流-资本比例为息税前利润和折旧摊销之和与固定资产净值之比
Illiquidity	企业债券的非流动性根据 Bao 等（2011）的方法计算
Duration	企业债券的麦考利久期参照 Macaulay（1938）的方法计算
Volume	企业债券发行实际募集资金的自然对数
Rating	由信用评级机构提供的债券评级，范围为 1~6
KZ	KZ 指标参照 Lamont 等（2001）和 Li（2011）的方法计算
SA	SA 指标参照 Hadlock 和 Pierce（2010）的方法计算

表 11-3　变量的描述性统计

变量	样本数	均值	标准差	最小值	最大值
Spread（全样本）	5126	2.269	2.664	−1.811	28.727
Spread（环境处罚前）	2829	2.189	1.844	−1.811	25.164
Spread（环境处罚后）	2297	2.367	3.411	−1.811	28.727
Penalty	5126	0.448	0.497	0	1.000
ROA	5126	0.018	0.047	−0.337	0.192
Leverage	5126	0.617	0.142	0.186	0.952
Tangibility	5126	0.375	0.207	0.012	0.872
Size	5126	24.974	1.811	20.774	28.636
MBT	5126	1.171	0.350	0.701	2.980
KZ	5126	−1.453	4.241	−25.329	1.742
SA	5126	7.828	2.578	3.816	13.357
Cash flow/capital ratio	5126	0.154	0.242	−0.155	1.927
Illiquidity	5126	0.142	1.026	−1.627	21.835

变量	样本数	均值	标准差	最小值	最大值
Duration	5126	2.941	1.955	0.019	9.735
Volume	5126	2.741	0.777	0.693	5.081
Rating	5126	4.719	1.370	3.000	6.000

11.4 实证分析

11.4.1 基准回归

本节首先估计环境处罚对企业债券利差的影响。考虑本章研究的债券数据集具有较长的周期，本节采用时间上的聚类标准误差来控制异方差，主回归结果如表 11-4 所示。第 1 列报告了控制企业特征下环境违规处罚的影响。结果表明，变量 Penalty 的系数在 1% 的水平下为正且显著，这说明企业因环境违规事件受到处罚后，其债券利差显著增加。环境处罚使债券利差平均增加 40.7 个基点，与处罚前相比约增加 18.6%（=0.407/2.189）。在第 2 列中，本节在回归中控制了债券特征，以检验债券特征是否对回归结果有不同的影响。结果表明，环境处罚对债券利差的影响除变量 Penalty 的系数下降至 38.8 个基点外，没有显著变化。在第 3 列中，本节同时控制企业和债券层面的特征。结果表明，变量 Penalty 的系数尽管下降到 34.4 个基点，但仍然显著为正。在第 4 列中，本节在回归中考虑行业固定效应后，变量 Penalty 的系数仍然在 1% 的水平上显著为正，并下降到 24.1 个基点。虽然企业特征、债券特征和行业固定效应可以解释债券利差的很大一部分变化，但是对环境违规行为的处罚仍然是影响债券成本的最重要因素之一。与被处罚前的平均债券利差相比，环境处罚平均会导致债券利差上升 11%（=0.241/2.189）。本节的结果与之前的研究一致（Chava，2014；Seltzer et al.，2022），表明债券市场的投资者关注企业的环境违规行为，企业的环境处罚成本将被考虑到债券的定价中，并要求相应的风险溢价。

表 11-4 环境处罚对企业债券融资成本的影响

变量	第 1 列	第 2 列	第 3 列	第 4 列
Penalty	0.407***	0.388***	0.344***	0.241***
	(0.090)	(0.090)	(0.084)	(0.063)
ROA	-11.458***	—	-12.889***	-4.936***
	(1.136)	—	(1.208)	(1.578)

续表

变量	第 1 列	第 2 列	第 3 列	第 4 列
Leverage	0.424*	—	-0.460*	1.175**
	(0.245)	—	(0.268)	(0.464)
Tangibility	-0.967***	—	-0.757***	-3.180***
	(0.137)	—	(0.128)	(0.581)
Size	-0.571***	—	-0.194***	-0.308***
	(0.035)	—	(0.026)	(0.065)
MBT	-1.070***	—	-1.090***	-1.749***
	(0.151)	—	(0.149)	(0.246)
Illiquidity	—	0.069	0.059	0.041
	—	(0.042)	(0.043)	(0.044)
Duration	—	-0.134***	-0.126***	-0.140***
	—	(0.020)	(0.023)	(0.025)
Volume	—	-0.345***	-0.273***	-0.515***
	—	(0.043)	(0.059)	(0.067)
Rating	—	-0.479***	-0.400***	-0.130**
	—	(0.039)	(0.0520)	(0.057)
常数项	17.898***	5.684***	12.035***	14.746***
	(1.117)	(0.236)	(0.738)	(1.601)
行业固定效应	否	否	否	是
样本数	5126	5126	5126	5126
调整 R^2	0.168	0.133	0.198	0.276

注：括号内为聚类标准误。

*在 10%水平上显著。

**在 5%水平上显著。

***在 1%水平上显著。

11.4.2　稳健性检验

1. 自变量：环境处罚的替代指标

为了显示本章的主要估计结果的稳健性，本节使用环境罚款金额和企业环境罚款金额与毛收入之比替代虚拟变量，来重新检查环境违规对被处罚企业的债券利差的影响。环境罚款是环境违规行为造成的一种直接损失，大量的罚款可能导致被处罚企业的净利润急剧减少，影响其偿付能力。此外，环境罚款金额也反映了环境监管部门对被处罚企业的态度。虽然相对于被处罚企业的总收入，环境罚款金额通常很小，在本章的样本中，环境罚款平均金额只有 9.2 万元左右，但环境罚款的主要影响不是来自环境罚款本身的直接财务损失，而是来自限制其未来投资、融资和其他商业活动机会所造成的损失。更严重的违规事件会给被处罚企业带来更大额的罚款，而进一步的严格限制将使该企业遭受更大的损失。本节还使用企业环境罚款金额与毛收入之比作为环境罚款的另一种衡量方法。利用这两个代理变量来代替环境处罚的虚拟变量并重新估计模型（11-2），结果如表 11-5 所示。

表 11-5　环境罚款对企业债券融资成本的影响

变量	第 1 列	第 2 列
Fines	0.003***	—
	(0.001)	—
Fines/income ratio	—	0.105
	—	(0.075)
ROA	−5.373***	−5.005***
	(1.604)	(1.557)
Leverage	0.934**	1.040**
	(0.465)	(0.466)
Tangibility	−3.351***	−3.317***
	(0.610)	(0.604)
Size	−0.283***	−0.302***
	(0.062)	(0.063)
MBT	−1.853***	−1.831***
	(0.262)	(0.260)
Illiquidity	0.037	0.035
	(0.044)	(0.043)
Duration	−0.149***	−0.152***
	(0.027)	(0.027)
Volume	−0.520***	−0.509***
	(0.064)	(0.065)
Rating	−0.141**	−0.117**
	(0.059)	(0.056)

续表

变量	第 1 列	第 2 列
常数项	14.615***	14.849***
	（1.573）	（1.590）
行业固定效应	是	是
样本数	5126	5126
调整 R^2	0.275	0.275

注：括号内为聚类标准误。

**在5%水平上显著。

***在1%水平上显著。

在表 11-5 中，第 1 列和第 2 列分别报告了环境罚款金额和企业环境罚款金额与毛收入之比对被处罚企业债券利差的影响。如第 1 列所示，变量 Fines 的系数显著为正，这说明企业违反环境法规的环境罚款越大，债券利差越大。在本章的样本中，环境罚款每增加 1 个百分点（920 元），平均会导致债券利差增加 0.3 个基点。结果与本章的主回归结果一致，证实了环境处罚会导致更高的债券利差。然而，在第 2 列中，变量 Fines/income ratio 的系数并不显著。正如本章之前讨论的，这一结果主要是由于环境处罚行为而不是环境罚款带来的直接财务损失引起了债券投资者对被处罚企业未来的盈利和偿付能力的担忧。更高的环境罚款会更大程度上限制企业的未来投资机会、融资和其他业务活动，而处罚的直接损失（如环境罚款）相对于被处罚企业的总收入太小，因此很难引起债券投资者的担忧。这些结果表明引起债券投资者关注的是环境罚款的信号效应，而不是环境罚款本身，同时显示了本章主回归结果的稳健性。

2. 内生性问题

本章主回归结果的另一个潜在问题是债券利差和环境处罚可能同时受到另一个因素的影响。例如，一个环境责任绩效差的企业总是有相对较高的债务融资成本，这是因为贷款人或债券投资者可能将环境风险考虑到他们的贷款或投资决策中（Chava，2014），并要求相应的风险溢价。另外，环境责任绩效较差的企业因环境污染而受到处罚的概率较大。为了缓解这一内生性问题，参照 Seltzer 等（2022）的做法，本章将《巴黎协定》签署作为一个外生冲击。我国于 2016 年 4 月 22 日签署了《巴黎协定》，之后我国政府对环境污染实施了更严格的规定。《巴黎协定》是严格外生的，不受企业环境绩效的影响，但可能导致企业因环境污染而受到处罚的概率更高。与《巴黎协定》相似，本章也将党的十九大的召开作为外生变量。党的十九大报告明确指出，提高污染排放标准，强化排污者责任，健全环保信用评价、信息强制性披露、严惩重罚等制度。这也可能导致更严格的污染监管。

　　本章构建了两个政策虚拟变量，《巴黎协定》签署前（2016 年 4 月 22 日）和党的十九大召开前（2017 年 10 月 18 日）取值为 1，其余时间取值为 0。本章使用政策虚拟变量作为工具变量，并使用两阶段最小二乘法重新估计模型（11-2），结果见表 11-6。表 11-6 中第 1 列报告了以《巴黎协定》签署为工具变量的回归结果，第 2 列报告了以党的十九大召开为工具变量的回归结果。如表 11-6 所示，在考虑内生性问题后，环境处罚对债券利差的影响在 1%水平下仍显著为正，这证实了本章的主回归结果是稳健的。

表 11-6　工具变量回归结果

变量	第 1 列 《巴黎协定》签署	第 2 列 党的十九大召开
Penalty	0.972***	1.480***
	(0.257)	(0.204)
ROA	-4.767***	-4.649***
	(1.615)	(1.670)
Leverage	1.686***	2.041***
	(0.459)	(0.457)
Tangibility	-2.711***	-2.385***
	(0.573)	(0.577)
Size	-0.337***	-0.358***
	(0.069)	(0.075)
MBT	-1.507***	-1.338***
	(0.234)	(0.227)
Illiquidity	0.060	0.072
	(0.045)	(0.045)
Duration	-0.110***	-0.089***
	(0.027)	(0.027)
Volume	-0.532***	-0.544***
	(0.075)	(0.079)
Rating	-0.168***	-0.194***
	(0.065)	(0.066)
常数项	14.64***	14.566***
	(1.684)	(1.774)
行业固定效应	是	是
样本数	5126	5126
调整 R^2	0.268	0.241

注：括号内为聚类标准误。

***在 1%水平上显著。

3. 样本选择偏误

本章的主回归结果只考虑了因违反环境规定而受到处罚的企业。为了避免可能的样本选择偏误问题，本节使用倾向得分匹配（propensity score matching，PSM）方法（Rosenbaum and Rubin，1983）构建一个匹配的对照组，比较受到和没有受到环境处罚的企业之间的债券利差的差异。为了选择足够多合适的对照样本，本章采用 1∶3 的最近邻匹配方法，匹配与处理组（被处罚企业的债券）具有相似企业和债券特征的债券。企业特征的协变量与回归模型中的协变量一致，但债券特征的协变量被发行特征所取代。PSM 结果见表 11-7。然后，本节采用双重差分（differences-in-differences，DID）方法来检验环境处罚是否会导致处理组债券的利差高于对照组债券的利差。企业被处罚后，处理组与对照组债券利差的显著增加或减少主要归因于环境处罚的影响。DID 模型回归结果如表 11-8 所示。第 1 列中只控制企业特征和债券特征，第 2 列中还包括行业固定效应。变量 Treatment 的系数反映了两组企业被处罚前的债券利差。变量 Treatment 的系数和变量 Penalty 与 Treatment 的交互项（Penalty*Treatment）的系数衡量了两组企业被处罚后的债券利差。本节对变量 Penalty 与 Treatment 的交互项感兴趣，交互项系数显著为正（负）表示两组之间的债券利差在企业受到处罚后增加（减少），从经济学含义来解释，表明环境处罚对违反环境规制企业的债券利差具有显著的正向（负向）影响。

表 11-7 PSM 结果

变量	第 1 列	第 2 列	第 3 列	第 4 列	第 5 列	第 6 列
	PSM 前			PSM 后		
	处理组	对照组	差值	处理组	对照组	差值
ROA	0.016	0.024	−0.008	0.016	0.017	−0.001
	—	—	(−1.250)	—	—	(−0.090)
Leverage	0.611	0.597	0.014	0.613	0.615	−0.002
	—	—	(1.230)	—	—	(−0.150)
Tangibility	0.353	0.240	0.113***	0.354	0.340	0.014
	—	—	(7.440)	—	—	(0.620)
Size	24.768	24.226	0.542***	24.732	24.658	0.074
	—	—	(4.970)	—	—	(0.440)
MBT	1.205	1.356	−0.151***	1.206	1.217	−0.011
	—	—	(−3.080)	—	—	(−0.260)

续表

变量	第1列	第2列	第3列	第4列	第5列	第6列
	PSM 前			PSM 后		
	处理组	对照组	差值	处理组	对照组	差值
Volume	2.702	2.408	0.294***	2.698	2.698	0.000
	—	—	（5.720）	—	—	（0.000）
Term	7.137	5.236	1.901***	7.066	7.101	−0.035
	—	—	（15.850）	—	—	（−0.170）
Rating	4.687	4.386	0.301***	4.675	4.589	0.086
	—	—	（3.270）	—	—	（0.650）

注：括号内为聚类标准误；变量 Term 指企业债券发行日到还本付息日期间的期限。
***在1%水平上显著。

表 11-8　DID 模型回归结果

变量	第1列	第2列
Penalty	−0.098	−0.038
	(0.175)	(0.162)
Treatment	0.341*	0.342**
	(0.199)	(0.151)
Penalty*Treatment	0.584**	0.381*
	(0.240)	(0.224)
ROA	−10.212***	−8.560***
	(3.031)	(2.176)
Leverage	0.659	0.990
	(0.721)	(0.686)
Tangibility	−0.177	−1.323**
	(0.338)	(0.497)
Size	−0.067	−0.210*
	(0.083)	(0.116)
MBT	0.036	−0.029
	(0.106)	(0.157)
Illiquidity	0.079	0.075
	(0.056)	(0.063)
Duration	−0.163***	−0.138***
	(0.042)	(0.043)

续表

变量	第 1 列	第 2 列
Volume	−0.081	−0.071
	(0.186)	(0.185)
Rating	−0.348***	−0.175*
	(0.103)	(0.097)
常数项	5.611***	9.069***
	(1.609)	(2.566)
行业固定效应	否	是
样本数	11414	11327
调整 R^2	0.177	0.259

注：括号内为聚类标准误。

*在 10%水平上显著。

**在 5%水平上显著。

***在 1%水平上显著。

由表 11-8 可以看出，变量 Treatment 的系数在两个回归中均为正且显著，这说明债券市场的投资者在对企业的环境违规行为进行处罚之前，一直在关注企业的环境风险，并将潜在的风险考虑到债券定价中。处罚前，处理组和对照组之间的债券利差平均为 34.2 个基点。结果与现有研究一致（Anginer et al.，2020；Chava，2014；Kleimeier and Viehs，2018），投资者对企业环境责任行为的担忧将导致更高的债务成本。如表 11-8 所示，第 1 列中变量 Penalty 与 Treatment 的交互项的系数显著为正，这说明处罚后两组之间的债券利差平均增加了 58.4 个基点。在第 2 列中，在回归中考虑行业固定效应后，尽管变量 Penalty 与 Treatment 的交互项的系数下降到了 38.1 个基点，但仍然为正且显著。这些结果表明，处理组与对照组之间的债券利差在被处罚后显著增加。综上所述，债券利差的增大反映了环境处罚对违反环境规制企业的债券成本有重要影响，进一步证实了本章主回归结果的稳健性。

11.5　进一步分析：再融资风险与环境违规的影响

11.5.1　债券期限与环境违规的影响

我国限制银行和其他金融机构向不符合环保标准的企业（尤其是高污染企业）提供融资服务。这意味着更依赖短期债券的被处罚企业在债务到期后将面临更高的再融资风险。若企业不能通过发行新债券或向银行借款来置换到期债券，则企业将面临再融资风险和较高的非流动性溢价（He and Xiong，2012；Valenzuela，

2016)。因此，如果企业因违反环境规定而导致其银行或其他金融机构借贷渠道受到限制，投资者就会在投资决策中考虑到这种风险，并要求溢价，从而导致债券利差上升。本节将研究由外部融资限制引起的再融资风险是否影响被处罚企业的债券利差。本章将债券样本按期限分为三种：短期债券（期限在 1 年以下）、中期债券（期限在 1 年以上但不足 5 年）和长期债券（期限在 5 年以上）。本节使用模型（11-2）重新估计环境处罚的影响，回归结果如表 11-9 所示。

表 11-9　环境违规对不同期限债券成本的影响

变量	第 1 列	第 2 列	第 3 列
	短期债券	中期债券	长期债券
Penalty	0.776**	0.077	0.033
	(0.364)	(0.060)	(0.088)
ROA	−7.128	−3.881***	−3.589**
	(6.305)	(1.049)	(1.473)
Leverage	−0.055	1.404***	0.871
	(2.037)	(0.436)	(0.979)
Tangibility	−4.267**	−2.486***	−1.727***
	(1.851)	(0.273)	(0.460)
Size	−0.021	−0.293***	−0.511***
	(0.302)	(0.047)	(0.132)
MBT	−4.673***	−1.087***	0.717**
	(1.048)	(0.205)	(0.302)
Illiquidity	2.159**	0.006	−0.046**
	(0.845)	(0.020)	(0.020)
Duration	−2.740***	−0.095**	−0.302***
	(0.483)	(0.045)	(0.028)
Volume	−1.583***	−0.345***	−0.047
	(0.451)	(0.071)	(0.093)
Rating	−0.460**	−0.075*	0.571***
	(0.229)	(0.039)	(0.168)
常数项	19.737***	12.024***	13.096***
	(6.240)	(1.169)	(2.394)
行业固定效应	是	是	是
样本数	922	3241	963
调整 R^2	0.342	0.347	0.562

注：括号内为聚类标准误。

*在 10%水平上显著。

**在 5%水平上显著。

***在 1%水平上显著。

如表 11-9 所示，变量 Penalty 的系数对于短期债券显著为正（第 1 列），这说明环境处罚对短期债券的利差有重要影响。但对于中期债券（第 2 列）和长期债券（第 3 列），环境处罚的影响并不显著，变量 Penalty 的系数也远低于短期债券。平均而言，环境处罚会导致短期债券的利差增加 77.6 个基点，而中期债券和长期债券的利差仅分别增加 7.7 个和 3.3 个基点。这一结果与本章的假设一致，即短期债券更容易受到环境处罚的影响，也证实了环境违规引发的再融资风险是中国债券市场上投资者主要关注的问题。

11.5.2　内部融资依赖与环境处罚的影响

本节将内部融资依赖度作为再融资风险的代理变量，重新考察环境处罚对债券利差的影响。内部融资依赖度越高的企业面临的外部融资的约束越小，因此，即使被处罚企业因违反环境规定而被限制从银行和其他金融机构获得信贷，与更依赖外部融资的被处罚企业相比，其受到的影响依然较小。本节使用三个变量来衡量企业的内部融资依赖度。首先，本节选择现金流-资本比例来衡量企业产生现金流的能力。现金流产生能力越强的企业对外部融资的依赖度越小，内部融资成本越低。本节还使用 KZ 指数和 SA 指数来间接衡量内部融资依赖度，KZ 指数或 SA 指数越高的企业面临的融资约束越大。Harford 等（2014）发现企业通常通过持有更多现金来缓解再融资风险，换言之，再融资风险更高或融资约束更大的企业更依赖内部融资。KZ 指数和 SA 指数都是根据企业的特征来计算的，环境处罚等突然的外生冲击在短期内无法影响企业的 KZ 指数和 SA 指数。因此，KZ 指数或 SA 指数越高的企业所面临的融资约束更大，在经营中对内部融资资源的依赖也更大。

本节构建内部融资依赖度的代理变量（现金流-资本比例、KZ 指数和 SA 指数）与变量 Penalty 的交互项，考察内部融资依赖度如何影响环境处罚对债券成本的影响。环境处罚会影响企业的再融资约束，在这种情况下，环境处罚与企业的内部融资依赖度是相互影响的。为了避免内生问题，本节使用 KZ 指数、SA 指数和处罚前 1 年的现金流-资本比例来衡量企业的内部融资依赖度。回归结果如表11-10 所示。KZ 指数、SA 指数与变量 Penalty 的交互项的系数均显著为负，说明外部融资依赖度越低的企业受到环境处罚的影响越小。此外，现金流-资本比例与变量 Penalty 的交互项的系数也显著为负。这意味着企业产生现金流的能力越强，其债券成本受到环境处罚的负面影响就越小。这些结果与本章的假设一致。在限制对违反环境法规的企业提供信贷的政策下，债券市场的投资者会将被处罚企业的再融资风险纳入其投资决策，并要求获得风险溢价。同时证实了环境监管部门施加的再融资风险是我国环境处罚影响债券成本的重要渠道。

表 11-10　环境违规对不同内部融资依赖度企业债券成本的影响

变量	第 1 列	第 2 列	第 3 列
	KZ	SA	Cash flow/capital ratio
Penalty	0.105	0.533**	0.238***
	(0.066)	(0.247)	(0.081)
Internal financing dependence	−0.006**	−0.544**	−0.517**
	(0.003)	(0.217)	(0.210)
Penalty*Internal financing dependence	−0.042***	−0.049*	−0.981***
	(0.009)	(0.028)	(0.342)
ROA	−5.167***	−5.663***	−4.850***
	(1.574)	(1.622)	(1.665)
Leverage	1.209**	0.862*	0.716
	(0.484)	(0.480)	(0.483)
Tangibility	−2.999***	−3.431***	−3.512***
	(0.592)	(0.609)	(0.627)
Size	−0.338***	−0.510	−0.486
	(0.065)	(0.341)	(0.336)
MBT	−1.709***	−1.588***	−1.647***
	(0.250)	(0.240)	(0.244)
Illiquidity	0.040	0.037	0.034
	(0.044)	(0.043)	(0.043)
Duration	−0.134***	−0.121***	−0.126***
	(0.025)	(0.023)	(0.024)
Volume	−0.516***	−0.499***	−0.527***
	(0.069)	(0.061)	(0.063)
Rating	−0.095*	−0.142**	−0.143**
	(0.057)	(0.057)	(0.057)
常数项	15.087***	1.481	0.345***
	(1.621)	(6.660)	(6.548)
行业固定效应	是	是	是
样本数	5126	5126	5126
调整 R^2	0.274	0.274	0.275

注：括号内为聚类标准误。

*在 10%水平上显著。

**在 5%水平上显著。

***在 1%水平上显著。

11.6　本　章　小　结

在过去的几十年里，企业环境责任与资本成本之间的关系越来越受到管理者和市场参与者的关注。本章扩展了以往的研究，考察了环境违规行为是否及如何影响中国被处罚企业的债券成本。除了对环境违规行为进行直接罚款，中国政府还实施了绿色信贷政策，限制金融机构向不符合环保标准的企业提供信贷，导致违反环境法规的企业受到再融资约束。本章还研究了这种再融资风险是不是环境违规影响被处罚企业债券成本的一个重要渠道。

利用人工采集的 2008～2020 年中国上市企业环境违规事件样本，本章发现违规企业在被处罚后的债券利差显著增加。结果还显示，环境罚款金额较高的企业债券利差的增加幅度相对较大，但环境罚款金额与毛收入之比和债券利差的变动之间没有显著关系。这些结果表明，环境罚款的直接损失不是债券成本上升的主要原因，债券投资者对间接损失担忧的作用更为重要。环境罚款金额的提高反映了政府对违反环境法规企业的态度，这可能导致未来对其投资、融资等商业活动的限制更加严格，而环境罚款金额本身给违反环境法规的企业带来的损失有限。

本章还分析了再融资风险是不是企业环境违规行为影响债券成本的重要渠道。本章比较了环境违规对不同期限债券利差的负面影响，并考察了内部融资依赖度（再融资风险的代理变量）是否能缓解这一不利影响。结果表明，环境违规对债券利差的影响仅在期限在 1 年以下的短期债券中显著。此外，本章还发现，企业的内部融资依赖度越高，环境违规的处罚对其融资成本的负面影响就越小。这些发现在一定程度上表明，再融资约束对于被处罚企业有重要意义，它会导致更高的再融资风险，从而提高被处罚企业的债券融资成本。

本章从环境违规行为的角度分析了环境责任行为与企业债券成本的关系，为现有的研究做出了贡献。企业的环境风险和债券风险都具有下行特征，因此使用环境违规行为作为环境责任行为的代理变量，可以帮助投资者更好地理解企业的环境风险与债务成本之间的关系。此外，本章证明了我国对违反环境法规的企业施加再融资约束是企业环境违规行为影响其融资成本的重要渠道。基于中国上市企业的独特数据集，本章的实证研究结果对于其他面临日益严重的环境风险暴露的发展中国家的污染密集型企业、债券投资者和监管机构具有重要的实践意义。

参 考 文 献

ALMEIDA H，CAMPELLO M，2010. Financing frictions and the substitution between internal and external funds[J].
Journal of Financial and Quantitative Analysis，45（3）：589-622.
ANGINER D，HRAZDIL K，LI J Y，et al，2020. Adverse climate incidents and bank loan contracting[J/OL].

（2020-01-30）[2023-10-08]. https://www.researchgate.net/publication/348377022_Adverse_Climate_Incidents_and_Bank_Loan_Contracting.

BAI J, BALI T, WEN Q, 2019. Common risk factors in the cross-section of corporate bond returns[J]. Journal of Financial Economics, 131（3）: 619-642.

BAO J, PAN J, WANG J A, 2011. The illiquidity of corporate bonds[J]. The Journal of Finance, 66（3）: 911-946.

BRUNNERMEIER M K, YOGO M, 2009. A note on liquidity risk management[J]. American Economic Review, 99（2）: 578-583.

CALVIN C G, STREET D L, 2020. An analysis of Dow 30 global core indicator disclosures and environmental, social, and governance-related ratings[J]. Journal of International Financial Management & Accounting, 31（3）: 323-349.

CAMPBELL J L, DHALIWAL D S, SCHWARTZ W C, 2012. Financing constraints and the cost of capital: Evidence from the funding of corporate pension plans[J]. The Review of Financial Studies, 25（3）: 868-912.

CARPENTER J N, LU F Z, WHITELAW R F, 2021. The real value of China's stock market[J]. Journal of Financial Economics, 139: 679-696.

CHAVA S, 2014. Environmental externalities and cost of capital[J]. Management Science, 60（9）: 2223-2247.

CUSTÓDIO C, FERREIRA M A, LAUREANO L, 2013. Why are US firms using more short-term debt?［J］. Journal of Financial Economics, 108（1）: 182-212.

DANG V A, PHAN H V, 2016. CEO inside debt and corporate debt maturity structure[J]. Journal of Banking & Finance, 70: 38-54.

DASGUPTA S, LAPLANTE B, MAMINGI N, 2001. Pollution and capital markets in developing countries[J]. Journal of Environmental Economics and Management, 42（3）: 310-335.

DUAN T H, LI F W, WEN Q A, 2020. Is carbon risk priced in the cross section of corporate bond returns?［J/OL］. （2020-01-30）[2023-10-08]. https://www.researchgate.net/publication/347165479_Is_Carbon_Risk_Priced_in_the_Cross_Section_of_Corporate_Bond_Returns.

EICHHOLTZ P, HOLTERMANS R, KOK N, et al, 2019. Environmental performance and the cost of debt: Evidence from commercial mortgages and REIT bonds[J]. Journal of Banking & Finance, 102: 19-32.

EL GHOUL S, GUEDHAMI O, KIM H, et al, 2018. Corporate environmental responsibility and the cost of capital: International evidence[J]. Journal of Business Ethics, 149（2）: 335-361.

ELIWA Y, ABOUD A, SALEH A, 2021. ESG practices and the cost of debt: Evidence from EU countries[J]. Critical Perspectives on Accounting, 79: 102097.

ERRAGRAGUI E, 2018. Do creditors price firms' environmental, social and governance risks?［J］. Research in International Business and Finance, 45: 197-207.

FERNANDO C S, SHARFMAN M P, UYSAL V B, 2017. Corporate environmental policy and shareholder value: Following the smart money[J]. Journal of Financial and Quantitative Analysis, 52（5）: 2023-2051.

GOURIO F, 2013. Credit risk and disaster risk[J]. American Economic Journal: Macroeconomics, 5（3）: 1-34.

GROENEWOLD N, TANG S H K, WU Y R, 2003. The efficiency of the Chinese stock market and the role of the banks[J]. Journal of Asian Economics, 14（4）: 593-609.

HADLOCK C J, PIERCE J R, 2010. New evidence on measuring financial constraints: Moving beyond the KZ index[J]. Review of Financial Studies, 23（5）: 1909-1940.

HARFORD J, KLASA S, MAXWELL W F, 2014. Refinancing risk and cash holdings[J]. The Journal of Finance, 69（3）: 975-1012.

HE Z G, XIONG W, 2012. Rollover risk and credit risk[J]. The Journal of Finance, 67 (2): 391-430.

HU M Z, LI W, 2015. A comparative study on environment credit risk management of commercial banks in the Asia-Pacific region[J]. Business Strategy and the Environment, 24 (3): 159-174.

HUANG B, PUNZI M T, WU Y, 2021. Do banks price environmental transition risks? Evidence from a quasi-natural experiment in China[J]. Journal of Corporate Finance, 69: 101983.

HUYNH T D, XIA Y, 2021. Climate change news risk and corporate bond returns[J]. Journal of Financial and Quantitative Analysis, 56 (6): 1985-2009.

JAVADI S, MASUM A A, 2021. The impact of climate change on the cost of bank loans[J]. Journal of Corporate Finance, 69: 102019.

KAPLAN S, ZINGALES L, 1995. Do financing constraints explain why investment is correlated with cash flow[J]. Quarterly Journal of Economics, 112: 169-216.

KARPOFF J M, LOTT J R, WEHRLY E W, 2005. The reputational penalties for environmental violations: Empirical evidence[J]. The Journal of Law and Economics, 48 (2): 653-675.

KLEIMEIER S, VIEHS M, 2018. Carbon disclosure, emission levels, and the cost of debt[R]. Maastricht: GSBE.

LAMONT O, POLK C, SAAÁ-REQUEJO J, 2001. Financial constraints and stock returns[J]. The Review of Financial Studies, 14 (2): 529-554.

LI D M, 2011. Financial constraints, R&D investment, and stock returns[J]. The Review of Financial Studies, 24 (9): 2974-3007.

LI G P, 2008. China's stock market: Inefficiencies and institutional implications[J]. China & World Economy, 16 (6): 81-96.

LU Y J, ABEYSEKERA I, 2021. Do investors and analysts value strategic corporate social responsibility disclosures? Evidence from China[J]. Journal of International Financial Management & Accounting, 32 (2): 147-181.

LUO L, LAN Y C, TANG Q L, 2012. Corporate incentives to disclose carbon information: Evidence from the CDP global 500 report[J]. Journal of International Financial Management & Accounting, 23 (2): 93-120.

MA R M, DU P, LI T T, 2021. Climate change, environmental factors, and COVID-19: Current evidence and urgent actions[J]. The Innovation, 2 (3): 100138.

MACAULAY F R, 1938. Some theoretical problems suggested by the movements of interest rates, bond yields and stock prices in the United States Since 1856[R]. New York: National Bureau of Economic Research.

MATSUMURA E M, PRAKASH R, VERA-MUNOZ S C, 2014. Firm-value effects of carbon emissions and carbon disclosure[J]. The Accounting Review, 89: 695-724.

OIKONOMOU I, BROOKS C, PAVELIN S, 2014. The effects of corporate social performance on the cost of corporate debt and credit ratings[J]. Financial Review, 49 (1): 49-75.

ROSENBAUM P R, RUBIN D B, 1983. The central role of the propensity score in observational studies for causal effects[J]. Biometrika, 70: 41-55.

SAUTNER Z, VAN LENT L, VILKOV G, et al, 2020. Firm-level climate change exposure[R]. Zurich: European Corporate Governance Institute-Finance.

SELTZER L, STARKS L T, ZHU Q F, 2022. Climate regulatory risks and corporate bonds[R]. New York: NBER.

THOMPSON P, COWTON C J, 2004. Bringing the environment into bank lending: Implications for environmental reporting[J]. The British Accounting Review, 36 (2): 197-218.

VALENZUELA P, 2016. Rollover risk and credit spreads: Evidence from international corporate bonds[J]. Review of Finance, 20 (2): 631-661.

WANG R，XIONG Y，XING X，et al，2020. Daily CO$_2$ emission reduction indicates the control of activities to contain COVID-19 in China[J]. The Innovation，1：100062.

ZERBIB O D，2019. The effect of pro-environmental preferences on bond prices：Evidence from green bonds[J]. Journal of Banking & Finance，98：39-60.

ZHANG D Y，VIGNE S A，2021. The causal effect on firm performance of China's financing-pollution emission reduction policy：Firm-level evidence[J]. Journal of Environmental Management，279：111609.

附　　录

附表1　2017年投入产出表合并后部门名称

序号	部门
1	农林牧渔产品和服务
2	煤炭采选产品
3	石油和天然气开采产品
4	金属矿采选产品
5	非金属矿和其他采选产品
6	食品和烟草
7	纺织品、纺织服装鞋帽皮革及其制品
8	木材加工品和家具
9	造纸印刷和文教体育用品
10	石油、炼焦产品和核燃料加工品
11	化学产品
12	橡胶及其制品
13	其他非金属矿物
14	金属冶炼和压延加工品
15	通用设备和专用设备
16	交通运输设备
17	电气机械和器材
18	通信设备、计算机和其他电子设备
19	其他制产品和废品废料
20	电力、热力的生产和供应
21	燃气生产和供应
22	水的生产和供应
23	建筑
24	交通运输、仓储和邮政
25	批发和零售、住宿和餐饮零售贸易、酒店和餐厅
26	其他服务

附表 2　其他发电过程用水量和退水强度（单位：升/（千瓦·时））

参数	燃气发电	石油发电	核电	水电	风电	光伏发电	其他能源发电
用水量	3.38	3.38	3.2	2.7	0.3	3.3	42.6
退水强度	3.38	3.38	3.88	68	0.3	3.3	286.6

附表 3　火电发电过程用水系数（省值）（单位：升/（千瓦·时））

省区市	用水系数	省区市	用水系数
北京	1.63	河南	2.26
天津	2.2	湖北	2.88
河北	2.76	湖南	0.67
山西	2.9	广东	1.81
内蒙古	1.86	广西	1.96
辽宁	2.49	海南	0.78
吉林	2.8	重庆	2.3
黑龙江	2.66	四川	2.83
上海	4.04	贵州	2.41
江苏	2.74	云南	3
浙江	2.46	西藏	2.16
安徽	3.85	陕西	2.52
福建	0.78	甘肃	0.78
江西	2.23	青海	2.05
山东	2.94	宁夏	3.23

资料来源：中电联发布的全国火电机组能效对标大赛数据（2012 年、2013 年、2015 年部分公开）。

附表 4　2017 年发电电力组合

省区市	火电	水电	核电	风电	光伏发电
北京	95.8%	2.9%	0.0%	0.9%	0.4%
天津	98.7%	0.0%	0.0%	1.0%	0.3%
河北	88.2%	0.7%	0.0%	9.1%	2.0%
山西	91.7%	1.5%	0.0%	5.2%	1.6%
内蒙古	84.5%	0.5%	0.0%	12.4%	2.6%
辽宁	77.0%	1.9%	12.9%	7.8%	0.3%
吉林	80.4%	8.4%	0.0%	11.0%	0.2%
黑龙江	87.9%	2.0%	0.0%	9.9%	0.1%

续表

省区市	火电	水电	核电	风电	光伏发电
上海	98.0%	0.0%	0.0%	1.9%	0.1%
江苏	92.2%	0.6%	3.5%	2.4%	1.3%
浙江	77.2%	6.0%	15.4%	0.7%	0.7%
安徽	94.4%	2.2%	0.0%	1.6%	1.8%
福建	50.9%	20.7%	25.5%	2.8%	0.1%
江西	83.2%	12.8%	0.0%	2.6%	1.4%
山东	95.2%	0.1%	0.0%	3.2%	1.4%
河南	94.1%	3.7%	0.0%	1.2%	1.0%
湖北	40.0%	57.5%	0.0%	2.0%	0.4%
湖南	54.8%	41.7%	0.0%	3.2%	0.3%
广东	73.9%	6.8%	17.8%	1.2%	0.2%
广西	44.1%	44.9%	9.1%	1.7%	0.2%
海南	65.3%	7.0%	24.9%	1.8%	1.0%
重庆	64.5%	34.6%	0.0%	0.8%	0.1%
四川	11.0%	87.4%	0.0%	1.1%	0.5%
贵州	59.7%	36.9%	0.0%	3.2%	0.2%
云南	8.1%	84.4%	0.0%	6.6%	0.9%
西藏	3.0%	88.7%	0.0%	0.0%	8.3%
陕西	87.5%	7.8%	0.0%	2.8%	1.9%
甘肃	52.9%	27.7%	0.0%	13.9%	5.4%
青海	25.7%	53.3%	0.0%	3.0%	18.0%
宁夏	82.9%	1.1%	0.0%	10.8%	5.2%
新疆	78.7%	8.1%	0.0%	9.6%	3.6%

资料来源：由《中国能源统计年鉴 2018》相关数据计算整理。